TRAITE-FORMULAIRE

DES

INVENTAIRES

TRAITÉ-FORMULAIRE

DES

INVENTAIRES

PAR

Albert JAVON

LICENCIÉ EN DROIT, NOTAIRE A CHAROLLES (SAÔNE-ET-LOIRE)

DEUXIÈME ÉDITION

Entièrement refondue et mise au courant

PARIS

IMPRIMERIE ET LIBRAIRIE GÉNÉRALE DE JURISPRUDENCE

MARCHAL ET BILLARD

G. GODDE, Successeur

ÉDITEUR, LIBRAIRE DE LA COUR DE CASSATION

27, Place Dauphine, 27

1924

A Mc Albert MOREL D'ARLEUX

Notaire a Paris

En témoignage de la vive gratitude de son ancien clerc

A. J.

PRINCIPAUX OUVRAGES CITÉS

Amiaud. — Traité formulaire du notariat, 7e éd.

Amiaud et Voland. — Traité des honoraires, 1 vol.

André. — Traité pratique et formulaire des inventaires, 1 vol., 1904.

Aubry et Rau. — Cours de droit civil, 5e édit., 12 vol.

Baudry-Lacantinerie et Wahl. — Traité des successions, 3 vol.

Baudry-Lacantinerie et Colin. — Traité des donations et des testaments, 2 vol.

Baudry-Lacantinerie, Le Courtois et Surville. — Traité du contrat de mariage, 3 vol.

Baudry-Lacantinerie et Houqûes Fourcade. — Traité des personnes, 5 vol.

Baudry-Lacantinerie et Chauveau. — Traité des biens, 1 vol.

Baudry-Lacantinerie et P. de Loynes. — Du nantissement; des privilèges et hypothèques, 3 vol.

De Belleyme. — Ordonnances sur requêtes et sur référés, 2 vol.

Bioche. — Dictionnaire de procédure, 6 vol.

Carré et Chauveau. — Lois de procédure, 9 vol.

Clerc (Ed.) et A. Besnard. — Formulaire du notariat, 9e éd., 2 vol.

Colmet de Santerre. — Cours analytique de Code civil, 9 vol.

Defrénois. — Traité et formulaire des scellés et de l'inventaire, 6e éd.

De Madre. — Formulaire pour inventaires, 1861.

Demolombe. — Cours de Code Napoléon, 31 vol.

Dictionnaire du Notariat. — 5e éd., 8 vol. de A à H, ensuite 4e éd.

Dutruc. — Supplément aux lois de procédure de Carré et Chauveau, 4 vol.

Eloy. — De la responsabilité des notaires, 2 vol.

Garsonnet et Cézar-Bru. — Traité de procédure.

Gény. — Des droits sur les lettres missives, 2 vol.

Guillouard. — Traité du contrat de mariage, 4 vol.

Jay. — Traité des scellés, inventaires et prisées, 1 vol., 1854.

Lausel et Didio. — *Encyclopédie du notariat et supplément*, 24 vol.

Laurent. — Principes de droit civil français, 33 vol.

Lyon-Caen et Renault. — Traité de droit commercial, 9 vol.

Maguéro. — Traité alphabétique des droits d'enregistrement, 2e éd., 5 vol.

Planiol. — Traité élémentaire de droit civil, 3 vol.

Renouard. — Traité des faillites et banqueroutes, 2 vol.

Rodière et Pont. — Traité du contrat de mariage, 2e éd., 3 vol.

Rolland de Villargues. — *Répertoire de la jurisprudence du notariat*, 9 vol.

Rutgeerts et Amiaud. — Commentaire de la loi de ventôse an XI, 3 vol.

Toullier. — Droit civil, 7 vol.

PRÉFACE DE LA PREMIÈRE ÉDITION

L'accomplissement des formalités d'apposition et de levée des scellés et la rédaction des inventaires soulèvent à chaque instant dans la pratique les questions les plus délicates et les plus compliquées. Les notaires et leurs clercs trouveront dans le *Traité-Formulaire des inventaires* de M⁰ Javon un guide sûr, qui les aidera à les résoudre.

M⁰ Javon, notaire à Charolles, est depuis longtemps un des collaborateurs les plus fidèles de la *Revue du Notariat*. Les nombreux articles qu'il y a publiés, appuyés sur une science juridique solide et sur une habile pratique professionnelle, ont été infiniment appréciés.

Son nouvel ouvrage, inspiré par le vif désir d'apporter au notariat une utile contribution, est conçu dans un excellent esprit. Il est divisé de la manière la plus méthodique et écrit d'une plume élégante et claire.

Les observations que contient le *Traité-Formulaire* sur la compétence et le choix des officiers publics chargés de procéder aux inventaires, sur les attributions respectives du notaire et du juge de paix en cas de scellés, sur la forme de l'inventaire et spécialement sur la rédaction de l'intitulé, sur la description et la prisée du mobilier, sur l'analyse des titres et papiers, sur les déclarations générales et sur la procédure à suivre dans les différents cas qui peuvent se présenter, les remarques si judicieuses qu'il fait à propos de la responsabilité notariale, et les précieuses indications qu'il réunit sur le timbre et l'enregistrement et sur les frais et honoraires, sont pour la plupart entièrement nouvelles et méritent l'attention des praticiens. Enfin, une série très complète de formules forme la conclusion de ce livre remarquable.

C'est rendre service au notariat que de lui recommander le *Traité-Formulaire des inventaires* de M⁰ Javon.

J. DÉPINAY,
Ancien rédacteur en chef de la Revue du Notariat.

ABRÉVIATIONS

Art.	Article.
Cass. civ. ou req.	Arrêt de la Cour de cassation (chambre civile ou chambre des requêtes).
C. civ., 143.	Article 143 du Code civil.
C. com.	Code de commerce.
C. pén.	Code pénal.
C. pr.	Code de procédure civile.
Comp.	Comparer.
Cons. d'Et.	Avis du Conseil d'Etat.
D. 78.2.155.	Dalloz, année 1878, 2ᵉ partie, p. 155.
Déc. min. fin.	Décision du ministre des finances.
Décr.	Décret.
Dél.	Délibération de l'Enregistrement.
Dic. not.	*Dictionnaire du notariat.*
Dict. Réd.	*Dictionnaire des droits d'enregistrement,* par les rédacteurs du *J. E.* (4ᵉ éd.).
Encyc. not.	*Encyclopédie du notariat,* par Didio et Lansel.
Garnier.	*Répertoire général de l'Enregistrement,* par Garnier.
Instr.	Instruction de la Régie.
J. E.	*Journal de l'Enregistrement.*
J. N.	*Journal des notaires et des avocats.*
J. du not., 1895, p. 81.	*Journal du notariat,* année 1895, p. 81.
L.	Loi.
Ord.	Ordonnance.
Rép. not.	*Répertoire général et pratique du notariat,* de Defrénois.
Rép. pér.	*Répertoire périodique de l'Enregistrement.*
Rev. not.	*Revue du notariat.*
S. 58.2.341.	Sirey, année 1858, 2ᵉ partie, p. 341.
Sol.	Solution.
T.	Tribunal.
V.	Voyez.
Vᵒ	*Verbo.*

TRAITÉ-FORMULAIRE DES INVENTAIRES

Toute personne qui a des droits à faire valoir dans ou contre une succession, une faillite ou une liquidation judiciaire qui s'ouvre, une communauté ou une société qui se dissout, peut avoir intérêt à prendre les mesures conservatoires que la loi met à sa disposition pour empêcher les divertissements et les fraudes à son détriment. Ces mesures sont l'apposition des scellés et la confection d'un inventaire.

Les opérations des scellés sont de la compétence du juge de paix ; celles de l'inventaire sont du domaine du notaire. Mais en raison de la corrélation qui existe entre elles et la nécessité qui en résulte pour les notaires de connaître les formes et les conditions des premières, nous avons fait précéder notre étude sur les inventaires d'un aperçu rapide sur l'apposition et la levée des scellés.

Division

TRAITÉ-FORMULAIRE DES INVENTAIRES

CHAPITRE PREMIER. — Des scellés

1. *Définition.* — Les scellés consistent en bandes de toile fixées sur des portes d'appartements ou de meubles, au moyen de cachets de cire portant l'empreinte du sceau du magistrat qui procède à l'opération, de façon qu'on ne puisse plus ouvrir ces portes sans briser les scellés.

§ 1. — Apposition

2. *Cas.* — Il y a lieu à apposition de scellés : 1° après le décès d'une personne, mais après son décès seulement, à moins que l'apposition n'en soit requise par le malade lui-même (1) ; 2° en cas de présomption d'absence (C. civ., 114) ; 3° en cas de demande de divorce ou de séparation de corps ou de biens, et, pour la femme, après la séparation ou le divorce prononcé (C. civ., 242 ; C. proc., 909) ; 4° en cas de mise en faillite (C. com., 455) ou en liquidation judiciaire (L., 4 mars 1889) ; 5° en matière d'interdiction ; 6° et en cas de saisie-exécution (C. proc., 591).

L'apposition des scellés n'est pas imposée au curateur d'une succession vacante en France ; mais il en est autrement dans les colonies, tout au moins pour les successions supérieures à mille francs (Décret, 27 janvier 1855, art. 11).

3. *Réquisition.* — Trois classes de personnes ont le droit de requérir l'apposition des scellés : les prétendants droit, les créanciers et les cohabitants du défunt.

4. *Prétendants droit.* — Les prétendants droit sont : le conjoint survivant, les héritiers légitimes et naturels, les donataires, légataires ou institués contractuellement, qu'ils soient universels, à titre universel ou à titre particulier, en toute propriété ou en usufruit, les successeurs irréguliers (2) et les exécuteurs testamentaires, s'il y a des héritiers mineurs ou interdits non pourvus de tuteurs (3), ou des absents (4), à moins que les héritiers ne leur offrent la somme suffisante pour le paiement du passif ou ne justifient de son acquit.

5. *Mari.* — Le mari peut requérir les scellés ; ou s'opposer à leur apposition en ce qui concerne une succession échue à sa femme, sauf s'ils sont mariés sous le régime de la séparation de biens (5), ou encore sous le régime dotal avec constitution en dot par la femme des successions futures.

6. *Légataire universel.* — Les héritiers non réservataires, en présence d'un légataire universel, peuvent-ils faire apposer les scellés ? La question est généralement résolue par les distinctions suivantes :

(1) Carré et Chaveau, *Quest.* 3076 ; Rodière, II, 448.
(2) Toullier, IV, 201 ; Chauveau et Carré, *Quest.* 3064 ; Dutruc, 55.
(3) Demolombe, XXII, 61 ; Laurent, XIV, 353.
(4) Carré et Chauveau, *Quest.* 3063. ; Dutruc, 63. — *Contra* : Pigeau, 583.
(5) Dijon, 15 février 1844, S. 44. 2.552.

Lorsque le légataire est institué par un testament authentique, ou si, institué par un testament olographe ou mystique, il a obtenu l'envoi en possession, les héritiers, se trouvant définitivement évincés, ne peuvent requérir l'apposition des scellés que s'ils attaquent le testament ou l'ordonnance d'envoi en possession (1).

Si l'envoi en possession n'est pas encore obtenu, les héritiers peuvent requérir les scellés, sauf au légataire universel à se pourvoir en référé pour faire ordonner qu'il y sera sursis le temps nécessaire pour accomplir la formalité de l'envoi (2).

7. — Le juge de paix ne saurait apposer d'office les scellés, lorsque le droit du légataire universel n'est pas contesté, parce que plusieurs héritiers naturels ne seraient pas présents, à moins que ces héritiers ne fussent des héritiers réservataires (3).

8. *Créanciers*. — Il faut que les créanciers aient un titre exécutoire ou, à défaut, l'autorisation du président du tribunal ou du juge de paix où les scellés doivent être apposés, que leurs créances soient échues ou non (4).

9. — D'après la majorité des arrêts, le droit de requérir les scellés appartient aux seuls créanciers de la succession, à l'exclusion des créanciers personnels de l'héritier (5). Mais cette solution est l'objet de vives critiques de la part des auteurs. Les créanciers de l'héritier ont, en effet, le droit de former opposition à la levée des scellés et d'intervenir au partage (C. proc., 934). Comment peut-on alors refuser le droit de requérir l'apposition des scellés, c'est-à-dire la mesure la plus propre évidemment à prévenir les fraudes (6).

10. *Cohabitants*. — Les parents, amis et serviteurs qui demeuraient avec le défunt peuvent requérir les scellés en cas d'absence soit du conjoint, soit des héritiers ou de l'un d'eux, si l'absent n'a pas laissé de procuration (7).

11. *Mineurs*. — Les prétendants droit et les créanciers mineurs émancipé peuvent requérir l'apposition des scellés sans l'autorisation de leur curateur et celui-ci peut également la demander à défaut par le mineur de le faire (8).

12. — Lorsque les mineurs ne sont pas émancipés, la réquisition est faite soit par leur tuteur, soit par leurs parents, s'ils n'ont pas de tuteur ou si leur tuteur est absent ou inactif (C. proc., 910), soit par les mineurs eux-mêmes (9).

13. *Apposition d'office*. — Le juge de paix peut apposer les scellés d'office ou à la réquisition soit du procureur de la République, soit du maire ou de l'adjoint de la commune :

(1) Carré et Chauveau, *Quest.* 3114 *bis* ; Jay, p. 75 ; — Garsonnet, VII, § 2589, p. 52 ; Douai, 28 mai 1845, S. 45. 2. 543 ; — V. cep. Nancy, 6 mars 1885, S. 86.2. 117, D. 86.2.47, *Rev. not.*, 7978 ; — Toulouse, 10 mars 1898, D. 01.2.423 qui ont admis qu'il pouvait être trouvé dans les papiers du défunt un autre testament révoquant le premier.

(2) De Belleyme, I, 443 ; Nîmes, 26 décembre 1847, S. 48.2.746 ; Riom, 29 mars 1879, S. 79.2.290.

(3) Pont-l'Evêque, 31 décembre 1907, *Rev. not.*, 13.513 ; — *Contra* : Quimper, 3 juillet 1905, *Rev. not.*, 13.890.

(4) Bioche, 18 ; Dutruc, 61 ; Besançon, 9 février 1827.

(5) Caen, 29 août 1876, S. 76.2.314 ; Paris, 5 avril et 30 novembre 1892, S. 93.2.46, *Rev. not.*, 8733 ; *Rép. not.*, 7014 ; Douai, 18 juin 1903, *Rev. not.*, 11.906, *J. du not.*, 1904, p. 661, J.N. 28.217 ; Rennes, 21 décembre 1922, *Rép. not.*, 20.348.

(6) Carré et Chauveau, *Quest.* 3062 ; Jay, 64 ; De Belleyme, II, 238 ; Baudry-Lacantinerie et Wahl, II, 2045 : — Demolombe, XV, 627 ; Toulouse, 18 juillet 1887, *Rev. not.*, 7721 ; Agen, 23 octobre 1893, S. 94.2.293 ; T. Lyon, 20 mars 1900, *Rev. not.*, 11,140 : Seine, 45 juillet 1908, *Rev. not.*, 13.924 ; Paris, 24 juin 1919, *Gaz. pal.*, 1919, II, 205.

(7) Bioche, 26 ; Dutruc, 71.

(8) Carré et Chauveau, *Quest.* 3061 *bis* ; Dutruc, 68 ; Garsonnet, VII, § 2589, texte et note 9.

(9) Carré et Chauveau, *Quest.* 3061 *ter* ; — Garsonnet, VII, § 2589, p. 52.

1° Si parmi les successibles il existe un mineur non émancipé et non pourvu de tuteur (1) ;

2° Si le conjoint survivant ou l'un des héritiers est absent du lieu du décès (2) ;

3° Si le défunt était dépositaire public, mais alors les scellés ne doivent être mis que sur les objets formant le dépôt (C. proc., 911) ;

4° Et si le défunt, par ses fonctions, pouvait être détenteur de secrets d'Etats ou de titres appartenant à l'Etat, mais l'apposition a lieu seulement sur ces titres et papiers (3).

14. — Spécialement les scellés doivent être apposés sur les minutes et répertoires d'un notaire, savoir :

immédiatement après son décès, lors même que tous ses héritiers sont majeurs, capables et présents (L. 25 ventôse an XI, art. 51) ; si l'apposition des scellés n'avait lieu qu'après l'inhumation, le juge de paix devrait constater dans son procès-verbal les causes de ce retard (Cf. C. proc., 913) ;

en cas de destitution, de démission ou d'abandon de résidence ;

lorsqu'il est emprisonné ou sous le coup de poursuites criminelles (4) ;

s'il est placé dans un établissement d'aliénés (5) ;

enfin, d'après une opinion (6), en cas de suspension ; mais cette opinion est vivement critiquée, car le notaire, quoique suspendu, reste dépositaire et gardien de ses minutes et par suite l'intérêt des tiers ne cesse pas d'être sauvegardé.

Si le jour même de l'événement qui rend nécessaire l'apposition des scellés, un autre notaire est commis comme dépositaire provisoire des minutes et répertoires, cette apposition ne devrait pas avoir lieu parce qu'elle ne présente plus alors aucune utilité (7).

14 *bis.* — Aux notaires on peut assimiler les greffiers.

15. — Les scellés ne peuvent pas être apposés d'office par le juge de paix en dehors des cas expressément indiqués par la loi (8).

16. *Lieu et objet.* — L'apposition a lieu : 1° au domicile du défunt ; 2° aux résidences qu'il pouvait avoir soit pour lui seulement, soit en commun avec un tiers dont le mobilier est confondu avec celui de la succession : 3° et même au domicile des tiers toutes les fois qu'il est possible d'admettre qu'il s'y trouve des objets, papiers ou valeurs dépendant de la succession par suite de dépôt ou de détournement (9).

Dans ce dernier cas, la question de droit est toujours mélangée d'une question de fait ; aussi est-il nécessaire de se pourvoir en référé à fin d'autorisation, en cas d'opposition. Mais il n'est jamais permis de mettre les scellés au domicile d'un tiers pour y rechercher des documents appartenant à ce tiers qui seraient de nature à faire établir qu'il a bénéficié de libéralités dépassant la quotité disponible (10).

<hr>

(1) C. civ., 819 ; C. proc., 911 ; — Comp. Grenoble, 5 avril 1863, D. 63.2.181.

(2) C. proc., 911 ; Carré et Chauveau, *Quest.* 3072 ; — Garsonnet. VII, § 2594, p. 62.

(3) Carré et Chauveau, Quest. 3073 *bis* ; Paris, 8 mai 1829. S. chr., D. 29.2.186.

(4) Déc. min. just. 23 février 1810.

(5) J. paix d'Arendouck, 30 janvier 1882, *Rev. pr. not. belge*, 1882, p. 496.

(6) Cass., 22 mai 1854, S. 54.1.704.

(7) Rutgeerts et Amiaud, III, 1301 ; — Perpignan, 12 mars 1845 ; — Ency. not., V° Scellés app. sur minutes d'un not., 8.

(8) Le Havre, 10 juillet 1870, S. 71.2.77, D. 71.3.91.

(9) Garsonnet, VII, § 2586, p. 47 ; — F. Bonnet, dissert, *J. du not.*, 1910, p. 177 ; — Douai, 30 décembre 1857, S. 58.2.505, D. 59.2.23 ; — Cass., 15 mars 1872, D. 73.5.413 ; — Toulouse, 10 mars 1898, S. 02.2.142, *Rev. not.*, 10.887, *J. du not.*, 1898, p. 375.

(10) Paris, 26 janvier 1910, J. N. 29.800, *J. du not.*, 110, p. 181.

17. — L'apposition des scellés peut être autorisée au siège d'une société dont le défunt faisait partie, lorsqu'elle a lieu à la requête d'un créancier, nonobstant toute stipulation contraire contenue dans les statuts sociaux, car cette stipulation n'est pas opposable au tiers (1) ; mais il en est autrement si les scellés sont requis par les héritiers d'un co-associé décédé, ou encore par la femme d'un associé au cours d'une instance en divorce (2).

18. — Lorsqu'elle est requise pendant le cours d'un inventaire, l'apposition a lieu seulement sur les objets non encore inventoriés. Si l'inventaire est clos, les scellés ne peuvent être apposés qu'avec l'autorisation du président du tribunal, par exemple si l'inventaire est attaqué pour fraude ou irrégularité (3).

19. *Opposition.* — Si, au moment où il se présente pour mettre les scellés, le juge trouve les portes fermées, ou si une personne s'oppose à cette apposition sous prétexte que les meubles lui appartiennent, il apprécie la situation et, suivant qu'il y a urgence ou non, il appose les scellés ou place un gardien et se pourvoit en référé, ou il en réfère simplement au président du tribunal (4).

20. *Officier compétent.* — L'apposition des scellés est faite par le juge de paix du canton dont dépend le lieu où il est procédé, ou par son suppléant (C. proc., 907). En cas d'empêchement ou d'urgence, le juge de paix peut déléguer le greffier à ses lieu et place (5).

Toutefois, il existe des conventions passées entre la France et un certain nombre de puissances étrangères, d'après lesquelles leurs consuls ont compétence pour apposer les scellés au domicile de leurs nationaux décédés en France (6).

21. *Délai.* — Pour produire effet utile, les scellés doivent être apposés dans le plus bref délai après le décès. Mais la loi ne fixe aucune date après laquelle l'ayant droit est déchu de la faculté de requérir cette formalité. Quel que soit le temps écoulé depuis le décès, l'héritier peut toujours demander l'apposition des scellés, si cette mesure ne présente pas un caractère purement vexatoire ou n'est pas devenue superflue (7).

22. *Procès-verbal.* — Le procès-verbal d'apposition de scellés contient : 1° la date des an, mois, jour et heure ; 2° les motifs de l'apposition ; 3° la dénomination du requérant avec élection de domicile dans la commune où les scellés sont apposés, s'il n'y demeure déjà, ou l'indication qu'ils ont été mis d'office ; 4° l'ordonnance autorisant le scellé, s'il en a été rendu une ; 5° les comparutions et les dires des parties ; 6° la désignation des lieux et des objets où les scellés sont apposés ; 7° une description sommaire des effets qui ne sont pas mis sous scellé ; 8° le serment, lors de la clôture de l'apposition, de n'avoir commis aucun détournement ni d'en connaître aucun ; 9° et l'établissement d'un gardien solvable présenté par les parties ou choisi d'office par le juge de paix (C. proc., 914, 924).

23. *Clefs.* — Les clefs des serrures sur lesquelles les scellés ont été apposés sont

---

(1) Cass., 23 juillet 1872, S. 72.1.324, D. 73.1.355.

(2) Bordeaux, 8 janvier 1912, J. du not., 1912, p. 753.

(3) C. proc., 923 ; Dutruc, 94 ; — Carré et Chauveau, *Quest.* 3092 ; — Garsonnet, VII, § 2587, p. 49.

(4) Bioche, 122 ; — De Belleyme, II, 255 ; — Carré et Chauveau, Quest. 3094 ; — Garsonnet, VII, § 2602, texte et note 4.

(5) Le 2 juillet 1909.

(6) Conventions franco-italienne, 26 juillet 1862 ; — franco-espagnole, 7 janvier 1862 ; — franco-autrichienne, 7 novembre 1881, — franco-portugaise, 11 juillet 1876 ; — franco-grecque, 17 janvier 1876 ; — franco-russe, 1er avril 1874.

(7) Seine, 27 février 1888, *Rev. not.*, 7860 ; Dijon, 11 juillet 1904, *Rev. not.*, 12.175, J. du not., 1905, p. 140.

remises au greffier et doivent rester entre ses mains jusqu'à la levée. Constatation en est faite dans le procès-verbal d'apposition.

24. *Visite*. — Il est interdit au greffier comme au juge de paix d'aller dans la maison où sont les scellés, à peine de destitution, à moins qu'ils n'en soient requis ou que leur transport n'ait été précédé d'une ordonnance motivée (C. proc., 914, 915).

25. *Perquisitions*. — L'apposition des scellés ne comporte pas en principe de perquisition; mais sur la demande expresse de tout intéressé ou même d'un tiers se réclamant d'un legs promis par le défunt et dont l'allégation paraît vraisemblable, le juge de paix peut rechercher sommairement le testament dont l'existence est annoncée (1). Il peut s'y refuser, si la personne qui se prétend intéressée à cette perquisition ne justifie pas suffisamment de son droit d'intervention, notamment si elle n'apporte aucune preuve quelconque à l'appui de ses dires basés uniquement sur des rumeurs dont elle se fait l'écho (2).

26. *Papiers cachetés*. — Il ne doit pas prendre lecture des papiers cachetés qu'il trouve, ni chercher à en connaître le contenu (3); il en constate seulement la forme extérieure, signe l'enveloppe avec les personnes présentes et indique les our et heure où il en fera la présentation au président du tribunal du ressort, qui a seul qualité pour les ouvrir (4).

27. *Fouilles*. — Le juge de paix qui se trouve en présence d'un détournement manifeste doit réclamer la restitution des objets détenus, et, devant un refus obstiné, dans des circonstances particulièrement graves, il peut faire fouiller celui chez qui il opère ou la personne sur laquelle pèsent des soupçons, et saisir les papiers et objets que cette fouille fait découvrir (5), car l'article 49 du Code d'instruction criminelle l'investit, quand il s'agit de flagrant délit, des mêmes pouvoirs que les procureurs de la République.

28. *Carence*. — Lorsqu'il n'existe aucun objet mobilier, le juge de paix dresse un procès-verbal de carence; si la succession est pauvre, il fait, dans son procès-verbal, une description sommaire pour tenir lieu d'inventaire (6).

29. *Prohibition du testateur*. — On doit considérer comme contraire à la loi toute cause par laquelle un testateur interdirait à ses héritiers réservataires de faire apposer les scellés alors que cette prescription a pour objet d'empêcher ceux-ci de se rendre compte de ce qu'il pourrait posséder, et par suite sont nulles les clauses pénales stipulées en vue d'assurer l'exécution de ces dispositions en privant de la quotité disponible l'héritier qui refuserait de s'y soumettre (7).

30. — A l'égard des héritiers non réservataires, ces clauses et dispositions semblent au contraire devoir être respectées, surtout si elles sont stipulées par testament authentique (8). Toutefois le contraire a été décidé parce que parmi les papiers du défunt peut se trouver un autre testament révoquant le premier (9).

---

(1) C. proc., 917; Neufchâtel-en-Bray, 26 mars 1904, *Rev. not.*, 11.905. Carré et Chauveau, Quest. 3086 *bis*; — Garsonnet, VII, 2598, p. 67, texte et note 4.

(2) Montpellier, 29 mai 1890, *Rev. not.*, 8319, D. 91.2.159.

(3) Aix, 28 juillet 1830, S. 30.2.356, D. 31.2.24.

(4) C. proc., 916, 918.

(5) Paris, 31 juillet 1901, *Rev. not.*, 10.780, S. 02.2.155, D. 02.2.127; — Cass. req., 6 janvier 1903, *Rev. not.*, 11.857, S. 03.1.501.

(6) Carré et Chauveau, *Quest.* 3094; Rodière, II, 456.

(7) V. Cass., 9 décembre 1862, 22 juillet, S. 64.1.265 et 74.1.479; Douai, 25 novembre 1906, *Rev. not.*, 13.220; Le Havre, 20 février 1908, *Rev. not.*, 13.534, *J. du not.*, 1908, p. 759.

(8) Nancy, 24 janvier 1846, D. 46.2.119; — Rouen, 14 décembre 1851 et 13 février 1852, J. N. 14.762.

(9) Nancy, 6 mars 1885, S. 86.2.117, D. 86.2.47, et Toulouse, 10 mars 1898, D. 01.2.423.

§ 2. — Opposition à la levée des scellés

31. *Intérêt.* — Toute personne ayant intérêt ou prétendant avoir intérêt peut former opposition à la levée des scellés hors sa présence ou elle dûment appelée, encore que les créanciers opposants n'aient ni titre exécutoire ni permission du juge (C. civ., 821).

32. *Créanciers de l'héritier.* — Les créanciers de l'héritier ont le même droit, mais leur opposition a seulement pour effet d'obliger l'héritier de faire inventaire (1) et de ne pouvoir procéder au partage sans appeler les créanciers opposants (2).

33. *Forme.* — L'opposition a lieu soit par exploit extrajudiciaire soit par déclaration faite sur le procès-verbal de scellés; elle doit énoncer son motif et contenir élection de domicile dans le ressort de la justice de paix, si l'opposant n'y demeure déjà (C. proc., 926 et 927).

§ 3. — Levée des scellés

34. *Délai minimum.* — Les scellés restent apposés jusqu'à ce que le juge de paix les enlève dans les formes légales. Cette levée ne peut avoir lieu que trois jours après l'inhumation, si l'apposition a eu lieu avant, et, en cas contraire, trois jours francs après l'apposition (C. proc., 928).

35. *Urgence.* — Toutefois, en cas d'urgence, le président du tribunal civil peut autoriser la levée avant les trois jours et commettre d'office un notaire pour représenter les parties non présentes (C. proc., 928).

36. *Délai maximum.* — La loi ne fixe aucun délai maximum, sauf en ce qui concerne le tuteur qui doit faire lever les scellés dans les dix jours de sa nomination (C. civ., 451).

37. *Réquisition.* — Tous ceux qui ont le droit de faire apposer les scellés peuvent en requérir la levée, à l'exception des cohabitants (C. proc., 930). Toutefois les héritiers non réservataires qui agissent à l'encontre d'un légataire universel saisi ne peuvent requérir la levée des scellés qu'autant qu'ils attaquent réellement le testament; de simples réserves à l'encontre de sa validité seraient inopérantes (3).

Mais il a été jugé qu'en vue de la découverte possible d'un nouveau testament qui anéantirait les droits du légataire universel, le successible éventuel a le droit, malgré l'envoi en possession du légataire universel, de faire ordonner la description des objets et papiers lors de la levée des scellés, à charge de faire l'avance des frais (4).

38. *Difficultés.* — En cas de difficultés, il en est référé au président du tribunal de première instance de l'arrondissement où a lieu la levée des scellés (5).

---

(1) Paris, 4 avril 1892, *Rev. not.*, 8753.

(2) Cass., 9 juillet 1838, S. 38.1.764 ; Demolombe, XVII, 232.

(3) Tours, 23 mai 1874; *Rev. not.*, 4638; Riom, 29 mars 1879, S. 80.2.291; Rennes, 2 avril 1884; *Rev. not.*, 7377; Agen, 19 septembre 1885, *Rev. not.*, 7401; Montpellier, 29 mai 1890, *Rev. not.*, 8319, D. 91.2.159; Poitiers, 2 mars 1892, *Rev. not.*, 8651, *Rép. not.*, 6590. — *Contrà* : Paris, 4 mars 1886, *Rev. not.*, 7377, *Rép. not.*, 2983.

(4) Tours, 23 mai 1874, précité; Besançon, 23 novembre 1892, *Rev. not.*, 8919, *Rép. not.*, 8660; Pau, 30 janvier 1911, *J. du not.*, 1911, p. 480, J.N. 30.162.

(5) Cass., 28 juin 1852, S. 52.1.537 ; Carré et Chauveau, *Quest.* 3089.

39. *Femme.* — La femme demanderesse en divorce ou en séparation de corps ayant le droit de requérir l'apposition des scellés peut aussi en demander la levée au cours de l'instance (1).

40. *Incapables.* — Si parmi les héritiers, il se trouve des incapables, la levée des scellés ne doit avoir lieu qu'après qu'ils ont été émancipés ou pourvus de tuteurs (C. proc., 929).

41. *Étranger.* — En cas de décès en France d'un étranger sans parents au degré successible ni conjoint survivant, c'est à la requête du directeur des Domaines que les scellés sont levés (2) ; toutefois, lorsque le consul de cet étranger a le droit d'apposer les scellés, il peut les lever avec l'assistance du juge de paix ou après avertissement à lui donné 48 heures à l'avance et réciproquement.

42. *Formalités préalables.* — Préalablement à la levée des scellés, il faut : 1° une réquisition consignée sur le procès-verbal du juge de paix ; 2° une ordonnance de ce magistrat indicative des jours et heure de la levée ; 3° une sommation d'assister à cette levée adressée au conjoint survivant, aux héritiers présomptifs, aux légataires universels et à titre universel connus et aux opposants (C. proc., 931), à moins qu'ils ne conviennent de se présenter sur simple invitation.

43. *Assistance.* — Ce sont les mêmes personnes qui doivent assister à la levée des scellés et à l'inventaire ou y être appelées. Nous renvoyons donc à ce qui sera dit à ce sujet au chapitre IV ci-après, nos 213 et s., 283 et s. — Toutefois en cas de décès d'un officier général ou supérieur, doit être présent un officier supérieur délégué, et, en cas de décès d'un agent diplomatique ou consulaire, un délégué de la sous-direction des archives (3).

44. *Procès-verbal de levée.* — Le procès-verbal de levée contient : 1° la date ; 2° la dénomination et l'élection de domicile du requérant ; 3° l'énonciation de l'ordonnance délivrée pour la levée ; 4° l'énonciation de la sommation faite aux intéressés ; 5° les comparutions et dires des parties ; 6° la dénomination des notaires, commissaire-priseur et experts qui doivent opérer ; 7° la reconnaissance des scellés, s'ils sont sains et entiers, ou l'état des altérations, sauf à se pourvoir contre les auteurs desdites altérations ainsi qu'il appartiendra ; 8° les réquisitions aux fins de perquisitions et de toutes autres demandes sur lesquelles il y a lieu de statuer (C. proc., 936).

45. *Levée.* — En principe, les scellés sont levés successivement au fur et à mesure de la confection de l'inventaire et sont réapposés à la fin de chaque séance. Cependant ils sont levés et ôtés sans description quand la cause de leur apposition cesse pendant leur durée (C. proc., 940), et encore lorsque tous les intéressés sont présents ou représentés et le requièrent. Il a été notamment jugé que le juge de paix ne peut se refuser à lever les scellés sans description :

1° Lorsque les créanciers à la requête desquels ils ont été mis ont été désintéressés, mais il ne suffirait pas que leurs titres fussent contestés (4).

2° Lorsque l'héritier offre aux créanciers somme ou valeur suffisantes pour les désintéresser, le refus de ces derniers étant alors malicieux et vexatoire (5).

---

(1) Angers, 16 avril 1853, S. 53.2.295.
(2) Cass., 28 juin 1852 précité.
(3) Circ. minist. just., 22 novembre 1911 ; — Arrêté minist. des aff. étrang., 7 août 1911.
(4) Douai, 18 avril 1878, S. 78.2.185 ; Paris, 4 avril 1892, *Rev. not.*, 8753, *J. du not.*, 1892, p. 361.
(5) Toulouse, 21 mai 1908, *Rev. not.*, 13.784, *J. du not.*, 1909, p. 596.

3° Lorsque les mineurs sont pourvus de tuteurs et que ceux-ci le requièrent (1) encore que les subrogés tuteurs s'y opposeraient (2).

4° Lorsque le légataire universel est régulièrement saisi et se trouve en présence d'héritiers non réservataires exhérédés, sans qu'il y ait lieu de s'occuper s'il leur a notifié le testament, à moins que ces héritiers n'attaquent ledit testament (3).

46. *Frais*. — Les frais des scellés sont des frais de justice privilégiés (C. civ., 2101), à la charge de la succession.

§ 4. — Bris de scellés

47. *Gardien*. — Si le bris est imputable au gardien, celui-ci est passible de 2 à 5 ans d'emprisonnement (C. pén., 252). En cas de simple négligence, il encourt de 6 jours à 6 mois de la même peine (C. pén., 249).

48. *Tiers*. — Le tiers qui ne respecte pas les scellés est puni de 6 mois à 2 ans de prison (C. pén., 252).

Si le bris est commis avec violence envers les personnes, la peine est celle des travaux forcés à temps (C. pén., 256).

48 *bis*. *Vol*. — Le vol commis à l'aide d'un bris de scellés est puni comme le vol commis à l'aide d'effraction (C. pén., 253).

(1) Grenoble, 5 mai 1863, J.N. 17.986 ; — Besançon, 9 mars 1898, S. 99.2.94, D. 98.2.438, *Rev. not.*, 10.086, J.N. 26.557, *J. du not.*, 1898, p. 391, *Rép. not.*, 10.213 ; Jonzac, 25 mai 1899, J.N. 26.867, *J. du not.*, 1899, p. 636 ; — Seine, 22 février 1908, *Rev. not.*, 13.654, — V. cep. Bertin, Ordon. sur requêtes, II, 526 et 527.

(2) Niort, 1er mai 1890, J.N. 25.125.

(3) St-Brieuc, 23 janvier 1893, *Rép. not.*, 8904 ; Bordeaux, 28 novembre 1894, *Rép. not.*, 8306, *Rev. not.*, 9401 ; Paris, 27 février 1896, *Rev. not.*, 9571, *J. du not.*, 1896, p. 284 ; Clermont, 9 avril 1906, J.N. 28.858, *Rép. not.*, 15.007, *Rev. not.*, 13.083 ; Rouen, 9 avril 1907, *Rev. not.*, 13.476 : Pau, 30 janvier 1911, J.N. 30.162, *J. du not.*, 1911, p. 480.

CHAPITRE II. — De l'inventaire

49. *Définition.* — Le mot inventaire a diverses acceptions. Dans un sens générique, il désigne tout état descriptif et parfois estimatif d'objets divers ; — dans un sens plus spécial, il s'applique à l'état de situation que les commerçants dressent à des époques plus ou moins éloignées ; enfin, dans le langage juridique, on appelle ainsi l'acte conservatoire qui a pour objet de constater l'existence et la nature de l'actif et du passif d'une communauté, d'une succession, d'une société ou d'une faillite, afin de sauvegarder les droits de tous les intéressés.

C'est donc de l'inventaire entendu dans ce dernier sens seulement que nous allons nous occuper. Et comme le plus souvent cette mesure a lieu après décès, nous prendrons comme type l'inventaire de succession, sauf à traiter spécialement les divers autres cas qui se présentent également en pratique.

50. *Historique.* — L'inventaire fut vite d'un usage courant en France, dans les pays de droit coutumier comme dans les pays de droit écrit. Selon les contrées, il était dressé soit par les notaires concurremment avec les greffiers, soit seulement par les notaires ou les greffiers ou encore les juges. Mais peu à peu la compétence des notaires fut étendue « comme meilleure administration de la chose publique » par plusieurs arrêts, édits et ordonnances (1) et les exceptions qui pouvaient encore exister furent elles-mêmes supprimées par la loi sur la réforme judiciaire du 27 mars 1791 dont l'article 10 était ainsi conçu : « La confection des inventaires, procès-verbaux de description et de carence à l'ouverture des successions n'appartiendra point aux juges de paix, mais aux notaires, même dans les lieux où elle était attribuée aux juges ou aux greffiers. »

51. *But.* — Le but de l'inventaire est de conserver les droits de tous les intéressés, mais plus spécialement de ceux auxquels la loi doit une protection particulière. Aussi est-il tantôt facultatif, tantôt obligatoire.

§ 1. —Cas où il est obligatoire

52. — La loi prescrit l'inventaire dans les divers cas ci-après :.

53. *Absent. Non présent. Mineur.* — Lorsque parmi les héritiers, donataires, légataires universels ou à titre universel ou autres prétendants droit, il y a des absents, des mineurs ou des non-présents (C. civ., 126, 451, 509, 1442 ; C. proc., 930, 931).

54. — Toutefois lorsqu'il s'ouvre une succession à laquelle est appelée une personne dont l'existence est incertaine, elle est dévolue exclusivement à ceux qui l'auraient recueillie à son défaut (C. civ., 136), et il est de jurisprudence constante qu'il en est ainsi même lorsque l'absence n'est pas déclarée et que les héritiers qui appréhendent alors la succession ne peuvent être obligés à aucune mesure conservatoire dans le but de sauvegarder les droits de l'absent pour le

(1) V. Edit. du 5 juin 1317 ; lettres patentes du 11 décembre 1543 ; arrêts de règlement des 10 février 1622 et 14 août 1636 ; arrêts du Conseil du Roi des 16 avril 1669 et 14 février 1762.

cas où il reviendrait. En conséquence, ces héritiers ne sont pas tenus de faire inventaire ni de fournir caution pour la restitution éventuelle de l'hérédité, et ils peuvent, en déclarant simplement méconnaître l'existence de l'absent, s'opposer à la nomination d'un notaire chargé de le représenter à la levée des scellés et à l'inventaire (1).

55. — Il a été jugé notamment qu'il n'y a pas lieu de faire représenter par un notaire judiciairement commis : 1° un enfant du défunt disparu depuis plusieurs années (2); — 2° une personne dont on suppose seulement l'existence et qui pourrait se présenter plus tard (3); — 3° l'héritier qui pourrait exister dans une ligne, lorsque la succession est appréhendée à son défaut par les héritiers dans l'autre ligne (4).

Mais le notaire agira prudemment en n'instrumentant alors qu'après avoir été requis par acte extrajudiciaire et en le mentionnant dans son procès-verbal.

56. *Bénéfice d'inventaire.* — Lorsque l'héritier ou certains héritiers n'acceptent une succession que sous bénéfice d'inventaire, ou veulent conserver la faculté de l'accepter sous cette réserve (C. civ., 793, 794), ou qu'ils ne veulent pas être obligés de payer les legs particuliers au delà des valeurs mobilières, le cas échéant (C. civ,, 871, 873, 1017).

57. *Communauté.* — Lorsque parmi les successibles, il se trouve une personne mariée sous le régime de la communauté légale de biens, afin de fixer la part contributoire dans les dettes à la charge des meubles et celle à la charge des immeubles (C. civ., 1414).

58. — Ou sous le régime de la communauté conventionnelle ou sous le régime dotal avec société d'acquêts, afin de constater les reprises et récompenses qui peuvent en résulter (C. civ., 1415, 1499, 1504). Spécialement, en ce qui concerne la femme, l'inventaire est nécessaire, pour établir la preuve de ses reprises vis-à-vis des tiers (5).

59. *Conjoint. État.* — Lorsqu'à défaut d'héritier au degré successible une succession est réclamée par le conjoint survivant ou, à défaut, par l'État (C. civ., 767, 768, 769).

60. *Divorce. Séparation judiciaire.* — En cas de divorce ou de séparation judiciaire, si la femme veut accepter la communauté sans s'engager au delà de l'actif (C. civ., 1463 et 1483), ou si elle a fait apposer les scellés sur les effets mobiliers de la communauté pour la conservation de ses droits (C. civ., 242; L. 27 juillet 1884).

61. *Envoi en possession.* — Dans le cas d'envoi en possession provisoire par suite de déclaration d'absence, pour déterminer l'importance de la fortune mobilière, lors même que l'époux du présumé absent aurait opté pour la continuation de la communauté (6). A cet égard il n'y a pas à distinguer si c'est le mari ou la femme qui est présent, et l'inventaire doit comprendre les biens

(1) Bourges, 17 janvier 1872, S. 72.2.134; — Dijon, 23 mars 1888, S, 88.2.240; La Flèche, 21 avril 1902, J. N. 27.811, *J. du not.*, 1903, p. 25;— Aubryet Rau, I, § 158, texte et notes 3 à 6; — Demolombe, 11, 213; — Baudry-Lacantinerie et Fourcade, I, 1262.

(2) Lyon, 27 mai 1863, *Rev. not.*, 706, J. N., 17.862.

(3) Rouen, 28 décembre 1843.

(4) Paris, 9 avril 1861. *Rev. not*, 39.

(5) Cass., 5 février 1908, S. 08.1.93; — Cass. civ., 6 mai 1918, *Rev. not.*, 17471; — Cass. civ., 8 janvier 1923, *Rev. not.*, 19.508. — V. cep. Orléans, 23 février 1910; Bourges (arrêt solennel), 30 mai 1921.

(6) C. civ., 126; — Demolombe, 11, 297, — Planiol, III, 1216.

communs, car même la femme absente a au moins un droit éventuel sur ces biens (1).

62. *Exécuteur testamentaire.* — Lorsque le défunt a institué un exécuteur testamentaire (C. civ., 1031).

63. *Faillite. Liquidation judiciaire.* — En cas de faillite ou de liquidation judiciaire, mais alors l'inventaire est généralement fait en la forme commerciale (C. com., 479, 486).

64. *Femme.* — Lorsqu'elle est mariée sous le régime exclusif de communauté ou sous le régime dotal, pour constater les biens qu'elle recueille (2). Pour le régime dotal avec société d'acquêts, V. nos 57 et 58 ci-dessus.

65. *Héritiers de la femme.* — Lorsque les héritiers de la femme commune prédécédée veulent conserver la faculté de renoncer à la communauté ou jouir du bénéfice d'émolument, car d'après le parti le plus important de la doctrine (3), le législateur du Code s'est écarté de l'ancienne jurisprudence qui décidait que les héritiers de la femme n'étaient pas tenus de faire inventaire puisque le mari conservait la garde des biens de la communauté et que par suite il n'y avait aucune confusion à redouter de leur chef à cet égard (4).

66. *Interdit.* — Si une personne est interdite judiciairement ou légalement (C. civ., 509).

67. — Si l'interdit est marié, il y a lieu de distinguer divers cas : 1° le mari tuteur de sa femme interdite n'est tenu de faire inventorier que les biens dont il prend nouvellement l'administration, mais non ceux qu'il administrait déjà au jour de l'interdiction en vertu de la loi ou de leurs conventions matrimoniales ;

2° La femme tutrice de son mari doit faire inventorier tous les biens qu'elle acquiert le droit d'administrer ;

3° Le tiers nommé tuteur du mari est soumis à la même obligation, même en ce qui concerne les biens des enfants ;

4° Enfin le tiers tuteur de la femme n'est appelé à faire inventorier que les biens dont sa pupille s'était réservé l'administration (5).

68. *Jouissance légale.* — A la dissolution de toute communauté ou société d'acquêts, s'il existe des enfants mineurs, pour que l'époux survivant ne perde pas la jouissance de leurs biens (C. civ., 1442).

69. *Ouverture de coffre-fort.* — Lorsqu'il s'agit de l'ouverture d'un compartiment de coffre-fort loué ou d'un pli fermé ou d'une cassette déposée dans un établissement de crédit (V. infra N° 725).

70. *Père administrateur.* — Lorsque des biens adviennent à un enfant mineur sous l'administration légale de son père ou de sa mère, mais celui-ci n'a pas à requérir le concours d'un contradicteur quelconque et n'encourt pas les pénalités du tuteur à défaut d'inventaire (6).

71. — Mais si l'administrateur légal a des intérêts opposés à ceux de son enfant mineur, il doit être nommé à ce dernier un administrateur *ad hoc* par le tribunal

---

(1) Demolombe, II, 281 ; — Laurent, II, 267 ; — Planiol, III, 1210.

(2) C. civ., 1532, 1562; Cass., 19 juillet 1887; Laurent, XXIII, 565.

(3) Rodière et Pont, II, 1174; — Aubry et Rau, VIII, §517, texte et note 33; — Laurent, XXII, 428; Baudry-Lacantinerie, Le Courtois et Surville, II, 1056; — Planiol, III, 1230. — Riom, 5 février 1906, *Rev. not.*, 13.144; Cass. civ., 15 juin 1909, *J. du not.*, 1909, p. 546, D. 09.1.417; — *Contra* : Colmet de Santerre, VI, 123 *bis*; Guillouard, III, 1299; — Cass. req., 19 mars 1878, D. 78.1.218.

(4) Pothier, *Traité de la communauté*, 562.

(5) Demolombe, VIII, 595 et s.; — Laurent, V, 302.

(6) L. 6 avril 1910; — Demolombe, VI, 434; — Aubry Rau, I, § 123, texte et notes 23 à 26.

statuant sur requête en chambre du conseil, le ministère public entendu (1).

72. *Scellés.* — Au cas où les scellés ont été apposés, s'il y a des oppositions à leur levée ou des personnes intéressées dans la succession et non maîtresses de leurs droits (C. civ., 821; C. proc., 937, 941).

73. — Quoique le juge de paix ne saurait exiger qu'il soit procédé à l'inventaire en même temps qu'il lève les scellés, lorsque les incapables ayant droit dans la succession sont pourvus de tuteurs ou de curateurs (V. n° 45 ci-dessus), la prudence recommande néanmoins aux tuteurs et curateurs que les deux formalités aient lieu simultanément.

74. *Substitution.* — Quand le défunt a fait quelque disposition à charge par l'institué de rendre à ses enfants nés et à naître (C. civ., 1058).

75. *Tutelle.* — En cas de tutelle, non seulement pour la succession dévolue immédiatement avant l'entrée en fonction du tuteur, mais encore pour toutes les successions qui adviennent au mineur au cours de la tutelle (C. civ., 451, même si le tuteur est le père ou la mère (2).

76. — Mais si un nouveau tuteur succède à un ancien, il n'y a pas lieu de procéder à un inventaire. Le compte de tutelle qui doit être rendu au tuteur entrant par le tuteur sortant ou ses héritiers en présence du subrogé tuteur suffit (3).

77. *Usufruitier. Usager.* — Au commencement de tout usufruit et de tout usage, pour que l'usufruitier ou l'usager puisse entrer légalement en possession de son droit (C. civ., 600, 626).

78. *Vacance.* — En cas de succession vacante (C. civ., 813; C. proc., 1000).

79. *Veuve.* — Lorsque la veuve survivante veut conserver pendant plus de trois mois la faculté de renoncer à la communauté (C. civ., 1456) ou n'être tenue des dettes que jusqu'à concurrence de son émolument (C. civ., 1483).

§ 2. — Cas où il est facultatif

80. En dehors des cas ci-dessus énoncés, la formalité de l'inventaire est facultative, quoique très utile pour empêcher la confusion des patrimoines, et pour faire connaître aux héritiers les forces et charges de la succession et par suite les mettre en mesure de prendre une décision sur l'acceptation ou la répudiation.

81. *Aliéné.* — Toutefois il est permis d'attribuer à une omission législative le défaut d'obligation d'inventorier les biens de l'aliéné non interdit lors de la nomination d'un administrateur provisoire (C. civ., 497). C'est une sage précaution qui devrait toujours être prescrite par le jugement nommant cet administrateur.

82. *Récolement.* — Quand un inventaire a été fait à la requête d'un successible ou d'un tiers, par exemple à la requête d'un héritier apparent, ou d'un héritier qui a depuis renoncé, ou d'un curateur à succession vacante pendant le temps de sa gestion, il n'y a pas lieu de dresser un nouvel inventaire à la requête des nouveaux ayants droit ; il suffit de faire procéder à un procès-verbal de récolement (4).

---

(1) C. civ., 389 modifié par L. 6 avril 1910.
(2) Demolombe, VII, 347 ; — Laurent, V, 9 ; — Aubry et Rau, I, § 112, texte et notes 3 et s.
(3) Demolombe, *op. cit.*, 552-567 ; — Aubry et Rau, *op. cit.*, texte et note 16.
(4) Demolombe, XV, 138 ; — Aubry et Rau, IX, § 642, texte et note 16 ; — Baudry-Lacantinerie et Wahl, II, 1688.

§ 3. — Clause de dispense d'inventaire

83. *Héritiers*. — La formalité de l'inventaire est prescrite dans un intérêt d'ordre public ; par suite, le défunt ne saurait, par une disposition testamentaire, en dispenser son héritier, même non réservataire, qui veut se réserver la faculté d'accepter bénéficiairement (1).

84. — Il en est de même encore que les héritiers se trouvent en présence d'un donataire ou légataire universel en usufruit dispensé de faire inventaire. Dans ce cas, la dispense a seulement pour effet de mettre les frais à la charge exclusive des héritiers qui n'ont pas droit à une réserve (2).

85. — Toute clause pénale destinée à assurer l'effet de la dispense devrait être considérée comme non avenue (3).

86. *Exécuteur testamentaire*. — La question de savoir si un testateur peut, en donnant la saisine à l'exécuteur testamentaire, le dispenser de faire inventaire est controversée. Il semble plus juridique de ne pas admettre la validité d'une telle stipulation ; en tout cas, elle ne saurait empêcher les héritiers de remplir la formalité, s'ils le désirent (4).

87. *Tuteur*. — En ce qui concerne les tuteurs, il est presque unanimement admis que la dispense ou prohibition de faire inventaire doit rester sans effet, fût-elle stipulée comme condition de la libéralité, car l'inventaire est alors imposé dans un intérêt d'ordre public autant que dans celui des héritiers ; par suite une semblable condition doit être considérée comme nulle, ainsi que serait également nulle toute clause pénale y attachée (5).

Et même le tuteur qui ne ferait pas dresser inventaire en alléguant la volonté expresse du donateur ou testateur pourrait être destitué par application de l'article 444 du Code civil, si ce défaut d'inventaire était considéré comme un acte d'incapacité et surtout d'infidélité, et le mineur serait toujours admis à établir la consistance de sa fortune par tous les genres de preuves, même par la commune renommée (6).

88. *Usufruitier*. — Il est admis que la dispense d'inventaire stipulée au profit d'un usufruitier ne met pas obstacle à ce que les héritiers fassent procéder à la formalité, qu'elle a seulement pour effet d'exonérer l'usufruitier des frais, s'il se trouve en présence d'héritiers non réservataires (V. supra n° 84).

89. — L'intervention de bon gré de l'usufruitier à l'inventaire ne saurait être retournée contre lui pour l'obliger à participer aux frais. Au contraire, il pourrait se voir reprocher de provoquer des frais frustratoires par malignité, s'il ne voulait obéir qu'à une citation extrajudiciaire.

(1) Demolombe, XV, 127 ; — Aubry et Rau, X, § 612, texte et note 4 ; — Baudry-Lacantinerie et Wahl, II, 1864.

(2) Aubry et Rau, II, § 229, texte et notes 9 et s. ; — Demolombe, X, 473 et s. — Planiol, 1, 1599 ; — Bourges, 25 mai 1891, J. N. 24.750, *Rev. not.* 8657, *J. du not.*, 1891, p. 542.

(3) Aubry et Rau, *op. cit.*, texte et note 11 ; — Demolombe, X, 476 ; — Baudry-Lacantinerie et Chauveau, 647.

(4) Demolombe, XXIII, 63 ; — Aubry et Rau, XI, § 711, note 18.

(5) Laurent, V, 10 ; — Demolombe, VII, 548 ; — Aubry et Rau, I, § 112, texte et notes 15 et s.; — *Encyc. not.*, V° *Inv.*, 41.

(6) Aubry et Rau, *loc. cit.* ; — Demolombe, VII, 569.

§ 1. — Inventaire régulier

90. *Délai minimum.* — L'inventaire fait après décès ne peut avoir lieu que trois jours après l'inhumation, s'il n'y a pas eu apposition de scellés, et, en cas contraire, trois jours après l'apposition des scellés, à peine de nullité et de dommages-intérêts (C. proc., 928). Ce délai est un délai franc, c'est-à-dire que ni le jour de l'inhumation ou de l'apposition des scellés, selon le cas, ni le jour de la levée des scellés ou de l'inventaire, s'il n'y a pas eu d'apposition de scellés, ne doivent être compris dans les trois jours prescrits (1).

91. — Il a été cependant jugé qu'un inventaire dressé entre majeurs aussitôt après l'inhumation était valable à leur égard (2). Mais les notaires agiront prudemment en évitant cette pratique, car le délai de trois jours a été fixé non seulement pour donner le temps aux intéressés de se présenter et de justifier de leurs qualités, mais encore pour des raisons de convenance.

92. *Urgence.* — En cas d'urgence, le président du tribunal peut, sur requête, rendre une ordonnance autorisant à procéder aux opérations d'inventaire avant le temps fixé par la loi (C. proc., 928). On peut citer comme exemples de causes d'urgence le cas où il faut, par suite de congé, vider les lieux, et celui où il y a des objets dont il faut promptement se défaire.

93. *Mineurs.* — Si parmi les héritiers il en est qui sont mineurs non émancipés, il ne peut être procédé à l'inventaire avant qu'il n'aient été émancipés ou qu'il ne leur ait été nommé un tuteur.

94. *Délai maximum.* — Aucun délai maximum n'est imposé à peine de nullité; mais pour qu'il produise tous ses effets, l'inventaire est soumis à certains délais qui varient suivant les circonstances et qui sont le plus souvent déterminés par la loi. En voici les principales applications :

95. *Curateur.* — Le curateur à succession vacante doit avant tout faire constater les forces et charges de la succession par un inventaire (C. civ., 813 ; C. proc., 1000).

96. *Envoyé en possession.* — Aucun délai de rigueur n'est imposé à l'envoyé en possession pour faire dresser inventaire des biens de l'absent ; cette formalité doit seulement être remplie avant son entrée en jouissance.

97. *Epoux héritier.* — L'époux survivant qui prétend droit à la succession de son conjoint décédé doit faire dresser inventaire avant le jugement d'envoi en possession (3).

98. *Epoux survivant.* — Dans quel délai l'époux survivant commun en biens ou marié sous le régime dotal avec société d'acquêts est-il tenu de faire inventaire ? D'après l'opinion dominante en doctrine et en jurisprudence,

---

(1) Garsonnet, § 2603, note 2.
(2) Vervins, 13 février 1891, *Rev. not.*, 8640, *J. du not.*, 1892, p. 106, *Rép. not*, 6174.
(3) C. civ., 769 et s. ; — Baudry-Lacantinerie et Wahl, I, 764.

l'inventaire doit être fait et terminé dans les trois mois (1). Passé ce délai, les déchéances des articles 385 et 1442 du Code civil sont, sauf circonstances exceptionnelles, encourues de plein droit sans qu'il soit besoin de les faire prononcer en justice (2).

99. *Etat.* — Lorsqu'à défaut d'héritiers au degré successible et de conjoint survivant, une succession est appréhendée par l'Etat, il doit être fait inventaire dans les formes prescrites pour l'acceptation des successions sous bénéfice d'inventaire (C. civ., 769). On admet généralement que cette formalité doit précéder le jugement d'envoi en possession.

100. *Exécuteur testamentaire.* — Il semble que la faculté de faire inventaire lui appartient pendant l'année du décès, puisque la loi ne lui fixe point de terme à cet effet et que c'est seulement après ce délai qu'il est tenu [de rendre compte (C. civ., 1031). Mais il est évident que la prudence lui recommande de faire remplir cette formalité aussitôt que possible.

101. *Faillite.* — Les syndics provisoires doivent dresser un inventaire dans les trois jours de leur nomination ou de l'apposition des scellés (C. com., 479 et 481).

102. *Femme divorcée ou séparée.* — La femme séparée de corps ou divorcée a un délai de trois mois pour faire inventaire et de 40 jours pour délibérer, qui court du jour où le jugement dissolvant la communauté est devenu définitif, c'est-à-dire du jour où les délais de recours sont expirés. Si elle n'a pas fait dresser alors inventaire, ni obtenu de prorogation en justice, elle est réputée avoir renoncé à la communauté, car elle n'attendrait pas l'expiration du délai, si elle avait l'intention d'accepter, étant donnée la mésintelligence des époux (C. civ., 252, 307 et 1463).

103. *Grevé de substitution.* — En matière de substitution, le grevé doit faire dresser inventaire des biens substitués dans les trois mois ; passé ce délai, le tuteur à substitution est tenu de faire procéder à cette formalité dans le mois qui suit (C. civ., 795, 1059 et 1060).

104. *Héritier.* — L'héritier a trois mois à compter du jour de l'ouverture de la succession pour faire inventaire et quarante jours à partir de l'expiration de ce délai de trois mois ou du jour de la clôture de l'inventaire, s'il a été terminé avant les trois mois, pour délibérer sur son acceptation ou sa renonciation (C. civ., 795). Ces délais lui sont acquis de droit ; il n'a pas besoin de les solliciter du tribunal (3).

105. — S'il décède avant l'expiration des trois mois sans avoir fait inventaire, ses représentants ont un nouveau délai de trois mois à partir du jour de son décès pour remplir cette formalité et de quarante jours pour délibérer (4).

106. — De même lorsqu'un héritier est appelé à une succession par suite de la renonciation de celui qui le précédait, ces délais ne courent qu'à partir de cette renonciation (5).

107. — Le délai pour faire inventaire n'est pas fatal ; l'héritier conserve la faculté d'y procéder après les trois mois, même lorsqu'il a accepté

(1) Rodière et Pont, II, 1005 ; Aubry et Rau, VII, § 515, texte et notes 2 et 2 *bis*; — Demolombc, VI, 573 ; — Guillouard, III, 1037; Planiol, III, 1117 : Rennes, 5 février 1894, S. 95.2.76, D. 94.2.400.

(2) Douai, 15 novembre 1833, D. 34.2.189, et 14 février 1863, S. 64.2.109; — Paris, 3 janvier, 1900, J. N. 27.082.

(3) Demolombe, XIV, 267 ; — Aubry et Rau, IX, § 612, texte et note 3.

(4) Demolombe, 271 ; — Aubry et Rau, IX, § 614, texte et note 4; — Planiol, III, 1964.

(5) Aubry et Rau, IX, § 614, texte et note 20; Baudry-Lacantinerie et Wahl, II, 1730.

sous bénéfice d'inventaire, s'il n'a pas fait acte d'héritier (1) ; seulement les créanciers et les légataires peuvent, après l'expiration du temps accordé par la loi, le contraindre à faire dresser inventaire et même le poursuivre personnellement, sauf à lui à demander un délai.

108. — La question de savoir si le seul fait d'avoir procédé à l'inventaire permet à l'héritier de ne pas acquitter les legs particuliers au delà des forces de la succession, quoiqu'il n'ait pas accepté sous bénéfice d'inventaire dans le délai voulu, est très controversée (2).

109. *Héritier de la femme.* — D'après la majorité de la doctrine et une nouvelle jurisprudence, les héritiers de la femme commune prédécédée sont tenus de faire inventaire dans les trois mois de son décès pour pouvoir renoncer à la communauté (3).

110. *Légataire.* — Les légataires universels et à titre universel qui veulent accepter seulement sous bénéfice d'inventaire doivent faire inventaire dans les trois mois.

111. *Liquidation judiciaire.* — En cas de liquidation judiciaire, l'inventaire doit être fait dans les vingt-quatre heures de la nomination des liquidateurs judiciaires (L. 4 mars 1889, art. 4).

112. *Tuteur.* — Le tuteur doit requérir inventaire dans les dix jours de sa nomination sous peine d'être responsable du préjudice que le retard occasionnerait au mineur, et le subrogé tuteur qui ne l'oblige pas à le faire est solidairement tenu de toutes les condamnations que le mineur pourrait obtenir par la suite contre son tuteur (C. civ., 451).

113. *Tuteur à substitution.* — En matière de substitution, le tuteur a un mois à partir de l'échéance du délai accordé au grevé (C. civ., 1060).

114. *Usufruitier. Usager.* — L'usufruitier et l'usager doivent procéder à l'inventaire avant leur entrée en jouissance (C. civ., 600, 626). Le défaut d'inventaire n'entraîne pas déchéance de leurs droits ni même privation des fruits perçus avant ; mais jusque-là, le nu propriétaire peut s'opposer à cette entrée en jouissance (4).

115. *Veuve.* — Pour pouvoir se prévaloir du bénéfice d'émolument prévu par l'article 1483 du code civil, la veuve commune en biens doit faire procéder à un « bon et fidèle inventaire » dans les trois mois du décès de son mari (5). De même, en matière fiscale, il a été jugé que faute par la veuve d'avoir requis inventaire dans les trois mois qui ont suivi le décès de son mari, elle reste personnellement tenue de la moitié des dettes contractées par le mari pendant le cours de la communauté (6).

Il est généralement admis comme satisfaisant aux prescriptions de l'article 1483

(1) C. proc., 174 ; — Baudry-Lacantinerie et Wahl, II, 1698 ; — Beauvais, 25 avril 1895.

(2) *Pour l'affirmative* : Orléans, 14 mai 1891, *Rev. not.*, 8498 ; Cass., 27 mai 1894, S. 98.1.446 ; — Caen. 31 janvier 1901, *Rev. not.*, 10.796 ; Planiol, III, 2791 ; — *Pour la négative* : Angers, 1er mai 1867, S. 67.2.305, *Rev. not.*, 1911 ; — Demolombe, XIV, 522 et 550 ; — Aubry et Rau, IX, § 612, texte et note 11 ; — Baudry-Lacantinerie et Wahl, I, 184.

(3) Rodière et Pont, II. 1174 ; — Laurent, XXII, 428 ; — Aubry et Rau, X, § 617, texte et note 5 ; — Lyon, 9 juin 1876, S. 78.2.7, D. 78.2.13 ; — Riom, 5 février 1906, *Rev. not.*, 13.144 ; — Cass. civ., 15 juin 1909, D. 09.1.417, S. 10.1.130, *Rev. not.*, 13.833, *J. du not.*, 1909, p. 546 ; — *Contra* : Guillouard, III, 1299.

(4) Aubry et Rau, II, § 229, texte et notes 3 et 4 ; — Baudry-Lacantinerie et Chauveau, 644 ; — Cass., 31 mars 1858, D. 58.1.194 ; — Cass., 17 juillet 1861, D. 61.1.180.

(5) Guillouard, III, 1390 ; — Aubry et Rau, VIII, § 520, texte et note 8 ; — Planiol, III, 1369 ; — Cass. req., 7 février 1848, S. 48.1.243, D. 49.1.22.

(6) Cass., 17 juillet 1913, *Rev. not.*, 15.387.

du Code civil, l'inventaire commencé dans le délai de trois mois et clos postérieurement à l'expiration de ce délai, lorsque des circonstances particulières justifient cet ajournement (1).

116. *Prorogation du délai.* — Si l'héritier ou l'époux survivant ont des motifs de justification suffisants de n'avoir pu faire ou terminer l'inventaire dans le délai légal, il peut leur être accordé un délai convenable pour le faire (2). Il a même été jugé que la veuve pouvait obtenir une seconde prorogation en cas de circonstances graves ou de force majeure, alléguées et prouvées par elle (3).

117. — Si le délai est accordé, les frais sont à la charge de la succession ; dans le cas contraire, ils sont supportés par la personne qui a demandé la prorogation (C. civ., 799).

118. *Poursuites.* — On peut valablement assigner un successible, la veuve ou la femme séparée ou divorcée avant l'expiration des délais pour faire inventaire et délibérer ; mais cette assignation, valable quant aux actes conservatoires, ne les oblige pas à prendre qualité. Ils peuvent toujours arrêter les poursuites en excipant des délais que la loi leur accorde (4).

119. *Force probante.* — Il est de doctrine et de jurisprudence constante que l'inventaire, comme tout acte authentique, fait foi jusqu'à inscription de faux des faits qui y sont énoncés par l'officier public comme s'étant passés en sa présence (C. civ., 1319-1341). Quant aux déclarations émanant des parties, leur sincérité peut être combattue par la preuve contraire et même, lorsqu'il s'agit d'établir une fraude de la loi, par de simples présomptions (5) (V. N° 582 ci-après).

120. — Il a été jugé, pour des motifs qu'il est aisé de comprendre :

1° Que les récompenses que l'époux survivant déclare devoir sont présumées exister, et que s'il prétend ensuite qu'il y a eu erreur, c'est à lui d'en faire la preuve (6).

2° Que l'héritier qui a reconnu que des objets mobiliers dépendaient de la succession, n'est pas recevable à soutenir ensuite, sans justification, que ces objets lui appartiennent personnellement (7).

3° Et que la déclaration que les deniers trouvés au domicile du défunt dépendent de sa succession ne peut être détruite par de simples présomptions (8).

121. — L'estimation des objets mobiliers prisés en l'inventaire s'impose aux parties, et elle doit servir de base au juge pour apprécier si, par le partage qui a suivi, l'une des parties a été lésée de plus du quart (9).

122. — L'inventaire n'a aucune force pour établir la non-existence de ce qu'il ne constate pas ; notamment l'existence d'objets mobiliers qui n'y sont pas mentionnés peut être prouvée par témoins (10).

123. — Le fait que l'inventaire dressé à la requête de la veuve survivante commune en biens n'aurait pas été affirmé sincère et véritable par elle, ne lui

---

(1) Laurent, XXII, 402 ; — Guillouard, III, 1288 ; — Cass. req., 17 mai 1858, S. 58.1.813 ; — Cass. req., 5 juillet 1909, *Rép. not.*, 16.797, *J. du not.*, 1910, p. 40.

(2) C. proc., 174 ; — Guillouard, III, 1287 ;

(3) Paris, 11 fructidor an XIII.

(4) C. civ., 795, 1456. 1459 ; — C. proc., 174 ; — Cass., 10 juin 1807.

(5) Cass., 22 novembre 1869, S. 70.1.339 ; — Cass., 13 juillet 1874, S. 75.1.469 ; — Cass., 19 décembre 1877, S. 78.1.169 ; — Aubry et Rau, XII, § 755, texte et notes 59 et 62 ; — Demolombe, XIX, 271 et s.

(6) Cass., 19 janvier 1841, S. 41.1.353 ; — Dijon, 12 février 1873, *J. du not.*, 20.869.

(7) Cass., 13 février 1878, S. 78.1.475.

(8) Cass., 2 décembre 1835, S. 36.1.398.

(9) Cass., civ., 25 novembre 1908, J. N. 29.617, *Rev. not.*, 13.986, *J. du not.*, 1909, p. 467.

(10) Paris, 10 janvier 1891, *Rev. not.*, 8492, *Rép. not.*, 6173.

enlève pas toute valeur ; il entraîne seulement une présomption d'inexactitude qui peut être combattue par toutes preuves et présomptions contraires (1).

124. *Inventaire s.s. p.* — L'inventaire sous seing privé fait foi contre la partie intéressée qui ne l'a pas contesté au fond et qui en a même reconnu la sincérité et l'exactitude (2), mais il ne peut être opposé aux tiers, et il ne permet pas aux héritiers ni à l'époux survivant de se prévaloir des avantages particuliers attachés à l'inventaire fait devant notaire (3).

§ 2. — Retard et défaut d'inventaire

125. — En indiquant pour chaque cas, les effets de l'inventaire dressé dans le délai légal, nous avons fait ressortir par opposition les conséquences du retard ou du défaut d'inventaire. Il ne nous reste plus qu'à donner des explications complémentaires pour quelques cas particuliers.

126. *Jouissance légale.* — L'époux survivant est tenu de faire inventaire dans le délai voulu pour ne pas perdre la jouissance légale de tous les biens des enfants mineurs issus du mariage (C. civ., 384, 1442). D'après l'opinion la plus accréditée, cette déchéance est encourue seulement sous le régime de la communauté légale ou conventionnelle et sous le régime dotal avec société d'acquêts (4) ; elle ne s'applique pas sous les autres régimes (séparation de biens contractuelle ou judiciaire, régime exclusif de communauté, régime dotal sans addition de société d'acquêts) (5).

127. — Cette déchéance n'a pas lieu : si le survivant a obtenu en justice une prorogation de délai, — si des circonstances de force majeure l'ont empêché de faire inventaire, surtout si cet inventaire a été dressé ensuite aussitôt que possible et paraît complètement sincère (6), — et si en fait il n'y a rien à inventorier et que par suite les enfants majeurs ou mineurs n'aient pu en éprouver aucun préjudice (7).

128. — Lorsqu'elle est encourue, cette déchéance a lieu de plein droit et sans qu'il soit besoin de la faire prononcer par décision judiciaire (8) ; mais c'est aux enfants ou à leurs représentants seuls qu'il appartient de s'en prévaloir (9), et les mineurs peuvent en outre prouver la consistance et la valeur du mobilier non inventorié par tous les moyens, même par la commune renommée.

129. *Femme mariée.* — Lorsque le mari autorise sa femme avec laquelle il est marié sous le régime de la communauté, à accepter une succession sans faire inventaire, il oblige la communauté et s'oblige personnellement envers les créanciers au paiement des dettes et charges de la succession.

(1) Bordeaux, 24 février 1829, S. Chr. ; — Carré et Chauveau, *Quest.* 3152 ; — Aubry et Rau, VIII, § 517, texte et note 29 ; — Guillouard, III, 1288.

(2) Carré et Chauveau, *Quest.* 3152 ; — Cass., 1er juillet 1828, S. Chr.

(3) Dutruc, 190 ; — Aubry et Rau, IX, § 612, note 13 ; — Demolombe, XV, 140.

(4) Clamecy, 13 avril 1588, S. 60.2.113 ; — Rennes, 5 février 1894, S. 95.2.76, J.N 25 647 ; — Aubry et Rau, VIII, § 515, texte et notes 14-15 ; — Demolombe, VI, 575-580 ; — Guillouard, III, 1054.

(5) Tulle, 3 mars, 1898, *Rev. not*, 10.222 ; — Aubry et Rau, op. cit., texte et note 16 ; — Demolombe, loc. cit. ; — Baudry-Lacantinerie, Le Courtois et Surville, I, 890.

(6) Bourges, 14 février 1859, S. 60 2.113, D. 60.2.52 ; — Douai, 14 février 1863, S. 64.2.109 ; — Bordeaux, 17 mars 1875, D. 77.2.207 ; — Pau, 28 mars 1887, D. 88.2.117, S. 87.2.166

(7) Paris, 21 février 1893, D. 93.2.465, S. 94.2 199 ; — Caen, 14 novembre 1894, S. 95.2.230 ; — Planiol, III, 1150.

(8) Douai, 14 février 1863, S. 64.2.109.

(9) Poitiers, 8 juin 1859, D. 59.2.216 ; — Rennes, 5 février 1894, S. 95.2.76 ; — Limoges, 9 février 1903, *Rev. not.*, 13.144, *J. du not.*, 1907, p. 541.

130. — Le défaut d'inventaire d'une succession échue à une femme mariée prive celle-ci de toute reprise même en deniers à l'encontre des tiers (1). Mais à l'égard de son mari, elle est autorisée à prouver par tous les moyens la consistance et la valeur du mobilier recueilli par elle et non inventorié.

131. *Subrogé tuteur.* — Le subrogé tuteur qui n'a pas obligé le tuteur à faire inventaire est tenu solidairement avec celui-ci des condamnations qui peuvent être prononcées au profit des mineurs pour le préjudice causé, sans qu'il y ait à distinguer s'il a été nommé seulement après l'entrée en fonctions du tuteur (2).

132. *Veuve.* — La femme commune survivante qui ne fait pas dresser inventaire dans le délai légal reste tenue *ultra vires* de la moitié des dettes de communauté à l'égard des tiers et même envers les héritiers du mari (3). Mais cette déchéance de la faculté de renoncer à la communauté ne peut lui être opposée que par les tiers et les héritiers du mari; elle ne saurait elle-même s'en prévaloir pour se dégager des effets d'une renonciation qui lui serait préjudiciable (4).

§ 3. — Omission. Fraude

133. *Omission.* — Les omissions non imputables à la mauvaise foi n'emportent pas la nullité de l'inventaire, quelle que soit leur importance (5) ; elles peuvent seulement le rendre suspect comme fait avec peu de soin. Au contraire, l'inventaire qui contient des omissions et des inexactitudes volontaires de la part de l'époux survivant qui l'a fait dresser doit être assimilé au défaut d'inventaire (6).

134. — Le fait de la bonne ou de la mauvaise foi est laissé à l'appréciation des juges (7).

135. *Recel. Divertissement.* — Le divertissement est le détournement frauduleux d'un effet de la succession ou de la communauté; le recel est la dissimulation d'un effet diverti par une autre personne. Dans l'un et l'autre cas, l'intention frauduleuse est l'élément nécessaire et indispensable (8).

136. — Le recel et le divertissement entraînent également des peines sévères contre l'héritier ou celui des époux qui s'en est rendu coupable, savoir : 1° déchéance de la faculté de renoncer ou d'accepter sous bénéfice d'inventaire; — 2° perte de toute part dans les objets divertis ou recélés (9) ; — 3° et obligation de rapporter ces objets avec les revenus produits depuis le jour de l'ouverture de la succession (10).

137. — Ces peines s'appliquent à tous les héritiers, en prenant ce mot dans son acception la plus étendue, et à toute fraude tendant par un moyen quelconque à rompre l'égalité du partage, sans qu'il soit nécessaire qu'il y ait eu

---

(1) Cass., 19 mars 1898, 15 mars 1899 et 3 mars 1902, *Rev. not.*, 10.342 et 11.015.

(2) Rodière et Pont, II, 1009 ; — Laurent, XXII, 189-190; Guillouard, III, 1052.

(3) Rouen, 3 juillet 1874, D. 75.2.189; —Besançon, 17 janvier 1883, S. 84.2.45; — Cass. 5 juillet 1909, *Rev. not.*, 14.368, *J. du not.*, 1910, p. 40 ; — Guillouard, III, 1286.

(4) Cass., 6 juillet 1869 ; — Laurent, XXII, 405.

(5) Caen, 10 août 1838, P. 43.1.429.

(6) Paris, 23 mai 1900, *J. du not.*, 1900, p. 663, *Rép. not.*, 11.732.

(7) Cass., 15 juin 1895, *Rev. not.*, 9671.

(8) Cass., 4 mai 1898, D.98.1.389, *J. du not.*, 1898, p. 423, *Rev. not.*, 10.160;—Baudry-Lacantinerie, Le Courtois et Surville, II, 1042.

(9) C. civ., 792 ; — Cass., 16 avril 1839, S. 39.1.264.

(10) Cass., 5 août 1868, S. 69.1.23 ; — Cass., 14 avril 1897, D. 97.1.287, *Rev. not.*, 9926, *J. du not.*, 1897, p. 506.

une appropriation effective. Ainsi il a été jugé que le silence gardé intentionnellement par un héritier sur l'existence d'un effet entre ses mains ou entre celles d'un de ses enfants constitue le délit de recel ou de divertissement (1).

138. — Elles s'appliquent également à toute soustraction opérée en prévision de l'ouverture de la succession avec l'intention de diminuer l'actif successoral (2), même si elle a lieu d'accord avec le défunt ou sur son ordre (3).

139. — Il en est de même pour les donations rapportables et non déclarées, par exemple pour des dons manuels (4).

140. — Toutefois la loi n'a pas déterminé les éléments constitutifs du délit ; elle les a laissés à l'appréciation du juge qui, selon les circonstances de la cause, peut déclarer que l'héritier incriminé était de bonne foi et que les réticences de ses déclarations s'expliquent par des erreurs de fait ou de droit (5).

141. — L'héritier peut éviter les peines encourues en faisant connaître ou en rapportant spontanément et avant toute poursuite les objets divertis ou recélés ; mais il en est autrement, si la remise n'a lieu qu'après la découverte du détournement et si le recéleur ne fait cette déclaration que pressé par l'évidence (6).

142. *Epoux*. — L'époux fraudeur perd la jouissance des revenus des biens de ses enfants mineurs et sa part dans les objets détournés ; il est tenu d'en faire le rapport avec les intérêts et revenus à partir de la dissolution de la communauté (7). De plus la veuve survivante est réputée commune, malgré toute renonciation (8).

143. *Héritier bénéficiaire*. — L'héritier bénéficiaire qui a diverti ou recélé est déclaré déchu du bénéfice d'inventaire, encore bien que le divertissement ou le recel ait été effectué à une époque où il n'avait pas accepté et ne se proposait pas encore d'accepter la succession (9).

144. *Mineur*. — Si le divertissement ou le recel a été fait par un mineur ayant l'âge de discernement, celui-ci ne peut prétendre à aucun droit dans les biens divertis ou recélés (10). Beaucoup d'auteurs estiment aussi que le recel ou le divertissement de la part de la femme mineure emporte acceptation tacite de la communauté (11).

(1) Cass., 17 mars 1869, D. 69.1.338 ; — Cass., 15 avril 1890, S. 90.1.248, D. 90.1.430, *J. du not.*, 1890, p. 292 ; — Cass., 5 février 1895, D. 95.1.200, S. 97.1.125, J. N. 25.667, *J. du not.*, 1895, p. 469 ; — Cass., 14 mai 1900, D. 00.1.358, *Rev. not.*, 10.598.

(2) Cass., 27 novembre 1861, D. 62.1.74 ; — Caen, 15 novembre 1911, *J. du not.*, 1912, p. 387.

(3) Toulouse, 1er décembre 1891, D. 92.2.37 ; — Baudry-Lacantinerie et Wahl, II, 1830 ; Aubry et Rau, IX, § 613, texte et note 56 *ter*.

(4) Cass. civ., 14 avril 1897, D. 97.1.287, S. 00.1.454, *Rev. not.*, 9926, *J. du not.*, 1897, p. 506 ; — Cass., 3 février 1898, *Rev. not.*, 10.042, *J. du not.*, 1898, p. 396.

(5) Cass., 15 juin 1895, *Rev. not.*, 9671.

(6) Comp. Rennes, 29 mars 1879, S. 80.2.333 ; Cass. civ., 30 mars 1898, S. 98.1.489, *Rev. not.*, 10.159 ; Besançon, 10 juillet 1901, *Rev. not.*, 10.918.

(7) Cass. 12 juin 1882, S. 82.1.361, *Rev. not.*, 6709.

(8) Cass. civ., 4 mai 1898, *Rev. not.*, 10.160, *J. du not.*, 1898, p. 423, D. 98.1.389.

(9) Bordeaux, 2 décembre 1840, S. 41.2.215 ; Cass., 3 mai 1848, S. 49.1.363 ; Lyon, 20 décembre 1907 ; S. 08.2.173 ; Demolombe, XIV, 333-337 ; Baudry-Lacantinerie et Wahl, II, 1840.

(10) Laurent, XXII, 384 ; Guillouard, III, 1264 ; — Cass. civ., 16 juillet 1913, S. 14.1.347, J. N., 30.782.

(11) Rodière et Pont, II, 1055 ; Aubry et Rau, VIII, § 517, texte et note 37.

CHAPITRE IV. — Officiers publics compétents. Leur choix

§ 1. — Notaires

145. *Compétence.* — C'est aux notaires qu'appartient exclusivement le droit de procéder aux inventaires, quelles que soient les circonstances dans lesquelles il y a lieu de les dresser, même pour les successions dévolues à l'Etat par déshérence, droit d'aubaine ou autrement (1). Il n'y a d'exception qu'en matière de faillite et de liquidation judiciaire, où le concours des notaires peut encore être demandé si les parties jugent leur ministère utile (2), et en cas de conventions diplomatiques passées avec certaines puissances étrangères d'après lesquelles les consuls étrangers sont parfois compétents pour dresser l'inventaire des biens de leurs nationaux décédés en France, laissant des héritiers étrangers.

146. *Sanction.* — La loi n'édicte point de peine spéciale pour les greffiers et les juges de paix qui s'immisceraient dans la confection des inventaires; mais ces actes seraient nuls et les effets de cette nullité engageraient la responsabilité des auteurs de ces empiétements sur les fonctions notariales (3).

147. *Choix.* — Le choix du notaire comme des autres officiers publics appartient aux parties qui doivent requérir l'inventaire, mais non à celles qui n'ont qu'une mission de surveillance. Ainsi les créanciers n'ont le droit d'appeler leur notaire que lorsque l'inventaire est dressé à leur seule requête (4); de même le subrogé tuteur ne concourt au choix du notaire que s'il agit comme tuteur *ad hoc* par suite de l'opposition d'intérêt du mineur avec son tuteur ordinaire (5).

148. *Désignation d'office.* — En cas de désaccord entre les intéressés, il en est référé par le juge de paix, s'il y a scellés, et, à défaut de scellés, sur requête, au président du tribunal civil du lieu de l'ouverture de la succession qui nomme d'office le notaire instrumentaire (6).

149. *Appel.* — La décision du président du tribunal est d'ordre contentieux et susceptible d'appel dans la quinzaine (7), et la Cour peut infirmer l'ordonnance attaquée lors même que le notaire commis par elle aurait déjà commencé de procéder à l'inventaire, ou adjoindre à ce notaire l'un de ses confrères (8).

150. *Remplacement du notaire.* — Lorsque la décision qui a commis un notaire

---

(1) L. des 6-27 mars 1791, art. 10 ; — C. proc., 943 ; — Cass., 5 frimaire an VIII et 11 frimaire, an X, S. chr.

(2) *Encyc. not.*, V° *Inv.*, 156 ; — Rolland de Villargues, 59 ; — Amiaud, *Traité form.*, V° *Inv.*, 22.

(3) Rutgeerts et Amiaud, I, 206 ; — Déc. min. just., 6 thermidor an V ; — C. proc., 943 ; Cass., 17 juin 1830, S. 50.1.649, D. 50.1.323.

(4) Amiens, 26 mai 1879, S. 80.2.288 ; Toulouse, 18 juillet 1886, *Rev. not.*, 7721 ; Mâcon, 5 décembre 1895, *Rép. not.*, 8768 ; — Amiaud op. cit., 24, note 6 *in fine*.

(5) Angers, 22 avril 1891, *Rép. not.*, 6077; V. aussi Toulouse, 18 juillet 1887, *Rev. not.*, 7721.

(6) C. proc., 935 ; C. civ., 109 ; Cass., 23 janvier 1886, S. 87.1.214, D. 83.1.241, *Rev. not.*; 7284.

(7) C. proc., 809 ; Chambéry, 27 avril 1880, *Rev. not.*, 6492, *Rép. not.*, 194 ; — Rouen, 25 novembre 1916, *Rép. not.*, 19.184 ; — Bertin, Ord. sur référé, 651.

(8) Pau, 12 juin 1899, *Rev. not.*, 10.341, *Rép. not.*, 11.061.

a acquis l'autorité de la chose jugée, ce notaire ne peut plus être remplacé par un autre, même à la demande de tous les héritiers, qu'en cas de raisons sérieuses et tout à fait exceptionnelles (1).

151. — De même lorsque les héritiers ont chargé d'un commun accord un notaire de procéder à l'inventaire, il ne saurait appartenir à quelques-uns, formeraient-ils la majorité, de revenir sur ce choix à l'encontre des autres, sans motifs graves (2).

152. *Pouvoir du juge*. — Le pouvoir du juge pour le choix du notaire à commettre est discrétionnaire à ce point qu'il peut désigner tel notaire qu'il juge à propos et même deux au lieu d'un (3), et qu'il n'est pas tenu de motiver son ordonnance (4). Mais ce pouvoir ne saurait être arbitraire.

153. *Motifs de préférence*. — La loi a-t-elle indiqué les motifs de préférence entre les notaires présentés par les parties, en cas de désaccord entre elles, et même entre ceux que le juge peut commettre? On a cru d'abord qu'on devait suivre l'ordre indiqué par l'article 935 du Code de procédure, à savoir : le notaire de l'époux commun en biens en premier lieu, puis celui des héritiers, puis celui de l'exécuteur testamentaire, et enfin celui du légataire universel ou à titre universel. Mais cette doctrine est abandonnée.

154. *Ancienneté*. — Longtemps aussi, la jurisprudence a donné d'une façon absolue la préférence au notaire le plus ancien, quelles que fussent les circonstances qui pouvaient militer en faveur d'un autre (5). Ce système est également abandonné; l'ancienneté n'exerce plus d'influence que lorsque les héritiers ont des droits égaux et qu'aucun autre motif ne commande un autre choix (6).

155. *Intérêt des parties*. — Aujourd'hui, c'est la qualité et le degré des intérêts des parties qui semblent d'abord devoir être consultés (7). Ainsi est préférable le notaire qui a en sa possession les actes de la famille et les matériaux nécessaires pour l'inventaire, ou encore le notaire du lieu de l'ouverture de la succession, lequel est d'ordinaire le notaire du défunt, car les recherches sont de cette façon plus faciles et plus accessibles à tous, et les frais moins élevés (8).

156. *Règlement intérieur*. — D'ordinaire, le juge tient compte des règlements intérieurs de la compagnie et s'inspire de leurs prescriptions auxquelles les notaires sont astreints sous une sanction disciplinaire (9), car ces règlements sont, dans la plupart des cas, dictés par les exigences de l'intérêt bien entendu des parties (10). Mais ces règlements ont surtout pour but d'éviter les compétitions des

---

(1) Marseille, 23 avril 1902, *Rev. not.*, 11.242.

(2) Rouen, 30 août 1884, *Rev. not.*, 7085, J. N., 23.329 ; — Versailles, 27 février 1891 ; *Rev. not.*, 8478, *J. du not.*, 1891, p. 215, *Rép. not.*, 5900; — Marseille, 23 avril 1902 précité. — V. aussi J. N., sol. prat., 28.074.

(3) Bordeaux, 15 avril 1835, P. chr.; — Caen, 12 juin 1854, S.55.2.86; — Limoges, 22 mai 1869, *Rev. not.*, 2726; Cass. req., 31 janvier 1870, S. 70.1.148, D. 70. 1.291, *Rev. not.*, 2760. — Cass., 26 janvier 1886, S. 87.1.214, D. 86.1.241, *Rev. not.*, 7284, J. N. 23.638, *Rép. not.*, 3437.

(4) Chambéry, 27 avril 1880, *Rev. not.*, 6492, *Rép. not.*, 194.

(5) Colmar, 30 juillet 1825, S. chr.; — Paris, 22 août 1831, S. 31.2.311; — Paris, 13 juillet 1832, S. 33.2.358; — Nancy, 24 août 1835, S. 36.2.144.

(6) Paris, 30 mars 1895, *Rev. not.*, 9383, *Rép. not.*, 8368, *J. du not.*, 1897, p. 485; Versailles, 25 janvier 1898, *Rev. not.*, 10.024; Douai, 8 novembre 1899, J. N. 27.109, *Rev. not.*, 10.480.

(7) Paris, 14 juin 1881, J. N. 22.525, *Rev. not.*, 6269, *Rép. not.*, 195; Versailles, 27 février 1891, *Rev. not.*, 8478, *J. du not.*, 1891, p. 215, *Rép. not.*, 5909.

(8) Paris, 14 juin 1881 précité; Paris, 31 décembre 1885, J. N. 23.561, *Rev. not.*, 7283; Versailles, 11 janvier 1898, *Rev. not.*, 10.023; Bordeaux, 20 juillet 1900.

(9) V. Cass., 18 juillet 1900, 12 mai 1903, et 15 juin 1905, *Rev. not.*, 10.651, 11.529 et 12.784.

(10) Bordeaux, 14 février 1901, *Rev. not.*, 11.777, J. N. 28.143, *Rép. not.*, 13.712; — Lunéville, 7 septembre 1905, *Rev. not.*, 12.522; Rouen, 31 juillet 1907, *Rev. not.*, 13.377, *J. du not.*, 1908, p. 586.

notaires entre eux, en face de leur clientèle ; ils sont sans portée décisive dans l'appréciation des questions soumises à l'autorité judiciaire qui est libre de n'en pas tenir compte (1). Et la Chambre des notaires ne saurait critiquer le choix fait en dehors de ses règlements, ni infliger un blâme quelconque au notaire qui a exécuté la mission judiciaire à lui confiée (2).

157. *Principes.* — Quoiqu'il n'y ait pas de règle absolue pour le choix du notaire à commettre, voici cependant les principes les plus généralement admis.

158. *Conjoint survivant.* — Le conjoint survivant commun en biens n'a pas, de droit absolu, le choix du notaire, fût-il en outre légataire en usufruit ; il a seulement un droit de préférence lorsque d'autres intérêts plus sérieux n'exigent pas qu'il en soit ordonné autrement (3).

159. — Lorsqu'il n'a d'autre titre à faire valoir que celui de donataire ou légataire à titre particulier, il ne peut y appeler son notaire.

160. *Successions confondues.* — Lorsque l'époux survivant, usufruitier des biens de son conjoint, vient à décéder, l'inventaire est dressé à la requête de ses héritiers par le notaire de leur choix, sauf aux autres héritiers à y assister pour la conservation de leurs droits (4).

161. *Exécuteur testamentaire.* — Qu'il ait ou non la saisine, il concourt dans le choix du notaire, mais sans que son choix n'ait aucun motif de préférence, à moins que le notaire par lui proposé ne réside dans le lieu de l'ouverture de la succession et ne fût le conseil du *de cujus* (5).

162. *Héritiers. Donataires. Légataires.* — Les héritiers et autres successibles concourent entre eux ; le notaire de l'héritier légitime est préférable à celui de l'exécuteur testamentaire (6) et le notaire du légataire universel à celui de l'héritier non réservataire (7).

163. — Toutefois il a été jugé qu'en cas d'instance en demande de nullité du testament instituant le légataire universel, l'héritier non réservataire qui requiert l'inventaire à l'encontre de celui-là, a le droit de désigner un notaire de son choix, afin de ne pas livrer à l'indiscrétion du légataire universel étranger à la famille les papiers et notes du *de cujus*, sauf à supporter les frais occasionnés par ces mesures, si les droits du légataire universel sont ultérieurement consacrés par la justice (8). Nous estimons que, dans ce cas, la garde de la minute revient au notaire du légataire universel.

164. *Usufruitier.* — Le notaire de l'usufruitier doit être préféré au notaire du nu propriétaire (9), à moins que la validité du titre qui confère l'usufruit ne soit mise en question (10).

---

(1) Paris, 28 juin 1920.

(2) Cass., 5 juillet 1875, J. N. 21.283.

(3) Cass., 31 janvier 1870 précité ; — Dijon, 2 décembre 1874, S. 76.2.151, *Rev. not.*, 4938 ; — Lunéville, 7 septembre 1905, *Rev. not.*, 12.522.

(4) Rouen, 26 avril 1872.

(5) Versailles, 15 mars 1895, *Rev. not.*, 9383 ; Paris, 30 mars 1895, précité.

(6) Orléans, 27 novembre 1857, D. 61.5.471 ; Riom, 9 novembre 1895, *J. du not.*, 1896, p. 234 ; Paris, 30 novembre 1895.

(7) Paris, 30 décembre 1868, J. N. 19.512 ; — Seine, 9 septembre 1871, J. N. 20.118, *Rev. not.*, 3038.

(8) Caen, 17 décembre 1902, *J. du not.*, 1903, p. 488, *Rev. not.*, 11.379.

(9) Cass., 31 janvier 1870 précité ; Bordeaux, 17 décembre 1879, S. 80.2.112, *Rev. not.*, 6096, J. N. 22.309 ; — Demolombe, X, 462.

(10) Caen, 4 janvier 1886, *Rev. not.*, 7375, *Rép. not.*, 2953, J. N. 23.638 ; — Bourges, 25 mai 1891, *Rev. not.*, 8657, *J. du not.*, 1891, p. 542, J. N. 24.750.

165. — Si l'usufruitier a été dispensé d'inventaire, comme les frais de cette formalité incombent alors au nu propriétaire (V. *supra* n° 84), il est juste que ce soit le notaire de ce dernier qui reçoive la minute.

166. *Tuteurs. Curateurs. Administrateurs, etc.* — Ont aussi le droit de concourir dans le choix du notaire, mais après les intéressés qui viennent d'être indiqués ou à leur défaut : 1° le conseil à la tutelle nommé par application de l'article 391 du Code civil (1) ; 2° les tuteurs de mineurs ou d'interdits et le tuteur à restitution ; — 3° le curateur à l'émancipation ; — 4° le conseil judiciaire ; — 5° l'Etat héritier même avant son envoi en possession ; — 6° le curateur à succession vacante ; — 7° et l'administrateur d'une succession.

167. *Divorce. Séparation de corps.* — En cas de demande en séparation de corps ou de divorce, la question est controversée et résolue de différentes manières par la jurisprudence :

1° D'après un premier système, l'inventaire étant un acte conservatoire, rentre dans les pouvoirs d'administration du mari comme chef de la communauté non encore dissoute, sauf le droit pour la femme de se faire assister par son notaire qui vient en second (2) ;

2° D'après une seconde opinion, la préférence appartient à la femme, surtout si c'est elle qui a fait apposer les scellés et qui requiert l'inventaire (3) ;

3 Enfin un troisième système laisse au président du tribunal le soin du choix d'après les circonstances de la cause, l'intérêt respectif des parties, et, en cas d'égalité d'intérêts des parties, l'ancienneté des notaires (4).

168. — Il a été jugé qu'au cas où le jugement de séparation ou de divorce a été rendu et a commis un notaire pour la liquidation, le président du tribunal peut en désigner un autre pour l'inventaire (5). Mais cette décision nous semble très critiquable. L'inventaire est non seulement un acte conservatoire, il est encore la base même de la liquidation des droits respectifs des époux. Il est donc illogique d'en attribuer le dépôt à un notaire autre que celui qui est chargé du travail liquidatif, et c'est en outre augmenter inutilement les frais (6).

169. *Séparation de biens.* — L'inventaire, dans ce cas, doit être fait par le notaire commis par le tribunal pour procéder à la liquidation de la communauté (7).

170. *Choix du testateur.* — Une distinction est à faire. 1° La désignation par le défunt du notaire chargé de régler sa succession ne s'impose pas de façon absolue aux héritiers ayant un droit personnel à la succession en vertu de la loi ; ceux-ci restent libres de choisir un autre notaire (8). Toutefois, en cas de désaccord entre eux, l'intention du défunt est généralement prise en considération par les tribunaux, alors surtout que son choix n'est contesté que par quelques

(1) Caen, 2 mai 1921, *Rép. not.*, 19.790.
(2) Versailles, 10 mars 1875, J. N. 21.167, *Rev. not.*, 4876 ; — Valenciennes, 6 avril 1895, *Rev. not.*, 9384, *Rép. not.*, 8349, *J. du not.*, 1895, p. 361 ; — Rouen, 31 juillet 1907, *Rev. not.*, 13.377.
(3) Paris, 21 mars 1899, S. 80.2.133, J. N. 22.127, *Rev. not.*, 5877 ; — Paris, 20 novembre 1894, D. 95.2.508, S. 96.2.231, *Rev. not.*, 9384, *Rép. not.*, 8215, *J. du not.*, 1895, p. 21 ; — Cass., 9 juillet 1895, S. 97.1.133, D. 96.1.375, J. N. 25.830, *Rev. not.*, 9457, *J. du not.*, 1895, p. 552 ; — Amiens, 7 janvier 1903, D. 04.5.435, J. N. 28.142, *Rev. not.*, 11.752, *Rép. not.*, 13.690.
(4) Rambouillet, 22 février 1892, *Rev. not.*, 9384, *Rép. not.*, 6523, *J. du not.*, 1892, p. 229 ; — Cf. Montmédy, 30 mars 1909, *Rev. not.*, 13.724, *J. du not.*, 1940, p. 258.
(5) Cass., 9 juillet 1895 précité.
(6) Doullens, 11 février 1904, J. N. 28.114, *Rev. not.*, 11.751, *J. du not.*, 1905, p. 168.
(7) Paris, 3 octobre 1839, P. 39.2.328.
(8) Paris, 30 mars 1895, *Rev. not.*, 9383, *J. du not.*, 1897, p. 485, *Rép. not.*, 8368.

héritiers et qu'il n'est pas de nature à porter atteinte aux intérêts de ceux qui refusent de l'accepter (1).

2° En présence de légataires qui ne sont appelés à la succession que par l'effet de la volonté du défunt, le choix du testateur semble, au contraire, devoir être respecté.

Dans tous les cas, le notaire désigné par le défunt ne saurait se prévaloir lui-même du testament pour écarter un autre notaire du règlement de la succession (2).

171. — La valeur de la clause pénale attachée par le testateur à la désignation du notaire chargé du règlement de sa succession est vivement controversée (3). Cependant la disposition testamentaire qui a pour objet le choix du notaire n'intéresse nullement l'ordre public et n'a rien de contraire à la loi : il semble donc qu'elle devrait recevoir son exécution lorsqu'il s'agit de légataires tenant leurs droits du testament et non de successibles ayant une vocation héréditaire en vertu de la loi (4).

172. *Nombre des notaires*. — Comme tout acte notarié, l'inventaire n'est soumis à la signature d'un second notaire ou de deux témoins que si les parties ou l'une d'elles ne savent ou ne peuvent signer. En tout cas, il ne peut être dressé par plus de deux notaires; les autres notaires appelés par les parties assistent aux opérations seulement en qualité de conseils de leurs clients et n'ont aucun droit aux honoraires des notaires instrumentaires. Par contre, le notaire en premier ne peut refuser le concours d'un second notaire choisi par une partie qui a le droit de requérir l'inventaire (5).

173. *Incompatibilités*. — Ne peut dresser l'inventaire d'une succession le notaire qui est parent ou allié jusqu'au troisième degré inclusivement avec le défunt ou les intéressés, ou qui a été institué légataire (6), ou qui a été choisi comme exécuteur testamentaire (7), ou encore qui a été commis pour représenter des intéressés.

174. — Le notaire suppléant du juge de paix ne peut procéder à la fois à la levée des scellés et à l'inventaire sans encourir une peine disciplinaire que la bonne foi ne saurait excuser (8), mais aucune incompatibilité ne résulte du fait que le notaire instrumentaire est parent du juge de paix qui lève les scellés ou de son greffier, ou du commissaire priseur. Toutefois certains auteurs estiment qu'il est alors préférable que le notaire s'abstienne (9).

175. — Le fait que le notaire serait créancier ou débiteur du *de cujus* ou que ce serait un de ses parents qui le fût, n'entraîne pour lui aucune incapacité d'instrumenter.

176. *Délit d'outrages*. — Le notaire qui, en qualité de notaire en second, concourt à la confection d'un inventaire, est, comme le notaire en premier, protégé par les dispositions de la loi concernant l'exercice des fonctions notariales. Les

---

(1) Paris, 28 juin 1920, J. N. 32.922.
(2) Règl. Chambre des Not. de Paris, art. 46.
(3) *Pour la négative* : Orléans, 10 juillet 1885, sous Cass., S. 87.1.214, D. 86.1.244, *Rev. not.*, 7207 ; — *Pour l'affirmative* : Amiens, 15 décembre 1906, *Rev. not.*, 13 024 ; — Le Havre, 20 février 1908. *Rev. not.*, 13.534, J. N. 29.829, *J. du not.*, 1908, p. 759.
(4) Cf. Cass., 30 avril 1890, *Rev. not.*, 8362.
(5) Dijon, 2 décembre 1874, S. 76.2.151 ; — Amiaud. *T. form.*, V° *Inv.*, 25.
(6) Rouen, 21 janvier 1879, *Rev. not.*, 5771, J.N. 22.189.
(7) Bordeaux, 14 février 1901, *Rev. not.*, 11 777, J. N. 28.143.
(8) Cass. civ., 13 février 1893, S 96.1.314, *Rev. not.*, 8864, *J. du not.*, 1893, p. 232.
(9) Rutgeerts et Amiaud, 491 ; Amiaud, *Traité form.*, *Inv.*, 35.

injures et menaces qui lui sont adressées constituent le délit d'outrages puni par l'article 224 du Code pénal (1).

§ 2. — Officiers priseurs

177. *Monopole.* — Les commissaires priseurs ont le monopole des estimations ou prisées d'objets mobiliers dans la commune où ils résident, mais non pas dans les faubourgs de la ville où ils sont établis et qui, tout en ne faisant avec elle qu'une agglomération, constituent des communes distinctes (2). Partout ailleurs, le droit de procéder à la prisée appartient concurremment aux commissaires priseurs, aux greffiers, aux huissiers et aux notaires même en dehors de leurs ressorts (3).

178. — Les notaires peuvent, en même temps qu'ils procèdent à l'inventaire, priser eux-mêmes les objets (4) ; mais pour des raisons de convenances faciles à comprendre, il est préférable qu'en général ils s'abstiennent de le faire, à moins qu'il ne s'agisse d'une succession de peu d'importance (5).

179. *Non-cumul.* — Le greffier qui assiste le juge de paix dans la levée des scellés peut, en même temps qu'il rédige son procès-verbal, procéder comme officier priseur (6), mais il n'a pas droit à doubles vacations.

180. — De même le notaire qui fait lui-même l'estimation des objets mobiliers au cours de l'inventaire qu'il dresse, ne peut percevoir des vacations comme notaire et comme officier priseur (7).

181. *Experts.* — L'officier priseur, quel qu'il soit, peut se faire assister d'experts pour l'aider dans son travail, lorsque, parmi les objets à estimer, il en est qui demandent des connaissances spéciales, comme, par exemple, des bijoux, des tableaux, des instruments aratoires, etc. (8). Et rien ne s'oppose à ce qu'une femme soit choisie comme expert pour l'estimation d'objets de sa partie (9). Mais nous considérons comme contraire à la loi la pratique courante dans certaines régions de faire faire la prisée directement par les experts, surtout lorsqu'il y a des incapables en cause. Ils sont et doivent rester seulement des aides.

182. — Il est d'usage de faire prêter serment à ces experts entre les mains du notaire instrumentaire, quoique ce serment ne semble obligatoire qu'au cas où l'époux survivant a le droit de conserver le fonds de commerce ou l'établissement industriel ou agricole pour le montant de la prisée (10).

183. — Le subrogé tuteur choisit l'expert chargé d'estimer les meubles que le père ou la mère ayant la jouissance légale des biens de son enfant mineur voudrait conserver en nature (C. civ., 453). A défaut par le subrogé tuteur de désigner cet expert, il convient de le faire nommer par ordonnance de référé (11).

---

(1) Jonzac, 30 janvier 1908, *Rev. not.*, 13.380, *Rép. not.*, 15.758, J. N. 29249.

(2) L. 27 ventôse an XI, art. 1 ; Grenoble, 10 juin 1846, D. 46.4.513 ; Rennes, 12 février 1879, D. 80.2.82 ; Lyon, 16 mars 1905, *Rev. not.*, 12.530.

(3) L. 18 septembre 1793 ; Douai, 26 août 1835, S. 36.2.223 ; Langres, 2 juillet 1899, *J. du not.*, 1891, p. 121 ; Cherbourg, 14 août 1905, *Rev. not.*, 12.321.

(4) Grenoble, 5 décembre 1839, S. 40.2.223, D. 40.2.159, J. N. 10.732.

(5) Rolland de Villargues, 61 ; — Bioche, 162 ; — Amiaud, *Traité form.*, Inv., 38.

(6) Déc. min. just., 6 avril 1835 ; — Grenoble, 5 décembre 1839 précité.

(7) Douai, 26 août 1835 précité ; — Orléans, 22 août 1837, S. 37.2.410, D. 37.2.144 ; — Cass., 19 décembre 1838, S. 39.1.175, J. N. 10.240 ; Rutgeerts et Amiaud, I, 97.

(8) Orléans, 22 août 1837 et Cass., 19 décembre 1838 précités ; — Pau, 12 juin 1899, *Rev. not.*, 10.341.

(9) Carré et Chauveau, *Quest.* 3128 ; — Dutruc, 159. — Rolland de Villargues, *Prisée*, 21.

(10) Cass., 19 décembre 1838 et Grenoble, 5 décembre 1839 précités.

(11) V. Sol. pratique dans J. N. 28.503.

Il y a controverse en doctrine comme en jurisprudence sur le point de savoir si cet expert doit être pris parmi les officiers priseurs (1) ou s'il peut l'être en dehors (2).

184. *Choix.* — Les officiers priseurs et les experts sont choisis par les parties. Si celles-ci ne sont pas d'accord, le choix est alors fait par le président du tribunal de la même manière que pour les notaires (3).

185. *Crue.* — Sous l'ancien régime, la prisée des objets mobiliers se faisait au-dessous de leur prix réel, en sorte que pour avoir leur valeur exacte, il fallait augmenter leur estimation d'une certaine quantité qu'on appelait crue. Le Code a abrogé cet usage; les objets doivent être prisés à leur juste valeur (C. proc., 943, § 3). Cette prescription étant légale, il paraît superflu de la mentionner, comme cela se fait parfois.

§ 3. — Attributions respectives du notaire et du juge de paix en cas de scellés

186. *Mission.* — Le juge de paix et le notaire, en cas d'inventaire après apposition de scellés, ont chacun leur mission spéciale. Le ministère du juge de paix se borne à lever les scellés à la réquisition des parties au fur et à mesure des besoins de la rédaction du procès-verbal du notaire, et à les réapposer, s'il y a lieu, à la fin de chaque séance. Celui du notaire consiste à procéder au dépouillement, au classement et à l'analyse des titres et papiers (4).

187. — C'est le juge de paix qui fixe le jour et l'heure de la levée des scellés, sur réquisition préalable; mais il n'a aucune qualité pour s'immiscer dans les opérations de l'inventaire qui sont du ressort exclusif du notaire, ni pour en connaître même sommairement le contenu (5). C'est aussi au notaire seul qu'il appartient de demander au tuteur s'il lui est dû quelque chose par le mineur (C. civ., 451), de recevoir le serment des requérants et du gardien du mobilier (C. proc., 943-8°), et l'affirmation de la veuve survivante qui veut conserver la faculté de renoncer à la communauté (C. civ., 1456).

188. *Annexes.* — Les procurations et les pièces justificatives de la qualité des parties doivent être annexées à la minute de l'inventaire et non au procès-verbal des scellés (6). Au contraire l'original des sommations, lorsqu'il en est fait, est conservé par le juge de paix.

189. *Référé.* — En cas de difficultés, c'est le juge de paix et non le notaire qui va en référer et fixe le jour de la comparution devant le président du tribunal (7).

190. *Levée des scellés.* — Le juge de paix ne saurait s'opposer valablement à ce que les scellés soient levés et ôtés définitivement avant la clôture de l'inventaire,

(1) Bioche, 161; Roll. de Villargues, *Inv.*, 15; Bourbon-Vendée, 6 avril 1835, S. 35.2.284; T. paix Melisay, 3 juillet 1861; — V. aussi Defrenois, 317.; Amiaud, *Tr. form.*, *Inv.*, 39, note 5.

(2) Loret, III, 471; Dutruc, 159; André, 136; Rennes, 14 janvier 1835; Nîmes, 28 février 1837, S. 37.2.179; Grenoble, 5 décembre 1839, S. 40.2.223, D. 40.2.159, J. N. 10.732.

(3) C. proc., 935. — Amiaud, *Traité form.*, *Inv*, 36.

(4) C. proc. 937 et 943; Jay. 231 et s.; Roll. de Villargues, *Scellés*, 217; Rutgeerts et Amiaud, I, 130; Cass. civ., 5 frimaire an VIII; Aix, 28 juillet 1830, S. Chr.; Libourne, 22 janvier 1905, *Rev. not.*, 12,221, *J. du not.*, 1905, p. 145, J. N. 28.543; Tours, 23 janvier 1912, J. N. 30.322, *J. du not.*, 1912, p. 176.

(5) Aix, 28 juillet 1830 et Tours 31 janvier 1912 précités.

(6) Déc. min. just., 28 avril 1832 et 24 mai 1849.

(7) Garsonnet et Cézar-Bru, VII, § 2602, p. 76; — Douai, 23 mars 1825, P. chr.

et à ce que le notaire emporte les papiers pour terminer le travail à son étude, si les parties le requièrent, car les intérêts des incapables ou des non présents sont suffisamment garantis par la présence et la responsabilité de leur tuteur ou curateur, ou du notaire commis pour les représenter (V. *supra*, n° 45).

191. *Découverte d'un testament.* — Il est admis que le juge de paix doit se saisir du testament pour en faire la présentation au président du tribunal après description sommaire, lorsque la découverte a eu lieu lors de l'apposition des scellés (C. proc., 916).

192. — Mais le plus souvent le testament est trouvé au cours de la prisée de l'inventaire. Dans ce cas, il serait logique que ce fût le notaire qui fût chargé de la présentation au président du tribunal pour les raisons suivantes :

1° Le rôle du juge de paix n'est que de reconnaître l'intégrité des scellés et de les lever au fur et à mesure des besoins de l'inventaire ; par suite, le notaire seul peut trouver le testament, et c'est en outre, entre ses mains, que le dépôt doit en être ordonné (C. civ., 1007).

2° C'est exceptionnellement et parce qu'il ne pouvait pas en être autrement que la loi a conféré ce droit au juge de paix lors de l'apposition des scellés, et les exceptions sont de droit étroit ; elles ne peuvent s'appliquer ni par analogie ni par identité (1).

Cependant il y a controverse à ce sujet en doctrine comme en jurisprudence (2). En pratique, c'est toujours le juge de paix qui se saisit du testament trouvé au cours de la levée des scellés avec ou sans inventaire.

(1) Cass., 13 octobre 1812.

(2) En faveur de l'opinion conférant au notaire le droit de présentation, V. Aix, 8 juillet 1830 précité ; Louvain. 8 avril 1881, *Rev. pr. not. belge*, 1881. p. 220 ; Rutgeerts et Amiaud. 110 ; Legrand, *J. du not.*, 1895, p. 545. — *Contra* : Defrenois, 355 ; André, 458 ; Lombez (référé), août 1856, J. N 15 898.

193. *Forme.* — Pour produire tous ses effets, l'inventaire doit être fait en la forme authentique ; par suite il est soumis à toutes les formalités générales communes aux actes notariés ; il doit être écrit en français sans abréviation, blanc, surcharge ni interligne par le notaire, l'un de ses clercs ou même par une personne étrangère.

194. — Il doit mentionner :

1° Les noms, prénoms, professions et domiciles des parties et de leurs représentants légaux ou mandataires.

2° Les nom et résidence du notaire instrumentaire si toutes les parties savent signer, et, à défaut, de deux notaires ou d'un notaire et de deux témoins.

3° La date des jour, mois et an de chaque séance et en outre l'indication de l'heure du commencement et de celle de la fin de chacune desdites séances.

4° Les dates et les sommes en toutes lettres.

5° La numération décimale, les poids, mesures et monnaie en cours légal.

6° La lecture aux parties et leur signature ou la déclaration par elles de ne savoir ou de ne pouvoir signer, etc...

195. *Notaire.* — Nous avons vu que le droit de procéder aux inventaires appartient en principe aux notaires seuls (V. *supra*, n° 145), et que dans tous les cas il ne peut être dressé par plus de deux notaires (*supra*, n° 172).

196. *Témoins.* — Il n'y a lieu de soumettre cet acte à la signature de deux témoins ou d'un second notaire, que si l'une des parties ne sait ou ne peut signer, conformément aux prescriptions de l'article 9 de la loi du 25 ventôse an XI, modifiée par la loi du 12 août 1902. Mais le juge de paix qui procède à la levée des scellés ni le greffier qui l'assiste ne peuvent en même temps servir de témoins instrumentaires (1).

197. *Minute. Répertoire.* — L'inventaire est toujours reçu en minute ; il peut n'être porté au répertoire qu'à la date de la première séance en indiquant dans le même article les dates successives des séances subséquentes (2).

198. *Vacation.* — Chaque séance comprend une ou plusieurs vacations. Il y a discussion sur le nombre de vacations qui peut être fait dans une même journée (V. ci-dessous, n° 777). La vacation est d'une durée de 3 heures, mais les notaires ont la faculté de faire des vacations de 4 heures à condition de l'indiquer expressément (3).

199. *Communication.* — Pour avoir droit de se faire communiquer un inventaire et de s'en faire délivrer une expédition, le légataire particulier doit recourir à la procédure de compulsoire et justifier d'un intérêt dont l'appréciation est laissée aux tribunaux (4).

---

(1) Roll. de Villargues, *Inv.*, 210.

(2) Déc. min. fin., 13 août 1812 ; Inst 596.

(3) L. 10 brumaire an XIV, art. 4 ; Sol. 25 mai 1830 et 7 novembre 1892.

(4) Caen, 22 novembre 1904, *Rev. not.*, 12.366 ; Seine, 24 janvier et 28 février 1906, *Rev. not*, 12.652 et 12.767.

200. — Il a été jugé que l'héritier non réservataire exhérédé par le testament du défunt a le droit de requérir une expédition de l'inventaire dressé après le décès de ce dernier, encore bien qu'il n'en ait pas provoqué la confection et qu'il n'y ait été ni appelé ni présent (1). Mais cette solution semble méconnaître les effets de la saisine héréditaire attribuée au légataire universel pour le cas où le défunt n'a pas laissé d'héritier à réserve (C. civ., 1006 et 1008). L'héritier non réservataire exhérédé a seulement intérêt à prendre connaissance du testament qui l'a écarté de la succession et par suite le droit de requérir une expédition de ce testament, mais non de l'inventaire.

201. — Les préposés de l'administration de l'Enregistrement ont le droit de prendre communication sur place des répertoires et des actes dont les notaires sont les dépositaires et les gardiens officiels (2), mais non des autres pièces et documents dont ceux-ci peuvent être détenteurs à un autre titre quelconque, notamment des pièces par eux trouvées au cours d'un inventaire et emportées en leur étude pour les classer et les analyser le cas échéant.

202. *Division.* — L'inventaire complet comprend les parties principales suivantes, indiquées dans l'ordre où elles se présentent d'ordinaire :

L'intitulé ou préambule ;

La prisée ou état descriptif et estimatif des objets mobiliers ;

L'analyse des titres, papiers et valeurs ;

Les déclarations générales sur l'actif et sur le passif divers ; .

Et la clôture.

203. — Souvent l'inventaire ne peut être terminé en une seule séance, soit à raison des difficultés qui surgissent et obligent à ajourner la suite des opérations, soit à cause de l'importance de ces opérations, soit encore à défaut de renseignements suffisants. On fait ce qu'on appelle des ajournements et des reprises de séances. Il arrive aussi que la suite du travail doit avoir lieu dans un endroit autre que celui où il est commencé ; il y a lieu alors de faire une réquisition de transport.

Nous étudierons ces cas en suite du paragraphe qui sera consacré à la prisée, car ils se produisent généralement au cours ou à la suite de cette prisée.

§ 1. — Intitulé

1ᵉⁿᵗ *Généralités*

204. *Définition.* — L'intitulé de l'inventaire est la partie qui contient l'énonciation des qualités des intéressés, c'est-à-dire l'indication des droits qu'ils prétendent exercer.

205. *Justifications.* — Il est d'usage de le rédiger et de le faire signer par toutes les parties, les témoins et le notaire, de façon à former un tout pour ainsi dire distinct, dont il sera facile de délivrer les expéditions ou extraits nécessaires pour prouver les qualités des intéressés chaque fois que besoin sera, à l'égard des administrations publiques comme à l'égard des tiers (3).

206. — Le notaire est en droit d'exiger de toute personne qui se prétend héritière des justifications de la qualité invoquée par la production de documents

---

(1) Cass. req., 22 juillet 1896, *Rev. not.*, 9632, S. 96.1.513, D. 97.1.580.

(2) L. 25 ventôse an XI, art. 23, et 22 et frimaire an VII, art. 52 et 54.

(3) Rutgeerts et Amiaud, 123 ; Roll. de Villargues, *Inv.*, 222 ; Bar-le-Duc, 15 juin 1870, *Rev. not.*, 2905.

probants tels que des actes de l'état civil ou des papiers de famille (1). En cas de contestation, il en est référé au président du tribunal qui peut ordonner, s'il y a urgence, d'admettre à l'inventaire le prétendant droit dont la qualité est contestée, sauf aux autres intéressés à faire des réserves et à porter le débat devant le tribunal après la confection de l'inventaire (2).

207. *Date*. — L'intitulé revêt la forme d'un procès-verbal ; il porte en tête la date de l'année, du jour et de l'heure du commencement. En cas de scellés, c'est le juge de paix qui fixe le jour sur réquisition préalable.

208. — Comme l'inventaire est un acte extrajudiciaire, il ne peut être fait un dimanche ni jour de fête légale, c'est-à-dire le jour de l'Ascension, de l'Assomption, de la Toussaint et de Noël (3), le 1er janvier (4), le 14 juillet (5), le lundi de Pâques et le lundi de la Pentecôte (6), et le 11 novembre (7).

Par suite, il est de bonne pratique d'indiquer le jour de la semaine où l'on procède, afin que l'acte porte en lui-même la preuve qu'il a été régulièrement dressé.

209. — L'heure dont il doit être fait mention est l'heure légale (8) ; mais on peut indifféremment employer l'ancienne indication horaire qui divisait la journée en deux parties de 12 heures de minuit à midi, ou la nouvelle notation de zéro à 24 heures.

210. *Lieu*. — On désigne le lieu où il est procédé (9). Dans les villes, cette désignation est suffisamment établie par l'indication de la rue où la maison est située et du numéro qu'elle porte ; il est superflu de rapporter en outre le nom du propriétaire.

211. — Si l'on doit se transporter au cours des opérations, en des locaux dispersés, leur énonciation serait sans intérêt en cet endroit ; il est préférable de la reporter plus loin et de mentionner ici seulement le local par où l'on commence.

212. *Décès*. — L'énonciation des nom, prénoms, profession et domicile du défunt, et des dates et lieu de son décès, se place indifféremment soit avant les noms des requérants, soit au cours ou à la suite de la mention des qualités, soit lors de l'indication des lieux où il est procédé.

213. *Requête et présence*. — L'inventaire n'est jamais dressé d'office ; il doit être requis par les prétendants droit ou par quelques-uns d'eux en présence ou après appel des autres. Il n'est pas permis de se porter fort pour ceux qui ne se présentent pas ; toutefois l'inventaire ne devrait pas être déclaré nul pour ce seul motif (10) ; en tout cas, le vice serait couvert par la ratification ultérieure (11).

214. — On distingue généralement les parties requérantes, c'est-à-dire celles à la requête desquelles il peut être procédé, et les parties présentes qui n'ont qu'un droit de surveillance pour la conservation de leurs droits ou de ceux des intéressés qu'elles représentent, comme le subrogé tuteur, le notaire commis, les

(1) Bordeaux, 4 janvier 1851, S. 52.2.412.
(2) Rolland de Villargues, *Inv.*, 100 ; De Belleyme, II, 230 : Cass., 25 novembre 1818, S. chr. ; — Cass., 28 juin 1869, S. 69.1.446 ; Paris, 31 janvier 1874, J. N. 20.873.
(3) L. 18 germinal an X, art. 57, et arrêté 20 germinal an X.
(4) Avis du Conseil d'Etat, 20 mars 1810.
(5) L. 7 juillet 1880.
(6) L. 8 mars 1886.
(7) L. 24 octobre 1922.
(8) L. 14 mars 1891.
(9) C. proc., 943-2° ; — Roll. de Villargues, *Inv.*, 221.
(10) Caen, 24 décembre 1839, S. 40. 2. 132.
(11) Roll. de Villargues, *Inv.*, 110 et 117 ; — *Dict. Not., Inv.*, 145.

créanciers opposants, etc. Cette distinction ne résulte d'aucun texte, mais elle est logique et suivie depuis longtemps dans la pratique (1).

215. — Toutes les parties sont dénommées, qualifiées et domiciliées selon les principes de droit commun. Elles ne sont pas tenues d'assister aux opérations en personne; elles peuvent s'y faire représenter par mandataire, à l'exception des notaires commis (V. *infra*, n° 345). Nul texte n'exige que les procurations à fin d'inventaire soient passées en la forme authentique; mais en pratique on emploie généralement cette forme (2).

216. *Qualités*. — On rapporte aussi les qualités auxquelles les parties prétendent avoir droit, en ayant soin que ces qualités soient et restent soumises à des acceptations ou renonciations ultérieures (3).

A cet égard, il est généralement admis que le terme « héritier » employé comme synonyme de successible, d'habile à se dire héritier, n'emporte pas acceptation; il n'en est autrement que si l'emploi du mot « héritier » a lieu avec l'idée d'un droit de propriété (4). En cas de contestation d'interprétation à ce sujet, les juges ont à rechercher l'intention pour décider s'il y a ou non addition d'hérédité (5).

Pour prévenir toute difficulté, il est prudent de toujours indiquer que les parties sont habiles à prendre telles qualités.

217. *Caractère conservatoire*. — Après les qualités viennent l'énonciation du caractère conservatoire de l'inventaire et la désignation du ou des notaires instrumentaires, avec la mention de leurs résidences.

218. *Objets à inventorier*. — On indique souvent d'une façon générale les diverses sortes d'objets à inventorier; mais cette énumération est forcément incomplète et alourdit la phrase sans utilité. Il est préférable d'employer une rédaction suffisamment compréhensive, qui ait le mérite d'être à la fois simple et claire.

219. *Scellés*. — Si les scellés ont été apposés, on relate la date de leur apposition; il est même d'usage d'indiquer qu'il sera procédé au fur et à mesure de leur levée.

220. *Représentation*. — On dénomme la personne qui doit faire la représentation des objets à inventorier. Cette personne est le gardien établi lors de l'apposition des scellés, en cas de scellés, et, en cas contraire, la ou les personnes qui ont habité le domicile du défunt ou qui en ont eu les clefs en leur possession, et qui sont par suite censées être les gardiens volontaires. Lorsqu'il y a un conjoint survivant, c'est lui qui fait le plus ordinairement cette représentation.

221. *Avertissement du serment*. — Sous l'ancien droit, il était d'usage de faire prêter serment au commencement de l'inventaire. Sous la législation actuelle, ce serment a lieu entre les mains du notaire au moment de la clôture de l'inventaire; mais de l'ancien usage il est resté l'habitude d'avertir, dans l'intitulé, les requérants et spécialement ceux qui ont eu la garde du mobilier, du serment qu'ils auront à prêter en fin dudit inventaire, et de leur faire promettre d'y déclarer et faire comprendre tout ce qui, à leur connaissance, peut dépendre activement et passivement de la succession ou des communauté et succession, selon le cas, qui font l'objet de l'inventaire en question.

(1) Ed. Clerc, II, V°, *Inv.*, n° 24 ; — Amiaud, *Tr. form., Inv.*, 40.
(2) Sol. prat. dans J. N. 26.965.
(3) La Flèche, 28 avril 1858, S. 69.2.89 ; — Cass. req., 19 décembre 1888, S. 90.1.102, *Rev. not.*, 8108.
(4 Demolombe, XIV, 381 ; — Aubry et Rau, § 611 *bis*, note 7 ; — Baudry-Lacantinerie et Wahl, I, 158
(5) Cass., 18 novembre 1863, S. 64.1.197 ; — Cass., 10 août 1880, S. 81.1.117, *Rev. not.*, 6217.

222. *Officiers priseurs.* — On désigne ensuite l'officier priseur et, s'il y a lieu, les experts choisis pour l'assister, et l'on constate leur présence.

223. *Clôture.* — Après avoir nommé les conseils appelés par les parties, le cas échéant, il est fait lecture du tout et mention des personnes qui ne savent ou ne peuvent signer, puis il est pris la signature des autres.

224. *Refus de signer.* — L'intitulé doit être signé par les parties requérantes et présentes, les officiers priseurs et le notaire. Mais que doit faire ce dernier lorsque l'un des intéressés refuse de signer au dernier moment ? Il est admis que l'inventaire ne serait pas nul parce qu'une des parties n'y assisterait pas, qu'il ne serait même annulable qu'autant qu'on viendrait à prouver la fraude de la part des autres intéressés. Par analogie, il semble qu'en cas de refus par l'un d'eux de signer soit l'intitulé, soit l'une quelconque des autres séances, le notaire doit constater ce refus et les causes du refus, et passer outre.

Toutefois, il est plus prudent de suspendre l'opération et faire sommation à la partie qui a refusé de signer de se trouver tel jour, à telle heure, en tel endroit, pour assister à l'inventaire. Si au jour indiqué, la partie sommée ne se présente pas, le notaire prononce défaut contre elle ; si elle se présente, mais refuse de signer, le notaire constate sa présence et son refus, et passe outre.

225. *Annexes.* — Les procurations données par les parties sont annexées à l'inventaire, même lorsqu'il y a eu apposition de scellés (V. *supra*, n° 188).

226. — Lorsque l'ordonnance de référé commettant un notaire pour représenter des non présents ou des aliénés n'est pas rendue sur le procès-verbal même d'apposition des scellés, son original doit y être annexé, et, dans l'un et l'autre cas, le notaire annexe seulement à son acte une expédition de cette ordonnance. Quant il n'y a pas de scellés, l'original de l'ordonnance est alors annexé à l'inventaire (1).

227. — Les sommations adressées à des intéressés sont annexées au procès-verbal du greffier, lorsqu'il y a des scellés, et il en est seulement fait mention dans l'inventaire ; au cas où les scellés n'ont pas été apposés, le notaire les annexe alors à son acte.

2^{ent} *Dévolution des successions*

228. — Le notaire doit apporter tous ses soins à établir exactement les qualités de chacun, telles qu'elles résultent de la loi, du contrat de mariage ou des dispositions du défunt, puisque l'intitulé sera pour les intéressés leur titre justificatif. A cet effet, nous avons cru utile de rappeler succinctement les principes généraux qui régissent la dévolution des successions en France.

1° *Conjoint survivant*

229. — L'époux survivant, commun en biens ou non, a des intérêts intimement liés à la succession de son conjoint à raison des droits, reprises, créances et avantages de toute sorte qu'il peut avoir en vertu de son contrat de mariage, de toute donation ou testament de la part du défunt, ou de la loi.

230. *Usufruit.* — A défaut d'exhérédation expresse ou tacite, et s'il n'existe pas de séparation de corps prononcée contre lui, il a droit sur les biens dont son conjoint prédécédé n'a pas disposé, mais sans préjudicier aux droits des héritiers à

____

(1) Chauveau et Carré, *Quest.* 3118 *bis* ; — Roll. de Villargues, *Inv.*, 129 ; — *Régl. not.*, Paris, art. 20.

réserve, à l'usufruit : 1° d'un quart des biens composant la succession, lorsqu'il se trouve en présence d'un ou plusieurs enfants nés du mariage ; 2° d'une part d'enfant légitime le moins prenant, sans qu'elle puisse excéder le quart des mêmes biens, si le défunt a laissé des enfants d'un précédent mariage ; 3° et la moitié desdits biens dans les autres cas (C. civ., 767).

231. *Héritier*. — Si le conjoint est décédé *ab intestat* et sans laisser de parents au degré successible, ou si tous les héritiers présents sont renonçants ou indignes, toute la succession revient en pleine propriété à l'époux survivant contre lequel n'existe pas de jugement de divorce ou de séparation de corps passé en force de chose jugée (C. civ., 767).

232. — Les droits successoraux subsistent si le jugement de divorce ou de séparation de corps n'était pas devenu définitif lors du décès du premier mourant des époux, et ils renaissent si les époux divorcés contractent entre eux un nouveau mariage, ou si les époux séparés de corps se réconcilient (1).

233. *Donation*. — Un époux peut donner à son conjoint, pour le cas de survie : 1° tout ce dont il pourrait disposer en toute propriété en faveur d'un étranger, s'il ne laisse ni ascendant ni descendant (C. civ., 1094) ; 2° un quart en toute propriété et un quart en usufruit, ou moitié en usufruit de tous ses biens, s'il laisse des enfants nés du mariage ou des descendants d'eux (C. civ., 1094) ; 3° et, s'il existe des enfants d'un premier lit, une part d'enfant légitime le moins prenant, sans que dans aucun cas, cette donation puisse excéder le quart des biens de l'époux donateur (C. civ., 1098).

234. *Libre salaire*. — Toute femme qui exerce personnellement une profession autre que celle de son mari, a droit au produit de son travail et peut en jouir, faire et disposer à titre onéreux comme bon lui semble, sans avoir besoin de recourir à l'autorisation de son mari ou de justice ; elle peut faire à son gré toutes acquisitions et toutes ventes mobilières et immobilières, ainsi que tous emprunts avec hypothèque sur les biens réservés, à charge seulement de justifier aux tiers avec lesquels elle contracte, qu'elle exerce une profession personnelle et distincte (L. 13 juillet 1907 et 8 juin 1923). Par voie de conséquence, le mari n'est pas responsable des dettes contractées par la femme relativement à ces biens, et les créanciers du mari ne peuvent saisir les dits biens que s'il s'agit de dettes faites dans l'intérêt du ménage.

235. — A la dissolution du mariage ou en cas de séparation de corps ou de biens, les biens acquis ainsi par la femme lui restent propres si elle était mariée sous un régime ne comportant ni communauté ni société d'acquêts ; au contraire, sous le régime de la communauté conventionnelle ou légale et sous le régime dotal avec société d'acquêts, les biens réservés dépendent de la communauté ou société d'acquêts, à moins que la femme ou ses héritiers en ligne directe ne renoncent à ces communauté ou société ; dans ce cas, ils ont le droit de les reprendre et garder francs et quittes de toutes dettes et charges autres que celles contractées personnellement par la femme ou encore par le mari dans l'intérêt du ménage.

2° Descendants

236. *Principe*. — Pour pouvoir hériter, il faut être né ou tout au moins conçu, et l'enfant conçu doit, pour être capable de succéder, naître viable, ce qui est surtout une question de fait (2).

---

(1) Baudry-Lacantinerie et Wahl, I, 522-523.
(2) C. civ., 725 et 906 ; — Baudry-Lacantinerie et Houcques Fourcade, I, 290.

237. *Enfants légitimes et adoptifs.* — Les enfants et descendants légitimes du défunt lui succèdent à l'exclusion de tous autres ; s'ils viennent au même degré, ils succèdent par tête ; au contraire, ils succèdent par souche, s'ils viennent à des degrés différents par représentation de leurs auteurs prédécédés (1).

238. — Les enfants légitimés et leurs descendants ont les mêmes droits que les enfants légitimes (C. civ., 333).

239. — Il en est de même des enfants adoptifs, encore que des enfants légitimes naissent après l'adoption (C. civ., 350), et en cas de prédécès de l'adopté, il est représenté à la succession de l'adoptant par ses enfants et descendants légitimes, sans distinguer s'ils sont nés avant ou après l'adoption (2) ; mais ni l'adopté ni ses enfants n'acquièrent aucun droit sur les successions des parents de l'adoptant (C. civ., 357).

240. — Les enfants légitimes et les enfants adoptifs ne peuvent être exhérédés entièrement ; ils ont droit à une réserve qui est de moitié lorsque le défunt laisse un enfant, des deux tiers s'il en laisse deux, et des trois quarts s'il en laisse trois ou plus. L'autre moitié, le tiers ou le quart de surplus, suivant le cas, forment la quotité dont le père ou la mère peuvent seulement disposer (C. civ., 913).

241. — La représentation a lieu à l'infini en ligne directe descendante (C. civ., 740). Il faut que la personne qu'il s'agit de représenter soit morte (C. civ., 744). Par suite on ne représente ni l'héritier renonçant, ni l'héritier exclu pour cause d'indignité (C. civ., 730) mais on peut représenter celui à la succession duquel on a renoncé (C. civ., 744-2°) et celui de la succession duquel on a été écarté comme indigne (3).

242. *Enfants naturels.* — Les enfants naturels reconnus n'héritent directement que de leurs père et mère naturels et de leurs frères et sœurs naturels (C. civ., 756 et s.).

243. — Ils recueillent dans la succession de leurs père et mère : 1° lorsqu'ils concourent avec des enfants légitimes, la moitié de la part qu'ils auraient eue s'ils eussent été légitimes ; 2° lorsqu'ils concourent avec des ascendants ou des collatéraux privilégiés (père et mère, frères et sœurs du *de cujus*), les trois quarts de la succession ; 3° et dans tous les autres cas, la totalité (C. civ., 758 et s.).

D'après l'opinion dominante en doctrine, on ne doit pas tenir compte, pour le calcul des droits héréditaires des enfants naturels, des héritiers légitimes indignes ou renonçants (4).

244. — Les enfants naturels ont droit à une réserve (C. civ., 913 et 1915). Cette réserve varie suivant la qualité des héritiers légitimes qui concourent avec eux :

En concours avec des enfants légitimes, la réserve de l'enfant naturel est de la moitié de celle qu'il aurait eue s'il eût été légitime (C. civ., 758 et 913) ;

En concours avec des ascendants, elle est de 1/2, des 2/3 ou des 3/4 de la succession, suivant qu'il y a un enfant naturel reconnu, ou deux, ou trois, ou plus. mais moins 1/8 du montant de la succession à prélever sur cette réserve au profit des ascendants (C. civ., 915) ;

En concours avec des collatéraux privilégiés, elle est des 3/4 de celle que

---

(1) C. civ., 739 et 745 ; — Planiol, III, 1807.
(2) C. civ., 353 modifié par la loi du 19 juin 1923.
(3) Aubry et Rau, § 594, note 11 et § 597, note 8 ; — Demolombe, XIII, 294 et 398.
(4) Aubry et Rau, § 605, texte et note 15 ; — Demolombe, XIV, 54 ; — Baudry-Lacantinerie et Walh, I, 399 ; — Planiol, III, 1830 ; — Voir ep. Cass., 7 février 1865, S. 65.1.105 ; — Cass., 5 juin 1893, S. 93.1.348, D. 93.1.383.

l'enfant naturel aurait eue, s'il eût été légitime, c'est-à-dire que s'il est enfant unique, il a droit aux 3/4 de la moitié de la succession, que s'il y a deux enfants naturels reconnus, ils ont droit ensemble aux 3/4 des 2/3 de la succession, soit à 6/12, et que s'ils sont trois ou plus, ils ont conjointement droit aux 3/4 des 3/4 ou à 9/16 de la succession (C. civ., 759 et 913.)

Dans tous les autres cas, l'enfant naturel a la même réserve que l'enfant légitime (C. civ., 760, 913).

245. — La réserve des enfants naturels porte indistinctement, comme celle des enfants légitimes, sur tout le patrimoine de leurs père et mère. Par suite, ils ont le droit de demander, le cas échéant, la réduction des dispositions entre vifs et testamentaires faites par ceux-ci (1).

246. — La législation du Code prohibait toute disposition entre vifs ou testamentaire par le père ou la mère au profit de l'enfant naturel au delà de ses droits dans l'hérédité. Depuis la loi du 25 mars 1896, cette prohibition ne subsiste plus qu'à l'égard de la donation ; par testament, l'enfant naturel reconnu peut recevoir jusqu'à concurrence de la quotité disponible (C. civ., 908).

247. — La représentation a lieu en faveur des enfants légitimes de l'enfant naturel reconnu prédécédé (C. civ., 761), mais non au profit de ses enfants naturels, ceux-ci n'ayant aucune parenté avec les ascendants de leur auteur sous la législation actuelle (C. civ., 757).

248. — L'enfant naturel non reconnu est considéré comme étranger (C. civ., 756).

249. — La reconnaissance faite pendant le mariage par l'un des époux est inexistante à l'égard de l'autre époux, ainsi que des enfants nés de leur mariage (C. civ., 337) ; mais si elle n'est pas la constatation d'une filiation adultérine ou incestueuse (C. civ., 335), elle est opposable à toutes autres personnes, par exemple aux enfants légitimes nés d'un mariage antérieur ou postérieur, alors même que les enfants de l'autre lit sont existants (2).

3° *Ascendants privilégiés*

250. *Droit héréditaire.* — Lorsqu'une personne décède sans enfant, ses père et mère ont droit, savoir :

Chacun à 1/4 de la succession lorsqu'ils se trouvent en présence de frères et sœurs du défunt (C. civ., 748) ;

Et chacun à moitié de la succession, si le défunt n'a ni frère ni sœur (C. civ., 746).

Ils succèdent en outre, à l'exclusion de tous autres, aux choses par eux données et qui se trouvent en nature ainsi qu'il sera expliqué ci-après n° 264.

251. — Si l'un d'eux est prédécédé et que le survivant se trouve en présence de collatéraux ordinaires, il a droit à la moitié de la succession en toute propriété et au 1/3 en usufruit de la partie dont il n'hérite pas (3). Et lorsque ce droit d'usufruit se trouve en conflit avec celui du conjoint survivant du *de cujus*, ces deux usufruits s'exercent simultanément (4).

252. — Lorsqu'il n'existe aucun ascendant ni aucun collatéral au degré successible dans une ligne, l'ascendant de l'autre ligne appréhende la succession entière (C. civ., 755).

253. *Réserve.* — En présence de tous autres héritiers que des descendants légitimes, les ascendants légitimes du défunt ont droit à une réserve en toute propriété qui est de :

1/8 de la succession, conjointement entre eux, lorsqu'ils concourent avec des enfants naturels reconnus (V. *supra*, n° 244, § 3).

Et de 1/4 pour chaque ligne, dans les autres cas.

254. — Il est admis comme certain que le père et la mère naturels ne sont pas réservataires (1).

4° *Collatéraux privilégiés*

255. *Droit héréditaire.* — A défaut d'ascendants privilégiés, les collatéraux privilégiés recueillent la succession de leur frère ou sœur décédé sans descendant, à l'exclusion des autres ascendants ou collatéraux (C. civ., 750).

256. — En présence du père et de la mère du *de cujus*, ou de l'un d'eux seulement, ils recueillent alors la moitié ou les 3/4 de la succession suivant le cas (C. civ., 751).

257. *Réserve.* — Les collatéraux privilégiés n'ont droit à aucune réserve.

258. *Représentation.* — La représentation a lieu en faveur des collatéraux privilégiés et de leurs descendants (C. civ., 750).

259. *Fente.* — Si tous les frères et sœurs sont du même lit, le partage s'opère entre eux par égales portions. S'ils sont de lits différents, la division se fait par moitié entre la ligne paternelle et la ligne maternelle ; les germains prennent leur part dans les deux lignes, et les utérins et les consanguins viennent chacun dans leur ligne seulement (C. civ., 733 et 752).

260. — Toutefois, lorsque le défunt ne laisse que des frères et sœurs utérins ou consanguins, ceux-ci recueillent la succession entière, à l'exclusion de tous autres parents (C. civ., 752).

5° *Ascendants ordinaires*

261. *Droit héréditaire.* — Lorsque le défunt ne laisse ni postérité ni collatéraux privilégiés, sa succession se divise par moitié pour la ligne paternelle et moitié pour la ligne maternelle ; les ascendants de chaque ligne priment les collatéraux ordinaires, et, entre eux, le plus proche exclut le plus éloigné (C. civ., 746).

262. — S'il n'y a, dans une ligne, aucun ascendant ni collatéral au degré successible, les ascendants de l'autre ligne appréhendent la totalité de la succession (C. civ., 733).

263. *Réserve.* — Les ascendants légitimes sont héritiers à réserve dans les cas et de la façon indiqués plus haut, n°ˢ 244 et 253.

264. *Retour légal.* — En toute circonstance, les ascendants succèdent à l'exclusion de tous autres aux choses par eux données à leurs enfants et descendants décédés sans postérité, lorsque les biens donnés se retrouvent en nature dans la succession de ceux-ci et, en cas d'aliénation de ces biens, aux prix ou portions de prix restant dus (2). Cet avantage constitue un droit de succession ; par suite, le donateur en exerçant le droit de retour légal doit contribuer aux dettes et charges de la succession proportionnellement aux biens qu'il reprend (3).

(1) Cass. (Ch. réunies), 12 décembre 1865, S. 66.1.73.
(2) C. civ., 747 ; — Aubry et Rau, § 608, texte et notes 33 et s. ; — Baudry-Lacantinerie et Wahl, I, 669 et s.
(3) Baudry-Lacantinerie et Wahl, I, 688-699.

265. — L'ascendant qui exerce le droit de retour légal peut aussi être appelé à la succession comme héritier ordinaire ; dans ce cas, ses droits aux deux successions sont distincts, en sorte qu'il peut accepter l'une et renoncer à l'autre (1).

6° *Collatéraux ordinaires*

266. — A défaut de descendants, d'ascendants et de collatéraux privilégiés, la succession est dévolue par moitié aux collatéraux les plus proches dans chacune des lignes paternelle et maternelle jusqu'au 6ᵉ degré (C. civ., 733, 735 et 755). Toutefois les descendants des frères et sœurs du défunt ainsi que les collatéraux du défunt lorsque celui-ci n'était pas capable de tester ni frappé d'interdiction légale, succèdent jusqu'au 12ᵉ degré (C. civ., 755).

267. — Les collatéraux parents à la fois dans les lignes paternelle et maternelle prennent dans les deux lignes (2) ; à défaut de parent au degré successible dans une ligne, la succession revient en totalité aux héritiers de l'autre ligne (C. civ., 733-755).

268. — La représentation n'est pas admise pour les collatéraux ordinaires (C. civ., 753).

7° *Adopté*

269. — La succession de l'adopté est dévolue conformément aux règles générales ; toutefois, s'il est décédé sans laisser de descendants légitimes ou adoptifs, l'adoptant ou ses descendants ont droit au retour légal des choses données par l'adoptant à l'adopté ou dont celui-ci a hérité de lui, et qui se retrouvent dans sa succession (C. civ., 358). Par descendants de l'adoptant, on doit entendre ses enfants légitimes ou légitimés, mais non ses enfants naturels reconnus (3), ni ses enfants adoptifs (4).

8° *Succession de l'enfant naturel*

270. — La succession de l'enfant naturel est recueillie par ses descendants légitimes ou naturels à l'exclusion de tous autres (5).

271. — A défaut de descendants, la succession revient au père et à la mère par moitié, s'ils l'ont reconnu tous deux, ou, en cas contraire, à celui-là seul qui l'a reconnu (C. civ., 765). A cet égard, il a été jugé qu'il est permis de reconnaître un enfant naturel même après son décès, afin de recueillir sa succession (6).

272. — Les père et mère naturels n'ont aucun droit dans la succession des enfants légitimes de leur enfant naturel (7).

273. — Si l'enfant naturel ne laisse ni descendant ni père ni mère, ses frères et sœurs naturels légalement reconnus ou leurs descendants légitimes recueillent

(1) Cass., 18 août 1869, D. 69.1.463, S. 70.1.69, *Rev. not.*, 2649 ; — Baudry-Lacantinerie et Wahl, I, 697 et 698.

(2) Demolombe, XIII, 466 *bis*.

(3) Aubry et Rau, § 608, texte et note 16.

(4) Cass., 14 février 1855, S. 56.1.186, D. 55.1.225, J. N., 15.475 ; — Cass., 20 octobre 1903, D. 03.1.575, *Rev. not.*, 11.753, *J. du not.*, 1904. p. 55 ; — Aubry et Rau, *loc. cit.*

(5) Demolombe, XIX, 143 ; — Planiol, III, 1851.

(6) Paris, 6 mai 1876, S. 77.2.19 ; — Poitiers, 27 décembre 1882, S. 83.2.188, D. 83.2.120.

(7) Cass., 5 mars 1849, S. 49.1.331, D. 49.1.93 ; — Cass., 12 décembre 1865, D. 65.1.457, S. 66.1.73.

, la succession à l'exclusion des frères et sœurs légitimes (1 . Ceux-ci n'héritent jamais ; ils ont seulement droit aux biens donnés par le parent commun ou recueillis dans sa succession et qui se retrouvent en nature dans la succession, et aux prix des mêmes biens aliénés qui sont encore dus 2). Ce droit de retour leur est personnel ; leurs descendants ne peuvent l'exercer 3 , sauf le cas où un seul des frères et sœurs légitimes est décédé laissant des enfants ou petits-enfants.

9° *État*

274. — A défaut de parent au degré successible et de conjoint survivant, la succession est acquise à l'État C. civ., 768 . Celui-ci est libre de réclamer ou non la succession. S'il la réclame, ses droits sont exercés en son nom par les agents de l'administration des domaines.

10° *Succession, vacante. Administration provisoire*

275. — Lorsque après l'expiration des délais pour faire inventaire et pour délibérer, il ne se présente personne pour appréhender une succession, soit qu'il n'y ait pas d'héritiers connus soit que les héritiers connus y aient renoncé, cette succession est réputée vacante C. civ., 811 ; C. proc., 998 . Dans ce cas, le tribunal de première instance dans l'arrondissement duquel la succession s'est ouverte, nomme un curateur sur la demande des personnes intéressées créanciers du défunt, associés, copropriétaires, légataires à titre universel ou particulier ou sur la réquisition du procureur de la République C. civ., 812 . Le curateur est tenu de faire dresser immédiatement inventaire V. supra. n° 95 .

276. — Mais il peut y avoir intérêt à ne pas attendre l'expiration du délai de trois mois et 40 jours pour prendre les mesures conservatoires nécessaires ; dans ce cas, toute personne intéressée est fondée à provoquer la nomination d'un administrateur provisoire C. proc., 806 .

277. — Il y a également lieu de nommer un administrateur provisoire lorsque les héritiers, quoique connus, ne sont pas d'accord pour assumer en commun l'administration ni pour la confier à l'un d'eux.

11° *Donataires et légataires. Retour conventionnel*

278. *Donataires et légataires.* — Les donataires et légataires universels ont droit à toute la succession en l'absence d'héritier à réserve C. civ., 916 . En cas contraire, ils ne peuvent appréhender que la quotité dont le donateur ou testateur avait la liberté de disposer.

279. — Le légataire universel institué par un testament olographe ou mystique n'ayant pas la saisine doit obtenir la délivrance de son legs des héritiers à réserve, s'il en existe, ou, à défaut, son envoi en possession de ce legs par ordonnance du président du tribunal C. civ., 1004 et 1008 .

280. *Retour conventionnel.* — Tout donateur peut stipuler à son profit, mais à son profit seul, le droit de retour des objets donnés soit pour le cas de prédécès

---

(1) C. civ., 766 ; — Cass., 3 avril 1872, S. 72.1.123, D 73.1.113 ; — Paris, 26 mars 1891, J. N. 24.566, *Rev. not.*, 8475.

(2) C. civ., 766 ; — Cass., 26 novembre 1883, D. 84.1.354.

(3) Cass., 1 er juin 1853, S. 53.1.481, D. 53.1.177, J. N. 15.008 ; — Baudry-Lacantinerie et Wahl, I, 730 ; — Planiol, III, 1899 ; — *Contra* : Demolombe, XIV, 156 ; Aubry et Rau. § 608, texte et note 28.

du donataire, soit pour le cas de prédécès du donataire et de ses descendants (C. civ., 951). Cette stipulation doit être formelle, mais elle n'est pas soumise à des expressions sacramentelles (1).

281. — Le retour conventionnel opère de plein droit la résolution de la donation, sans qu'il y ait besoin d'une demande en justice (2) ; les biens sont repris par le donateur dans l'état où ils se trouvent au jour de la réalisation de la clause résolutoire, avec droit aux fruits à compter du même jour, sans qu'il y ait lieu de faire état du changement de valeur provenant d'un usage régulier ou d'un cas fortuit (3).

282. — Le droit de retour conventionnel n'étant pas un droit de succession, il peut y être renoncé soit avant soit après l'ouverture de ce droit.

3^{ont} *Requérants*

283. *Capacité*. — Peuvent requérir l'inventaire : 1° tous ceux qui y ont intérêt soit pour se mettre en règle avec la loi qui leur en fait une obligation, soit pour conserver les droits dont la loi subordonne l'exercice à cette condition préalable, 2° et ceux qui, quoique dépourvus d'intérêt personnel, y sont tenus par leurs fonctions, afin de conserver les droits des intéressés incapables ou empêchés de faire eux-mêmes la réquisition (4). Les diverses personnes comprises dans ces deux formules seront ci-après indiquées séparément avec les explications utiles pour chacune d'elles.

284. *Urgence*. — En cas d'urgence, le juge peut ordonner sur référé que l'inventaire sera dressé à la requête de la partie la plus diligente (5), en présence d'un notaire représentant les autres parties, même si celles-ci demeurent à une distance moindre de cinq myriamètres (6).

285. *Absence*. — L'inventaire après déclaration d'absence est dressé à la requête des envoyés en possession provisoire ou de l'époux présent qui a opté pour la continuation de la communauté, en présence du procureur de la République ou du juge de paix par lui délégué (C. civ., 126).

Il ne semble pas que l'époux qui a opté pour la continuation de la communauté doive obligatoirement appeler à l'inventaire les héritiers présomptifs de son conjoint absent (7) ; mais dans la pratique, cette formalité a généralement lieu en leur présence, car il est préférable qu'ils puissent veiller à la sauvegarde de leurs droits éventuels.

286. — Le conjoint présent peut aussi faire procéder à l'inventaire des forces et charges de la communauté, de concert avec les héritiers présomptifs, avant de prendre parti.

287. — Lorsque c'est la femme qui est présente, et qu'elle a opté pour la continuation de la communauté, elle n'a pas besoin d'être autorisée en justice pour requérir l'inventaire ; le jugement qui lui reconnaît l'administration emporte par cela même l'autorisation nécessaire pour l'accomplissement de tous les actes qui en dépendent (8).

---

(1) Orléans, 10 février 1892, D. 93.2.82.
(2) C. civ., 952 ; — Baudry-Lacantinerie et Colin, I, 1511.
(3) Baudry-Lacantinerie et Colin, I, 1515.
(4) C. proc., 941 ; — Garsonnet, VII, § 2613 et s.
(5) Alger, 9 juin 1877, S. 78.2.84, *Rev. not.*, 5532 ; — *Encyc. not.*, *Inv.*, 97.
(6) C. proc , 928 ; — *Encyc. not.*, *Inv.*, 73.
(7) Baudry-Lacantinerie et Houques-Fourcade, I, 1208 ; — Demolombe, II, 282.
(8) Baudry-Lacantinerie et Houques-Fourcade, I, 1197.

288. *Administration provisoire.* — Lorsqu'il a été nommé un administrateur provisoire parce que les héritiers ne sont pas connus (V. *supra*, n° 276), cet administrateur requiert seul l'inventaire qu'il est tenu de faire dresser (C. proc., 806).

Si l'administrateur provisoire a été nommé parce que les héritiers ne sont pas d'accord pour assurer l'administration (V. *supra*, n° 277), l'inventaire est alors requis par l'administrateur provisoire et les héritiers.

289. *Associé.* — La clause d'un acte de société d'après laquelle les héritiers d'un associé décédé ne peuvent requérir l'apposition des scellés et la confection d'un inventaire, que le seul inventaire qui pourra servir de base pour la fixation de leurs droits héréditaires sera le dernier inventaire social dressé au jour du décès ou celui auquel il sera procédé alors en la forme commerciale par les autres associés, est valable et obligatoire même à l'égard des héritiers mineurs (1) ; mais elle n'est pas opposable aux tiers et par suite aux créanciers de l'associé prédécédé 2). Cette clause ne lierait pas non plus l'héritier à réserve étranger au pacte social, en cas d'association entre un père et quelques-uns de ses enfants (3).

290. *Conjoint survivant.* — L'époux survivant, que ce soit le mari ou la femme, peut avoir de nombreuses qualités pour requérir l'inventaire et qu'il importe d'énoncer avec précision, savoir :

1° A cause de la communauté qui a existé, sous le régime de la communauté conventionnelle ou légale, et sous le régime dotal avec société d'acquêts, et la prudence recommande à cet effet de mentionner pour la veuve survivante qu'elle se réserve d'accepter ou de répudier ladite communauté ou société d'acquêts selon qu'elle avisera (4) ; et sous les autres régimes, à raison de l'intérêt qu'il a à ce qu'on ne comprenne pas d'objets lui appartenant personnellement ;

2° A cause des droits, reprises, créances et avantages quelconques qu'il peut avoir à exercer en vertu de son contrat de mariage, de tous autres titres et de la loi ;

3° S'il a droit, à titre de convention matrimoniale, soit à toute la communauté ou à l'usufruit de la part revenant au prédécédé dans ladite communauté (C. civ., 1520 à 1525), soit à un préciput en argent ou en objets mobiliers (C. civ., 1515), soit à la faculté de conserver pour son compte personnel un fonds de commerce ou un établissement commercial ou agricole, etc... ;

4° S'il est donataire ou légataire en toute propriété ou en usufruit de son conjoint (C. civ., 1094, 1098) ;

5° A raison de l'usufruit légal auquel il a droit sur les biens du défunt, sauf le cas d'exhérédation tacite ou expresse (C. civ., 767) ;

6° S'il a la jouissance légale des biens de ses enfants mineurs, et à cet égard il est admis que la mère qui avait perdu cette jouissance en contractant un nouveau mariage avant la loi du 21 février 1905, a recouvré le droit d'usufruit légal à partir de la promulgation de cette loi (5) ;

7° Et s'il est tuteur des enfants mineurs nés du mariage (C. civ., 390, 394).

291. — Si l'époux survivant est héritier de son conjoint prédécédé, à défaut de

---

(1) Cass., 20 novembre 1892, S. 93.1.73, *Rev. not.*, 8845 ; — Cass., 30 juin 1896, *Rev. not.* 9616.

(2) Cass., 23 juillet 1872, S. 72.1.324, D. 73.1.355.

(3) Nancy, 24 janvier 1846, S. 46.2.735.

(4) Nîmes, 23 février 1858, S. 52.2.385 ; — Guillouard, *Contr. de m.*, III, 1254.

(5) Seine, 26 juillet 1906 ; — Aurillac, 11 juin 1908, *Rép. not.*, 15.933.

parent au degré successible, cette qualité doit être constatée par un acte de notoriété qu'on énonce dans l'intitulé.

292. *Conseil judiciaire.* — Le successible qui se trouve pourvu d'un conseil judiciaire requiert lui-même l'inventaire avec l'assistance de son conseil (1).

Le conseil judiciaire peut valablement agir en qualité de mandataire de la personne qu'il est chargé d'assister, car aucun texte ne prohibe la procuration ainsi consentie par l'intéressé, non plus que la représentation de ce dernier par son conseil (2).

293. *Créanciers.* — Les créanciers d'une succession ou d'une communauté jouissent de la faculté de requérir l'inventaire à défaut par les héritiers de le faire, car ils ont intérêt à la constatation et à la conservation des biens, afin de prévenir toute soustraction et toute dissipation. A défaut de titre paré, ils doivent se faire autoriser par le président du tribunal civil ou même par le juge de paix du canton, lorsqu'il y a des scellés (3). Il en est ainsi lors même que leur créance est conditionnelle ou non exigible, ou encore qu'il s'agisse d'une rente viagère (4).

294. — Les créanciers personnels de l'héritier jouissent-ils de la même faculté ? La question est très controversée. D'après certains auteurs et jurisconsultes, les créanciers de l'héritier peuvent requérir l'apposition et la levée des scellés et par suite l'inventaire (5). D'autres soutiennent que ce droit appartient exclusivement aux créanciers de l'hérédité (6) et que l'opposition des créanciers de l'un des héritiers aurait seulement pour effet d'obliger à la confection d'un inventaire qui serait dressé hors de leur présence (7).

295. *Curateur.* — En cas de succession vacante, l'inventaire est requis par le curateur nommé, sans contradicteur (C. civ., 813; C. proc., 1000).

296. *Donataires.* — Les donataires universels ou à titre universel ont le droit de faire constater l'état de la succession pour ne pas être tenus *ultra vires* et pour pouvoir, le cas échéant, justifier du montant des biens recueillis, s'il se présentait un héritier à réserve. Les donataires universels ont même ce droit à l'exclusion des héritiers non réservataires (8).

297. — Il a été jugé que le donataire en usufruit de la totalité ou d'une quote-part des biens avait aussi le droit de requérir l'inventaire (9).

298. *Etat.* — Lorsqu'une succession est recueillie par l'Etat à défaut d'héritiers connus et de conjoint survivant, l'inventaire est requis par le directeur général de l'Enregistrement et des Domaines, aux poursuites et diligences d'un sous-inspecteur ou d'un receveur de l'Enregistrement délégué à cet effet (10).

---

(1) Carré et Chauveau, *Quest.* 3143; — Amiaud. *Traité form., Inv.*, 68; — Defrénois, 243; — *Contra* : Roll. de Villargues, Cons. jud., 34; — Rouen, 19 avril 1847, D. 47.2.91, S. 47.2.363.

(2) Douai, 27 décembre 1906, J. N. 29.130.

(3) Cass., 23 juillet 1872 précité.

(4) Besançon, 9 janvier 1827, S. chr. ; — Paris, 28 avril 1865, *Rev. not.*, 1156.

(5) Carré et Chauveau, *Quest.* 3062; — Demolombe, XV, 627 : Baudry-Lacantinerie et Wahl, II, 2045, — Paris, 17 juillet 1867, S. 68.2.49, J. N. 19.092 ; Agen, 23 octobre 1893, D. 94.2.231.

(6) Aubry et Rau, § 623, p. 162 ; Caen, 29 août 1876 ; *Rev. not.*, 5362 ; — Caen, 11 août 1887, *Rép. not.*, 4496 ; Paris, 5 avril 1892, S. 92.2.173, *Rev. not.*, 8753 ; — Paris, 30 novembre 1892, S. 93.2.46, *Rev. not.*, 8834 ; Douai, 18 juin 1903, *Rev. not.*, 11.906, J. N. 28.217 ; — Rennes, 21 décembre 1922, *Rép. not.*, 20.348.

(7) Paris, 17 juillet 1867, S. 68.2.49, J. N. 19.092; — Paris, 30 novembre 1892 précité ; — Douai, 18 juin 1903, J. N. 28.217, *Rev. not.*, 11.906, *J. du not.*, 1904, p. 661.

(8) Demolombe, XV, 142; — Cass, 16 avril 1839, S. 39.1.264.

(9) Caen, 4 janvier 1886, *Rev. not.*, 7375.

(10) C. civ., 769; — L. 29 mai 1792 et 28 pluviôse an VIII.

299. — On doit viser la lettre de service du sous-inspecteur ou receveur de l'Enregistrement, et l'arrêté préfectoral autorisant l'administration des Domaines à agir.

300. *Exécuteur testamentaire.* — Il peut requérir l'inventaire en présence ou après appel des héritiers présomptifs ou cumulativement avec eux ,C. civ., 1031 ; C. proc., 942 .

301. *Failli.* — La personne en état de faillite est dessaisie de la propriété de ses biens ; lorsqu'elle recueille une succession, le droit de requérir inventaire appartient au syndic en fonctions ,C. comm., 443 . La présence du failli n'est donc pas nécessaire ; mais s'il juge à propos d'intervenir, sa présence doit être constatée.

Si la faillite a été close pour insuffisance d'actif, l'incapacité subsiste (1) ; c'est encore le syndic qui doit requérir inventaire.

302. — En cas de concordat ou de liquidation de l'union, le syndic a alors cessé ses fonctions et le failli a recouvré sa capacité. Lui seul a donc qualité pour faire dresser inventaire 2 .

303. *Femme mariée.* — Si le régime matrimonial lui laisse l'administration de ses biens, la femme doit être appelée à l'inventaire et elle peut le requérir seule, sans aucune autorisation ,3 . Il en est ainsi sous le régime de la séparation contractuelle ou judiciaire de biens, sous le régime dotal sans société d'acquêts et avec paraphernalité des biens à venir.

Lorsque,au contraire, le régime matrimonial donne au mari l'administration des biens de la femme (régime de la communauté légale, régime de la communauté réduite aux acquêts, régime de la communauté universelle, régime de la non communauté, régime dotal avec société d'acquêts ou avec soumission à la dotalité des biens à inventorier), l'inventaire peut être requis par les deux époux, ou encore par le mari seul, ainsi qu'il sera dit ci-après N° 317. Peut-il l'être aussi par la femme seule ? Une certaine jurisprudence récente a admis que la femme n'a pas besoin alors de l'autorisation maritale ou, à défaut, de justice 4 . Il a même été décidé que le notaire engageait sa responsabilité, en ne déférant pas à la réquisition qu'elle lui ferait ainsi 5). Seulement cette jurisprudence n'est pas sans soulever de vives critiques. Il est certain qu'en principe, la femme mariée a le droit de veiller à la conservation de ses droits et de faire, pour cela, les actes conservatoires nécessaires. Mais au cours de l'inventaire, il peut-être soulevé des incidents, fait des aveux et reconnaissances de dons ou avantages dont les conséquences justifient l'autorisation que la doctrine et la pratique s'accordent généralement à exiger ,6 . Aussi semble-t-il prudent, tant que la cour suprème ne se sera pas prononcée, d'exiger que la femme soit autorisée lorsque le régime matrimonial donne l'administration de ses biens au mari.

304. — Lorsque la femme mariée est autorisée par justice, il n'y a pas lieu de faire sommation au mari de comparaître.

---

(1) C. com., 527-528 ; Rouen, 3 mai 1879, *Rev. not.*, 5926 ; — Lyon-Caen et Renault, VIII, 773.

(2) C. com., 539 ; — Cass., 30 juillet 1886, S. 86.1.387.

(3) Roll. de Villargues, 91 ; *Encyc. not.*, *Inv.*, 118 ; — Orléans, 15 février 1893, S. 93.2.288, D. 93.2.368, *Rev. not.*, 8871, *J. du not.*, 1893, p. 343, *Rép. not.*, 7055.

(4) Seine, 14 décembre 1917 ; — Seine, 26 juillet 1918 ; — Paris, 23 janvier 1919, *Rev. not.*, 17.756, *Rép. not.*, 19.386, J. N. 32.473.

(5) Seine, 14 décembre 1917.

(6) Demolombe, XXX, 470 ; — Amiaud, *Traité form.*, *Inv.*, 45 et 79 ; — Roll. de Villargues, *Inv.*, 91 et 92.

305. — Dans tous les cas, il faut énoncer exactement le régime auquel la femme est soumise afin de constater s'il en résulte une restriction de sa capacité ou une obligation de faire emploi des biens qui lui adviennent.

306. — La femme mineure émancipée par son mariage a pour curateur légal son mari ; la femme mariée interdite a également son mari pour tuteur légal (C. civ., 506 et 2208), à moins qu'il n'y ait eu séparation de corps entre eux (1). — Dans le premier cas, la femme requiert l'inventaire avec l'assistance de son mari ; dans le second cas, le mari le requiert seul en sa qualité de tuteur. Si le mari n'était pas tuteur de sa femme interdite, celle-ci serait représentée par son tuteur, mais les opérations devraient avoir lieu en présence du mari (2).

307. *Femme séparée de corps.* — La séparation de corps rend toute capacité à la femme ; celle-ci a donc seule qualité pour faire procéder à l'inventaire des successions qui lui adviennent (3). Cependant il a été jugé que le mari a le droit d'être présent, si les biens provenant de la succession doivent être dotaux, car il doit encore veiller à la conservation de la dot (4).

308. *Grevé de substitution.* — En cas de substitution, l'inventaire est dressé à la requête du grevé en présence du tuteur à substitution, dans les trois mois de l'ouverture de la succession ; faute par le grevé d'agir dans ce délai, ce droit appartient au tuteur ou, à défaut de celui-ci, soit aux appelés ou leurs représentants ou tout parent des appelés, soit même au procureur de la République qui peut requérir inventaire d'office (C. civ., 1057 et s.).

309. *Héritiers présomptifs ; légataires universels.* — Lorsqu'il n'y a pas de légataire universel, tout héritier présomptif ou appelé par la loi a le droit de requérir inventaire, lors même que le défunt a légué l'usufruit de tous ses biens avec dispense de caution et d'inventaire.

310. — En présence d'un légataire universel saisi, les héritiers du sang non réservataires ne peuvent requérir inventaire que s'ils attaquent réellement le testament qui les a exclus, sauf à en supporter les frais si le testament est maintenu, car cette mesure conservatoire ne préjudicie ni à la saisine ni aux droits du légataire universel (5). Mais de simples réserves à l'encontre de la validité du testament sont insuffisantes, parce qu'elles pourraient ne constituer qu'un prétexte à immixtion aux opérations de la succession (6).

311. — Si le légataire universel est institué par un testament olographe et n'est pas encore envoyé en possession de son legs, les héritiers même non réservataires ont le droit de provoquer l'inventaire, car alors l'écriture du testament peut toujours être déniée, et on peut trouver un testament postérieur (7).

312. — Par suite, les légataires universels ou à titre universel saisis des biens de la succession ont le droit de requérir inventaire à l'exclusion des héritiers non

---

(1) Cass., 27 novembre 1857, S. 58.1.289, D. 58.1.299 ; — Poitiers, 22 avril 1869, S. 69.2.181, D. 74.5.296.

(2) Paris, 27 mars 1868.

(3) Dijon, 15 février 1844, J. N. 12.099 ; — Amiaud, *Traité-form., Inv.*, 41.

(4) Paris, 18 août 1868, J. N. 19.502.

(5) Douai, 28 mai 1845, S. 45.2.53 ; — Rennes, 11 août 1858, S. 59.2.48 ; — Montpellier, 28 juillet 1905, *J. du not.*, 1906, p. 389 ; — Cass., 27 novembre 1906, J. N. 28.898, *Rev. not.*, 13.084 ; — Rouen, 9 avril 1907, *Rev. not.*, 13.476.

(6) Rutgeerts et Amiaud, I, 103 ; — Riom, 29 mars 1879, S. 79.2.291 ; Rennes, 2 avril 1884, *Rev. not.*, 7377 ; — Montpellier, 29 mai 1890, *Rev. not.*, 8319 ; — Poitiers, 2 mars 1892, *Rev. not.*, 8651 ; — Cass., 27 novembre 1906 précité ; — *Contra* : Rennes, 11 août 1858, S. 59.2.48 ; — Nancy, 6 mars 1885, S. 86.2.117, D. 86.2 47, *Rev. not.*, 7378 ; — Paris, 4 mars 1886, S. 88.2.12, *Rev. not.*, 7378, *Rép. not.*, 2983.

(7) Caen, 30 juin 1824 ; — Paris, 7 décembre 1829 ; — Carré et Chauveau, *Quest.* 3114 *bis*.

réservataires (1). Il en est ainsi alors même que le légataire universel a accepté le legs sous bénéfice d'inventaire. Si les héritiers exhérédés ont formé une demande en nullité du testament les exhérédant, il suffit, pour sauvegarder leurs droits, de les appeler à l'inventaire (2).

313. — Les légataires en usufruit de l'universalité ou d'une quote-part de la succession sont aussi fondés à requérir inventaire (C. civ., 600).

314. *Légataire particulier*. — A proprement parler, les légataires particuliers n'ont pas droit à la succession ; mais ils ont des droits dans la succession et par suite un intérêt évident à ce qu'aucune soustraction ne vienne diminuer l'actif héréditaire, ce qui, par voie de conséquence, pourrait supprimer leurs legs ou en restreindre le bénéfice. Aussi a-t-il été jugé qu'ils ont le droit de requérir qu'il soit procédé à un inventaire bien que le légataire ait été envoyé en possession (3). — V. ci-après n° 337.

315. *Liquidé judiciaire*. — Le successible en état de liquidation judiciaire requiert lui même l'inventaire avec l'assistance de son liquidateur, car il n'est pas dessaisi, comme le failli, de la propriété de ses biens (L. 4 mars 1889).

316. — En cas de refus de la part du liquidé de requérir cette formalité ou d'y être présent, le liquidateur a le droit de se faire autoriser à procéder seul, par une ordonnance du juge-commissaire (4), dont l'original est annexé au procès-verbal du notaire.

317. *Mari*. — Lorsque le régime matrimonial laisse l'administration des biens de la femme au mari (communauté légale ou conventionnelle, dotalité générale, exclusion de communauté), le mari peut requérir l'inventaire sans la présence de la femme comme maître de ses actions mobilières et possessoires (C.civ., 1414 et 1428) ; dans les autres cas, il lui faut un mandat en règle. Mais le concours des deux époux est toujours préférable, car l'inventaire comporte souvent des aveux et reconnaissances que le mari n'a pas qualité de faire pour la femme (5).

318. *Mineur*. — L'héritier mineur non émancipé qui a encore son père et sa mère, est représenté à l'inventaire par celui de ses auteurs qui a l'administration légale de ses biens. Si l'un et l'autre de ses parents sont déchus de cette administration, ou s'il y a opposition d'intérêts entre lui et celui de son père ou de sa mère administrateur légal, il est représenté alors par un administrateur *ad hoc*. Enfin lorsque le mineur recueille une succession ou des droits dans une succession en vertu d'une libéralité faite à son profit sous condition que ses parents n'auraient pas l'administration légale des biens ainsi recueillis, il a pour administrateur, quant à ses biens, la personne désignée soit par le donateur ou testateur, soit à défaut, par le tribunal (6).

319. — Si le mineur est orphelin de père et de mère ou de l'un d'eux, l'inventaire est requis par son tuteur (V. *infra*, n° 324).

---

(1) Rennes, 2 avril 1884, précité; — Bordeaux, 28 novembre 1894, *Rev. not.*, 9041 ; — Paris, 27 février 1896, *Rev. not.*, 9571, *J. du not.*, 1896, p. 284;—Pau, 30 janvier 1911, J. N. 30.162, *J. du not.*, 1911, p 480. — *Contra* : Poitiers, 2 mars 1892, *Rev. not.*, 8651 ; — Caen, 17 décembre 1902, *Rev. not.*, 11.379, *J. du not.*, 1903, p. 488.

(2) Paris, 31 décembre 1868, J. N. 19.512, *Rev. not.*, 2357 ; — Paris, 27 juin 1878, J. N. 27.113; — Besançon, 23 novembre 1892, S. 93 2.23, *Rev. not.*, 8837, *J. du not.*, 1893, p. 13.

(3) Narbonne, 18 décembre 1901, J. N. 27.915 ; — Nancy, 11 juillet 1903, *Rev. not.*, 10.689; — V. également Garsonnet, VI, § 1241, note 5.

(4) L. 4 mars 1889, art. 6.

(5) Demolombe, XXX, 470 ; — Limoges, 3 août 1860, S. 61.2.241 ; — Paris, 18 août 1868, J. N. 19.502.

(6) C. civ., art. 389 modifié par la loi du 6 avril 1910.

320. — Pour l'inventaire, il n'y a pas opposition d'intérêts, en principe, entre les héritiers mineurs entre eux, ni entre eux et leurs tuteurs et subrogés tuteurs. Ces derniers peuvent agir à la fois comme héritiers eux-mêmes et comme tuteurs ou subrogés tuteurs.

321. — Mais si des mineurs ont des intérêts distincts et opposés dans une succession qui leur advient, il doit leur être nommé à chacun un tuteur.

322. *Mineur émancipé.* — L'héritier mineur émancipé requiert l'inventaire avec l'assistance de son curateur dont la mission est de veiller à la conservation de sa fortune (1); certains auteurs enseignent cependant qu'il peut le requérir seul (2).

323. *Retour légal.* — L'adoptant, l'ascendant donateur ou les frères et sœurs légitimes de l'enfant naturel qui exercent le droit de retour légal ont qualité suffisante pour requérir inventaire, car ils exercent un droit de succession (3).

324. *Tuteur.* — Le tuteur d'un mineur ou d'un interdit requiert inventaire au nom de son pupille, en présence du subrogé tuteur (C. civ., 420, 451 ; C. proc., 929-941). Lorsque l'inventaire est dressé à la requête du tuteur d'un interdit, il est de bonne pratique de mentionner dans l'intitulé le jugement d'interdiction et les mesures de publicité qui l'ont suivi.

325. *Usufruitier. Usager.* — L'usufruitier et l'usager ont naturellement le droit de faire procéder à l'inventaire que la loi leur prescrit pour l'exercice de leur droit (C. civ., 600, 626).

326. *Veuve enceinte.* — Lorsque la femme survivante se déclare enceinte et qu'il existe des enfants mineurs issus du mariage, elle requiert l'inventaire tant en son nom à raison des diverses qualités qu'elle peut avoir, qu'au nom et comme tutrice légale des enfants nés et de l'enfant à naître, en présence du subrogé tuteur des enfants nés qui remplit en même temps les fonctions de curateur au ventre à l'égard de l'enfant conçu.

327. Si les enfants nés sont majeurs ou émancipés, l'inventaire est alors requis par eux et par la veuve agissant tant en son nom que comme devant être tutrice légale de l'enfant à naître, en présence du curateur au ventre.

328. — Lorsqu'il n'existe pas d'enfant né, la veuve agit dans les mêmes qualités en présence du curateur au ventre. Il ne semble pas qu'il soit nécessaire de faire intervenir à l'inventaire les héritiers qui seraient appelés au cas où l'enfant conçu ne naîtrait pas viable, car la présence du curateur au ventre présente une garantie suffisante pour la sauvegarde de leurs droits éventuels (4).

4ent *Parties présentes*

329. — Dans tous les cas, l'inventaire doit être fait en présence ou après appel s'ils existent et ne sont pas requérants : 1° du conjoint survivant même non commun en biens ni légataire, sauf en cas de séparation de corps prononcée contre lui et suivie de la liquidation de ses droits ; 2° des héritiers présomptifs non exhérédés ; 3° de l'exécuteur testamentaire même lorsque le testament olographe dans lequel il puise sa qualité n'a pas été encore suivi d'envoi en possession, car

---

(1) Roll. de Villargues, *Inv.*, 96 ; — *Encyc. not.*, *Inv.*, 116 ; — Amiaud, *Traité form.*, n° 45, lettre S.

(2) Quarré et Chauveau, *Ouest.* 3143 *bis* ; — Dutruc, 165 ; — Garsonnet, VII, § 2619, p. 114.

(3) Bordeaux, 4 janvier 1851. S. 52.2.412, D. 51.2.52.

(4) Demolombe, VII, 75 ; Defrénois, 160 ; — Voir cep. Roll de Villargues, *Inv.*, 79 ; *Dict. du not.*, *Inv.*, 80 ; — *Encyc. not.*, *Inv.*, 92 ; — Amiaud, *Traité form.*, *Inv.*, 41.

il tient ses droits de la loi (1) ; 4° des donataires et légataires universels ou à titre universels en toute propriété ou en usufruit (C. proc., 942).

330. *Conseils.* — Le conseil donné au prodigue et le conseil spécial donné par le père à la mère survivante tutrice, conformément à l'article 397 du Code civil, pour les actes relatifs à la tutelle doivent être appelés à l'inventaire. Ils ont, en effet, pour mission d'assister la personne pourvue de conseil et de donner leur avis. Cependant il a été jugé que le conseil nommé à la mère survivante n'a pas seulement le droit d'être présent à l'inventaire après le décès du père, mais qu'il peut encore concourir à sa confection comme partie requérante (2).

La présence du conseil nommé à la mère survivante n'empêche pas que l'inventaire doit être dressé en présence du subrogé tuteur.

331. *Créanciers opposants.* — Les créanciers de la succession qui ont fait opposition et qui ne requièrent pas l'inventaire doivent y être appelés (3). Les originaux des sommations enregistrées sont annexés au procès-verbal de levée des scellés ou, s'il n'y a pas de scellés, à la minute de l'inventaire. A l'égard des créanciers personnels d'un héritier, il y a discussion en doctrine et en jurisprudence sur le point de savoir s'ils ont le droit d'assister à l'inventaire ou non (V. *supra*, n° 294).

332. — Si, après avoir été régulièrement cités, les créanciers opposants ne comparaissent pas, il est prononcé défaut contre eux et passé outre. Si, au contraire, ils se présentent, ils n'assistent qu'à la première séance ; ensuite ils sont tenus de se faire représenter par un seul mandataire qu'ils conviennent ou qui, à défaut d'entente entre eux, est nommé d'office par le juge. Toutefois lorsque l'un d'eux a des intérêts différents de ceux des autres, il peut assister à l'inventaire ou s'y faire représenter à ses frais (Proc., 932-933).

333. — Lorsque les créanciers opposants se font représenter par un avoué, celui-ci n'a pas besoin de mandat spécial ; il lui suffit d'être porteur des titres de créances.

334. *Curateurs.* — La présence du curateur à l'émancipation d'un mineur est utile et licite, mais non indispensable en principe, car l'inventaire étant un acte conservatoire peut être, comme tel, requis par le mineur émancipé, sans l'assistance de son curateur (4).

335. — Il faut appeler à l'inventaire le curateur au ventre qui deviendra de plein droit le subrogé tuteur de l'enfant dont la veuve se déclare enceinte, lorsqu'il sera né. Mais sa mission est terminée et il n'y a plus lieu de le faire intervenir lorsque l'enfant naît non viable au cours des opérations et qu'il n'est pas subrogé tuteur d'autres enfants mineurs nés du mariage. L'inventaire est alors continué à la requête de la veuve survivante et des nouveaux héritiers.

336. *Héritier.* — Le légataire universel ou à titre universel saisi des biens de la succession, lors même qu'il accepte son legs sous bénéfice d'inventaire, n'est tenu d'appeler à l'inventaire les héritiers présomptifs que si ceux-ci ont formé une demande en nullité du testament qui les exclut (5).

337. *Légataire particulier.* — La présence du légataire à titre particulier n'est pas nécessaire, surtout lorsqu'il n'est pas légataire d'objets mobiliers. D'ailleurs, s'il veut être appelé, il n'a qu'à faire opposition (V. *supra*, n° 314).

338. *Procureur de la République.* — En cas de déclaration d'absence, le

(1) C. proc., 931, 932 ; — Béziers, 23 février 1901, *Rev. not.*, 10903, *J. du not.*, 1902, p. 25.
(2) Caen, 2 mai 1921, *Rep. not.*, 19.790.
(3) Bioche, 136 ; — Dutruc, 106.
(4) Carré et Chauveau, *Quest.* 3143 *bis* ; — Garsonnet, VII, § 2619, p. 114.
(5) Cass., 16 avril 1839 ; — *Contra* : Limoges, 3 janvier 1820.

procureur de la République doit être présent à l'inventaire soit en personne, soit en celle du juge de paix délégué à cet effet (C. civ., 126).

339. *Subrogé tuteur.* — La présence du subrogé tuteur en personne ou par mandataire est nécessaire quand l'inventaire a lieu lors de l'entrée en fonctions du tuteur (C. civ., 451). Il est logique qu'il en soit de même pour tous les inventaires où un mineur est intéressé, encore que le tuteur n'y aurait pas personnellement d'intérêts, car la loi prescrit au subrogé tuteur, sous peine d'engager sa responsabilité, d'obliger le tuteur à faire inventorier toute succession qui échoit à son pupille (C. civ., 1442), et il ne saurait contrôler les états de situation que le tuteur doit lui fournir s'il n'a pas assisté à l'inventaire (1).

340. — Si le subrogé tuteur refuse d'assister à l'inventaire, il doit lui être fait sommation afin de pouvoir prononcer défaut contre lui (2).

341. *Tuteur à substitution.* — Le tuteur à substitution doit être appelé à l'inventaire des biens frappés de la charge de conserver et de rendre, dressé à la requête du grevé (C. civ., 1059). Les appelés peuvent assister à l'inventaire, mais leur présence n'est pas nécessaire.

342. *Usufruitier.* — Le nu propriétaire doit être appelé à l'inventaire que l'usufruitier est tenu de faire dresser.

5^{ent} *Notaires commis*

343. *Cas.* — Il y a lieu de faire commettre un notaire pour assister à l'inventaire aux lieu et place de certains intéressés dans les cas suivants :

1° Lorsque parmi les parties il en est qui résident à plus de 5 myriamètres (C. proc., 942) ; mais non pour celles qui ont fait opposition, car elles sont censées être présentes sur les lieux par suite du domicile élu dans leur opposition ;

2° Lorsqu'une succession est échue à une personne disparue depuis, ou échoit à un présumé absent, mais dont l'existence n'est pas méconnue par ceux qui auraient intérêt à la contester (C. civ., 113), sauf si l'absent était militaire au moment de sa disparition, car il devrait être alors représenté par un curateur ;

3° Pour représenter les personnes non présentes, lors même qu'elles résident à moins de 5 myriamètres, s'il y a urgence à faire inventaire ou impossibilité matérielle insurmontable de les toucher, sans qu'on puisse prévoir la fin prochaine de cette impossibilité, par exemple en cas de siège rigoureux d'une ville (3).

4° Et pour représenter les aliénés non interdits placés ou non dans une maison de santé, lorsqu'ils n'ont pas d'administrateur provisoire (4).

Dans tous les autres cas, il y a obligation absolue d'appeler les intéressés eux-mêmes à l'inventaire ; la loi n'admet pas d'autre exception.

344. — Toutefois un inventaire ne serait pas nul par cela seul qu'un notaire aurait été commis à l'effet de représenter des intéressés, bien qu'ils eussent leur domicile dans un rayon de 5 myriamètres du lieu de l'ouverture de la succession ; mais les frais occasionnés de ce chef pourraient être considérés comme frustratoires (5).

345. *Présence.* — Le notaire commis doit assister en personne à l'inventaire

---

(1) Demolombe, VII, 555 ; — Rutgeerts et Amiaud, 119. — Aubry et Rau, I, § 112, p. 677, 678.
(2) Baudry-Lacantinerie et Chéneaux, 480.
(3) Paris, 13 décembre 1870, S. 71.2.68, D. 71.2.243. J. N. 19.9.7, *Rev. not.*, 2925.
(4) L. 30 juin 1838, art. 36.
(5) Caen, 24 décembre 1839, S. 40.2.132 ; — Carré et Chauveau, *Quest.* 3152.

pour lequel il a été commis; il ne peut s'y faire représenter par un mandataire. Mais s'il ne se présente pas aux opérations, quoique régulièrement sommé, il n'est pas nécessaire de faire commettre un autre notaire; il est simplement donné défaut contre lui et procédé en son absence et sous sa responsabilité (1).

346. *Nombre.* — Lorsqu'à une même succession, il se trouve appelé à la fois des présumés absents, des non-présents et des aliénés non interdits, le même notaire ne peut les représenter en même temps, car leurs intérêts peuvent être différents; mais un seul notaire suffit pour chacune de ces classes de personnes, quel qu'en soit le nombre (2).

347. *Compétence.* — Le notaire commis doit avoir compétence dans le ressort dans lequel il est procédé à l'inventaire (3).

348. *Capacité.* — Le notaire commis pour représenter dans un inventaire une personne non présente a qualité pour la représenter en justice quant aux difficultés relatives à cette opération (4); mais comme il est partie à l'acte, il ne peut instrumenter en même temps, fût-ce comme notaire en second (5).

349. *Commission.* — La commission a lieu par jugement lorsqu'il s'agit de représenter des présumés absents (C. civ., 113) et, lorsqu'il s'agit de représenter des non-présents ou des aliénés, par ordonnance du président du tribunal à la requête de la partie la plus diligente, ou, s'il y a scellés, sur référé introduit par le juge de paix (C. proc., 928, 931; — L. 30 juin, 1838, art. 38).

6ᵉⁿᵗ *Comparutions particulières*

350. *Adoption.* — Que l'inventaire soit requis par un adoptant exerçant le droit de retour légal, ou par un adopté à raison de ses droits dans la succession de l'adoptant, il est nécessaire d'énoncer toutes les formalités de l'adoption à l'appui de la qualité invoquée, savoir : déclaration de l'adoption devant un notaire ou devant le juge de paix du domicile de l'adoptant, homologation par le tribunal civil du domicile de l'adoptant, inscription de l'adoption sur les registres de l'état civil du lieu de naissance de l'adopté, et mention en marge de son acte de naissance (C. civ., 360 et s.).

351. *Aliéné non interdit.* — L'aliéné non interdit placé dans un établissement public est représenté par le membre de la commission administrative de cet établissement délégué aux fonctions d'administrateur provisoire (6).

Toutefois cette commission peut demander au tribunal de nommer à l'aliéné un administrateur provisoire pris en dehors d'elle; les parents ou le conjoint de l'aliéné et le ministère public — mais non les alliés ni les créanciers — ont ce même droit. Dans ces divers cas, la nomination d'un administrateur par le tribunal est facultative; les juges ont à ce sujet un pouvoir discrétionnaire.

Lorsque l'administrateur provisoire est nommé par le tribunal, l'administration est alors judiciaire et non plus légale.

352. — Le directeur de l'assistance publique de Paris est tuteur de tous les aliénés placés dans les établissements de cette administration (7).

---

(1) *Dict. not., Inv.,* 168.
(2) Le 30 juin 1838, art. 31, 32, 36; *Dict. not., Inv.,* 173-174
(3) *Dict. not., Inv.,* 164.
(4) Colmar, 11 novembre 1831, S. 32.2.352, D. 32.2.17.
(5) *Dict. not., Inv.,* 165.
(6) L. 30 juin 1838, art. 31; — Régl. 20 mars 1857, art. 8.
(7) L. 10 janvier 1849, art. 3.

353. — Si l'aliéné est placé dans un établissement privé ou soigné dans sa famille, il y a lieu de faire nommer par le tribunal un administrateur, ou, à défaut, un notaire pour le représenter.

354. — Lorsque l'aliéné non interdit est soigné dans sa famille et qu'on ne veut pas le faire interdire, plutôt que de faire commettre un notaire dont la mission est spéciale et toute de surveillance, il est préférable d'introduire une demande en interdiction qui sert de base à la nomination d'un administrateur général pour tout ce qui intéresse et pourra intéresser l'aliéné, puis on laisse sommeiller la procédure de l'interdiction.

355. — Dans tous les cas, une expédition soit de la délibération administrative, soit du jugement, ou l'original de l'ordonnance, doit être annexé à l'inventaire.

356. *Enfant naturel.* — L'enfant naturel reconnu seul a des droits dans la succession de ses parents, et il a pour tuteur légal celui de ses père et mère qui l'a reconnu le premier ; ce dernier a droit en outre à la jouissance légale des biens de son enfant à la condition de faire nommer un subrogé tuteur par le tribunal qui remplit les fonctions dévolues au conseil de famille de l'enfant légitime (1). Il est donc indispensable de mentionner la date des reconnaissances par le père et par la mère lorsqu'elles ont eu lieu toutes les deux, et la date du jugement qui a nommé le subrogé tuteur (V. *infra*, n° 368 et s.).

357. *Mandataire.* — Ceux qui ont le droit de requérir l'inventaire ou d'y être présent, à l'exception du notaire commis, peuvent s'y faire représenter par tels mandataires qu'il leur plaît de choisir, sans que les autres parties ni les tribunaux puissent leur imposer à cet égard aucune restriction, même sous le prétexte qu'il existerait entre le mandataire et la succession une opposition d'intérêt (2). Toutefois le tuteur et le subrogé tuteur ne peuvent choisir l'un et l'autre le même mandataire en raison de ce qu'ils ont des intérêts opposés (3).

358. — Le requérant qui se fait représenter par un mandataire est mentionné comme s'il comparaissait en personne ; l'intervention de son mandataire est indiquée seulement après. Mais cette façon de procéder ne s'applique qu'aux requérants ; pour les autres parties, on dénomme le mandataire puis on indique sa qualité selon la règle ordinaire.

359. — La procuration peut être sous seing privé ou notariée (V. ci-dessus n° 213). Faite sous seing privé ou en brevet, l'original doit être annexé à l'inventaire, même lorsqu'il y a des scellés (4). Si elle est donnée pendant les opérations, elle peut être écrite au cours du procès-verbal d'inventaire.

360. *Militaire absent.* — Lorsqu'une succession échoit à un militaire absent, l'article 136 du Code civil n'est pas applicable ; tant que l'absence n'est pas déclarée, il est obligatoire de le faire représenter par un curateur que lui nomme un conseil de famille (5).

361. *Mineur.* — Quelle que soit la personne qui représente un mineur, il faut rapporter les noms et prénoms de ce dernier ainsi que le lieu et la date de sa naissance.

362. *Représentation.* — Dans tous les cas où les héritiers ou l'un d'eux vien-

---

(1) L. 2 juillet 1907.
(2) Chambéry, 4 mai 1891, J. N., 24.630, *Rev. not.*, 8632, *J. du not.*, 1891, p. 517 ; — *Encyc. not., Inv.*, 142.
(3) Aubry et Rau, 1, § 112, note 3 ; — Demolombe, VII, 555 ; — *Encyc. not., Inv.*, 143.
(4) Circ. minist. just., 28 août 1832 et 24 mai 1849.
(5) L. 11 ventôse an II ; Cass., 17 février 1829 et 3 août 1837, S. 37.1.809.

uent à la succession par représentation, il faut préciser dans l'inventaire l'union légitime dont ils sont nés et le prédécès, par lieu et date, de celui ou de ceux qu'ils représentent.

363. — De même, en cas d'enfants issus de plusieurs lits, l'intitulé doit en faire mention.

364. *Tutelle légale*. — 1° *Enfants légitimes*. — La tutelle des enfants légitimes mineurs appartient de plein droit au survivant des père et mère (C. civ., 390), sauf la faculté pour le père non déchu de la puissance paternelle de nommer un conseil spécial à la mère survivante et tutrice (C. civ., 391).

365. — La mère tutrice qui se remarie doit se faire maintenir dans cette tutelle par le conseil de famille à peine de déchéance (C. civ., 395).

366. — A défaut par le survivant des père et mère tuteur d'avoir fait choix d'un tuteur testamentaire, la tutelle revient de plein droit à celui des aïeux ou à celle des aïeules qui sont du degré le plus rapproché; en cas de concurrence entre des aïeux ou des aïeules du même degré, de même qu'en cas de concurrence entre deux bisaïeuls de la ligne maternelle, c'est le conseil de famille qui choisit entre eux (C. civ., 402 à 404).

367. — Les ascendantes autres que la mère ne peuvent exercer la tutelle légale.

368. 2° *Enfants naturels* (1). — La tutelle légale des enfants naturels reconnus revient à celui de leurs père et mère qui les a reconnus le premier, et, en cas de reconnaissance simultanée, au père seul, sous le contrôle d'un subrogé tuteur qui est nommé par le tribunal du domicile légal du tuteur, au jour où celui-ci a reconnu son enfant, lequel tribunal remplit à l'égard de l'enfant naturel reconnu les fonctions dévolues au conseil de famille des enfants légitimes.

369. — En cas de prédécès de celui des parents auquel la tutelle appartient, le survivant en est investi de plein droit.

370. — Le tribunal compétent peut toujours, si l'intérêt de l'enfant l'exige, confier la tutelle à celui des parents qui n'en est pas chargé par la loi.

371. — Celui des parents naturels qui exerce la puissance paternelle a droit à la jouissance légale des biens de son enfant mineur à charge de faire nommer un subrogé tuteur dans les trois mois de son entrée en fonction; s'il ne le fait pas, il n'a droit à la jouissance légale qu'à partir du jour de la nomination dudit subrogé tuteur.

372. *Tutelle testamentaire*. — Le dernier mourant des père et mère, qui n'a point perdu les droits de la puissance paternelle peut désigner à ses enfants mineurs un tuteur ou une tutrice, parent ou parente, étranger ou étrangère (C. civ., 397).

La mère survivante remariée doit, pour pouvoir user de ce droit, n'avoir pas perdu la tutelle, et il faut que son choix soit ratifié, après son décès, par le conseil de famille (C. civ., 399 et 400).

373. — La désignation d'un tuteur par le survivant des père et mère peut avoir lieu par acte de dernière volonté ou par une déclaration faite devant le juge de paix assisté de son greffier ou par acte notarié (C. civ., 392).

374. *Tutelle dative*. — A défaut de père ou mère survivant, de tuteur élu par eux et d'ascendant mâle, il est pourvu par le conseil de famille réuni sous la présidence du juge de paix du lieu où la tutelle s'est primitivement ouverte, à la nomination d'un tuteur ou d'une tutrice (C. civ., 405).

(1) L. 2 juillet 1907.

375. — Il y a également lieu à tutelle dative lorsque le tuteur ou la tutrice choisi ou nommé a été destitué (1), ou lorsque la tutrice s'est mariée ou remariée sans se faire maintenir dans la tutelle (C. civ., 395).

376. *Tutelle des enfants assistés.* — La tutelle des enfants placés sous la protection ou sous la tutelle de l'assistance publique appartient au préfet ou à son délégué, l'inspecteur départemental, sauf dans le département de la Seine où cette tutelle est exercée par le directeur de l'administration générale de l'assistance publique de Paris, et ce tuteur n'est pas soumis au contrôle d'un subrogé tuteur (2).

377. *Pupilles de la nation.* — Lorsque la tutelle d'un pupille de la nation est confiée par décision, soit du conseil de famille, soit du tribunal, à l'Office départemental des pupilles, celui-ci est tenu de procéder à la nomination d'un tuteur délégué dans les quinze jours qui suivent la notification faite à son secrétariat du choix dont il a été l'objet. Le tuteur délégué est pris parmi les membres du conseil d'administration ou en dehors d'eux ; il est nommé pour la durée de la tutelle et est astreint à l'observation de toutes les prescriptions du droit commun en matière de tutelle ; mais ses biens ne sont pas soumis à l'hypothèque légale et il n'est pas institué de subrogé tuteur auprès de lui (3).

§ 2. — Description et prisée

1° *Généralités*

378. *Principe.* — Le procès-verbal constatant la prisée des objets mobiliers fait partie intégrante de l'inventaire; par suite, il doit être l'œuvre du notaire et non de l'officier priseur, s'il y en a un.

379. *Description.* — Les objets mobiliers matériels sont décrits et estimés à leur juste valeur (C. proc., 943-3°), sous un numéro d'ordre pour chaque article.

380. — La description se fait autant que possible objet par objet, en se conformant au système légal des poids et mesures et à la numération décimale (4). Ainsi il a été jugé qu'il y avait contravention notamment par l'emploi des mots : aune, pied, corde, toise, arpent, livre, muid, charretée, homme, etc. (5).

381. *Groupement.* — On peut grouper en un seul article plusieurs objets de peu d'importance ou de même nature ou ayant une même destination, afin d'éviter de multiplier les articles et par suite les frais.

382. — La loi permet aussi de réunir les objets de même nature tels que linge, vaisselle, etc., disséminés dans les différentes pièces de l'appartement où ont lieu les opérations, pour les décrire et les priser successivement (C. proc., 938). Mais ce procédé n'est pas sans présenter des inconvénients à raison des erreurs ou omissions qu'il peut occasionner.

383. *Ordre.* — Aucune règle n'est établie pour l'ordre à suivre dans la prisée ; le notaire dirige l'opération à son gré, suivant l'importance et le nombre des objets à inventorier, l'aménagement de la maison où il est procédé, et le désir

---

(1) Seine, 12 juillet 1881.
(2) L. 27 juin 1904, art. 11 et 13.
(3) L. 27 juillet 1917 et 26 octobre 1922; décret, 22 août 1923.
(4) L. 25 ventôse an XI, art. 7, et 4 juillet 1837, art. 5.
(5) Saint-Jean-d'Angély, 25 juillet 1840 ; — Villefranche, 4 mars 1842 ; — Compiègne, 18 janvier 1844.

manifesté par les intéressés. A cet égard, il est d'usage, en règle générale, de décrire d'abord, dans chaque pièce, les objets en évidence et ceux qui sont représentés, puis d'inventorier les vêtements, le linge, les bijoux et l'argenterie.

384. *Précédent inventaire.* — Lorsque les objets à priser ont déjà été récemment inventoriés, il suffit de procéder à un simple procès-verbal de récolement des effets compris dans le premier inventaire et de priser les autres objets qui peuvent exister (1). Il devrait en être autrement si les effets avaient subi des modifications dans leur nombre ou leur valeur.

385. *Lieu.* — Pour être régulière et valable à l'égard des incapables et des tiers, la prisée doit être faite dans les lieux où sont enfermés les objets mobiliers ; elle ne saurait avoir lieu, par exemple, en l'étude du notaire, sur simples déclarations ou sur un état dressé par les parties ou par un estimateur choisi par elles (2).

386. — Toutefois lorsque les objets à estimer sont situés dans divers endroits peu distants les uns des autres, le président du tribunal peut ordonner sur la demande des parties, ou, si celles-ci sont toutes présentes et capables, elles peuvent convenir que les meubles seront réunis dans un seul endroit pour y être inventoriés ou qu'ils seront décrits et estimés sur simples déclarations, s'ils ne valent pas les frais d'un transport (3).

387. *Mention.* — Il est fait mention des pièces où l'on se transporte au fur et à mesure de la description des objets qui s'y trouvent (4). Afin de bien préciser chacune de ces pièces, il est d'usage d'indiquer sa situation et la manière dont elle est éclairée.

388. *Hors du ressort.* — Si certains objets sont situés dans un lieu hors du ressort du notaire instrumentaire, ce dernier doit charger un confrère local de faire un inventaire spécial qui est ensuite résumé dans l'inventaire général (V. ci-dessous n° 717).

389. *Effets des enfants.* — Les vêtements, linge et effets particuliers des enfants ainsi que leurs jouets sont considérés comme leur propriété personnelle, et par suite ils ne doivent pas figurer dans la description des objets qui dépendent de la succession de leur père et de leur mère, ou n'y figurer que pour ordre et par distinction (5), si les enfants sont mineurs. Il en est de même à l'égard des effets mobiliers qui leur ont été donnés soit pour leur trousseau, soit pour leur éducation (6), alors surtout qu'ils ont peu d'importance.

390. *Provisions de bouche.* — On n'inventorie pas d'ordinaire les provisions de bouche autres que les vins et les liqueurs, à moins qu'il ne s'en trouve une grande quantité.

391. *Deuil.* — Il n'y a pas lieu non plus de priser les vêtements de deuil neufs, car l'inventaire ne doit constater que ce qui existait au décès. Toutefois certains praticiens prisent par distinction le deuil de la veuve commune survivante, à titre d'indication pour l'indemnité qui lui sera attribuée à ce propos lors de la liquidation de la communauté.

---

(1) Demolombe, XV, 138 ; — Roll. de Villargues, *Inv.*, 229 ;
(2) Roll. de Villargues, *Inv.*, 225-226 ; Dutruc, 190.
(3) Carré et Chauveau. *Quest.* 3147 ; Bioche, 211 ; Dutruc, 173 ; De Belleyme, II, 236 ; Roll. de Villargues, *Inv.*, 174.
(4) Rutgeerts et Amiaud, 107 ; Roll. de Villargues, *ibid.*, 224.
(5) Roll. de Villargues, *Inv.*, 184 ; Encyc. not., *Inv.*, 237.
(6) Encyc. not., *Prisée*, 67 ; — Comp. Dict. du not., *Inv.*, 335.

392. *Prisée par distinction*. — En cas de dissolution de communauté ou de société d'acquêts, il y a lieu de décrire à part les objets qui reviennent en propre à chaque époux ou à sa succession, soit en vertu de leurs conventions matrimoniales, soit par suite de toute autre stipulation, et il est nécessaire de les estimer par distinction, qu'ils reviennent à la succession, ou que ce soit le conjoint survivant qui ait le droit de les reprendre, car la communauté peut être mauvaise, ou les clauses qui autorisent ces prélèvements peuvent être contestées par la suite. Il en est ainsi à plus forte raison lorsqu'il y a des créanciers opposants.

393. — Nous avons vu (V. nᵒˢ 234 et 235 ci-dessus), que la femme mariée sous un régime exclusif de communauté conserve propres les biens par elle acquis avec les gains et produits de son travail, lorsqu'elle exerce une profession distincte ; il y a intérêt alors à établir dans l'inventaire la consistance et la provenance de ces biens. Sous le régime de la communauté et sous le régime dotal avec société d'acquêts, les biens ainsi acquis ne restent propres à la femme ou à ses héritiers en ligne directe que s'ils renoncent à la communauté ou à la société d'acquêts ; il y a donc lieu, sous ces régimes, de priser par distinction les objets mobiliers, matériels, marchandises et fonds de commerce acquis avec les gains provenant du libre salaire de la femme, afin que la reprise de ces biens, le cas échéant, puisse facilement être exercée.

394. — Il faut également priser par distinction les choses léguées à titre particulier (1) et celles qui seraient réclamées par un héritier ou un tiers comme étant sa propriété personnelle, si aucune justification n'est produite à l'appui de cette affirmation ou s'il y a contestation de la part des intéressés (2), car l'inventaire ne doit rien préjuger sur les droits des parties.

395. *Gardien*. — La loi n'exige la constitution d'un gardien des meubles et objets mobiliers qu'autant qu'il y a apposition de scellés (C. proc., 914). Par suite, en cas de demande de nomination d'un gardien, à défaut de scellés, le pouvoir discrétionnaire du juge de paix lui permet d'y faire droit ou de s'y opposer, sans que sa décision puisse être déférée à la Cour suprême (3).

2° *Biens et objets à décrire et à priser*

396. — Tous les meubles et objets trouvés et intéressant la succession ou la communauté doivent être décrits et prisés, à l'exception des immeubles par destination, et encore parmi ceux-ci y a-t-il intérêt à décrire par distinction, pour en constater l'existence, tous ceux dont l'enlèvement peut s'opérer sans laisser de trace.

397. — A raison des difficultés que peuvent soulever ces distinctions, nous donnons ci-après la nomenclature des biens et objets qui doivent être décrits et prisés, et de ceux, au contraire, qui peuvent être omis ou seulement mentionnés pour ordre.

398. *Abeilles*. — Les abeilles sont naturellement meubles (C. civ., 528) ; elles sont immeubles par destination lorsque les ruches sont attachées par le propriétaire à l'exploitation du fonds (4). Dans ce dernier cas, on les décrit et on les prise par distinction, s'il y a lieu, en indiquant leur destination, afin qu'elles figurent dans la masse immobilière lors de la liquidation.

(1) Roll. de Villargues, *Inv.*, 182-183.
(2) Poitiers, 13 juin 1828 ; Douai, 18 avril 1878.
(3) Cass. req., 4 août 1903, *Rev. not.*, 11.856.
(4) C. civ., 524 ; Demolombe, IX, 279.

399. *Animaux.* — Par nature ils sont meubles ; ils deviennent immeubles par destination : lorsqu'ils sont attachés par le propriétaire d'un fonds à la culture de ce fonds (C. civ., 524), et lorsqu'ils sont donnés à cheptel par un propriétaire à son fermier ou métayer (C. civ., 522). Tous ceux destinés au commerce restent meubles (1).

400. — Les troupeaux de moutons, chèvres, porcs, etc..., sont désignés par leur espèce et le nombre de têtes dont ils se composent ; les bœufs, les chevaux, les mulets, les ânes sont désignés, lorsqu'il s'agit de quelques bêtes seulement, par leurs noms, la couleur de leur robe et l'indication de leur âge. Pour les animaux de race, principalement pour les chevaux, on indique en outre leur origine, notamment le nom de l'étalon qui les a engendrés.

401. — Les mères qui étaient pleines au moment du décès et qui ont mis bas depuis, sont prisées selon la valeur qu'elles avaient au jour du décès. Les produits forment des fruits et se prisent par distinction (2).

402. *Arbres, arbustes, plantes.* — Toutes les plantes ainsi que les arbres deviennent meubles par la séparation du sol. Ils doivent être inventoriés, s'ils sont coupés, ou arrachés, ou s'ils sont plantés en caisses ou en pots (3), et dans ce dernier cas, il en est ainsi alors même qu'ils seraient placés dans une serre construite à cet effet et faisant partie d'un établissement de pépiniériste ou d'horticulture (4).

403. A l'égard du locataire, les plantes et les arbustes, qu'ils soient au sein de la terre ou qu'ils en aient été retirés, sont toujours meubles.

404. *Argent comptant.* — L'argent comptant est inventorié soit au fur et à mesure qu'il est trouvé, soit en fin de la prisée ou de chaque séance de prisée, sauf à faire une récapitulation lors de la dernière. Mais lorsque tous les héritiers sont présents et capables, on ne porte généralement les deniers comptants qu'en fin de l'inventaire, aux déclarations générales.

405. — Les pièces d'or, d'argent et de billon sont désignées suivant leur valeur et en indiquant le nombre. Les billets de banque sont inventoriés comme argent comptant, sans qu'il soit utile d'en indiquer les numéros (5). Il ne doivent être ni cotés ni paraphés à raison de leur nature de valeur au porteur.

406. *Argenterie.* — Les objets d'or et d'argent sont pesés et l'estimation est faite sans tenir compte de la valeur artistique, suivant le poids et le titre (C. proc., 934-4°).

407. — Les titres sont : pour l'or, de 920 et 840 millièmes, et, pour l'argent de 930 et 800 millièmes (6). Après plusieurs changements, le poinçon de l'or est une tête de médecin grec, et celui de l'argent une tête de minerve. Les matières d'or de premier titre valent 2 fr. 25 le gramme, et celles d'argent 208 fr. le kilogramme.

408. *Armes. Armoiries. Portraits.* — Il avait d'abord été admis que les portraits de famille, les armes et armoiries, les titres nobiliaires et les décorations ne devaient pas figurer dans l'inventaire, car ils revenaient à l'aîné de la

---

(1) Cass., 21 avril 1883, D. 83.1.232 ; — Aubry et Rau, II, § 164, texte et notes 38 et s. ; — Demolombe, IX, 243.

(2) Roll. de Villargues, *Prisée*, 81 ; Defrénois, 425.

(3) Cass., 5 juillet 1880, S. 81.1.105, D. 80.1.321 ; — Chambéry, 17 août 1881, *Rev. not.*, 6562 ; — Demolombe, VII, 147-148.

(4) Baudry-Lacantinerie et Chauveau, V, 87 et note 3 ; — Aubry et Rau, II, § 164 *bis*, texte et note 6.

(5) Garsonnet, VII, § 2624, note 22.

(6) L. 19 brumaire an VII, art. 4.

famille (1). Mais cette thèse paraît abandonnée aujourd'hui, quoique la question reste controversée.

409. — D'après certains auteurs et jurisconsultes, ils doivent être décrits par distinction, sans estimation, et être remis à titre de dépôt à celui des héritiers dont les parties conviennent ou qui, à défaut d'entente, est nommé par le juge de paix, à charge de les représenter à la famille à toute réquisition (2).

410. — Enfin, selon d'autres, il y a lieu de les décrire et de les priser pour être ultérieurement partagés entre les ayants droit, ou, à défaut d'accord, être licités entre ceux-ci (3) sans le concours des étrangers (4).

411. *Bacs. Navires.* — Les bacs, bateaux et navires sont meubles, et comme tels, doivent être inventoriés (C. civ., 531).

412. *Bijoux, Diamants, Dentelles.* — Les joyaux, bijoux, diamants, dentelles et autres ornements sont généralement estimés, quand leur valeur est d'un grand prix, par l'officier priseur assisté d'experts spéciaux, bien que ce ne soit pas obligatoire. Les experts, aussitôt leur mission terminée, signent le procès-verbal et se retirent.

413. Pour les objets de cette nature qui ont été offerts aux époux comme dons ou présents d'usage, voir ci-après nᵒˢ 440 et 441.

414. *Bronzes. Objets d'art.* — De même, lorsqu'il y a à inventorier un certain nombre de bronzes, porcelaines, objets d'art, tableaux de maîtres, autographes, estampes, eaux-fortes, et généralement une collection quelconque de prix, il est convenable que l'officier priseur se fasse aider d'experts.

415. *Constructions.* — Les constructions ne forment qu'un tout avec le sol sur lequel elles sont édifiées ; il n'y a donc pas lieu de les décrire ni de les priser. Toutefois les constructions élevées sur le terrain d'autrui sont décrites en mentionnant autant que possible les circonstances dans lesquelles elles ont été faites, mais on ne les prise pas, car le propriétaire du sol peut les conserver en payant soit la valeur des matériaux et de la main-d'œuvre, soit la plus-value donnée à son immeuble. S'il ne les conserve pas, il y aura lieu alors de procéder seulement à l'estimation des matériaux qui proviendront de leur démolition.

416. *Correspondance. Parchemins.* — Il est généralement admis que les parchemins, diplômes et brevets, et la correspondance du défunt ne comportent pas la licitation, mais qu'il a lieu d'appliquer l'article 842 du Code civil à ces sortes d'objets (5).

417. *Coupe de bois. Tonte de laine.* — Si lors du décès, une coupe de bois est commencée sur un bois propre à l'un des époux ou une tonte de laine sur un troupeau également propre à l'un des époux, les bois et toisons coupés doivent être décrits et estimés comme actif de communauté.

418. — Aucune description n'est à faire des coupes de bois ni des tontes des troupeaux propres à l'époux survivant, lors même qu'elles sont faites depuis le décès et avant l'inventaire.

419. — Au contraire, celles provenant de bois ou de troupeaux dépendant de

la communauté ou appartenant en propre à l'époux décédé, et faites depuis le décès et avant l'inventaire, doivent être prisées par distinction pour figurer, lors de la liquidation, à la masse des fruits de communauté ou de succession, selon le cas.

420. *Echalas.* — Les échalas des vignes et les perches pour le houblon et pour les arbres fruitiers sont immeubles par destination dès qu'il en est fait usage ; par suite il n'y a plus lieu dès lors de les priser, même en cas d'extinction d'usufruit.

421. *Fleurs et oignons.* — Comme les arbustes, les fleurs et oignons de fleurs plantés en pleine terre sont immeubles pour le propriétaire du fonds, et restent meubles à l'égard des locataires. Dans le premier cas, une description sommaire suffit, pour éviter qu'il en soit détourné ; dans le second cas, il est nécessaire de les décrire et de les priser.

422. — Ils doivent l'être toujours lorsqu'ils sont plantés dans des pots ou des caisses, quand même ces caisses ou ces pots seraient placés en terre (1).

423. *Fonds de commerce.* — Les éléments d'un fonds de commerce sont inventoriés par distinction par l'officier priseur généralement assisté de deux commerçants de même profession ou de profession similaire, dont on constate la présence soit dans l'intitulé soit sous forme d'intervention à l'instant même où leur assistance devient utile.

424. — En principe la valeur du fonds de commerce doit être fixée au jour du décès ; s'il n'y a pas eu autorisation pour le conjoint survivant ou l'un des héritiers de continuer les opérations commerciales, sans attribution de qualités, il importe de ne pas parler, sauf cas de nécessité, de celles qui auraient été faites entre le décès et l'inventaire pour les besoins du commerce, afin de ne pas faire prendre qualités.

Il a été jugé à cet égard que le successible peut, sans faire acte d'héritier, continuer les affaires de la même manière que le *de cujus* les eût faites lui-même, lorsqu'il s'agit d'actes devant être considérés comme étant de simple administration, par exemple, pour le successible d'un banquier, recevoir ou payer en capital et intérêts les sommes échues, et même accorder des renouvellements et créer de nouveaux effets, parce que ces actes rentrent dans les usages d'une maison de banque (2) ; mais il est plus prudent d'obtenir une autorisation judiciaire.

425. — Le matériel et les marchandises sont inventoriés dans tous les cas. La prisée de l'achalandage et, le cas échéant, du droit au bail constituant un droit incorporel, n'est pas au contraire d'une absolue nécessité, surtout si le fonds doit être vendu ; il suffit à la rigueur de les constater. En pratique, on procède toujours et à juste raison à leur estimation.

426. — Lorsqu'il n'y a pas d'achalandage, par exemple lorsqu'il n'existe pas de bail ou que le bail n'a plus que peu de temps à courir et que les bénéfices donnés sont nuls, on mentionne le tout dans l'inventaire afin de prévenir des réclamations et des contestations de la part de nouveaux héritiers ou des créanciers qui, en cas contraire, pourraient croire à une omission.

427. — Il y a intérêt encore de procéder à la prisée lors même que l'époux survivant a la faculté de conserver le fonds de commerce pour son compte personnel, à moins que ce ne soit par préciput à titre de convention de mariage, ou encore par donation, lorsqu'il n'y a ni héritiers à réserve ni créanciers.

(1) Aubry et Rau, II, § 164, note 15 ; — Demolombe, IX, 145.
(2) Cass., 3 mai 1876, S. 76.1.307 ; — Beauvais, 26 avril 1895 ; — Montbéliard, 21 juin 1901.

428. *Foins. Pailles. Engrais*. — Les foins, les pailles et les fourrages, comme les engrais, ne sont meubles. et par suite ne doivent être prisés, que s'ils sont destinés à être vendus. Ils sont au contraire immeubles par destination lorsqu'ils doivent uniquement servir à l'exploitation du fonds (C. civ., 524).

429. *Fruits et récoltes* (1). — Il est de règle, par argument de l'article 626 du Code de procédure. de ne pas faire état des récoltes lorsqu'elles sont éloignées de plus de six semaines de leur maturité et de ne comprendre alors en l'inventaire, s'il y a lieu, que les frais de labours et semences dont le propriétaire du fonds aura à faire compte, les cas échéant (2).

De même, on ne saurait trop recommander de ne pas priser les récoltes sur pied, lorsqu'elles doivent figurer en l'inventaire, en raison des chances aléatoires auxquelles elles demeurent exposées. Il suffit d'indiquer provisoirement l'espèce des récoltes pendantes, dont l'estimation est différée après leur engrangement ou leur battage, et de désigner les immeubles qui les contiennent (3).

430. — Lorsqu'on procède à la prisée des fruits et récoltes, on doit peser, compter et mesurer ceux de ces objets qui se vendent ordinairement au poids, au compte ou à la mesure, puis les estimer autant que possible d'après les mercuriales ou les prix courants des marchés les plus voisins.

431. — Nous allons examiner successivement les divers cas où il y a lieu de priser les fruits et récoltes.

432. 1° *Après le décès du propriétaire*. — Les fruits naturels (productions de la terre venues sans culture) et les fruits industriels (productions de la terre venues avec culture) sont immeubles tant qu'ils sont pendants par branches ou par racines, par suite il n'y a lieu de les inventorier, s'il n'y a pas dissolution de mariage, encore qu'il existe un usufruitier, que s'il doit intervenir un partage ultérieur où ils figureront à la masse des fruits (C. civ., 520, 585).

433. — En cas de dissolution de communauté ou de société d'acquêts, les immeubles propres reviennent à leur propriétaire dans l'état où ils se trouvent, c'est-à-dire avec les récoltes y attachées par branches ou par racines, sauf récompense à raison des frais préliminaires de culture (V. ci-après, n° 442. Les récoltes pendantes sur les propres de la succession et celles pendantes sur les immeubles de communauté ne doivent être estimées que pour figurer respectivement, le cas échéant, à la masse des fruits de communauté ou de succession lors de la liquidation et du partage.

434. — Sous le régime dotal, le mari ou ses héritiers n'ont aucun droit sur les fruits pendant sur les biens paraphernaux lors de la dissolution du mariage, mais seulement une créance contre la femme, si elle ne possède pas de biens dotaux, à raison de la part pour laquelle elle est tenue alors de contribuer aux charges du ménage soit en vertu des stipulations du contrat de mariage, soit, à défaut, en vertu de la loi (C. civ., 1541 et s., 1575 et s.). À l'égard des biens dotaux, les fruits perçus ou à percevoir au jour de la dissolution du mariage reviennent au mari ou à sa succession proportionnellement à la durée du mariage pendant la dernière année qui a pour point de départ le dernier anniversaire du mariage, mais à charge de tenir compte de leur part dans les frais préliminaires de culture (4). Par suite il faut constater dans l'inventaire, par distinction : 1° la

---

(1) V. notre dissertation à ce sujet dans le *Journal du notariat*, 1910. p. 521 ; — V. aussi Melin, *Rev. not.*, 816 et 879 et Sonnier. *J. du not.*, 1916. p. 321.

(2) *Encyc. not., Labours*, 15 ; — *Dict. not., Inv.*, 344.

(3) Paultre, *Rev. not.*, 53.

(4) Rodière et Pont, III, 9411-2169 ; Aubry et Rau, § 540, texte et notes 38 à 46 ; — Guillouard, IV. 2155-2159.

récolte des biens dotaux faite ou à faire à cette date ; 2° celle des biens paraphernaux également faite ou à faire alors, si la femme ne possède pas de biens dotaux, ou encore si c'est elle qui est décédée et qu'il y ait lieu d'établir un compte de fruits dans le partage de sa succession ; 3° et, ainsi qu'il sera dit plus loin, les frais préliminaires de culture.

435. — Les fruits cueillis et les récoltes détachées du sol, bien que non encore engrangées, sont meubles et comme tels doivent être inventoriés, sauf à ajourner la prisée après le battage, le cas échéant, afin d'éviter toute erreur d'estimation.

436. 2° *Après le décès du fermier*. — Le droit à un bail est une chose mobilière pour le fermier (1) : par suite, les récoltes pendantes à son décès sont mobilières à l'égard de sa succession et doivent être décrites avec soin dans l'inventaire, sauf à ne les priser qu'après engrangement ou battage.

Dans tous les cas, il est nécessaire de vérifier les clauses du bail et d'observer les stipulations relatives aux foins, pailles et fourrages qui restent généralement à la propriété qui les a produits et qui, en conséquence, ne doivent pas être estimés, mais seulement mentionnés à titre de renseignement.

437. *Glaces. Tableaux*. — Les glaces, tableaux et autres ornements sont immeubles par destination lorsqu'ils ne peuvent être enlevés sans dégradation, ou sont mis de telle façon que le propriétaire a eu l'intention de les placer à perpétuelle demeure (2). Dans les autres cas, ils sont meubles et doivent être décrits et estimés ; spécialement des tableaux ne doivent jamais être considérés comme immeubles par rapport à la galerie qui les contient, alors même que cette galerie aurait été construite exprès pour les recevoir (3). De même un objet d'art ne perd pas son caractère mobilier, lorsqu'à raison de ses dimensions, il a été scellé au mur (4).

438. *Habits. Bijoux*. — On doit inventorier tous les linges, habits et bijoux du défunt, et, s'il s'agit d'un inventaire de communauté, ceux de l'époux survivant, à l'exception d'un habillement complet à son choix et ses décorations, et en outre la robe de cérémonie ou l'épée qu'il a coutume de porter, s'il est magistrat ou militaire (5). Les pierreries et diamants de la femme survivante ne sont pas compris dans l'habillement complet.

439. — Lorsque l'époux survivant a, par suite des stipulations du contrat de mariage, le droit de reprendre en nature les vêtements. linge et bijoux à son usage personnel comme étant la représentation de ceux par lui apportés en mariage. il est néanmoins préférable de priser par distinction les objets ainsi repris, car des contestations sont toujours possibles et l'inventaire ne doit pas préjuger des droits des parties. Il en est de même en cas de préciput (6).

440. — Sous le régime de la communauté de biens réduite aux acquêts, les vêtements, bijoux et autres objets qui ont constitué la corbeille de la future épouse restent sa propriété (7). De même forment des propres les objets offerts à titre de cadeaux personnels à l'un ou l'autre époux au cours du mariage. Il faut donc inventorier ceux qui dépendent de la succession du prédécédé et

(1) Cass., 6 mars 1861, S. 61.1.713 ; — Demolombe, IX, 493 : — Baudry-Lacantinerie et Wahl, 527 : — Aubry et Rau, II, § 164, texte et note 14.

(2) Cass., 8 mai 1850. S. 50.1.523. D. 50.1.260 ; — Limoges, 29 juin 1888, S. 88.2.205.

(3) Baudry-Lacantinerie et Chauveau. 90 ; Aubry et Rau, II, § 164 *bis*, texte et notes 5 et s.

(4) Paris, 31 octobre 1894, D. 96.2 68.

(5) Roll. de Villargues, *Inv.*, 181 ; — Bioche, 199.

(6) Roll. de Villargues, 182 : — Rutgeerts et Amiaud, 123.

(7) Aubry et Rau, § 522, note 9 *bis* : — Paris, 4 février 1897, D. 98.1.69 : — Paris. 2 décembre 1903, *Rev. not.*, 11.763.

décrire par distinction, pour le cas où il surviendrait des contestations à leur sujet, ceux qui sont revendiqués par le survivant.

441. — A l'égard des cadeaux ou présents d'usage faits par le mari à sa femme au cours de la communauté, il y a controverse D'après une première opinion, ils forment, au regard des époux, des propres comme provenant de dons manuels, surtout s'ils n'entraînent pas, vu leur valeur et la fortune des époux, un appauvrissement de la communauté (1). Selon une autre théorie, ils seraient prêtés à la femme pour son usage et non donnés d'une manière réelle et effective ; ils représenteraient seulement une part des bénéfices ou économies de la communauté (2). Dans tous les cas, ces libéralités restent soumises à la révocation consacrée par l'article 1096 du code civil (3). Par suite, la prudence recommande de les comprendre en l'inventaire, sauf à mentionner les revendications qui seraient faites à leur sujet.

442. *Labours. Semences* (4). — 1° *Communauté et société d'acquêts*. — Les immeubles propres reviennent à leur propriétaire avec les récoltes qui y adhèrent par branches ou par racines, sauf récompense au profit de la communauté à raison des labours, engrais et semences (5). Cette récompense doit être fixée eu égard à la dépense réelle, c'est-à-dire que la communauté ou société d'acquêts doit recouvrir une juste indemnité, sans faire aucun bénéfice. Ainsi il n'est dû aucune récompense, si la communauté n'a rien déboursé, par exemple, si les propres sur lesquels les frais de labours et semences ont été faits étaient exploités par métayage (6).

443. — Les labours, engrais et semences faits et répandus sur les immeubles de communauté se confondent avec les fonds ; il n'y a pas lieu de les estimer.

444. 2° *Régime dotal pur*. — Lorsque la femme ne possède que des biens paraphernaux et que le contrat de mariage ne contient point de stipulation contraire, elle est tenue de participer aux frais du ménage à concurrence d'un tiers de ses revenus nets (C. civ., 1575). Par suite il faut indiquer, dans l'inventaire dressé lors de la dissolution du mariage, les frais préliminaires de culture faits pour la récolte alors perçue ou encore à percevoir, de façon à fixer la déduction qu'il y aura à faire du montant de la valeur de cette récolte pour déterminer la part contributoire de la femme dans les frais du ménage, eu égard à la durée du mariage cette dernière année.

445. — Quant aux immeubles dotaux, c'est leur produit net pendant la dernière année du mariage, c'est-à-dire déduction faite des frais de labours, engrais et semences, qui doit être partagé entre le mari et la femme ou leurs héritiers (7); il est donc nécessaire de constater dans l'inventaire les frais de culture faits pour la dernière récolte de ces immeubles.

446. 3° *Usufruit*. — L'usufruitier a droit de percevoir les fruits pendants à l'époque de l'ouverture de l'usufruit, et le nu propriétaire ceux pendants au moment de la cessation de l'usufruit, le tout sans récompense de part ni d'autre (C. civ., 585). Par suite il n'y a aucun compte à faire à raison des frais de labours, engrais et semences.

447. — Si l'usufruit profite à un époux commun en biens, cet époux sera débi-

<hr>

(1) Seine, 26 janvier 1901 ; — Paris, 2 décembre 1903 précité ; — Laurent, XXIII, 107.
(2) Lyon, 3 juillet 1846, S. 47.2.56, D. 47.2.78 ; — Paris, 6 mai 1920, *Rev. not.*, 18.422.
(3) Paris, 6 mai 1920 précité. — V. notre dissert. dans la *Basoche*, 1921, p. 129.
(4) V. notre dissert. *Journ. du not.*, 1910, p. 521 : — V. aussi *Rev. not.*, 8842.
(5) Rodière et Pont, I, 475 : Guillouard, II, 986-987 ; Aubry et Rau, VIII, § 507, texte et note 36.
(6) Pau, 23 mai 1877, S. 77 2.333.
(7) Guillouard, IV, 2159; — Aubry et Rau, VIII, § 450, texte et notes 38 à 46.

teur, à la dissolution de la communauté, des frais préliminaires de culture, car le nu propriétaire n'est pas intéressé dans ce cas qui est régi par l'article 1437 du Code civil et non par l'article 585 du même Code.

448. — Lorsque l'époux survivant est usufruitier des biens de son conjoint prédécédé avec lequel il était commun en biens, il y a deux opérations distinctes à faire : liquider la communauté d'après la règle posée par l'article 1437 du Code civil, puis partager la succession entre les héritiers où l'on applique l'article 585 du Code civil (1). Par suite, on estime les labours, engrais et semences faits et épandus comme valeurs de communauté, sauf à les faire supporter à l'époux usufruitier et à la succession du prédécédé conformément à l'article 612 du Code civil.

449. 4° *Jouissance légale*. — La jouissance légale du père et de la mère est un usufruit ordinaire réglé par l'article 585 du Code civil ; aucune récompense n'est donc due à raison des frais de culture soit au commencement soit à la fin de cette jouissance.

450. 5° *Biens loués*. — Après le décès d'un fermier, il n'y a lieu de faire état des frais de labours, engrais et semences faits et épandus sur les biens tenus à bail que si les récoltes ne peuvent pas encore être appréciées à raison de l'éloignement du temps de leur maturité.

451. *Liquides*. — On décrit et prise les liquides qui existent en indiquant s'ils sont en fûts ou en bouteilles ; pour ceux en fûts, on évalue les quantités en hectolitres et litres.

452. *Livres*. — Quand il y a des livres offrant peu de valeur, l'officier priseur les estime lui-même, sans se faire aider de personne. S'il s'agit au contraire de bibliothèques, de livres rares ou même de cabinets de lecture, il est préférable de demander l'avis de libraires.

453. *Manuscrits*. — Il est d'usage de décrire avec soin les manuscrits trouvés pendant la prisée de l'inventaire et les ouvrages publiés ou en cours de publication, mais sans les estimer, car ces sortes de valeurs sont difficilement appréciables (2).

454. *Matériaux*. — Les matériaux de construction et de démolition sont meubles et par suite soumis à la prisée tant qu'ils ne sont pas employés.

455. — Il en serait autrement s'il s'agissait seulement de matériaux qu'on aurait été obligé de séparer temporairement d'un édifice pour le réparer et qui devraient y être replacés, car ils auraient conservé leur nature d'immeubles par destination.

456. *Matériel*. — En principe, le matériel de quelque fonds de commerce ou d'industrie que ce soit doit se décrire et s'estimer. Il n'en est autrement que s'il a réellement le caractère d'immeuble par destination, auquel cas il suffit d'en constater la présence pour qu'il ne puisse être enlevé et rendu à la classe des meubles, car sa valeur se confond alors à celle du fonds auquel il est attaché et qui est estimé en conséquence.

Il en est ainsi notamment en ce qui concerne les objets placés pour le service ou l'exploitation d'un fonds et livrés à un locataire ou fermier tenu de les rendre, et du matériel spécial tel que tonnes, tonneaux, etc., employés dans les chais pour le commerce des vins ou servant à l'exploitation d'une brasserie (3).

---

(1) Conf. : Douai, 20 décembre 1858 : Rodière et Pont, *Rev. crit. jur.*, I, 193.
(2) Roll. de Villargues, *Inv.*, 186-187 ; — Rutgeerts et Amiaud, 108 ; — *Encyc. not.*, *Inv.*, 242 ; — *Dict. du not.*, *Inv.*, 343.
(3) *Dict. not.*, *Inv.* 76.

457. *Métiers.* — Les métiers de tisserand, les presses d'imprimerie, les machines à coudre, etc., sont meubles et doivent être prisés.

458. *Meubles meublants.* — On appelle ainsi toutes les choses destinées à l'usage et à l'ornement d'un appartement comme tentures, tapisseries, armoires, tables, chaises, lits, pendules et autres objets de même nature. Ils doivent naturellement être décrits et prisés.

459. — Toutefois les meubles meublants garnissant une hôtellerie spécialement construite et aménagée à cet effet et non susceptible de recevoir une autre affectation sans une transformation complète, sont immeubles par destination (1).

460. *Mines.* — Les mines sont immeubles ; sont meubles les matières extraites telles que minerais, charbons, etc.

461. *Minutes.* — Après le décès d'un notaire, il suffit de faire un récolement des minutes sur les répertoires avec un état sommaire qu'on mentionne ensuite dans l'inventaire auquel il demeure annexé (V. ci-après n° 691 et s.).

462. *Moulins.* — Les moulins de toute nature, fixés sur piliers et faisant partie du bâtiment, sont immeubles. (C. civ., 519 ; les moulins sur bateaux sont meubles (C. civ., 531).

463. *Objets attachés à perpétuelle demeure.* — Tous les objets attachés à perpétuelle demeure sont immeubles par destination. Il en est ainsi notamment des glaces faisant corps avec la boiserie d'un appartement ou ayant une adhérence apparente et durable (2) ; — des tableaux encadrés dans des boiseries (V. n° 437 ci-dessus) ; — des statues dans des niches ou sur des piédestaux (3), etc.

464. *Offices.* — Les offices ne s'estiment pas, car leur évaluation est subordonnée à l'approbation de la Chancellerie. Il suffit de constater l'existence du droit de présentation consacré par la loi du 28 avril 1816 (4).

465. *Pépinières.* — Les arbres d'une pépinière créée par le propriétaire du sol sont immeubles par destination ; au contraire, les arbres d'une pépinière établie par le fermier sont toujours meubles (5).

466. *Pigeons. Lapins. Poissons.* — Les pigeons des colombiers, les lapins des garennes, les poissons des étangs sont immeubles par destination (C. civ., 524). Au contraire sont meubles et doivent être inventoriés les pigeons des volières, les lapins des clapiers et les poissons des viviers.

467. *Pressoirs.* — Les pressoirs à arbres ou à roue, les chaudières, les alambics, foudres, cuves, tonnes, tonneaux et autres vases vinaires placés dans les caves ou chais pour les vins et les cidres sont immeubles par destination (6). Il y a intérêt à les décrire par distinction avec leurs accessoires, mais sans estimation.

468. — Au contraire les petits pressoirs à auges qui peuvent être facilement transportés sont considérés comme meubles et doivent être prisés (7).

469. *Tapisseries.* — Les tapisseries et les tentures qui sont encastrées dans des panneaux de boiserie, tendues sur des châssis fixés au mur, sont immeubles par destination (8). Elles conservent, au contraire, leur caractère mobilier lorsqu'elles

---

(1) Cass., 12 août 1886, S. 87.1.417.
(2) Cass., 17 janvier 1859, S. 59.1.519.
(3) Demolombe, IX, 312 ; — Paris, 20 novembre 1877, S. 78.2.293.
(4) Roll. de Villargues, *Inv.*, 188.
(5) Cass., 5 juillet 1880, D. 80.1.321, S. 81.1.105 ; — Demolombe, IX, 146.
(6) Caen, 18 novembre 1863, S. 64.2.201.
(7) Roll. de Villargues, *Prisée*, 46 ; — *Dict. not.*, *ibid.*, 69.
(8) Bourges, 3 décembre 1902, S. 03.2.47, D. 03.2.224.

sont fixées au mur assez légèrement pour pouvoir être retirées sans détérioration ni dégradation (1).

470. *Ustensiles aratoires*. — Sauf le cas où ils seraient immeubles par destination (V. *supra*, n° 456), ils doivent être décrits et prisés.

471. *Voitures*. — On décrit et prise les voitures en indiquant leur nature et leur destination ; il est bon aussi de rapporter le nom du fabricant, lorsque celui-ci est réputé ou s'il s'agit d'une automobile.

§ 3. — Ajournements et reprises de séances

1° *Ajournement*

472. *Cas*. — Il y a lieu de renvoyer la continuation de l'inventaire à un autre jour fixé ou simplement à une date ultérieure, laissée au choix des parties, notamment :

1° Lorsque les opérations, en raison de leur importance, ne peuvent être terminées en une seule séance ;

2° Lorsque ces opérations doivent se continuer dans un autre endroit et que, par suite de l'heure ou de la distance, cette continuation ne peut avoir lieu le même jour ;

3° Lorsque, au cours de la prisée, il est trouvé un testament cacheté, ou même un testament ouvert, alors surtout qu'il change les qualités des requérants V. ci-après, n° 635 et suiv.) ;

4° Quand un héritier plus proche que les requérants se présente et réclame sa part de la succession ;

5° Quand le juge de paix se présente, sur réquisition, pour apposer les scellés ;

6° Et lorsqu'il y a lieu de surseoir au travail pour chercher des renseignements qui manquent.

473. *Mention*. — Il est fait mention de l'ajournement, avec indication de l'heure, dans l'inventaire qui est alors signé sur-le-champ par les parties ou leurs représentants, l'officier priseur et le notaire (2).

474. *Scellés*. — Lorsque l'inventaire a lieu par suite d'apposition de scellés, les scellés sont réapposés sur les objets non inventoriés. Toutefois si les parties sont maîtresses de leurs droits ou si les représentants légaux des incapables sont présents, les scellés peuvent être définitivement levés, sur réquisition expresse (V. n°ˢ 45 et 190 ci-dessus.

475. *Consentement*. — Si l'ajournement a été fait à jour fixe, la reprise a lieu tant en la présence qu'en l'absence des parties, sans qu'il soit nécessaire de leur faire préalablement sommation de comparaître. Néanmoins, il est préférable de leur faire consentir, dans l'ajournement, qu'il puisse être valablement procédé ainsi (3).

476. *Gardien*. — Les objets inventoriés sont confiés à la garde d'une personne choisie d'un commun accord soit parmi les parties soit parmi les tiers. C'est ordinairement l'époux survivant ou l'héritier résidant sur place qui est cons-

(1) Cass., 19 octobre 1896, S. 97.1.128, D. 97.1.15, *Rev. not.*, 9731.
(2) Décret 10 brumaire an XIV, art. 2 ; — Décret, 25 août 1898, art. 20.
(3) *Encyc. not., Inv.*, 146 ; — Roll. de Villargues, *Inv.*, 133-134.

titué gardien, à moins qu'il n'y ait des motifs de défiance contre lui. A défaut d'entente, il en est référé au président du tribunal. Il est fait mention du tout dans l'inventaire (1).

477. — Si la personne précédemment chargée des objets se retire pour une raison quelconque, ou si, d'un commun accord, les parties la déchargent de cette mission, le notaire doit lui faire prêter serment de n'avoir commis et de ne connaître aucun détournement ou recel, puis il le constate à la clôture de la séance et indique le gardien qui lui succède.

478. — Pour les divers autres cas qui peuvent se présenter, voir ci-après les n⁰ˢ 621 et suivants.

479. *Mandat.* — Il peut être donné mandat par un des intéressés, au cours de l'inventaire, à l'effet de le représenter à la continuation de cet inventaire et même à toutes les opérations ayant trait au règlement de la succession. Le mandat peut être écrit sur le procès-verbal de l'inventaire. S'il y a des scellés, le juge de paix en fait mention dans son procès-verbal (2).

480. *Réquisition de transport.* — Lorsqu'il existe des objets mobiliers à priser en différents lieux, on inventorie d'abord ceux qui se trouvent au domicile du défunt et on ajourne les opérations en indiquant qu'elles seront continuées en tel endroit. On peut faire aussi l'ajournement sous forme de réquisition expresse de transport soit à un jour fixé soit à une date indéterminée.

481. — Si l'endroit où se trouvent d'autres objets à inventorier est peu éloigné et que l'heure ne soit pas avancée, les parties peuvent requérir le notaire et l'officier priseur de s'y transporter immédiatement, sans interrompre la séance. Il en est fait mention sur le procès-verbal qui est signé sur-le-champ.

2° Reprise

482. *Référence.* — Lors de la reprise de l'inventaire, il est inutile de rappeler les noms et qualités des intéressés; il suffit de s'en référer aux énonciations de ₁a séance qui précède, en constatant seulement les modifications survenues depuis, par exemple si l'officier priseur ne comparaît pas, parce que sa mission est terminée, — si un mandataire intervient pour représenter une des parties, — ou si un héritier mineur a atteint sa majorité et par suite se présente en personne.

483. *Changement de qualités.* — S'il intervient un héritier plus proche en degré que celui qui s'est d'abord présenté, ou si la veuve enceinte au décès de son mari a accouché d'un enfant non viable, ou s'il a été reconnu que celle-ci a commis une erreur en se déclarant enceinte, en un mot chaque fois que les qualités ont changé dans l'intervalle d'une séance à une autre, il y a lieu de les établir d'une façon complète en tête de la nouvelle séance et de mentionner les changements en marge de l'intitulé ainsi devenu inexact, afin qu'il n'en soit pas délivré d'extrait sans y insérer la rectification (3).

484. *Date.* — Lorsque l'ajournement a été fait à un jour fixé, il peut être procédé à la reprise en dehors de la présence de ceux des intéressés qui ne se présenteraient pas; il n'y a pas lieu alors de leur faire préalablement une somma-

(1) C. proc., 943, § 9 et 944. — Paris, 19 mai 1857, S. 57.2.623.
(2) Roll. de Villargues, *Inv.*, 113 ; — *Encyc. not.*, *Inv.*, 144 ; — *Dict. not.*, *Inv.*, 143 et 144.
(3) de Madre, *Inv.*, 3.

tion et de prononcer défaut contre eux (1). En est-il à plus forte raison ainsi lorsque les parties ont consenti, lors de l'ajournement, que l'inventaire soit continué tant en leur absence que présence.

485. *Témoins.* — Il n'est pas nécessaire, lorsque le notaire procède avec l'assistance de témoins (n° 196 ci-dessus), que ceux-ci soient les mêmes à toutes les séances.

486. *Lieu.* — Il faut mentionner, en tête de chaque séance, le lieu où sont continuées les opérations, par exemple si l'analyse des papiers a lieu en l'étude du notaire au cas où ils y auraient été transportés, car nous considérons que l'inventaire, comme les autres actes en général, peut être préparé à l'étude du notaire hors la présence des parties, sans l'autorisation du juge, la loi n'ayant interdit ce procédé qu'en matière de testament.

§ 4. — Analyse des titres et papiers

1ᵉⁿᵗ *Généralités*

487. *Analyse.* — Le principal but de l'inventaire est de préparer la liquidation ou le partage à venir. Par suite le notaire doit analyser les pièces de manière à faire ressortir clairement tout l'actif et tout le passif qui en résultent, et provoquer ensuite les déclarations additionnelles nécessaires pour connaître de façon explicite la position de celui qu'ils concernent.

488. *Classement.* — Il importe de mettre beaucoup d'ordre et de méthode dans le classement et l'analyse des titres et papiers, afin de faciliter les recherches ultérieures. A cet effet, il est indispensable de commencer par examiner tous les papiers, notes et documents, au moins sommairement, de les ranger sous diverses cotes en mettant sous la même tous ceux qui ont trait à la même affaire, puis de disposer les cotes dans l'ordre le plus conforme au plan qui pourra être suivi dans la liquidation ou le partage (2).

489. — Il est bien entendu qu'il ne s'agit là que des documents sérieux ; pour les notes et papiers sans importance, il suffit de les réunir sous une cote particulière, sans énumération spéciale ; pour les lettres missives, voir ci-après n°ˢ 633 et 674.

490. *Destruction.* — La prudence la plus élémentaire recommande au notaire de ne détruire de son propre mouvement aucune pièce, lors même qu'elle lui paraîtrait sans utilité (3), et de ne le faire, en cas de réquisition des parties, que si elles sont toutes d'accord et maîtresses de leurs droits. Il est cependant admis que si le défunt a chargé une tierce personne de trier ses papiers et de détruire ceux ne présentant aucun intérêt, en dehors des héritiers, leur conservation et par suite leur énonciation même globale sont inutiles (4). En cas de difficultés, c'est le président du tribunal qui statue en référé (5).

491. *Lieu.* — L'analyse des titres et papiers est un travail qui demande du temps, des soins minutieux et parfois de longues recherches ; elle ne peut guère

---

(1) *Ency. not., Inv.*, 116.

(2) Ed. Clerc, *Form., 1, Inv.*, 94 ; *Encycl. not., Inv.*, 222 ; — Amiaud, *Traité form., Inv.*, 84 et 91.

(3) Circ. garde des sceaux, 8 juillet 1902.

(4) Cass., 26 janvier 1886 et 11 juin 1890, *Rev. not.*, 7284 et 8432, S. 87.1.214 et 90.1.472.

(5) De Belleyme, 11, 256.

être faite de façon judicieuse et complète que dans le silence du cabinet, et de fait, elle est généralement préparée d'avance. Et nous estimons, malgré l'avis contraire de beaucoup d'auteurs, que ce procédé n'a rien d'illégal (1), que pour le suivre il n'est pas besoin de se faire autoriser expressément par les parties lorsqu'elles sont maîtresses de leurs droits, et, à défaut, par le président du tribunal ; seulement la méthode à employer diffère un peu selon qu'il y a ou non des scellés (2).

492. *Ibid. Inventaire sans scellés.* — Lorsqu'il n'y a pas de scellés, le notaire prend en masse les titres, notes et papiers et les emporte à son étude où il les classe et les analyse à loisir, puis il réunit les parties pour leur donner lecture de son travail, recevoir leurs dires et observations et prendre leurs signatures, le tout dans une séance unique. Il constate dans la clôture qu'il a employé antérieurement tant de vacations au classement et à l'analyse des titres et papiers, et que la lecture du procès-verbal a duré de telle heure à telle heure par simple, double ou triple vacation, suivant le cas.

493. — Aucune difficulté ne saurait être soulevée à ce sujet. La loi du 10 brumaire an XIV qui a édicté le travail par vacations avec indication de l'heure du commencement et de la fin de chaque séance, est une disposition de nature exclusivement fiscale dont les prescriptions n'ont même pas été reproduites dans le Code de procédure. Et l'article 942 de ce Code édicte seulement que l'inventaire doit être fait en présence des intéressés, c'est-à-dire que les recherches au domicile du défunt et que la régularisation du travail du notaire doivent avoir lieu en leur présence, de façon à éviter toute fraude, toute collusion.

494. — Il suffit donc que les papiers soient pris en présence des parties par le notaire, à charge par lui de les leur communiquer à toute réquisition, — que le procès-verbal contenant leur analyse soit lu et signé en leur présence, — et qu'il contienne l'indication du nombre des vacations de façon suffisante pour la perception des droits d'enregistrement. Ainsi dressé, l'inventaire présente toute sincérité, et il a le mérite d'être conforme à ce qui se passe en réalité, plutôt que de présenter un certain nombre d'ajournements et de reprises artificiellement faits pour obéir à une loi désuète, dont on exagère les prescriptions.

495. *Ibid. En cas de scellés.* — Lorsqu'il y a eu apposition de scellés et que ceux-ci doivent être levés avec description, on fait à la suite de la prisée une description sommaire de chaque titre trouvé, « comme s'il s'agissait d'en établir un récépissé », car aucune règle expresse n'est prescrite sur la façon plus ou moins explicite dont les pièces doivent être analysées ; certains tribunaux même n'ont-ils pas critiqué, en matière de taxe, la méthode généralement suivie ? (3) Ensuite, les pièces sont cotées et paraphées et les scellés peuvent être levés définitivement. Le notaire emporte les titres et papiers à son étude où il rectifie leur classement et les analyse de façon complète, en établissant le procès-verbal de clôture d'un seul tenant, comme il vient d'être dit pour le cas d'inventaire sans scellés.

496. *Ibid. Enregistrement.* — Pour éviter toute difficulté avec l'enregistrement, il est plus prudent, en raison de l'obligation de faire enregistrer chaque séance dans le délai de 10 ou 15 jours, selon le cas, de ne réunir dans un même

---

1) Rouen, 9 mars 1910, *Rép. not.*, 17.071.

(2) V. dissert. dans *J. du not.*, 1898, p. 33 et suiv. ; — Juris classeur not., Form. com., *Inv.*, D^{on} A , 3e partie, n°s 20 et s.

(3) V. Limoges, 25 août 1860, S. 61.2.261, D. 61.2.28.

procès-verbal qu'un nombre de séances limité à 10 ou 15 jours, de manière que la première séance soit soumise à la formalité dans le délai légal.

497. *Tiers.* — Lorsque des papiers sont en la possession d'un tiers, il y a lieu de se transporter chez lui, s'il y consent, pour les inventorier, à moins qu'il ne préfère comparaître et les représenter. Si ces papiers doivent lui être remis, ils sont analysés en sa présence. Dans tous les cas, il signe la partie de l'inventaire qui constate son intervention et la cause de cette intervention (1) (V. ci-après N°ˢ 630 et s.).

498. — En cas de refus de la part du dépositaire de laisser inventorier les titres et papiers en sa possession, il est statué par voie de référé (2).

499. *Date certaine.* — Lorsqu'un acte sous seing privé a été énoncé dans un inventaire, il acquiert date certaine du jour de sa description et non du jour de l'ouverture de l'inventaire (3).

500. *Timbre et enregistrement.* — Il est permis d'énoncer dans un inventaire une pièce ni timbrée ni enregistrée (4), et le notaire n'encourt aucune amende en n'exprimant pas dans la description de la pièce le défaut de la formalité du timbre et de l'enregistrement (5). Mais s'il s'agit d'un acte emportant jouissance d'un immeuble ou d'un droit incorporel, le fisc est autorisé ensuite à réclamer aux parties l'impôt de transmission (6).

501. *Cote et paraphe.* — Les titres, notes et papiers doivent être cotés et paraphés par le notaire instrumentaire (C. proc., 943-6°). Pour cela il met sur chaque pièce une mention, par exemple : « Du 12 janvier 1920, Inventaire Thomas dressé par Mᵉ Aubert, notaire à Paris, Cote 3ᵉ, pièce 5ᵉ » et il appose son paraphe en dessous.

502. — Le notaire n'est pas tenu d'écrire lui-même la mention de cote, mais il doit la parapher. Dans la pratique, on indique les cotes qui seraient paraphées par le notaire en second (7).

503. *Ibid. Titres nominatifs.* — La prescription de la cote et du paraphe est de rigueur pour les titres nominatifs ou à ordre représentés, sans exception (8). L'omission de ces formalités constituerait alors, de la part du notaire contrevenant, une faute lourde qui engagerait sa responsabilité (9).

504. *Ibid. Titres au porteur.* — Au contraire les titres au porteur ne doivent être ni cotés ni paraphés (10), lors même qu'ils sont recueillis par une femme dotale (11) ; et, en principe, la mention apposée sur ces titres ne devrait point former obstacle à leur libre circulation ni au paiement de leurs intérêts ou arrérages sans aucune justification (12). Néanmoins les agents de change de Paris se refusent à négocier les titres cotés et paraphés, quand bien même la mention serait annulée (13) et plutôt que d'engager une procédure toujours coûteuse pour

(1) Roll. de Villargues, *Inv.*, 256 ; *Dict. not.*, *Inv.*, 354.
(2) De Belleyme, II. 236 ; *Encyc. not.*, *Inv.*, 224 ; Roll. de Villargues, *ibid.*, 171 et 243.
(3) Lyon, 6 juillet 1889, S. 92.2.37 ; Demolombe, XXIX, 564.
(4) Del. 22 ventôse an VII et Circ. 29 floréal suivant.
(5) Orléans. 3 août 1852, S. 52.2.596. D. 54.2.3.
(6) L. 22 frimaire an VII, art. 22 et 38 ; — L. 28 février 1872, art. 8.
(7) Roll. de Villargues, *Inv.*, 252 ; — Bioche, 222 ; *Dict. not.*, *Inv.*, 365.
(8) Paris, 12 juillet 1861, *Rev. not.*, 41, J. N. 17.398 ; Laurent, XXIII, 32.
(9) Paris, 7 novembre 1839, S. 40.2.64, D. 40.2.59. J. N. 10.548 ; — Paris, 12 juillet 1861 précité.
(10) Cass., 15 avril 1861, S. 61.1.709, D. 61.1.230. J. N., 17.120 ; *Rev. not.*, 9 ; — Circ. min. just., 2 octobre 1874 et 3 août 1877, *Rev. not.*, 5525, J. N. 21.708.
(11) Paris, 28 novembre 1895, *Rev. not.*, 9560, J. du not., 1896, p. 584, *Rép. not.*, 9147.
(12) Cass. civ., 31 mai 1881, J. N. 22.556, *Rev. not.*, 6365, *Rép. not.*, 196, J. du not., 1881, p. 357, S. 82.1.65.
(13) Règl., art. 132.

les contraindre à passer outre, il est préférable alors de demander un duplicata des titres à l'établissement débiteur qui ne peut s'y refuser, si les frais du remplacement lui sont offerts, ni exiger aucune garantie particulière puisqu'il s'agit d'un simple échange (1). De même, en ce qui concerne la rente française, le Trésor public a coutume de refuser toute opération de transfert quand le titre au porteur a été coté et paraphé ; dans ce cas, il faut produire un certificat de propriété établi en la forme ordinaire ou plus simplement annuler la mention de cote et paraphe de la façon suivante : « Je soussigné... notaire à... déclare annuler la cote d'inventaire apposée par moi (*ou* : par Mᵉ... mon prédécesseur, sur la présente inscription dont je requiers le renouvellement (*ou* : l'échange) » à condition que le notaire fasse légaliser sa signature (2).

505. — L'absence de la cote et du paraphe sur les titres au porteur n'est pas sans présenter de graves inconvénients et il est des circonstances où il est un devoir au moins moral pour le notaire de prévenir le danger qui résulte de la facile transmission de ces valeurs, et de se faire autoriser à les déposer par exemple à la Banque de France ou dans une société de crédit.

506. *Ordre.* — L'ordre qu'il convient d'observer dans l'analyse des papiers, lorsqu'il s'agit d'un inventaire de communauté et de succession est généralement le suivant : 1° le contrat de mariage ou, à défaut, l'acte de mariage ou encore le livret de famille ; 2° le testament ou tout autre acte de disposition à titre gratuit ; 3° les titres relatifs aux propres de la femme de manière à en établir les reprises et les récompenses ; 4° ceux relatifs aux propres du mari ; 5° les titres relatifs aux biens acquis par la femme qui exerçait une profession distincte de celle de son mari, avec le produit de son salaire ; 6° les titres de propriété des immeubles acquêts, en commençant par les plus anciens ; 7° les titres de rente et autres valeurs de bourse nominatives et au porteur ; 8° les titres de créances ; 9° les titres de droits litigieux : 10° les baux et locations, sauf ce qui sera dit sous le n° 510 ci-après ; 11° les pièces relatives aux impôts et contributions ; 12° celles relatives aux assurances ; 13° les rapports des enfants ; 14° les livres de commerce ; 15° les papiers et renseignements divers.

507. — S'il s'agit d'un inventaire de succession, on énonce successivement, s'il y a lieu : 1° les dispositions testamentaires ; 2° les titres de propriété des immeubles ; 3° les valeurs de bourse ; 4° les créances ; 5° les baux et locations ; 6° les impôts et contributions ; 7° les assurances ; 8° les registres de commerce ; 9° et les papiers et renseignements divers.

508. Dans chaque cote, on énonce d'abord le titre principal, puis les titres accessoires, par ordre chronologique. A défaut de représentation de pièces, il y est suppléé par des déclarations faites par les requérants ou l'un d'eux.

509. *Déclarations complémentaires.* — L'inventaire doit contenir tous les renseignements nécessaires pour établir la situation de fortune réelle, de manière qu'il soit possible de liquider soit la succession, soit, selon le cas, la communauté et la succession, sans avoir à recourir à d'autres documents. Pour atteindre ce but, il est indispensable de faire connaître en suite de chaque cote, au moyen de déclarations additionnelles, lorsqu'il y a lieu, tout ce qui n'est pas complètement établi par les titres et papiers inventoriés. Ces déclarations sont provoquées par le notaire qui doit poser aux parties les questions nécessaires à cet effet.

---

(1) Cass., 31 mai 1881 précité.
(2) A. Berthaut, *Cert. de propriété*, 310 ; — Bavelier, *Des rentes sur l'État*, 75.

510. — Lorsque les époux ont des immeubles propres, il semble préférable d'énoncer aussitôt après l'analyse des titres de propriété de chacun de ces immeubles, les baux et locations, les impositions foncières et autres, les assurances contre l'incendie, en un mot tout ce qui s'y rapporte.

2^{ent} *Règles particulières*

1₀ *Contrat de mariage*

511. *Contrat.* — En cas de dissolution de communauté, la première pièce à inventorier est le contrat de mariage, s'il y en a un. L'analyse doit porter : 1° sur le régime adopté et les modifications qui y ont été apportées ; 2° sur les apports en nature et en deniers ; 3° sur les dots constituées aux futurs époux ; 4° sur les stipulations apportant une dérogation au partage égal des bénéfices de communauté ; 5° et sur les préciputs, avantages matrimoniaux et donations stipulés en faveur du survivant des époux.

512. *Livret de famille.* — On inventorie également sous la même cote le livret de famille, afin de constater le lieu et la date du mariage, ainsi que le lieu et la date de naissance de l'époux survivant. A défaut de cette pièce ou d'une copie de l'acte de mariage, ces renseignements sont fournis par les requérants ou l'un d'eux sous forme de déclarations additionnelles.

513. *Déclarations.* — Pour compléter ces analyses, le notaire provoque les déclarations nécessaires de la part des parties, puis il les rapporte dans l'ordre ci-après qui est le plus généralement suivi :

514. *Date du mariage. Date de naissance.* — A défaut de représentation et d'analyse du livret de famille ou d'une copie de l'acte de mariage, ainsi qu'il est dit *supra*, n° 512, on rapporte le lieu et la date de naissance de l'époux survivant, puis le lieu et la date de mariage.

515. *Apports.* — Il est inutile de rechercher ce qu'ont pu devenir les biens et valeurs apportés en mariage avec cette stipulation que leur estimation en valait vente à la communauté ou société d'acquêts. Il suffit de mentionner qu'ils sont réellement entrés dans la communauté ou société d'acquêts, et que par suite, la reprise en résultant est du montant de l'estimation faite dans le contrat de mariage.

516. — Au contraire, il est nécessaire de dire le sort des biens et valeurs apportés en mariage et restés propres. S'ils ont été aliénés, on indique la date et le prix de l'aliénation, la date des actes qui en constatent le paiement ou le remploi, si le prix a été payé, et, en cas contraire, le taux des intérêts dont le prix, ou la partie du prix restant due, est productif, la date d'exigibilité du capital et des intérêts, et la date depuis laquelle ces derniers sont dus. S'il s'agit de valeurs de bourse aliénées, il faut défalquer du produit du transfert le prorata d'arrérages ou d'intérêts compris dans le cours et à ce titre acquis à la communauté. Lorsqu'il est impossible de retrouver les bordereaux des agents de change ayant négocié les titres, à défaut d'indication plus précise, il y a lieu de prendre comme cours, pour le calcul du prix du transfert, le cours du jour du mariage.

517. — Si, par suite de l'apport de l'un des époux, la communauté a payé ou encaissé une somme aux lieu et place de cet époux, il est nécessaire de préciser la reprise ou la récompense qui en résulte.

518. Lorsque les indications relatives à l'un ou à l'autre de ces divers points

doivent présenter une certaine longueur, il est préférable de faire un renvoi à une cote ultérieure où tous les renseignements seront donnés en détail.

519. *Dots.* — Les prescriptions ci-dessus s'appliquent également en ce qui concerne les biens et valeurs qui ont été constitués en dot aux époux.

520. *Successions, dons et legs.* — On indique sommairement les successions, donations et legs recueillis par chaque époux pendant le mariage. Toutefois, lorsque ces énonciations présentent une certaine importance, il est préférable de les mentionner simplement, avec renvoi aux cotes spéciales où il en sera question en détail.

521. *Libre salaire.* — On mentionne, le cas échéant, la profession distincte qu'exerçait la femme, et les conséquences qui peuvent en résulter à l'égard des biens par elle acquis avec son libre salaire, sauf à renvoyer à des cotes ultérieures pour de plus amples détails (V. nᵒˢ 540 et 541 ci-dessous).

522. *Frais du contrat de mariage.* — On énonce enfin les frais et droits du contrat de mariage qui donnent lieu à récompense. A cet égard, quoique la question soit controversée, il nous semble que l'équité et la logique veulent :

Que chaque époux supporte personnellement les frais et honoraires afférents à son apport en mariage et à sa constitution de dot, ainsi qu'aux conventions et formalités diverses faites dans son intérêt ;

Et que les autres frais (timbre, droits de rôles, droits fixes occasionnés par des clauses non stipulées dans l'intérêt exclusif de l'un des époux, etc.) se répartissent par moitié (1).

523. Si les frais du contrat de mariage avaient été acquittés par les parents et que ceux-ci vivent encore, ils devraient être rapportés à leur succession (2). Par suite, il faudrait le mentionner.

2° Donation entre époux. Testament

524. *Donation.* — Il y a lieu de relater exactement l'étendue et les conditions de la donation faite par l'époux prédécédé à son conjoint, lorsqu'il en existe une.

525. *Testament.* — L'analyse d'un testament se fait par l'indication des dispositions qu'il contient. S'il a eu lieu en la forme olographe ou mystique, il est alors d'usage de le transcrire littéralement. En suite de l'analyse, on fait la récapitulation des legs en donnant les noms, prénoms et domiciles des bénéficiaires d'une façon aussi complète que possible ; si quelques legs sont caducs par suite de prédécès du légataire ou d'aliénation ou de perte de la chose léguée (C. civ., 1038, 1039), il est nécessaire de l'indiquer, ainsi que la cause de caducité.

526. Les notes et projets de testament dressés au cours d'entretiens que le notaire a pu avoir avec son client et dont il est resté détenteur lui appartiennent à titre de secret professionnel. Il n'est donc pas tenu de les communiquer après le décès de son client, ni de les comprendre dans l'inventaire.

3° Succession

527. *Consistance.* — Lorsqu'un époux commun a recueilli une succession, il faut en indiquer la consistance mobilière et immobilière par l'analyse d'actes,

____

(1) V. notre dissert. dans *Rev. not.*, 18.992 ; V. égal. Amiaud et Voland, *Traité gén. des hon.*, 705.

(2) Seine, 30 juillet 1891, *Rev. not.*, 8588.

et, à défaut, par l'analyse de la déclaration de mutation par décès qui en a été faite à l'enregistrement. ou encore sur la déclaration des parties.

528. *Frais.* — On doit également énoncer les frais qui ont été payés par la communauté en l'acquit de l'époux héritier, tels que frais de donation ou testament, droits de mutation par décès et autres.

529. *Mobilier non constaté.* — D'après l'article 1499 du Code civil, le mobilier apporté en mariage ou recueilli depuis par un époux commun et qui n'a pas été constaté par un inventaire ou un état en bonne forme est réputé acquêt. Mais cette circonstance ne saurait dispenser le notaire de recueillir toutes les indications propres à en fixer la valeur, car il y a toujours intérêt à la connaître, d'autant plus que cette présomption ne semble pas devoir être opposable entre époux (1).

4° *Inventaire*

530. *Récolement.* — On appelle récolement l'analyse d'un autre inventaire afin d'établir les biens qui se retrouvent en nature parmi ceux qui y sont indiqués, et de déterminer le sort de ceux qui n'existent plus (2).

531. *Cas.* — Il y a lieu notamment à récolement lorsqu'un époux a recueilli en totalité une succession dont il a été dressé inventaire, ou lorsqu'il a été fait inventaire après le décès d'un époux et que l'autre vient à décéder avant qu'il ait été procédé à un partage, ou si, en raison de ses droits d'usufruit, le survivant est resté en possession de tous les biens.

532. *Mobilier.* — Pour le mobilier, voir ce qui a été dit sous le n° 530 ci-dessus.

533. *Titres.* — Le dépouillement des titres et papiers inventoriés se fait cote par cote en indiquant chaque fois le nombre de pièces et leur objet, et le sort des biens et valeurs récolés, de façon à fixer exactement toutes les reprises et récompenses qui en résultent.

534. *Déclarations complémentaires.* — Lorsque l'inventaire récolé présente un petit nombre de pièces, les déclarations complémentaires pourraient être mises toutes à la fois en fin du récolement ; mais ce procédé court risque de rendre les opérations moins claires et les recherches moins rapides.

535. *Frais.* — En suite du récolement de l'inventaire, on indique le montant des frais de cet inventaire ainsi que toutes les dépenses relatives à la succession qui a fait l'objet dudit inventaire.

536. *Autres papiers.* — S'il existe d'autres objets, titres ou papiers que ceux compris dans l'inventaire récolé, ils sont décrits et analysés en la forme ordinaire.

5° *Liquidation et partage*

537. — L'analyse d'une liquidation ou d'un partage a pour objet de déterminer les biens qui sont échus ou ont été attribués à l'époux héritier. On rappelle : la date de l'acte, les nom et prénoms du défunt, le lieu et la date du décès, les droits de l'époux en fonds ou en capitaux qui donnent lieu à reprises, la désignation sommaire des biens composant son lot et celle des biens qui auraient été laissés dans l'indivision.

---

(1). V. Cass. req., 30 juillet 1872. D. 73.1.241 ; — Cass., 16 janvier 1877, D. 78.1.265 ; — Cass. civ., 20 août 1884, D. 85.1.312.

(2) Baudry-Lacantinerie et Wahl, 1689, 1690.

538. — A la suite de cette analyse, on indique le sort des biens dévolus à l'époux, on mentionne le paiement ou l'encaissement des soultes, s'il en a été encaissé ou payé par la communauté, on énonce tous les frais d'actes et autres. En un mot, on rapporte tout ce qui donne lieu à reprise ou à récompense.

6° *Partage anticipé*

539. — L'acte de donation avec ou sans partage, permis par les articles 1075 et 1076 du Code civil, s'analyse comme un partage ordinaire, et ensuite on indique, le cas échéant, le lieu et la date de décès du ou des donateurs, et si la donation a reçu son entière exécution, ou pour quelle cause elle ne l'a pas reçue. Lorsque les donateurs existent, on le mentionne et, s'il leur est payé une rente ou pension, on indique ce qui est dû à cet égard.

7° *Biens de la femme exerçant une profession distincte*

540. *Femme non commune.* — La femme mariée sous un régime qui ne comporte ni communauté ni société d'acquêts et qui exerce une profession distincte de son mari est propriétaire à titre de propres des biens qu'elle acquiert avec les gains provenant de son libre salaire. Sous le régime dotal, ces biens sont paraphernaux. Par suite, il y a lieu d'en établir, dans l'inventaire dressé lors de la dissolution du mariage, la consistance et la provenance de façon précise, afin que la reprise puisse en être facilement exercée.

541. *Femme commune.* — Sous le régime de la communauté conventionnelle ou légale, et sous le régime dotal avec société d'acquêts, les biens acquis par la femme avec le produit de son libre salaire font, en principe, partie de l'actif commun ; mais si elle ou ses héritiers en ligne directe renoncent à la communauté ou à la société d'acquêts, ils ont le droit de prendre ces biens francs et quittes de toutes dettes autres que celles souscrites par la femme et celles souscristes par le mari pour les besoins du ménage. En conséquence il faut analyser sous une rubrique spéciale les bénéfices commerciaux ou sociaux, créances, valeurs et immeubles, le prorata de revenu de ces biens, et le prorata de salaires ou de traitement de la femme, de manière à faciliter la constatation de la reprise, s'il y a lieu.

8° *Impenses*

542. *Distinction.* — Les dépenses d'entretien des immeubles propres sont supportées par la communauté comme charges de la jouissance dont elle bénéficie.

543. — L'époux sur l'héritage duquel il a été fait des impenses nécessaires, c'est-à-dire sans lesquelles cet héritage aurait perdu une partie de sa valeur ou grâce auxquelles il a acquis une valeur plus importante, doit récompense à la communauté de toute la somme déboursée, quand même l'héritage aurait péri depuis par cas fortuit (1).

544. — On appelle impenses utiles celles qui, sans être nécessaires, contribuent néanmoins à rendre l'immeuble d'une jouissance plus facile. Il est généralement admis que l'indemnité due de ce chef à la communauté est de la

____

(1) Aubry et Rau, VIII, § 511 *bis*, texte et note 4 ; — Planiol, III, 2282 ; — Guillouard, II, 1002 ; — Cass. civ., 9 novembre 1864, S. 65.1.46.

plus-value procurée à l'immeuble, valeur à la dissolution de la communauté, sans pouvoir excéder le montant des dépenses (1).

545. — Enfin les dépenses voluptuaires ou d'agrément ne donnent lieu, en principe, à aucune récompense (2).

546. *Analyse.* — En conséquence, il est nécessaire d'analyser tous les documents, pièces, notes et mémoires relatifs aux impenses nécessaires et aux impenses utiles, sans en tirer de conséquence, car l'indemnité doit être fixée par la suite, soit par les parties, soit par des experts. Toutefois si tous les intéressés sont capables et d'accord, ils peuvent convenir de suite de l'indemnité qui est alors mentionnée dans l'inventaire.

9° *Remploi*

547. — Les biens acquis en remploi de propres constituent des propres et comme tels font l'objet de reprises en nature (C. civ., 1434 et 1435). Si le prix de l'acquisition est inférieur à celui du propre aliéné, la différence donne lieu à une reprise en deniers ; au contraire, si le prix d'acquisition est supérieur, il est dû récompense à la communauté de l'excédent versé par elle. Dans les deux cas, les frais d'actes et accessoires sont à la charge personnelle de l'époux auquel profite le remploi ; si la communauté les a avancés, elle a droit à une récompense de ce chef.

Le tout doit donc être rapporté exactement dans l'inventaire.

10° *Echange*

548. — L'immeuble acquis à titre d'échange contre un propre de l'un des époux est subrogé en son lieu et place ; il reste propre à l'époux qui l'a acquis (C. civ., 1407). Si l'échange a eu lieu avec soulte, celle-ci constitue une reprise ou une récompense suivant que la communauté l'a encaissée ou acquittée. Il est dû également récompense à raison des frais d'échange payés par la communauté.

549. — Il est donc nécessaire d'énoncer la date de l'acte d'échange, les noms des co-échangistes, la désignation sommaire des biens cédés et reçus, les stipulations relatives aux soultes et aux frais, et leur paiement.

11° *Valeurs propres*

550. — On comprend dans l'inventaire toutes les valeurs propres à chacun des époux ; leur analyse a lieu dans la forme ordinaire ; ensuite, on indique leur origine avec référence, s'il y a lieu, aux titres d'où elles proviennent.

12° *Acquêts*

551. — L'analyse des titres de propriété des immeubles de communauté doit comprendre : la date du contrat, — la dénomination du vendeur, — la désignation sommaire des immeubles acquis, — le prix et la date de son paiement, —

---

(1) Douai. 16 juillet 1853, D. 54.2.62, S. 53.2.577 ; — Aubry et Rau, *op. cit.*, texte et note 5 ; — Guillouard, II, 1006.

(2) Cass., 14 mars 1877, D. 77.1.353, S. 78.1.5 ; — Aubry et Rau, *op. cit.*, texte et note 6 ; — Planiol, III, 2282 ; — V. cep. Guillouard, II, 1010.

le taux des intérêts dont il est productif et les lieu et date de leur service, si le prix n'est pas encore entièrement acquitté, — et enfin les date, volume et numéro de la transcription au bureau des hypothèques et ceux de l'inscription, si elle a été prise et qu'elle ait encore effet. On complète cette analyse, s'il y a lieu, en indiquant le solde du prix dû et la dernière date de paiement des intérêts.

552. — Il faut également énoncer ceux des immeubles acquis par un même contrat qui auraient été revendus et dire si leur prix de revente est payé ou dû en totalité ou en partie, et dans ce dernier cas, rappeler les stipulations relatives à son paiement et au service des intérêts dont il est productif.

13° *Valeurs de bourse*

553. *Ordre.* — On groupe les valeurs nominatives et celles au porteur ; dans chaque groupe, on classe d'abord les valeurs françaises, ensuite les valeurs étrangères, en commençant par les fonds d'Etat, puis les actions, puis les obligations. Souvent aussi, on suit l'ordre observé à la cote officielle de Paris.

554. *Analyse.* — Les titres de rente sur l'Etat français s'analysent par l'énonciation du montant, de la nature et des numéros de chaque titre, et par la date à laquelle a eu lieu le dernier paiement des arrérages dont ils sont productifs. Pour les actions et obligations, il y a en plus à indiquer le capital nominal et, si ce capital n'a pas été entièrement versé, la somme qui reste due.

555. — Les titres nominatifs comportent en outre un immatricule qu'il est d'usage de rapporter textuellement.

556. *Récépissés.* — En cas de dépôt de valeurs à la Caisse des consignations, à la Banque de France ou dans un établissement de finance, on inventorie les récépissés en ayant soin de rapporter les indications qu'ils contiennent relativement aux valeurs déposées.

557. *Titres étrangers.* — Depuis la loi de finance du 31 décembre 1907, le notaire qui analyse des titres étrangers doit, sous peine d'amende de 100 francs en principal, faire connaître si ces titres sont timbrés ou constater l'absence du timbre. Dans le premier cas, il rapporte le lieu, la date et le numéro du visa pour timbre et le montant du droit acquitté, ou, si la formalité a été donnée soit au moyen du timbre à l'extraordinaire soit d'un timbre mobile, les mentions contenues dans l'empreinte du timbre apposé. Mais il n'est pas nécessaire de rappeler la couleur du timbre ni de mettre les chiffres en lettres.

558. — Lorsque les titres ne sont pas représentés au notaire, celui-ci les énonce sur la seule production des bordereaux de dépôt, ou de lettres missives, ou même sur la simple déclaration des parties, sans s'occuper s'ils sont timbrés ou non.

559. *Exigibilité des droits de timbre.* — A l'inverse de ce qui a lieu pour les autres actes, l'énonciation des titres étrangers dans un inventaire ne rend pas les droits de timbre non encore perçus immédiatement exigibles. C'est seulement si leur acquit n'est pas effectué dans le délai assigné par la loi que le paiement des droits peut être poursuivi, et l'amende n'est encourue qu'à cette date qui sert de point de départ à la prescription biennale. Il n'y a pas à distinguer à cet égard si l'inventaire a été dressé au vu des titres eux-mêmes ou simplement d'un récépissé (1).

(1) Sol. 27 mai 1921 ; — Instr., 15 juillet 1921, n° 3700-15.

560. — A défaut de paiement antérieur constaté, l'énonciation des titres oblige les parties à effectuer le paiement des droits ou à justifier de leur acquit par la représentation des titres ou des quittances du Trésor, ou encore par la production d'un acte notarié relatant les mentions de timbre, le tout dans les délais suivants :

Lorsqu'il s'agit d'un inventaire après décès, au moment de la déclaration de succession et au plus tard dans les six mois du décès ;

Lorsqu'il s'agit d'un inventaire après déclaration de faillite, dans les 40 jours de la clôture de l'inventaire et au plus tard dans les six mois à partir de ladite déclaration ;

En cas d'inventaire après divorce ou séparation de corps, dans le délai accordé par l'article 1463 du Code civil à la femme divorcée ou séparée de corps pour accepter la communauté ou y renoncer, et ce, à compter du jour où le divorce ou la séparation de corps sont définitivement prononcés ;

Et pour tous les autres inventaires, dans le délai de deux mois du jour de la séance au cours de laquelle l'énonciation a eu lieu.

561. *Amende.* — Chaque contravention à ces prescriptions entraîne une amende de 5 pour 100 en principal de la valeur nominale des titres pour lesquels le paiement des droits ou compléments de droits exigibles n'aurait pas eu lieu dans les délais voulus, avec minimum de 100 francs en principal : tous les ayants droit aux valeurs non timbrés sont solidaires pour le paiement des droits et amendes (1). Depuis la loi du 25 juin 1920, cette pénalité se trouve assujettie à 5 décimes.

561 *bis. Taux des droits de timbre.* — Les titres de rente, emprunts et autres effets publics des gouvernements étrangers sont actuellement soumis au droit de timbre de 2 pour 100, sans décimes ; toutefois les titres déjà timbrés au tarif de 0,50 pour 100 antérieurement au premier janvier 1899 ou au tarif de 1 pour 100 avant le premier avril 1907 sont suffisamment timbrés. Par exception, les fonds étrangers, cotés à la Bourse officielle, dont le cours au moment où le droit devient exigible, est tombé au-dessous de la moitié du pair par suite d'une diminution de l'intérêt imposée par l'Etat débiteur, sont assujettis au droit de 1 pour 100 et non au droit de 2 pour 100 (2), ainsi que les actions émises par les Sociétés dont la durée n'excède pas 10 ans (2 *bis*).

Tous les titres étrangers autres que les fonds d'Etats sont soumis au droit de timbre au comptant de 2 pour 100, sans décimes, sauf à imputer sur ce tarif le montant des droits payés en vertu de tarifs antérieurs, ou au droit de timbre par abonnement de 0,10 pour 100, décimes compris (3).

14° *Créances*

562. *Analyse.* — On énonce la date du titre, s'il en existe un, les noms du débiteur, le capital dû, la date de son exigibilité, le taux des intérêts avec le lieu et la date de leur payement, et, le cas échéant, on rapporte la désignation sommaire des immeubles ou fonds de commerce affectés à la garantie de la créance, ainsi que la date, le volume et le numéro de l'inscription d'hypothèque ou de nantissement qui a été prise en vertu de ces affectations. A la suite, on fait déclarer les intérêts qui sont dus.

(1) L. de finance, 31 décembre 1907 : *Instr. régie,* N° 3267.
(2) L. 31 janvier 1907, art. 8. — (2 *bis*). L. 25 juin 1920, art. 48.
(3) L. 28 décembre 1895, art. 3 ; — Décrets 10 avril 1896, 22 juin 1898, 25 janvier 1899 ; L. 25 juin 1820, art. 48.

563. *Contravention.* — Les notaires peuvent, sans contravention, décrire les titres de créances sur papier non timbré (1), et cette énonciation ne suffit pas pour autoriser la Régie à poursuivre les parties pour amende de timbre (V. N° 806 ci-dessous).

564. *Héritier débiteur.* — Lorsque les billets ou reconnaissances sont souscrits par l'un des héritiers, il est préférable de ne pas les analyser, mais de les énoncer seulement sur la déclaration des autres parties (V. N°s 584, 585 et 807 ci-après).

15° *Prêt du Crédit foncier*

565. — Les prêts du Crédit foncier s'analysent comme les autres créances ; toutefois, comme une partie du capital est amortie avec chaque paiement d'annuités, il y a lieu de demander avant, un décompte de la créance que l'on énonce dans l'inventaire.

566. — En cas de communauté, si l'emprunt est propre à l'un des époux, celui-ci doit récompense à ladite communauté du montant de l'amortissement opéré pendant son cours. Il faut donc le rapporter exactement.

16° *Carnet de chèques*

567. — Les carnets de chèques que le défunt avait dans un établissement de finance doivent être analysés, puis l'on biffe les chèques encore attachés à la souche, afin qu'il ne puisse en être fait usage.

17° *Assurance sur la vie*

568. — Une assurance sur la vie s'analyse par l'énonciation de son numéro, de sa date, de son montant, de l'échéance et du nombre des primes payées, et par la désignation de l'assureur, du souscripteur et du bénéficiaire (2).

18° *Bail*

569. *Analyse.* — L'analyse d'un bail comporte : la nature du titre, la date de ce titre, la durée du bail, les noms du bailleur et du locataire ou fermier, les charges et conditions spéciales, les redevances, le montant du loyer ou du fermage, et le lieu et la date de leur payement.

570. — Pour les baux ruraux, les paiements ont généralement lieu à terme échu ; le prorata dû au décès du propriétaire constitue un actif de la communauté ou de la succession, selon le cas ; il forme au contraire un élément de passif lorsque c'est le fermier qui est décédé. Dans l'un et l'autre cas, on doit l'indiquer.

571. — Les baux de maisons ou d'appartements sont le plus souvent faits à charge de verser dès l'entrée en jouissance une certaine somme qui s'impute sur les derniers mois de jouissance. Ces loyers d'avance constituent un actif, s'ils ont été payés, et un passif, s'ils ont été reçus. Il faut donc les énoncer indépendamment du prorata couru au jour du décès.

572. *Prescriptions fiscales.* — Pour éviter toute réclamation de la part du fisc, il importe de se rappeler que les baux écrits doivent être enregistrés dans les trois mois de leur date ou dans les trois mois de l'entrée en jouissance lorsque

---

(1) Sol. Régie, 15 mars 1807, 17 juin 1822.
(2) L. 21 juin 1875, art. 6.

celle-ci a eu lieu avant la confection du bail (1), et que la location verbale est soumise à l'acquit des droits d'enregistrement toutes les fois qu'elle est supérieure à 2000 francs par an à Paris et 1000 francs dans les autres localités ou que sa durée excède trois ans (2).

19° *Assurances*

573. — Les assurances contre l'incendie, contre les accidents, etc., doivent être énoncées par la désignation de la Compagnie avec laquelle elles ont été souscrites et l'indication de la date et du numéro de la police, de la durée, du montant de la prime annuelle et de l'époque d'exigibilité de cette prime. On analyse ensuite la quittance de la dernière prime payée; si cette quittance n'est pas représentée, on mentionne le paiement sur la déclaration des parties.

20° *Impôts et contributions*

574. — L'analyse des pièces relatives aux contributions foncières, personnelle et mobilière, etc., doit faire ressortir nettement le chiffre des impôts de l'année et les sommes acquittées, le cas échéant. A défaut de pièces, ces renseignements sont fournis par les requérants ou l'un d'eux, sous forme de déclarations.

21° *Rapports*

575. — Il faut analyser les contrats de mariage des enfants du défunt au double point de vue des rapports qu'ils pourraient devoir pour dots, et des indemnités dues de ce chef par l'un des époux ou les deux à la communauté; il y a également lieu d'énoncer, à défaut de titres, d'après les déclarations des parties, les libéralités, prêts, avances, dons manuels, qui ont pu être faits par le défunt soit à son conjoint, soit à l'un de ses enfants.

22° *Registres de commerce. — Société*

576. *Acte d'achat.* — Il y a lieu d'analyser le contrat d'acquisition du fonds de commerce et, si le prix n'en est pas encore entièrement payé, d'indiquer ce qui reste dû, les intérêts courus et les volume et numéro de l'inscription du privilège du vendeur qui le grève (3).

577. *Livres de commerce.* — Les commerçants doivent: 1° mentionner sur un livre-journal tout ce qu'ils reçoivent et tout ce qu'ils payent jour par jour, et les dépenses de la maison mois par mois; 2° faire tous les ans un inventaire de leurs effets mobiliers et immobiliers, et de leurs dettes actives et passives, et le copier année par année sur un registre spécial; 3° mettre en liasse les lettres qu'ils reçoivent et copier sur un registre celles qu'ils envoient (C. com., 8 et 9). Ces livres doivent être tenus par ordre de dates, sans blancs, lacunes ni transports en marge. En outre le livre-journal et le livre des inventaires doivent être paraphés et visés une fois par an par un juge du tribunal de commerce ou par le maire. Les commerçants sont tenus de conserver ces livres pendant dix ans (C. com., 11).

578. *Analyse.* — Le notaire constate le nombre, l'usage et l'état des livres qui

(1) L. 22 frimaire an VII, art. 22.
(2) L. 25 juin 1920, art. 27.
(3) L. 17 mars 1909.

existent ; il mentionne le nombre de feuillets écrits, de feuillets manquants ou déchirés avec leur pagination ; il bâtonne les blancs qui se trouvent sur les pages écrites ; il indique la date de la première et de la dernière opérations ; s'il existe des feuillets blancs à la suite de la dernière écriture, il suffit d'en rapporter le nombre, sans qu'il soit besoin de les bâtonner comme le font certains praticiens. Les feuillets doivent être cotés, s'ils ne le sont déjà (C. pr., 943).

Ensuite le notaire donne en détail le relevé de l'actif et du passif tels qu'ils résultent de ces registres en distinguant, sur l'indication des parties, les créances actives qui sont d'un recouvrement certain, celles qui sont d'un recouvrement douteux et celles dont le recouvrement est désespéré.

579. — Souvent les commerçants tiennent une comptabilité incomplète et fort irrégulière ; d'aucuns même n'en tiennent pas du tout. Il est procédé alors sur les déclarations des intéressés, ou mieux l'on reproduit simplement la note que ceux-ci fournissent des créances actives et passives, ce qui a l'avantage de mettre à couvert la responsabilité du notaire dans le cas où il serait commis des erreurs dans le dépouillement des livres.

580. *Société.* — Si le défunt était associé dans une maison de commerce, on énonce les conditions de l'association ; s'il a été dressé un acte, il est analysé de façon à faire ressortir toutes les clauses offrant un intérêt pour la succession. Mais les héritiers n'ont pas alors le droit de faire inventorier les livres de la société, ils peuvent seulement en demander la communication (1). Le plus souvent d'ailleurs, les droits et obligations des héritiers du défunt comme des coassociés de celui-ci sont établis dans l'acte de société qui fait leur loi (V. ci-dessus, n° 289).

§ 5. — Déclarations générales

581. *Définition.* — Sous la dénomination « Déclarations générales », on procède, sur la déclaration des parties, à l'énumération détaillée des créances actives et passives pour lesquelles il n'existe pas de titres, ainsi qu'à l'énonciation des divers éléments d'actif et de passif qui ne sont pas encore constatés (2).

582. *Valeur.* — Ces déclarations n'ont aucune valeur à l'égard des tiers qui sont indiqués comme créanciers ou comme débiteurs ; elles sont considérées comme de simples prétentions et, pour leur justification notamment, on exige l'application des règles établies par la loi pour la preuve des obligations (3).

583. — En cas de dissolution de communauté ou de société d'acquêts, les créances actives déclarées par l'un des époux lui sont opposables, sauf preuve contraire à sa charge. Par exemple s'il porte comme actif une créance qui n'était pas due ou qui était irrecouvrable, c'est à lui à faire la preuve de l'erreur (4) ou de l'insolvabilité (5).

584. — La déclaration de dette à la charge d'un héritier faite par un successible autre que le débiteur, en la présence de ce dernier, n'a aucune valeur probante tant à l'égard des successibles qu'à l'égard du fisc, si elle est protestée,

---

(1) C. com., 14 ; — Paris, 17 novembre 1885, *Rev. not.*, 7325, *Rép. not.*, 3075 ; — Cass., 30 juillet 1896, *Rép. not.*, 9343.

(2) Bioche, 243 ; — Amiaud, *Traité form., Inv.*, 99.

(3) Cass., 16 mars 1825, J. N. 538 ; — Paris, 23 juillet 1835. S. 35.2.423 ; — Bordeaux, 24 juin 1859, S. 60.2.277 : — Bioche, 243 ; — Roll. de Villargues, *Inv.* 285.

(4) Cass., 19 janvier 1841, S. 41.1.353 ; — Rodière et Pont, 11, 1004.

5) Bordeaux, 17 mars 1875.

lors même que les protestations ne sont pas motivées, car il serait dangereux de faire ressortir une reconnaissance de dette du fait que les protestations ou réserves seraient banales et de pure forme; il y aurait là place pour les incertitudes les plus périlleuses et les contestations les plus délicates (1).

Mais si l'héritier déclaré débiteur est présent et ne proteste pas, il y a alors présomption à sa charge qui fait que c'est désormais à lui à faire la preuve qu'il ne doit rien.

585. *Reconnaissance.* — La déclaration par un héritier de ce qu'il doit à la succession ou à un de ses cohéritiers constitue une véritable reconnaissance obligatoire (2).

1° *Deniers comptants*

586. *Énonciation.* — Le plus souvent, les deniers comptants sont constaté seulement alors, sur la déclaration des parties d'après leurs souvenirs, à défaut de livres domestiques. S'il s'agit de l'inventaire d'un commerçant ou d'un industriel, les deniers comptants comprennent le montant de la caisse commerciale et de l'argent de poche.

587. *Récapitulation.* — Si les deniers comptants ont été constatés, soit au fur et à mesure qu'ils ont été trouvés, soit seulement en fin de chacune des séances pendant lesquelles a eu lieu leur découverte, il en est fait une récapitulation, à titre de renseignement, en cet endroit de l'inventaire.

588. *Emploi.* — Lorsque les deniers comptants ont été employés à payer une partie du passif, on l'indique sommairement tant après leur énonciation qu'après celle du passif ainsi acquitté.

2° *Actif*

589. — On énonce d'une façon aussi complète que possible tout ce qui peut dépendre activement des communauté et succession, ou de la succession faisant l'objet de l'inventaire, notamment les créances verbales et les créances chirographaires dont on n'a pas trouvé ou représenté les titres et qui n'ont pas été comprises sous une cote spéciale.

590. — Chacune de ces créances est désignée par les nom, prénoms, qualité et demeure du débiteur, le chiffre et la cause de la créance (3), et il est d'usage d'indiquer séparément celles qui sont bonnes, celles qui sont d'un recouvrement douteux et celles qui sont d'un recouvrement désespéré.

591. — En cas d'inventaire après dissolution de communauté ou de société d'acquêts, il est nécessaire de distinguer aussi les créances communes de celle propres à chaque époux.

3° *Passif*

592. — On énonce le passif en indiquant qu'il est réclamé et non qu'il est dû, afin que ces déclarations n'aient d'autre valeur à l'égard des tiers que celle d simples indications, et l'on distingue, le cas échéant, les dettes de communauté de celles qui sont à la charge personnelle de l'un ou de l'autre époux.

---

(1) Paris, 20 février 1902, *J. du not.*, 1904, p. 565.
(2) Nancy, 14 août 1882, *Rep. not.*, 1481 ; — Roll. de Villargues, *Inv.*, 289.
(3) Roll. de Villargues, *Inv.*, 281.

4₀ *Frais funéraires et de dernière maladie*

593. *Distinction.* — On porte par distinction les frais de dernière maladie et les frais funéraires, car ils peuvent incomber à des personnes différentes. Ainsi en cas de dissolution de communauté, les frais de dernière maladie sont une dette de la communauté et les frais funéraires sont une charge de la succession.

594. *Jouissance légale.* — Le père ou la mère qui a la jouissance légale des biens du mineur successible supporte ces deux catégories de frais comme charge de son usufruit légal (1). Notons à ce propos que ces frais sont ceux des personnes dont la succession est dévolue aux mineurs et non ceux des mineurs eux-mêmes (2).

595. *Renonciation.* — Le père qui renonce à la succession de son fils n'en doit pas moins contribuer au paiement des frais funéraires, mais en les limitant proportionnellement à la condition sociale et à la fortune de l'un et de l'autre (3).

596. — De même les enfants qui renoncent à la succession de leur père ou de leur mère restent tenus personnellement, chacun pour une quote-part, au paiement des frais funéraires (4). Il en est ainsi alors même que l'initiative de la commande de ces frais est prise par l'un d'eux seul ou par l'époux survivant, à condition qu'ils soient en rapport avec la position sociale et la fortune apparente du défunt (5).

597. *Privilège.* — Il est généralement admis que l'on doit comprendre comme affectés du privilège de l'article 2101 du Code civil tous les frais nécessaires pour assurer au défunt des funérailles décentes, eu égard à sa position sociale et à sa fortune apparente, et non pas seulement les frais strictement nécessaires, c'est-à-dire le transport et l'ensevelissement du corps (6). Mais il ne s'étend pas au deuil ni à la construction d'un monument funèbre, si modeste qu'il soit (7), ni à l'achat d'une concession dans le cimetière (8).

598. *Frais du culte.* — Avant la loi sur la séparation de l'Eglise et de l'Etat, la majorité de la doctrine et de la jurisprudence admettait que l'on devait comprendre parmi les frais funéraires privilégiés, les émoluments de la fabrique et les frais du culte (9). La loi de séparation a bien modifié les rapports des églises et des établissements ou autorités qui avaient capacité de les représenter, avec l'Etat, mais, implicitement au moins, elle a reconnu le droit pour les ministres des cultes de percevoir des honoraires, émoluments ou salaires pour les fonctions de leur ministère. Les notaires doivent donc continuer à porter ces frais comme privilégiés. sauf à ne les payer qu'avec l'assentiment de tous les créanciers.

599. *Deuil.* — Ainsi que nous l'avons dit plus haut (n° 391), certains praticiens

---

(1) C. civ., 385 ; Cass., req., 22 juin 1905, *Rev. not.*, 12.845, S. 10.1.535.

(2) Douai, 22 juillet 1854, D. 55.2.83 ; Rennes. 11 janvier 1904, *Rev. not.*, 11.902, D. 04.2.351.

(3) Boulogne-sur-Mer, 8 mai 1908, *Rev. not.*, 13.788, *Rép. not.*, 15892, *J. du not.*, 1909, p. 61.

(4) Seine, 7 janvier 1902, *Rép. not*, 12.241 ; — Boulogne-sur-Mer, 28 octobre 1902, *Rev. not.*, 11 377, *Rép. not.*, 12.942 ; — Nancy, 30 janvier 1902, *Rev. not.*, 11632.

(5) Seine, 14 mars 1904, *Rev. not.*, 11.974 ; — Seine, 24 janvier 1913, *Rev. not.*, 15.223.

(6) Aubry et Rau, § 260, texte et note 14 ; Baudry-Lacantinerie et de Loynes, I, 320 ; — Planiol, III, 2556 ; — Guillouard, I, 203 et s.

(7) Cass., 15 mars 1897, S. 97.1.438, D. 97.1.280 ; — Baudry-Lacantinerie et de Loynes, I, 319-321.

(8) Planiol, *op. cit.*

(9) Cass., 15 mars 1897 précité ; — Aubry et Rau, § 260, texte et note 17 — Baudry-Lacantinerie et de Loynes, *op. cit.* ; — Planiol, *op. cit.* ; — *Contra* : Laurent, XXIX, 357.

énoncent les frais de deuil faits par la veuve commune survivante, à titre d'indication pour l'indemnité qui lui sera attribuée lors de la liquidation. Cette énonciation peut avoir lieu soit en fin de la prisée, soit plus logiquement aux déclarations générales, sous un paragraphe spécial, à la suite de celui consacré aux frais funéraires.

5° *Récapitulation*

600. — Il peut être utile de faire, avant de clore, une récapitulation générale de l'actif et du passif constatés, avec référence aux cotes correspondantes. Il en est ainsi notamment lorsque l'inventaire contient de nombreuses et complexes analyses et déclarations, et lorsque la succession est recueillie par un mineur dont on veut déterminer la situation de fortune. S'il s'agit d'un inventaire de communauté, on résume également alors les reprises et récompenses du chef de chaque époux.

6° *Option du conjoint survivant*

601. *Fonds de commerce.* — Lorsque l'époux survivant a la faculté de conserver pour son compte le fonds de commerce ou établissement industriel ou agricole exploité par lui et son conjoint décédé, et qu'il exerce cette faculté, son option peut être constatée au cours de l'inventaire. Cette constatation a lieu soit aussitôt après l'énonciation de l'acte lui accordant ladite faculté, soit à la fin des déclarations générales.

602. *Préciput.* — On peut aussi mentionner en cet endroit l'exercice du préciput par l'époux survivant, lorsque le contrat de mariage lui donne le droit de s'en remplir en meubles choisis parmi ceux inventoriés et d'après leur prisée.

7° *Interpellation au tuteur*

603. *Cas.* — Dans tout inventaire où un mineur est intéressé, sans exception, le notaire doit requérir le tuteur même légal ou testamentaire du mineur (1), ou son mandataire en vertu d'un pouvoir spécial (2), de déclarer s'il lui est dû quelque chose par ledit mineur (C. civ., 451).

604. *Administrateur légal.* — Sous la législation du code, il était admis que cette interpellation n'était pas exigée à l'égard du père administrateur légal (3). Il semble qu'il en soit encore de même, la loi du 6 avril 1910 ne contenant aucune stipulation contraire.

605. *Réponse.* — Le tuteur doit faire connaître les créances qu'il a contre son pupille en indiquant la cause et, autant que possible, le montant ; s'il y a compte à faire entre eux, il suffit alors de déclarer l'existence de ce compte à établir.

606. — Une déclaration vague, sans indication précise, serait insuffisante (4). Mais une déclaration inexacte, faite sans mauvaise foi, n'entraînerait aucune déchéance, car la loi a voulu prévenir la fraude et non punir une méprise (5).

607. — Les créances à indiquer sont celles antérieures à l'ouverture de la

---

(1) Demolombe, VII, 559 : Aubry et Rau, I, § 112, texte et notes 10 et s.
(2) Demolombe, VII, 560 ; *Encyc. not.*, *Inv.*, 213.
(3) Demolombe, VII, 455.
(4) Laurent, V, 13 : *Encyc. not.*, *Inv.*, 210 : Rouen, 17 août 1839. D. 40.2.103.
(5) Bioche, 177 : — Roll. de Villargues, *Inv.*, 297 et s. : — *Dict. not.*, *Inv.*, 120.

tutelle ; quant aux dépenses que le tuteur a pu faire pour le mineur entre cette ouverture de tutelle et la confection de l'inventaire, il semble qu'elles ne tombent pas sous l'application de l'article 451 (1). Mais, par prudence, on les rapporte généralement.

608. *Mention*. — Le notaire doit mentionner sa réquisition et la réponse du tuteur, sous peine d'être déclaré responsable des conséquences de cette omission (2).

609. *Pénalité*. — Si le tuteur refuse de répondre ou déclare qu'il ne lui est rien dû, il est déchu de sa créance contre son pupille (C. civ., 451), lors même que sa créance résulterait d'un titre authentique ou qu'elle consisterait en une dette non liquidée (3).

610. *Endroit*. — L'art. 451 porte que la déclaration du tuteur doit être faite dans l'inventaire, sans préciser à quel moment. Les auteurs enseignent que l'interpellation doit avoir lieu dès le commencement de l'inventaire, avant le dépouillement des papiers, car le législateur a voulu empêcher que le tuteur pût faire revivre une créance si la preuve de la libération de son pupille ne se trouvait pas dans les papiers inventoriés (4). En cas d'ouverture de tutelle légale, elle peut avoir lieu seulement au moment de la clôture de l'inventaire.

8° *Avertissements*

611. — Pour mettre sa responsabilité tout à fait à couvert, le notaire agira prudemment en mentionnant dans son inventaire les avertissements qu'il a pu donner aux requérants pour les éclairer sur l'étendue des obligations particulières qui résultent à leur charge soit des actes sus-analysés, soit de la loi. Spécialement il devra énoncer qu'il a donné connaissance aux tuteurs et aux subrogés tuteurs des prescriptions de la loi du 27 février 1880, ou encore, lorsque la succession est recueillie par une femme dotale, qu'il a averti celle-ci et son mari de la nécessité pour eux de faire emploi des sommes et valeurs à elle échues et frappées de dotalité, conformément aux prescriptions de leur contrat de mariage (5). Mais il importe de ne consigner ces avertissements qu'à bon escient, afin d'éviter d'en faire une simple clause de style.

§ 6. — Clôture

612. *Affirmation*. — La veuve qui a été commune en biens ou en société d'acquêts doit affirmer sincère et véritable l'inventaire dressé après le décès de son mari (C. civ., 1456); mais cette obligation ne s'applique pas aux autres veuves.

L'affirmation est faite lors de la clôture de l'inventaire, devant l'officier public qui a dressé cet acte, par la veuve en personne ou encore par mandataire spécial. Elle pourrait être faite aussi par la veuve devant un autre notaire dans le délai

---

(1) Aubry et Rau, I, § 112, note 12.
(2) Pau, 2 août 1834, S. 35.2.28 ; — Nancy, 23 juin 1851, D. 52.2.84 ; — Demolombe, VII, 558 ; — Rutgeerts et Amiaud, I, 135.
(3) Demolombe, VII, 561 ; — Aubry et Rau, I, § 112, texte et note 11 ; — Nîmes, 29 mars 1852, S. 52.2.349.
(4) Demolombe, VII, 557 ; — Planiol, I, 2463 ; — Amiaud, *Tr. form.*, *Inv.*, 101.
(5) Paris, 28 novembre 1895, *Rev. not.*, 9560, *Rép. not.*, 9147.

de trois mois du décès, sauf à la réitérer plus tard devant le notaire qui a reçu l'inventaire (1).

613. — Cette affirmation ne dispense pas la veuve du serment dont il sera question ci-après.

614. — Son omission entraînerait une simple présomption d'inexactitude qui pourrait être combattue par toutes preuves et présomptions contraires.

615. *Serment.* — Tous ceux qui ont été en possession des objets avant l'inventaire ou qui ont habité la maison dans laquelle se trouvent ces objets, doivent prêter serment, lors de la clôture de l'inventaire, qu'ils n'en ont détourné aucun et qu'ils ne connaissent aucun détournement. Il est fait mention de ce serment qui doit être transcrit tel qu'il a été prêté (2).

616. — Le serment est un acte strictement personnel; il ne saurait être prêté par mandataire. Si la personne qui y est tenue n'assiste pas à l'inventaire, la prestation de serment peut être reçue par procès-verbal séparé.

616 *bis.* — Parmi les personnes auxquelles s'applique le serment prescrit figurent ceux qui, bien qu'ayant un domicile distinct, ont été, par leur séjour dans l'appartement du défunt, dans la possibilité de détourner ou de voir détourner des objets de la succession (3).

617. — A l'égard des domestiques qui sont bien compris parmi ceux qui ont habité la maison, il est cependant d'usage de ne les appeler à prêter serment que lorsque aucune personne n'est restée en possession des objets ou qu'il existe des motifs particuliers de les interpeller sous cette forme, ou encore lorsque les héritiers ou quelques-uns d'entre eux en manifestent le désir.

618. *Ibid. Officier public.* — Le serment a lieu entre les mains de l'officier public chargé de procéder à l'inventaire qui a seul qualité pour le recevoir, même hors la présence du juge de paix en cas d'apposition des scellés (4); il peut être prêté tant que l'inventaire n'est pas clos (5).

619. *Ibid. Refus.* — Si l'intéressé qui en est requis refuse de prêter serment, le notaire constate ce refus dans son inventaire et renvoie les parties, si elles ne croient pas devoir se contenter de cette constatation, à se pourvoir en référé avant la clôture de l'inventaire (6). Le refus n'établit pas d'ailleurs contre celui qui l'exprime une présomption formelle de détournement (7).

620. *Ibid. Importance.* — Le notaire doit attirer l'attention des personnes auxquelles il fait prêter serment sur l'importance de ce serment et leur expliquer que l'omission et le détournement d'objets de la communauté ou de la succession entraînent la perte de toute part dans les choses omises ou détournées, et qu'à l'égard des collatéraux, des légataires et des domestiques, le recel est puni comme le vol (C. pén., 380).

621. *Remise et garde des objets.* — Les effets, titres et papiers sont remis, lorsqu'il y a lieu, entre les mains de la personne dont les parties conviennent ou qui, à défaut d'entente, est nommée par le président du tribunal; il en est

---

(1) Cpr. Cass., 17 mai 1858, D. 58..531, S. 58.1.813.
(2) Versailles, 30 juin 1899, *Rép. not.*, 11.152.
(3) Nîmes, 6 décembre 1880, S. 81.2.72, *Rev. not.*, 6255, *Rép. not.*, 45.
(4) Roll. de Villargues, *Inv.*, 311; — Rutgeerts et Amiaud, 135; — *Encyc. not., Inv.*, 206; — *Dict. not., Inv.*, 432-433.
(5) Seine, 3 juillet 1896, *Rev. not.*, 9728. *Rép. not.*, 9149.
(6) Cass., 23 février 1836, S. 36.1.773; — *Encyc. not., Inv.*, 206; — *Dict. not., Inv.*, 137.
(7) Bordeaux, 9 juillet 1857, J. N. 16.190.

fait mention dans l'inventaire (1). Cette remise constitue une mesure purement provisoire qui ne saurait rien préjuger relativement aux droits que les autres parties peuvent avoir sur ces objets (2).

622. — C'est ordinairement à l'époux survivant ou, à défaut, à l'héritier résidant sur place que le tout est confié, à moins qu'il n'y ait des motifs de défiance contre lui. S'il doit être procédé à la liquidation ou au partage, les titres, valeurs et deniers restent généralement, dans ce cas, entre les mains du notaire.

623. *Ibid. Exécuteur testamentaire.* — S'il y a un exécuteur testamentaire avec saisine, c'est à lui qu'est confiée la garde des objets et titres mobiliers, à moins que les legs ne soient déjà acquittés ou qu'il ne lui soit remis la somme nécessaire pour les acquitter, ou qu'il y ait opposition de la part des créanciers de l'hérédité. Quant aux titres de propriété des immeubles, la garde peut lui en être refusée (3).

624. *Ibid. Consignation.* — Si les parties ou l'une d'elles en font la demande soit au cours de l'inventaire, soit lors de la clôture, les titres et valeurs de bourse doivent être déposés à la Caisse des consignations ; en cas de difficultés, il en est référé au président du tribunal qui doit ordonner ce dépôt (4).

625. — Cette consignation est effectuée à Paris entre les mains du caissier général de ladite caisse, et dans les départements aux caisses des trésoriers payeurs généraux ou des receveurs particuliers préposés de la caisse (5).

626. — Il est délivré un récépissé pour chaque nature de titre qui indique l'espèce, le nombre et les numéros des titres dans leur ordre (6). Ces récépissés forment titre contre ladite caisse, à charge toutefois par les déposants de les faire viser et séparer du talon à Paris immédiatement par le contrôleur près cette caisse, et, dans les départements, dans les vingt-quatre heures de leur date, par les préfets ou sous-préfets.

627. — Lorsque le dépôt a lieu au cours de l'inventaire, les récépissés sont inventoriés dans la forme ordinaire.

628. *Signature.* — L'inventaire doit être signé tant après chaque séance, le cas échéant, qu'à la fin par les parties et le notaire (V. ci-dessus n° 224).

(1) C. proc., 943-9° et 944; — Garsonnet, VJI. § 2621, note 24; — Cass., 28 juin 1899. *J. du not.*, 1899, p 793.

(2) Garsonnet, *op. cit.*, note 33 : — Bioche, 266 : — Paris, 9 avril 1828, S. chr., D. 28.2.97.

(3) Roll. de Villargues, 310 : — Dutruc, 189.

(4) L. 28 juillet 1875. art. 1 : — Garsonnet, *op. cit.*, note 34.

(5) Décret 15 décembre 1875, art. 1.

(6) Décret précité, art. 2 : — Circ. 24 juin 1890.

CHAPITRE VI. — Incidents et difficultés

§ 1. — Intervention d'un tiers

629. *Revendication.* — Lorsqu'un tiers revendique comme sa propriété des objets ou titres qui se trouvent au lieu où il est fait inventaire, il peut intervenir pour formuler sa réclamation; il devrait même être appelé officiellement s'il avait formé opposition. Dans l'un et l'autre cas, le notaire constate son intervention et rapporte ses dires, ainsi que les observations et contestations qui y seraient opposées par les héritiers (C. proc.; 939 et 944).

630. *Ibid. Remise.* — Les objets revendiqués peuvent être délivrés sur-le-champ, si le tiers donne des preuves suffisantes à l'appui de sa réclamation. Il en est alors donné une décharge explicative dans l'inventaire (C. pr., 939). S'il s'élève des difficultés au sujet de cette remise, il en est référé au président du tribunal (1).

631. *Ibid. Prisée par distinction.* — S'il y a doute sur la valeur de la réclamation, il est préférable de décrire et, s'ils sont susceptibles d'estimation, de priser par distinction les objets revendiqués, pour le cas où la revendication serait reconnue bien fondée par la suite. Ainsi lorsqu'au décès d'une mère demeurant avec un de ses enfants il y a confusion des effets mobiliers, il est prudent, à défaut de dispense expresse de la part de tous les héritiers, de comprendre dans l'inventaire tous ces effets, sauf à l'enfant de revendiquer ceux qui lui appartiennent (2).

632. *Renseignements.* — Un tiers peut aussi intervenir pour fournir des renseignements sur l'actif ou le passif, par exemple s'il est dépositaire de valeurs ou de papiers à un titre quelconque, ou si des rapports d'affaires ont existé entre lui et le défunt. Le notaire constate cette intervention et son objet; il inventorie les pièces remises en la forme ordinaire et décharge est donnée au tiers, s'il y a lieu.

633. *Lettres confidentielles.* — En principe, les lettres missives sont la propriété de celui à qui elles sont adressées, lorsque l'auteur n'a pas manifesté l'intention qu'elles lui soient restituées ou détruites (3), et dans ce cas, elles passent, au décès du destinataire, à ses héritiers et successeurs (4). Mais le destinataire ou ses représentants sont tenus de respecter le secret des lettres dites confidentielles (5).

Cependant il a été jugé que les lettres confidentielles devaient être rendues à leur auteur à la mort du destinataire, et que les héritiers de celui-ci n'avaient aucun droit sur elles (6).

634. — En cas de contestation sur le caractère confidentiel des lettres, il semble que le tribunal en chambre du conseil puisse ordonner l'apport des pièces

---

(1) Roll. de Villargues, *Inv.*, 268 : — Cass., 27 avril 1874, S. 75.1.207.
(2) Poitiers, 13 juin 1828, P. chr.
(3) Aubry et Rau, XII, § 760 *ter*, texte et notes 1 et s. : — Gény, I, 292 et 306 et s. ; — Planiol, I, 1226.
(4) Aubry et Rau, *op. cit.*, note 3 *bis* : — Gény, II, 253 : Planiol, I, 1231.
(5) Aubry et Rau, *loc. cit.* : — Planiol, I, 1229.
(6) Orléans, 29 juillet 1896, S. 96.2.248, D. 97.2.209, *Rép. not.* 9430.

ou charger un avocat, un avoué ou un notaire d'apprécier celles qui lui paraissent ou non confidentielles (1). Cependant il a été jugé qu'il fallait une discussion contradictoire (2).

§ 2. — Découverte d'un testament

635. *Pli cacheté*. — Lorsqu'au cours des opérations il est trouvé un testament ou un pli cacheté, le juge de paix, s'il y a scellés, et dans le cas contraire, le notaire en constate avec soin la forme extérieure, le sceau et la suscription, s'il y a lieu, puis il paraphe l'enveloppe avec les parties présentes, indique les jour et heure où il se présentera au président du tribunal pour l'ouverture de ce pli ou testament, et, ainsi qu'il a été dit plus haut, n° 472, la continuation de l'inventaire est ajournée (C. pr., 916).

636. — Doit être considéré comme un testament tout pli cacheté, même sans mention sur l'enveloppe en indiquant la nature (3).

637. *Pli ouvert*. — Si le testament est ouvert, le notaire ou le juge de paix, selon le cas, en constate la forme, le paraphe avec les parties présentes et ajourne la suite des opérations. Toutefois il n'y aurait aucun inconvénient à continuer la séance commencée à la réquisition des parties, si les dispositions testamentaires n'exigeaient pas la présence d'autres personnes à l'inventaire (V. form. 108).

638. *Remise par un tiers*. — Lorsque le testament est présenté par l'un des intéressés ou par un tiers, la remise en est constatée dans l'inventaire et il est procédé comme si ce testament avait été trouvé parmi les papiers (4).

639. *Testament d'un tiers*. — Si le testament trouvé, cacheté ou non, est celui d'un tiers, le notaire doit remplir les mêmes formalités que si le testament émanait du défunt (5). Seulement le président du tribunal le remet à son propriétaire sans en faire connaître le contenu (C. pr., 919).

640. *Ouverture*. — Le notaire ni le juge de paix n'ont le droit d'ouvrir le pli cacheté trouvé au cours des opérations d'un inventaire ou d'une apposition de scellés, lors même qu'une suscription mise dessus les y autoriserait, sans se rendre passibles d'une peine disciplinaire (6). La présentation au président du tribunal est considérée comme une mesure d'ordre public ; elle doit avoir lieu alors même que le testament paraîtrait révoqué. Dans tous les cas, la prudence recommande de ne jamais le détruire, ni de le remettre aux héritiers (7).

641. *Tribunal compétent*. — Il semble que le testament doit être présenté au président du tribunal civil dans le ressort duquel a lieu l'inventaire et non de celui de la résidence du notaire instrumentaire (8).

642. *Présentation*. — Aux jour et heure indiqués, sans qu'il soit besoin de sommation, le juge de paix ou le notaire, selon le cas, présente le testament trouvé au président du tribunal qui en fait l'ouverture, en constate l'état et en ordonne le dépôt, si le contenu concerne la succession (C. pr., 916, 918, 920).

(1) Cass. req., 9 février 1881, S. 81.1.193. D. 82.1.73, J. N., 22.434, *Rev. not.*, 6252, *Rép. not.*, 44.
(2) Toulouse, 6 juillet 1880, S. 81.2.115.
(3) De Belleyme, II, 206 ; — Roll. de Villargues, *Inv.*, 262.
(4) De Belleyme, II, 439 ; — Roll. de Villargues, *Inv.*, 263.
(5) Garsonnet, VII, § 2598. note 7.
(6) De Belleyme, II, 205 ; — Chartres, 8 avril 1846. — Comp. Demolombe, XXI, 503.
(7) Lavaur, 17 mai 1876 : — T. Rouen, 27 novembre 1883, *Rev. not.*, 6841.
(8) De Belleyme, II, 395 ; Rodière, III, 402 ; Carré et Chauveau, *Quest.* 3082 ; Rocher, *Rev. not.*, 5102. — *Contra* : Toulouse, 29 janvier 1830 ; Douai, 12 novembre 1852, S. 53.2.161. — Comp. Demolombe, XXI, 501.

643. — Il a été jugé qu'en cas de scellés, le notaire peut faire mentionner dans le procès-verbal du juge de paix, le cas échéant, que le testament a été trouvé par lui et qu'il accompagnera ce magistrat pour en faire la représentation (1).

§ 3. — Papiers étrangers

644. — Nous avons vu que lorsqu'il est trouvé des papiers étrangers à la succession et réclamés par des tiers, ils peuvent être remis sur-le-champ aux revendiquants (n° 630 ci-dessus). Si les papiers ne peuvent être remis de suite, les parties peuvent charger le notaire de le faire à première occasion, et, s'il est nécessaire d'en faire alors la description, celle-ci a lieu sur le procès-verbal de levée des scellés, s'il y a des scellés, et, en cas contraire, dans l'inventaire (C. pr., 939). En cas de difficulté, on doit se pourvoir en référé (C. proc., 944).

645. — Lorsqu'il s'agit de l'inventaire après le décès d'un avocat, d'un avoué ou d'un agent d'affaires, il suffit d'inventorier par liasse chaque dossier des affaires qui se trouvent dans leur étude et de constater sur la couverture le nombre des pièces qui le composent, sans qu'il soit besoin de les coter et parapher (2).

§ 4. — Difficultés et référés

646. *Refus de communiquer des pièces.* — Lorsque au cours d'un inventaire, une partie refuse de produire certaines pièces, les autres parties ont la ressource soit de formuler des protestations et des réserves, soit d'en référer au président du tribunal (C. pr., 944) ; mais elles ne sont pas recevables, avant la clôture de l'inventaire, à introduire une action en justice pour obtenir communication des pièces réclamées, car les justifications demandées peuvent être produites, tant que l'inventaire n'est pas clos (3).

647. — Si les objets et titres réclamés sont entre les mains d'une personne étrangère qui refuse de les communiquer, c'est le président du tribunal qui prononce en référé (4).

648. *Réclamations.* — Lorsqu'il est fait des réclamations soit par une des parties, soit par un tiers intervenant, elles doivent être rapportées comme élément de la liquidation ou du partage ultérieur. Les autres parties peuvent y répondre et en présenter elles-mêmes d'autres que le notaire reproduit également.

649. *Protestations. Réserves.* — Lorsqu'il s'élève des difficultés, le notaire doit, autant qu'il est en son pouvoir, chercher à concilier les parties en expliquant à chacune d'elles l'étendue et la limite de ses droits. S'il ne peut y parvenir et que ces difficultés intéressent seulement le partage à venir, il n'y a pas lieu de surseoir à la continuation des opérations ; il suffit d'enregistrer les dires, réclamations, protestations et réserves de toutes les parties intéressées.

650. — Mais il a été jugé à juste titre qu'après la clôture, le notaire ne peut, sans contravention, écrire à la suite de l'inventaire, sur la même feuille de papier timbré, l'acte de protestations qu'él verait alors une des parties contre certaines énonciations de l'inventaire (5).

---

(1) Lombez (référé), août 1856, J. N. 15.898.
(2) Carré et Chauveau, *Quest.* 3148 : — Roll. de Villargues, *Inv.*, 253 : *Dict. not., Inv.*, 370.
(3) Seine, 3 juillet 1893, *Rev. not.*, 9728, *Rép. not.*, 9149.
(4) Rennes, 5 mai 1891, *Rev. not.*, 8085.
(5) T. Chambéry, 10 août 1895, *Rev. not.*, 9669.

651. *Référé.* — Lorsque les contestations portent sur la manière de procéder à l'inventaire ou sur des mesures conservatoires (continuation de l'exploitation d'un fonds de commerce ou d'une industrie, — nomination d'un administrateur provisoire, — congé à donner, — réparations urgentes, etc...), elles doivent alors être résolues de suite. Si les parties ne sont pas toutes majeures et maîtresses de leurs droits ou si elles ne veulent pas prendre qualité, ou encore si elles ne peuvent s'entendre, il en est référé au président du tribunal.

652. *Ibid. Introduction.* — Lorsque les scellés ont été apposés, c'est le juge de paix qui a qualité pour aller en référé (V. ci-dessus n° 189); le notaire le constate simplement en son inventaire, sans avoir à rapporter en détail les contestations élevées entre les parties. Quand il n'y a pas de scellés et que le notaire réside dans le canton où siège le tribunal (C. pr., 944), le référé peut être introduit par lui, à la réquisition des parties, sur le procès-verbal d'inventaire où sont mentionnés alors les difficultés et réquisitions sur lesquelles il y a lieu de statuer et les moyens qui peuvent les faire accueillir ou rejeter (1). Il est bien évident que dans les deux cas, l'inventaire ne doit pas être clos, car la mission du juge et celle du notaire seraient alors terminées ; ils n'auraient plus aucune qualité pour agir (2).

653. — Les parties peuvent toujours, si elles le préfèrent, recourir au ministère d'un avoué (3).

654. *Ibid. Ordonnance préparée.* — Le juge de paix, ou le notaire qui va en référé, peut se présenter seul, en dehors des parties (4), devant le président du tribunal qui rend son ordonnance sur la minute du procès-verbal d'inventaire ou de scellés (C. proc., 944). Dans la pratique il est d'usage de préparer d'avance l'ordonnance, si aucune difficulté sérieuse n'a été soulevée par les parties.

655. *Ibid. Compétence.* — Le juge des référés est compétent pour nommer un administrateur provisoire de la succession (5), pour ordonner la communication des registres d'une société dont le défunt faisait partie (6), pour autoriser, sans attribution de qualité, la vente du mobilier (7), la gestion et la vente d'un fonds de commerce ou d'un établissement industriel (8), l'acquit des dettes privilégiées (9), des réparations urgentes, des recouvrements à faire, des congés à donner, la remise des effets et titres de la succession (C. pr., 943-9°), l'établissement de l'inventaire avant l'expiration du délai légal, en cas d'urgence, et le transport des papiers à l'étude du notaire instrumentaire pour les inventorier (10).

656. *Délai.* — La loi ne détermine aucun délai de rigueur pour la citation en référé, mais faut-il encore que le défendeur ait un délai suffisant pour se mettre en mesure de présenter ses moyens de défense et pour comparaître devant le juge, et le juge du référé est souverain appréciateur s'il s'est écoulé un temps moral suffisant entre la citation et le moment fixé pour la comparution (11).

---

(1) Rutgeerts et Amiaud, 131 ; *Encyc. not., Inv.*, 263 ; *Dict. not., Inv.*, 293 et 295.
(2) Bioche, 189 ; Roll. de Villargues, *Inv.*, 343 ; *Dict. not., Inv.*, 296.
(3) Amiens, 30 novembre 1897.
(4) Carré et Chauveau, *Quest.* 3153 ; — Roll. de Villargues, 345 ; *Dict. not., Inv.*, 298.
(5) Bordeaux, 4 avril 1855, S. 55.2.117 ; Douai, 3 décembre 1867, S. 68.2.35.
(6) Paris, 7 novembre 1885, *Rev. not.*, 7325.
(7) C. civ., 796 ; C. pr., 906.
(8) Seine, 26 juin 1841, 30 septembre 1841, 13 janvier 1842.
(9) De Belleyme, II, 441.
(10) V. Cass., 28 juin 1899, S. 1900.1.37, D. 99.1.447, *Rev. not.*, 10.443 *J. du not.*, 1899, p. 793.
(11) Conf. Paris, 8 mars 1870, D. 70.2.68 : Caen, 9 novembre 1874, D. 76.2.48 ; Bordeaux, 18 novembre 1902, *J. du not.*, 1904, p. 648.

1° Sommations

657. Cas. — Les héritiers présomptifs qui résident à moins de cinq myriamètres du lieu de l'ouverture de la succession et qui refusent de se présenter à l'amiable, ne sont pas, sauf le cas d'urgence, représentés à l'inventaire par un notaire commis. Il leur est fait sommation à domicile par ministère d'huissier d'assister à trois jours francs au moins (c'est-à-dire le *dies a quo* et le *dies ad quem* non compris) et s'ils ne se présentent pas ni personne pour eux, il est prononcé défaut contre eux et passé outre. L'inventaire ainsi dressé est parfaitement valable (1).

658. Enonciation. — Dans tous les cas il y a lieu d'indiquer dans l'inventaire les noms, prénoms, professions et domiciles des parties sommées afin de bien constater que les véritables ayants droit ont été appelés, et pour que l'acte soit la justification exacte des qualités héréditaires. Ensuite, le notaire énonce les sommations et, le cas échéant, l'heure à laquelle il prononce défaut afin qu'il soit constaté officiellement.

659. Annexe. — L'original de la sommation, s'il y a scellés, demeure annexé au procès-verbal du greffier et, en cas contraire, à l'inventaire.

660. Portes closes. — Si, au jour et à l'heure indiqués pour les opérations, les parties présentes trouvent fermées les portes des locaux où sont les objets à inventorier, le notaire dresse un procès-verbal et renvoie les parties en référé ou s'y rend lui-même pour obtenir de justice l'autorisation de faire ouvrir les portes par un serrurier. Une nouvelle sommation est faite avec mention de l'ordonnance obtenue, afin de pouvoir passer outre, si les parties ne comparaissent pas toutes et si l'on trouve à nouveau les portes fermées.

2° Inventaire sur déclarations

661. — Pour être opposable aux héritiers mineurs et aux créanciers, l'inventaire doit être dressé dans les lieux où se trouvent les objets à décrire et à priser (C. pr., 943-3°). Mais à l'égard des parties majeures et maîtresses de leurs droits, est parfaitement valable l'inventaire fait dans l'étude du notaire sur un état de meubles dressé par les intéressés ou simplement sur leurs déclarations.

662. — Il est procédé ainsi notamment lorsque les objets mobiliers dépendant de la communauté ou de la succession ont disparu depuis le décès et ne peuvent être retrouvés, et lorsqu'ils sont de trop minime importance pour faire les frais de déplacement du notaire et d'un officier priseur.

663. — Lorsque les objets mobiliers ont été vendus avant la confection de l'inventaire, par le ministère d'un officier public, il suffit alors d'analyser le

---

(1) Alger. 9 juin 1877, S. 78.2.84, *Rev. not.*. 5532 ; — Roll. de Villargues, *Inv.*, 132 ; — *Encyc. not.*, *Inv.*, 123-128 ; — *Dict. not.*, *Inv.*, 467.

compte présenté par cet officier, ou d'énoncer ladite vente et son produit sur la déclaration des parties.

3° Inventaire après faillite ou liquidation judiciaire

664. *Syndic.* — Après déclaration de faillite, l'inventaire est dressé par les syndics provisoires, avec l'assistance du juge de paix, dans les trois jours de leur nomination ou de l'apposition des scellés (C. com., 497 et s.).

665. *Liquidation.* — En cas de liquidation judiciaire, l'inventaire est fait par le liquidateur provisoire en présence de la personne admise au bénéfice de la liquidation (L. 4 mars 1889, art. 4).

666. *Forme.* — Il est généralement procédé ainsi, en la forme commerciale, même si la faillite ou la liquidation judiciaire est déclarée postérieurement au décès, mais dans ce dernier cas, les syndics ou liquidateurs sont obligés d'appeler aux opérations les héritiers présomptifs.

667. *Mineurs.* — D'après un grand nombre d'auteurs très estimés, l'inventaire en la forme commerciale est suffisant même lorsque parmi les héritiers du failli décédé, il se trouve des mineurs, car il y aurait perte de temps et dépenses inutiles de faire deux inventaires ou même un inventaire selon les formes du droit civil (1).

668. *Précédent inventaire.* — Pour la même raison, si la déclaration de faillite ou de liquidation judiciaire a lieu après le décès et alors qu'un inventaire a déjà été dressé à la requête des héritiers, on devrait recourir à cet inventaire (2).

669. *Formalités.* — L'inventaire dressé en la forme commerciale l'est en double minute, au fur et à mesure que les scellés sont levés, en présence du juge de paix qui le signe à chaque vacation. L'une des minutes est déposée au greffe du tribunal de commerce dans les vingt-quatre heures; l'autre reste entre les mains des syndics (C. com., 480).

670. *Notaire.* — Les syndics ou liquidateurs sont libres de se faire aider, pour la rédaction de l'inventaire comme pour l'estimation des objets, par qui ils jugent convenable, et notamment de faire appel au ministère d'un notaire. Mais en fait, les notaires ne sont presque jamais appelés à instrumenter.

4° Divorce. Séparation de corps

671. *Moment.* — En cas de divorce ou de séparation de corps, il y a lieu de dresser inventaire soit pendant l'instance même, soit à défaut, après le jugement prononçant le divorce ou la séparation, afin que la femme puisse n'être tenue des dettes de communauté que jusqu'à concurrence de son bénéfice d'émolument ou simplement conserver ses droits (3).

672. *Renonciation.* — Toutefois la femme peut renoncer totalement ou partiellement à l'inventaire, par exemple en consentant à ce que certains objets revendiqués par le mari ne soient pas inventoriés (4).

673. *Objet.* — L'inventaire a alors pour objet de garantir les intérêts matériels de la femme et de faciliter l'établissement de la liquidation de ses droits et

<hr>

(1) Paris, 21 mars 1867, S. 67.2.357; Paris, 11 mars 1893, *Rev. not.*, 9051, *Rép. not.*, 7364 : — Lyon-Caen et Renault, VII, 497; — Ruben de Couder, *Faillite*, 592; Renouard, I, 475.
(2) Lyon-Caen et Renault, *op. cit.*; Renouard, *op. cit.*
(3) C. civ., 242, 1463, 1483; Cass., 1er décembre 1886, S. 87.1.127, *Rev. not.*, 7626.
(4) Cass., 29 juillet 1884, S. 85.1.154.

reprises. Il ne doit point porter sur les titres, papiers et notes qui y sont étrangers (1).

674. *Lettres confidentielles.* — Spécialement ne doivent pas être comprises dans l'inventaire les lettres confidentielles à l'un ou l'autre époux, par exemple celles adressées à leurs défenseurs ou conseils et celles reçues de ceux-ci, surtout si le notaire en a eu connaissance afin de constater qu'elles ne contiennent aucun renseignement utile pour la liquidation des droits de chacun (2 .

675. *Référé.* — En cas de contestation sur le caractère confidentiel des papiers trouvés et sur leur remise entre les mains de celui qui les revendique, il est prudent d'aller en référé.

676. *Société.* — La femme commune en biens qui est en instance de divorce ne peut faire inventorier les objets qui dépendent d'une société de commerce existant entre le mari et un tiers, parce que cette opération aurait pour conséquence de troubler les affaires de ladite société ,3 .

677. *Forme.* — Dans l'intitulé, on relate par un exposé le contrat de mariage, la demande en divorce ou en séparation de corps, le jugement, s'il est déjà rendu, les scellés et la sommation, s'il y a lieu, puis les époux requièrent le notaire de procéder à l'inventaire.

678. *Gardien.* — Si l'inventaire est dressé pendant l'instance en divorce ou en séparation de corps, l'époux qui est resté en possession des objets et valeurs en est constitué gardien (C.civ.,242).Mais,en principe,les juges ne sauraient dépouiller le mari des pouvoirs d'administration qui lui appartiennent sur les biens communs ou dotaux 4 , sauf à la femme à demander au tribunal la nomination d'un séquestre pour ces biens lorsqu'elle reproche à ce dernier des faits d'incurie ou de malveillance (5 et encore lorsque le mari déjà constitué gardien donne lieu à des soupçons de détournement 6 .

679. *Transport des titres.* — Quel que soit le gardien constitué, le juge peut ordonner, sur la demande de l'une des parties, que les titres, papiers et valeurs extraits des scellés et sommairement inventoriés soient confiés au notaire instrumentaire et transportés en son étude pour y être l'objet d'une analyse complète et détaillée, sauf restitution ultérieure 7 .

680. *Conservation.* — La garde confiée au mari ne lui confère point le choix soit de représenter les objets, soit de tenir compte de leur estimation. Toutefois il conserve le droit d'aliéner les biens de communauté, à condition que l'aliénation ne constitue pas un acte frauduleux (8 .

681. *Notaire.* — Il y a controverse sur le point de savoir auquel du notaire du mari ou de celui de la femme appartient la minute de l'inventaire, en cas de concours 'V. ci-dessus nᵒˢ 167 et 168 .

682. *Séparation de biens.* — En cas de séparation de biens principale, l'inventaire n'est nécessaire que si la femme veut se réserver la faculté d'accepter la communauté ou si elle a fait apposer les scellés. L'intitulé est dressé avec un exposé des faits, comme en cas de séparation de corps.

(1) Caen, 21 août 1884, S. 86.2.163 : Paris, 20 juin 1895, J. N. 25.838, *Rép. not.*, 8615.
(2) Rouen, 23 mars 1864, S. 64.2.143 : — Paris, 2 mars 1886, S. 86.2.161 : — Paris, 7 avril 1897.
(3) Bordeaux, 8 janvier 1912, *J. du not.*, 1912, p. 753.
(4) Paris, 24 décembre 1918, 21 février 1919, 23 décembre 1921 et 15 juillet 1922.
(5) Cass., 26 mars 1889, S. 90 1.253, D. 89.1.444 : — Paris, 13 avril 1889, S. 91.2.27 : Paris, 13 février 1896, *Rép. not.*, 8986 : — Cass., 28 juin 1911, S. 12.1.32.
(6) Cass., 10 juin 1898, S. 99.1.20, D. 98.1.526.
(7) Cass. req., 28 juin 1899, *J. du not.*, 1899, p. 793, *Rev. not.*, 10.443, D. 99.1.447, S.00.1.37
(8) Cass., 2 mars 1920 : — Cass., 16 novembre 1921, *Gaz. Pal.*, 13 décembre 1921.

5° *Après le décès d'un officier général*

683. — Aussitôt après le décès d'un officier général, supérieur ou assimilé, d'un corps de la marine ou de l'armée de terre, l'autorité a le droit de faire apposer les scellés sur les meubles contenant les papiers, cartes, plans ou mémoires se trouvant au domicile du défunt et susceptibles d'intéresser les départements de la guerre ou de la marine (1). Il en est de même en cas de décès d'un officier de toute arme qui, par la nature de ses fonctions, est présumé dépositaire de papiers ou documents pouvant intéresser les mêmes départements 2).

684. — Un délégué de l'autorité militaire peut assister à l'inventaire de façon à reconnaître les documents appartenant au gouvernement ou pouvant l'intéresser. Ces documents sont inventoriés séparément et remis au délégué contre reçu de lui (3).

685. — Si le défunt est l'auteur ou le propriétaire de certains documents que l'État jugerait utile de conserver, ils seraient payés d'après estimation arrêtée de concert avec les héritiers (4).

686. — Copies de l'inventaire spécial et du reçu du délégué sont adressés au ministre compétent.

6° *Majorat*

687. — Lorsque le titulaire d'un majorat décède, le juge de paix ou le notaire doit, avant de procéder à la levée des scellés ou à l'inventaire, se faire représenter la notification du décès au garde des sceaux et le mentionner à peine de destitution (5).

688. — Si le juge de paix ou le notaire ignorent la qualité du défunt, ils n'encourent aucune peine pour n'avoir pas observé la prescription ci-dessus rappelée. Mais dès que cette qualité leur est révélée par des pièces trouvées au cours des opérations, le juge de paix ou le notaire, à défaut, doit faire notifier ou notifier lui-même le décès au garde des sceaux (6).

689. — Lorsque cette notification est faite par le notaire, celui-ci annexe la réponse du ministre à son inventaire.

7° *Notaire*

690. *Suppression. Destitution.* — En cas de suppression d'un office, de destitution ou démission d'un notaire, il est dressé seulement un état sommaire des minutes et répertoires (7), en présence du juge de paix (8). Cet état est fait en la forme authentique ou par acte sous signatures privées.

691. *Décès* (9). — Après le décès d'un notaire mort en exercice, les scellés sont apposés d'office à son étude par le juge de paix de la résidence (10).

692. *Agent du fisc.* — Lorsque le jour de la levée des scellés est fixé, il doit

---

(1) Décrets 13 nivôse an X, art. 1, — 31 décembre 1886, art. 1, — et 22 janvier 1890, art. 1.
(2) Décrets 31 décembre 1886, art. 7, et 22 janvier 1890, art. 3.
(3) Inst. min. de la guerre, 23 juillet 1893.
(4) Décret 31 décembre 1886, art. 3 et s. ; — Poitiers, 15 mars 1880, S. 82.2.77, D. 80.2.153.
(5) Décret 4 mai 1809. art. 12 ; — Ordonn. 31 décembre 1830.
(6) Lettre du proc. gén. du sceau des titres à la Chambre des Not. de Paris. 16 octobre 1809.
(7) L. 25 ventôse an XI, art. 58.
(8) Déc. min. just., 21 avril 1828.
(9) V. notre dissert., *J. du not.*, 1920, p. 134.
(10) L. 25 ventôse an XI, art. 61.

en être donné connaissance à l'administration de l'enregistrement qui, si elle le juge à propos, délègue un agent du fisc pour assister aux opérations.

693. — La mission de ce délégué est de représenter son administration au récolement des papiers et documents qui constituent le dépôt public et dont le notaire commis pour administrer l'étude doit prendre charge, c'est-à-dire les minutes, les pièces annexées aux minutes ou dont il a été dressé dépôt, ainsi que les répertoires, grosses ou expéditions délivrées aux parties (1). Il est sans qualité pour prendre communication non seulement des titres et papiers personnels du défunt, mais encore de ceux dont celui-ci était détenteur comme conseil des parties. La connaissance qu'il aurait alors d'actes sous signatures privées et de documents que le notaire décédé détenait à titre privé serait irrégulière, et les droits et amendes auxquels aurait donné lieu la découverte normale de ces pièces ne sauraient, en la circonstance, être valablement perçus 2 .

694. *Tri des papiers.* — C'est aux héritiers qu'il appartient en principe de faire le triage des papiers qui doivent être tenus secrets de ceux qui sont à communiquer 3 . Mais si le caractère des documents n'est pas nettement déterminé, le préposé de l'administration a le droit, aussi bien que les parties, de se pourvoir en référé (4 .

695. *Mission terminée.* — Par application de ces principes, il a été jugé que l'agent du fisc ne peut pénétrer que dans les locaux dont se compose l'étude (5 , et il semble logique qu'il se retire aussitôt après le récolement des pièces qui forment le dépôt public de l'étude et que l'inventaire des autres papiers personnels de la succession ait lieu hors sa présence (6).

696. *Forme.* — Le récolement des documents qui constituent le dépôt public et auquel doit être appelé le délégué de l'administration de l'enregistrement peut-être fait par acte sous signatures privées. Au contraire, l'inventaire des autres papiers a lieu par acte authentique en la forme ordinaire.

697. *Dossiers.* — Les divers dossiers d'affaires qui sont dans l'étude sont inventoriés sans détail et l'on ne doit coter ni parapher les pièces et documents qui les composent, car ils ne se trouvaient entre les mains du notaire décédé qu'à simple titre de dépôt 7 .

698. *Comptabilité.* — De même il est admis en doctrine et en jurisprudence que les registres relatifs à la gestion de l'étude et spécialement ceux qui contiennent la comptabilité concernant les opérations du notaire avec les clients doivent rester secrets 8 . Le notaire commis pour gérer et administrer l'étude arrête les comptes des grands livres « clients » et « étude » et fait les balances.

---

(1) Douai, 16 décembre 1861, D. 63.2.15, *Rev. not.*, 230: — Cass. civ., 5 novembre 1866, S. 66.1.449, D. 66.1.149, *Rev. not.*, 1817, J. E. 18.249, *Rép. pér.*, 2350 : — Narbonne, 13 janvier 1879, J. N. 22.112, *Rép. pér.*, 5343 : — Riom, 15 juillet 1903, *Rev. not.*, 12.062, J. E. 26.654.

(2) Cass., 5 novembre 1866 et Riom, 15 juillet 1903 précités.

(3) Toulouse, 11 mai 1864, S. 64.2.185, D. 64.2.150.

(4) Mâcon, 11 février 1862, J. E. 18.249, J. N. 17.384.

(5) Cass., 11 avril 1854, D. 54.1.192 ; — *Contra* : Angers, 13 juillet 1880, S. 81.2.18, J. N. 22.543, *Rev. not.*, 6310.

(6) Roll. de Villargues, *Communic.* 34 : — *Encyc. not.*, eod. verbo, 51 : — *Dic. not.*, eod. verbo, 16 ; — Cass. civ., 14 août 1854, S. 54.1.524, D. 54.1.268, J. N. 15.318, J. E. 15.922 ; — Jonzac, 13 mars 1873, *Rev. not.*, 4351, J. N. 21.610 : — Narbonne, 15 janvier 1879, précité : — Angers, 13 juillet 1880 précité ; — Riom, 15 juillet 1903 précité.

(7) Circ. min. just., 21 avril 1828.

(8) Cass., 28 janvier 1835, S. 35.1.739 : — Cass., 19 janvier 1870, *Rev. not.*, 2611 : — Cass., 3 décembre 1885, *Rev. not.*, 7047 ; — Paris, 23 janvier 1896, *Rev. not.*, 9547, *J. du not.*, 1896, p. 196.

Le reliquat des comptes qui présentent un actif ou un passif est seul à rapporter dans l'inventaire.

699. *Refus de communication.* — Il a été jugé par application des mêmes principes que le mari survivant qui est notaire est fondé à refuser la communication de ses livres aux héritiers de la femme, même si cette communication est demandée dans le but d'établir l'inventaire de la communauté ayant existé entre lui et sa femme décédée, alors qu'il se déclare prêt à faire toutes déclarations nécessaires et à fournir ensuite toutes pièces justificatives en sa possession à l'appui de ses déclarations (1).

700. *Avoué.* — A noter qu'une étude d'avoué n'étant pas un dépôt public n'est pas soumise à l'inspection des agents du fisc ni à aucun contrôle de leur part (2), et que par suite aucune formalité spéciale n'est à remplir après le décès du titulaire (V. ci-dessus n° 645).

8° *Français décédé à l'étranger*

701. — Les consuls résidant en pays étranger sont tenus de faire inventaire des biens des Français décédés sans héritiers, sur les lieux, et d'en charger le chancelier du consulat en suite de l'inventaire, en présence de deux notables marchands qui doivent signer avec lui (3).

9° *Etranger décédé en France*

702. *Français successible.* — Lorsqu'un étranger décède en France et que parmi ses héritiers il se trouve des Français, il est procédé à l'inventaire dans les formes ordinaires.

703. *Successibles étrangers.* — Si la succession est exclusivement dévolue à des étrangers, en l'absence de toute convention diplomatique contraire, l'inventaire est dressé par un notaire, mais la présence du consul de la nation à laquelle appartenait le défunt est toujours admise comme étant le protecteur naturel de ses nationaux.

704. *Conventions diplomatiques.* — A cet égard, il existe des conventions spéciales avec un grand nombre de puissances, et notamment avec :

1° L'Autriche (4), l'Italie (5), l'Espagne (6) et le Portugal (7), par suite desquelles les consuls de ces pays ont le droit de procéder aux inventaires des successions de leurs nationaux sans le concours d'un notaire français ;

2° Le Brésil (8), autorisant les notaires français à faire inventaire avec la collaboration du consul ;

3° La Russie (9), dont le consul a qualité pour requérir la levée des scellés et l'inventaire et pour se faire remettre les valeurs mobilières en qualité de séquestre, avec faculté pour le conjoint survivant, les héritiers et les légataires uni-

<hr>

(1) Nancy, 23 novembre 1901, *J. du not.*, 1902, p. 23.

(2) Condom, 13 novembre 1889, D. 91.3.85.

(3) Ordon., août 1860, liv. I, tit. 9, art. 20 ; Règl., 23 août 1739.

(4) 11 décembre 1866, art. 3, et 18 février 1884.

(5) 22 juillet 1862, art. 9.

(6) 18 mars 1862, art. 20 ; Cass., 9 février 1897, S. 97.1.169, Seine, 17 mai 1911.

(7) 11 juillet 1866, art. 2, et 27 juillet 1868, art. 8.

(8) 10 décembre 1860, art. 7 et 28 novembre 1866, art. 4.

(9) 1er avril 1874 et L. 17 juin 1874, art. 2 ; Cass., 17 juin 1895, D. 95.1.533 ; — Cass. req., 27 mars 1900, J. N. 27.123 ; — Paris, 23 juillet 1907, *Rev. not.*, 13.469, J. N. 29.132.

versels ou à titre universel d'assister aux opérations en personne ou par mandataire (1).

705. *Sujets anglais.* — En raison de sa législation spéciale, l'Angleterre n'a passé aucune convention diplomatique; les notaires français ont donc seuls le droit de faire les inventaires après le décès des sujets anglais arrivé en France (2).

706. — Les Anglais ont la liberté absolue de tester; aucune réserve légale n'existe en faveur des ascendants et des descendants. Aussi la plupart des successions anglaises sont-elles testamentaires.

707. *Ibid. Succession testamentaire.* — En cas de succession testamentaire, l'administration et le règlement de cette succession sont attribués par la Haute Cour de chancellerie siégeant à Londres, division du Probate, aux exécuteurs testamentaires désignés, qui ont dès lors tous les pouvoirs de véritables propriétaires sans avoir besoin du concours ni de l'autorisation des parents du défunt ou de qui que ce soit. En conséquence la levée des scellés et l'inventaire sont requis par le ou les exécuteurs testamentaires sur la justification du testament, du probate et d'un certificat de coutume délivré par un solicitor anglais.

708. *Ibid. Lettres d'administration.* — Si le défunt n'a pas fait de testament, la saisine n'existant pas en Angleterre comme en France, c'est la Cour de probate du district du domicile du *de cujus* qui accorde des lettres d'administration à l'un des héritiers ou à toute autre personne et lui confère ainsi les pouvoirs les plus étendus. Il a par suite qualité pour requérir la levée des scellés et l'inventaire sur la seule justification des lettres d'administration à lui accordées et d'un certificat de coutume.

709. *Ibid. Inventaire obligatoire.* — L'exécuteur testamentaire comme l'administrateur sont tenus de faire dresser inventaire de tout l'avoir du défunt (3).

710. *Ibid. Valeurs anglaises.* — Ces règles sont applicables aux successions françaises qui comprennent des valeurs nominatives anglaises (4).

711. *Ibid. Domicile en France.* — Si le défunt, sujet anglais, avait perdu son domicile d'origine par le fait de l'établissement de son domicile en France, son testament fait en la forme française devrait recevoir son exécution conformément aux lois françaises.

10° *Agent diplomatique*

712. — En cas de décès en France d'un agent diplomatique ou consulaire étranger, il est d'usage que l'inventaire de ses biens soit dressé par un autre agent de la même puissance, ou, à défaut, par l'agent d'une puissance amie en présence de collègues d'autres nations (5).

---

(1) Il existe encore des traités avec : Equateur, 6 juin 1843, art. 22 : Guatemala, 8 mars 1848, art. 22 : République dominicaine, 8 mai 1852, art. 24 : Perse, 12 juillet 1855, art. 6 ; Vénézuéla 24 octobre 1856, art. 8 : Honduras, 23 février 1856, art. 22 : Siam. 24 août 1857, art. 24 ; Nicaragua, 14 avril 1859, art. 22 ; Pérou, 9 mars 1861, art. 37 ; Sandwich, 20 octobre 1867, art. 20 : Costa-Rica, 12 mars 1868, art. 1er. V. Amiaud, *Aperçu de l'état des lég. civ. de l'Europe*, 2e édit.

(2) Cass. civ., 13 avril 1897, et sur renvoi Nîmes, 28 novembre 1898, *Rev. not.*, 9825 et 10197. — Amiaud, *Tr. for.*, *Inv.*, 78, note 4.

(3) Lehr, 1006, 1012, 1022 ; Pawitt, *Droit anglais cod.*, p. 151 et 153.

(4) V. Des successions à liquider en France contenant des biens en Angleterre, par Pierre Pellerin. — De même pour des valeurs américaines.

(5) de Martens, 73 ; — Heffter, 225.

11° *Inventaire complémentaire*

713. *Cas*. — L'inventaire doit être fidèle et exact, c'est-à-dire qu'il doit comprendre tous les objets, titres et valeurs sans exception ni omission. Mais les omissions, même celles faites avec intention de fraude, n'entraînent pas nullité de l'inventaire ; il n'y a pas lieu de le recommencer, mais seulement de le compléter (1).

714. *Forme*. — Le supplément d'inventaire est dressé à la requête et en présence ou après appel des mêmes personnes que l'inventaire ; il est écrit à la suite, sur le même timbre, et comprend la description ou l'analyse, dans la forme ordinaire, des objets omis ou découverts depuis la clôture. Pour les qualités des parties, il suffit de se référer à l'établissement qui en a été fait en l'intitulé.

12° *Procès-verbal de carence*

715. *Cas*. — Lorsque le défunt ne laisse aucun objet mobilier ni aucun titre ni papier, il y a lieu de dresser simplement un procès-verbal de carence, constatant qu'il n'existe rien dans la succession (2). Il est même d'usage de dresser un procès-verbal de ce genre chaque fois que la valeur des objets mobiliers trouvés n'excèdent pas 30 francs (3).

716. *Forme*. — Le procès-verbal de carence peut être dressé par le juge de paix requis d'apposer les scellés (4) ; si l'apposition des scellés n'est ni requise ni nécessaire, il est dressé par le notaire dans les mêmes formes que l'inventaire auquel il est assimilé à cet égard (5). Mais il est préférable que ce procès-verbal soit toujours l'œuvre du notaire pour mettre le tuteur à l'abri de toute recherche de la part du mineur, et pour conserver à la femme la faculté de renoncer à la communauté (6). Et la notoriété publique de l'état de pénurie du défunt ne saurait dispenser de cette formalité (7), ni le partage d'une succession échue au défunt (8).

13° *Inventaire spécial*

717. — Lorsqu'il existe des objets dans un lieu hors du ressort du notaire chargé de l'inventaire, celui-ci doit confier à un confrère local la mission d'inventorier ces objets dans la forme ordinaire, et lui transmettre à cet effet tous les renseignements et pouvoirs nécessaires. Il ne saurait, par exemple, charger un officier priseur d'estimer les objets mobiliers situés hors de son ressort et relater ensuite cette estimation dans son inventaire, ni annexer à son acte une expédition du procès-verbal de prisée ainsi dressé : une telle estimation serait sans valeur comme faite contrairement aux prescriptions légales.

---

(1) Cass., 11 août 1863, S. 63.1.488 ; Rodière et Pont, 1004 ; Demolombe, XV, 139 ; Baudry-Lacantinerie et Wahl, 1676.

(2) Carré et Chauveau, *Quest.* 759 ; — *Dict. not.*, V° Carence.

(3) Carré et Chauveau, *Quest.* 3094 ; Garsonnet, VII. § 2599, note 22.

(4) C. pr., 924 ; Carré et Chauveau, *Quest.* 3094.

(5) Roll. de Villargues, *Carence*, 4 à 6 ; — *Encyc. not.*, *Inv.*, 158 ; — *Dict. not.*, Carence, 5 et 6.

(6) Paris, 24 décembre 1833, S. 34.2.183 ; — Cass., 30 avril 1849, S. 49.1.465.

(7) Carré et Chauveau, *Quest.* 759 ; Laurent, IX, 384 ; — Baudry-Lacantinerie et Vahl, 1686 ; — Demolombe, XV, 137.

(8) Demolombe, XV, 137 : Baudry-Lacantinerie et Vahl, 1685 ; — Laurent, IX, 389 ; — Douai, 17 mai 1890, *Rép. not.*, 5809.

718. — Cet inventaire spécial est dressé dans la forme ordinaire. Toutefois, il est préférable de ne faire qu'une description sommaire des titres et papiers trouvés au cours de ces opérations, en indiquant que leur analyse aura lieu dans l'inventaire principal.

Il est fait ensuite un résumé de cet inventaire spécial dans l'inventaire général qui doit seul contenir l'ensemble des éléments du partage ultérieur, le cas échéant.

14° *Procès-verbal rectificatif d'inventaire*

719. — Comment doit-on procéder à la rectification d'un intitulé d'inventaire dans lequel il s'est glissé des erreurs ou des omissions ?

720. *Notoriété.* — Beaucoup d'auteurs enseignent que cette rectification peut avoir lieu par un simple acte de notoriété dressé à la suite de l'inventaire ou qu'on y annexe (1).

721. *Procès-verbal rectificatif.* — Pour d'autres, il est préférable de faire cette rectification dans un procès-verbal rectificatif d'inventaire. En effet, l'acte de notoriété est l'attestation d'un fait notoire ; or les erreurs ou omissions proviennent généralement de ce que les héritiers sont éloignés du domicile du défunt ou ne connaissent pas leurs droits héréditaires; la certification de témoins ne peut donc constituer qu'une simple présomption soumise à l'appréciation des juges du fait. Au contraire, dans un procès-verbal rectificatif, tous les héritiers se trouvent en présence et ils ont intérêt à contredire réciproquement leurs qualités et à discuter les justifications apportées à l'appui de ces qualités. C'est pour ce motif que la doctrine et la jurisprudence s'accordent à reconnaître plus de force à l'intitulé d'inventaire qu'à l'acte de notoriété.

722. *Justifications.* — Quelle que soit la façon de procéder, la prudence demande que le notaire exige des parties la justification des qualités invoquées par des actes de l'état-civil, alors qu'en commençant les opérations; il s'en rapporte presque toujours aux déclarations des parties qui se présentent.

723. *Mention.* — Dans tous les cas, il convient aussi de mentionner l'acte rectificatif en marge de l'intitulé de l'inventaire, afin qu'il ne puisse pas en être délivré d'extraits sans rappeler en même temps la rectification survenue.

724. *Difficultés.* — Si certains héritiers contestent les qualités prises par d'autres et les justifications produites à l'appui de leurs prétentions, il semble logique d'admettre que ceux-ci aient le droit de requérir, en présence ou après appel des contestants, un procès-verbal rectificatif qui empêche la délivrance d'un extrait de l'intitulé de l'inventaire sans que leurs prétentions y soient mentionnées, et qui servira aussi de base à l'action en reconnaissance de leurs droits.

(1) *Encyc. not., Act. de not.*, 53 et 54.

CHAPITRE VIII. — Procès-verbal d'ouverture de coffre-fort,
PLI CACHETÉ OU CASSETTE FERMÉE

725. *But.* — Le législateur a cherché à rendre plus difficiles les fraudes en matière d'impôt de mutation après décès. A cet effet, il a prescrit certaines mesures déterminées pour l'ouverture des coffres-forts ou compartiments de coffres-forts pris en location, ainsi que pour l'ouverture des plis cachetés et des cassettes fermées remis en dépôt (L. 18 avril 1918 et l. 30 juin 1923, art. 16).

726. *Coffre-fort.* — Lorsque le locataire ou l'un des locataires d'un coffre-fort ou d'un compartiment de coffre-fort loué par un établissement de crédit ou une banque vient à décéder, il ne peut être procédé à l'ouverture de ce coffre-fort ou compartiment de coffre-fort qu'en présence d'un notaire chargé d'en dresser un procès-verbal d'ouverture et qui est tenu d'en aviser au préalable, ainsi qu'il sera dit ci-après, le directeur départemental de l'enregistrement (L. 18 avril 1918, art. 1er, et l. 30 juin 1923, art. 16).

727. — Il en est ainsi alors même qu'il s'agit d'un coffre-fort tenu en location par une société en nom collectif et que le pacte social porte qu'en cas de décès de l'un des associés, ses héritiers ne peuvent s'immiscer dans les affaires sociales, car les mesures édictées par la loi ont été prises pour déjouer les tentatives de fraude et prévenir les évasions successorales (1).

728. — Au contraire, l'obligation d'un procès-verbal d'ouverture ne s'impose pas pour le coffre-fort particulier que le défunt pouvait posséder ou avoir en location à son domicile.

729. *Plis. Cassettes.* — Les mêmes prescriptions s'appliquent aux plis cachetés et cassettes fermées remis en dépôt aux banquiers, changeurs, escompteurs et généralement à toute personne recevant habituellement des dépôts de cette nature (L. 18 avril 1918, art. 6). Cette énumération ne comprend donc pas les notaires.

730. *Agent de l'enregistrement.* — Le notaire chargé de procéder à l'ouverture d'un coffre-fort, d'un pli cacheté ou d'une cassette fermée est tenu d'aviser le directeur départemental de l'enregistrement des lieu, jour et heure fixés pour cette ouverture, par lettre recommandée avec accusé de réception, au moins trois jours francs à l'avance. Si le directeur de l'enregistrement le juge à propos, il délègue un de ses agents pour assister à l'opération : dans ce cas, le procès-verbal doit constater la présence de cet agent. Il serait préférable aussi qu'il fût signé par lui. S'il s'y refuse, selon les instructions données par la régie, il nous paraît sage de mentionner ce refus. Lorsque aucun agent ne se présente, le notaire le constate et passe outre.

731. *Défaut d'avis.* — Le notaire qui n'enverrait pas l'avis indiquant les lieu, jour et heure de l'ouverture, serait tenu personnellement des droits de mutation par décès et des amendes, sauf recours contre les redevables, et en outre d'une amende de 100 à 10.000 francs en principal (L. 18 avril 1918, art. 6, et l. 30 juin 1923, art. 16).

(1) Nantes, 23 mars 1921, *Rev. not.*, 18.955.

732. *Délai.* — Le seul délai imposé pour procéder à l'ouverture d'un coffre-fort, d'un pli cacheté ou d'une cassette fermée est celui de trois jours francs qui doit s'écouler entre le jour de la mise à la poste de l'avis adressé au directeur de l'enregistrement et le jour fixé pour l'opération.

733. *Choix du notaire.* — Le notaire est choisi par les parties selon les principes admis en matière d'inventaire (**V.** ci-dessus Nᵒˢ 157 et s.). A défaut d'entente entre les ayants droit, le notaire est désigné, à la requête de la partie la plus diligente, par le président du tribunal civil du lieu où se trouve le coffre-fort, le pli cacheté ou la cassette (L. 18 avril 1918, art. 1ᵉʳ). L'ordonnance commettant le notaire est annexée au procès-verbal d'ouverture.

734. *Capacité du notaire.* — Le notaire choisi ou désigné doit avoir qualité pour instrumenter dans l'endroit où il s'agit de procéder.

735. *Notaire chargé de la succession.* — Si le notaire choisi ou commis est chargé en même temps du règlement de la succession, il faut dresser soit un simple procès-verbal d'ouverture de la manière qui sera ci-après indiquée, soit un inventaire en la forme ordinaire, qui pourra servir de justification des qualités des héritiers ; dans ce cas, il est obligé de faire immédiatement le dépouillement des titres et papiers.

736. *Notaire étranger à la succession.* — Lorsque le notaire instrumentaire est autre que celui chargé du règlement de la succession, il dresse seulement un procès-verbal fait en brevet (l. 18 avril 1918, art. 1ᵉʳ, § 5), car l'analyse régulière des titres et papiers a été expressément réservée en faveur du notaire de la famille.

737. *Réquisition.* — Le procès-verbal d'ouverture n'est pas dressé d'office ; le notaire doit être requis comme en matière d'inventaire, sauf à prononcer défaut contre celles des parties qui ne comparaîtraient pas, quoique régulièrement sommées.

738. *Qualités.* — Les qualités des parties doivent être indiquées avec soin, de manière que l'acte porte en soi la justification que tous les ayants droit sont présents ou représentés, y compris le colocataire survivant, en cas de location conjointe.

739. *Formule. Répertoire.* — Il est naturel de procéder ici de la même manière qu'en cas d'inventaire, sauf à adapter les formules ordinaires aux circonstances. Dans tous les cas, l'acte doit être porté au répertoire à sa date.

740. *Indications.* — Le procès verbal d'ouverture doit contenir l'énumération complète et détaillée des titres, sommes et objets trouvés dans le coffre-fort, le pli cacheté ou la cassette fermée ; mais il n'y a pas lieu de priser les objets susceptibles d'estimation, ni de coter et parapher les titres et papiers, ni de faire prêter serment.

741. Ce procès-verbal n'est autre, en réalité, qu'un inventaire (1). Par suite, il faut lui appliquer, au point de vue fiscal, les principes admis en matière d'inventaire en ce qui concerne l'énonciation des titres et pièces. Ainsi la mention d'actes non enregistrés et non assujettis à cette formalité dans un délai déterminé ne rend pas obligatoire leur enregistrement. Au contraire, l'énonciation de titres étrangers non abonnés au timbre donne ouverture au droit de timbre sur ces titres, s'il n'a pas déjà été perçu ; le notaire doit donc indiquer l'absence de timbre ou, selon le cas, rapporter le lieu, la date et le numéro du visa.

742. *Papiers privés ou étrangers.* — Il n'y a pas lieu d'analyser les papiers

---

(1) Instr. enreg., 20 mai 1918, Nᵒ 3547.

privés ni ceux qui intéressent les tiers, sans constituer des éléments d'actif ou de passif pour la succession; il suffit de les mentionner.

743. *Pli scellé. Incidents.* — En cas de découverte d'un pli scellé avec ou sans suscription, comme en cas de difficulté quelconque au cours des opérations, il est procédé selon les règles tracées par les articles 916 et suivants de Code de procédure civile (V. ci-dessus Nᵒˢ 635 et s., 646 et s.).

744. *Référé.* — Lorsqu'il s'élève des contestations sur la manière de procéder, par exemple si l'une des parties s'oppose à l'énumération de certains papiers, le notaire le constate et délaisse les parties à se pourvoir en référé (V. ci-dessus, Nᵒˢ 651 et s.). Le juge compétent est alors le président du tribunal civil du lieu où se trouve le coffre-fort, le pli cacheté ou la cassette fermée.

745. *Présomption de propriété.* — Les sommes, titres ou objets trouvés dans un coffre-fort loué conjointement à plusieurs personnes sont réputés, à défaut de preuve contraire et seulement pour la perception des droits, être la propriété conjointe de ces personnes et dépendre pour une part virile de la succession. Mais l'administration peut démontrer, par tous les modes de preuves compatibles avec la procédure écrite, que les droits du défunt sont supérieurs à une part virile, comme les parties peuvent prouver de même qu'ils sont inférieurs.

746. *Timbre. Enregistrement.* — Le procès-verbal d'ouverture dressé en exécution de la loi du 18 avril 1918 est exempt de timbre et enregistré gratis. Mais il ne peut en être délivré expédition ou copie et il ne peut en être fait usage en justice, par acte public ou devant toute autorité constituée, sans que les droits de timbre et d'enregistrement aient été acquittés (L. 18 avril 1918, art. 1ᵉʳ).

747. *Pénalités.* — Toute personne qui, ayant connaissance du décès, soit du locataire ou colocataire, soit du conjoint de ce locataire ou colocataire, s'il n'y a pas entre eux séparation de corps, aura ouvert ou fait ouvrir un coffre-fort, un pli cacheté ou une cassette fermée sans avoir observé les prescriptions de la loi, sera tenue personnellement des droits de mutation par décès et des pénalités exigibles en raison des sommes, titres ou objets qui étaient contenus dans ces coffre-fort, pli ou cassette, sauf son recours contre le redevable desdits droits et pénalités, s'il y a lieu, et sera, en outre, passible d'une amende de 100 à 10.000 francs en principal (L. 18 avril 1918, art. 3 et 6).

L'héritier, légataire ou donataire sera tenu au payement de cette amende solidairement avec cette personne ou ces personnes, s'il omet des titres, sommes ou objets dans sa déclaration (art. 3).

Et le bailleur qui aura laissé ouvrir le coffre-fort, le pli ou la cassette hors la présence d'un notaire sera, s'il avait connaissance du décès, tenu personnellement de la même obligation et passible également d'une amende de 100 à 10.000 francs en principal (L. 18 avril 1918, art. 3 et 6).

748. *Obligations du bailleur.* — Toute personne ou société qui se livre habituellement à la location des coffres-forts ou compartiments de coffres-forts doit :

1° En faire la déclaration au bureau de l'enregistrement de sa résidence et, s'il y a lieu, à celui de chacune de ses succursales ou agences s'occupant de semblables locations ;

2° Tenir un répertoire alphabétique de tous les locataires ;

3° Inscrire sur un registre, avec indication de la date et de l'heure, les noms et adresses de toutes les personnes qui procèdent à l'ouverture d'un coffre-fort ou compartiment de coffre-fort, faire signer ces personnes sur le registre et, si elles ne sont pas personnellement ni exclusivement locataires, leur faire certifier en outre qu'elles n'ont pas connaissance du décès, soit du locataire, soit de l'un des colocataires, soit du conjoint non séparé de corps de ce locataire ou colocataire ;

4° Et représenter et communiquer ces répertoire et registre à première demande des agents de l'administration de l'enregistrement ;

Le tout à peine d'une amende de 100 à 5.000 francs (L. 18 avril 1918, art. 4 et 5).

749. — Les banquiers, changeurs, escompteurs et toute personne recevant habituellement des plis cachetés ou des cassettes fermées sont soumis aux mêmes obligations (L. 18 avril 1918, art. 6).

750. *Principes généraux.* — Comme pour les autres actes, le notaire qui procède à un inventaire est responsable des infractions à ses obligations, à ses devoirs moraux et aux prohibitions qui lui sont faites par la loi ; il est responsable notamment du préjudice qui serait occasionné aux parties par suite de l'annulation de l'inventaire pour incompétence, empêchement, inaccomplissement des formalités prescrites ou vice de forme, par exemple pour l'avoir dressé sans autorisation préalable, avant l'expiration du délai de trois jours (1).

751. *Qualités.* — Il pourrait être responsable de toute erreur commise par lui dans l'établissement des qualités des parties, si cette erreur constituait une faute et avait occasionné quelque préjudice, par exemple s'il avait fait figurer parmi les héritiers habiles à succéder un parent non successible.

752. *Omissions.* — Mais l'omission d'un héritier dont l'existence était ignorée ou dont les recherches n'auraient pas permis de constater l'existence et qui ne se serait fait connaître qu'après la clôture ne saurait être reprochée au notaire.

753. *Cote et paraphe.* — Il répond du préjudice qui résulterait pour les parties du défaut de cote et de paraphe sur les titres analysés autres que les titres au porteur, par exemple en cas de vente par le mari survivant en fraude des droits des héritiers de la femme prédécédée, car il y a faute lourde de sa part (2.

754. *Notaire commis.* — De même le notaire commis pour représenter des non présents, des interdits ou des absents est responsable des suites que peut avoir sa négligence, par exemple, s'il n'a pas veillé à ce que les pièces de l'inventaire fussent cotées et paraphées ; il ne peut, en pareil cas, se retourner contre le notaire instrumentaire. La faute de ce dernier n'excuse pas la sienne ; il est de simple justice que la responsabilité soit partagée (3).

755. *Frais frustratoires.* — Le notaire instrumentaire répond des frais frustratoires qu'il fait faire, par exemple s'il fait commettre un de ses confrères à l'effet de représenter des intéressés défaillants, domiciliés dans la distance de cinq myriamètres (4).

756. *Constitution de gardien.* — Il est également responsable du préjudice qui résulterait de l'omission d'avoir fait signer la déclaration donnée à la fin de l'inventaire par un des héritiers qu'il demeure chargé, du consentement de toutes les parties, de l'argent trouvé, des objets inventoriés et des titres et papiers (5).

757. *Interpellation au tuteur.* — Le notaire qui omettrait de demander au tuteur les créances qu'il a contre son pupille ou de faire mention dans l'inventaire de cette interpellation et de la réponse faite par le tuteur, serait respon-

(1) Roll. de Villarguos, *Inv.*, 39.
(2) Paris, 7 novembre 1839, S. 40.2.64, J. N. 10.548 ; — Paris, 12 juillet 1861, S. 61.1.709.
(3) Paris, 7 novembre 1839 précité ; — *Dict not.*, *Inv* , 177-178.
(4) Cass., 17 avril 1828, S. chr.
(5) Eloy, *Rép. not.*, II, 682.

sable à l'égard de ce dernier des conséquences de cette omission (V. *supra*, n° 608).

758. *Serment.* — De même l'omission par le notaire de requérir le serment de la part des personnes qui ont été en possession des objets ou qui ont habité dans le logement où sont ces objets, engage sa responsabilité s'il en résulte un cas de nullité de l'inventaire prononcée en justice ; il devrait alors indemniser les parties des frais faits pour la confection de l'inventaire annulé et du dommage qu'elles pourraient avoir éprouvé.

Mais il n'encourt aucune responsabilité pour n'avoir pas fait prêter serment à tous ceux qui ont été en possession des objets ou qui ont habité la maison dans laquelle sont ceux-ci, spécialement à la famille ou aux domestiques d'un des héritiers, s'il n'y avait aucun soupçon de détournement et si les autres héritiers ne l'ont pas réclamé (1).

759. *Communication de jugement.* — Lorsqu'un inventaire est requis en vertu d'un jugement dans n'importe quelle circonstance, ce fait constitue l'exécution du jugement et le notaire est fondé à exiger, avant de procéder, la production de la grosse de ce jugement (C. p., 545). La communication d'une simple expédition ne suffirait pas pour le mettre à l'abri de toute responsabilité postérieure (2).

760. *Valeurs étrangères.* — Le notaire qui analyse des valeurs de bourse doit faire connaître si elles sont timbrées ou non, et, lorsqu'elles le sont, rapporter les mentions de timbre apposées sur elles. Toute contravention à ces prescriptions entraîne pour le contrevenant une amende de 100 francs en principal, qui est actuellement soumise à cinq décimes. Mais le notaire est déchargé de toute responsabilité au sujet du paiement des droits de timbre (3) (V. ci-dessus n°s 557 et s.).

761. *Dons manuels.* — Des déclarations de dons manuels ont lieu fréquemment dans les inventaires ; le notaire instrumentaire est tenu personnellement du paiement des droits d'enregistrement lorsqu'ils sont dus par suite de ces déclarations (V. ci-dessous n° 813). Si les parties se refusent de consigner les droits que leurs déclarations rendraient exigibles, il peut alors s'abstenir de rapporter ces déclarations ; mais il agira prudemment en consignant l'incident et en renvoyant les parties à se pourvoir selon qu'elles aviseraient.

762. *Avertissements.* — Quoique ce soit une obligation beaucoup plus morale que légale pour le notaire de suppléer à l'inexpérience de ses clients, de les éclairer sur leurs droits et leurs devoirs relativement aux actes auxquels ils concourent, la jurisprudence se montre généralement d'une très grande sévérité pour tout manquement à ce devoir de protection. Aussi, lorsqu'une femme dotale recueille une succession, le notaire doit, pour mettre sa responsabilité tout à fait à couvert, prévenir cette femme et son mari de la nécessité pour eux de recourir à la mesure conservatoire de l'immatriculation des valeurs au porteur, et le mentionner dans l'inventaire (4). De même, lorsque parmi les successibles il se trouve un mineur, la prudence veut que le notaire donne connaissance aux tuteur et subrogé tuteur des prescriptions de la loi du 27 février 1880 et qu'il les relate dans son acte.

763. *Fraude.* — Le notaire qui s'associerait aux agissements frauduleux d'un

(1) V. solution dans J. N., 29.351.
(2) Vannes, 31 octobre 1903, *Rev. not.*, 11.809.
(3) L. finances, 31 décembre 1907 ; — *Dict. Réd., Inv.*, 32.
(4) Paris, 28 novembre 1895, *Rev. du not.*, 9560.

héritier ou légataire et le favoriserait en dressant un inventaire entaché de fraude, assumerait la responsabilité du préjudice pouvant résulter de ces agissements (1).

764. — Le notaire qui déclarerait un nombre de vacations manifestement inférieur à celui nécessaire pour le travail accompli, en vue de diminuer les droits d'enregistrement, serait passible de peines disciplinaires (2).

765. *Circulaires.* — Nous rappelons pour ordre que les circulaires et décisions ministérielles statuant par voie de dispositions générales et réglementaires ne couvrent la responsabilité des notaires qu'au point de vue de la discipline hiérarchique, mais qu'elles ne lient pas les tribunaux (3).

(1) Cass. req., 14 janvier 1889, *Rev. not.*, 8086, *J. du not.*, 1889, p. 123.
(2) Bourges, 15 juin 1876, *Rev. not.*, 5274, *J. E*, 20183, *Rép. pér.*, 4431.
 3) Aubry et Rau, 1, § 5, texte et notes 21-22.

CHAPITRE X. — Frais et honoraires

§ 1. — Scellés

766. *Frais.* — Les frais de scellés comprennent les frais et honoraires d'apposition et de levée des scellés, ceux d'opposition à la levée desdits scellés et ceux de garde des mêmes scellés.

767. *Vacations.* — En outre du remboursement des frais de timbre et d'enregistrement des procès-verbaux dressés par lui, le greffier a droit à des honoraires par vacation de trois heures au moins, sans qu'il puisse lui être alloué plus de trois vacations par jour (1). Ces honoraires sont de 6 francs par vacation, sans distinction de résidence (2).

768. *Opposition à scellés.* — Il est encore alloué au greffier deux francs pour chaque déclaration d'opposition à la levée des scellés reçue sur le procès-verbal d'apposition desdits scellés, et 0 fr. 50 par mention d'opposition à levée de scellés, par exploit d'huissier (2).

769. *Transport.* — En outre, le greffier a droit, s'il se transporte à plus de 2 kilomètres de sa résidence : à 0 fr. 20 par kilomètre parcouru en allant et en revenant, si le transport a lieu par chemin de fer, et à 0 fr. 60 par kilomètre, si le transport a lieu autrement. De plus, il lui est alloué 10 fr. par journée, si le déplacement exige plus d'une journée (2).

770. *Contestations.* — Les contestations relatives aux frais et vacations réclamés par le greffier pour les scellés doivent être portées devant le tribunal civil (3).

771. *Frais du gardien des scellés.* — Le gardien des scellés a également droit à un émolument spécial qui varie avec la durée de sa mission et l'importance du lieu où les scellés ont été apposés. Mais aucune disposition des lois actuellement en vigueur ne reproduit la règle posée par l'ordonnance de 1667 qui limitait les frais de garde des scellés à l'expiration de la première année. Par suite, ces frais sont dus au gardien pendant toute la durée réelle de ses fonctions, c'est-à-dire jusqu'au jour de la levée des scellés ou d'une décharge régulière à lui consentie (4).

772. *Séquestre.* — Lorsque le greffier est constitué dépositaire de valeurs à lui confiées après l'apposition des scellés, il devient alors séquestre et a droit de ce chef à une rémunération spéciale (5).

§ 2. — Inventaire

773. *Etendue.* — Les frais d'inventaire comprennent les honoraires des notaires instrumentaires et de ceux commis pour représenter des absents, des aliénés ou des non présents, les honoraires des officiers priseurs, les honoraires de l'avoué

(1) Décret 16 février 1807, art. 16.
(2) Décret 29 décembre 1919.
(3) Cass., 25 avril 1848, S. 48.1.344 ; — Seine, 14 mars 1873, D. 73.5.276.
(4) Seine, 13 mars 1903, *Rev. not.*, 11.453 ; — Lyon, 26 novembre 1906, *Rev. not.*, 13.208 ; — Cf. Bordeaux, 19 mai 1908, *Rev. not.*, 13.925.
(5) Nancy, 7 juillet 1900 ; — Rennes, 21 mai 1906, *Rev. not.*, 12.967.

représentant les créanciers opposants, les frais des sommations et des référés, les frais de timbre, d'enregistrement et d'expédition de l'inventaire (1).

774. *Tarif.* — Les honoraires des notaires pour la confection des inventaires sont calculés par vacations ; depuis le décret du 29 décembre 1919, il est alloué uniformément 12 francs par vacation de trois heures, sans distinction de classe ni de résidence.

775. *Nombre de vacations.* — Si l'opération entière a duré une seule séance de moins de trois heures, le notaire a droit à une vacation entière. Si elle a duré au contraire plusieurs vacations, les honoraires se calculent d'après le nombre total des heures employées au travail et non d'après le nombre des heures de chaque séance (2).

776. — D'après le tarif de 1807, il ne pouvait être passé en taxe que trois vacations par jour lorsque le notaire opérait dans le lieu de sa résidence, et quatre quand il opérait en dehors (3). Le tarif légal ne reproduisant pas ces dispositions, celles-ci doivent être considérées comme implicitement abrogées (L. 20 juin 1896, art. 3). Par suite, il n'existe plus aucune limitation à cet égard (4).

777. *Indication.* — Le notaire doit indiquer les vacations employées par lui dans son procès-verbal, car il ne peut réclamer en taxe que les vacations indiquées dans l'inventaire, et cette indication est en outre indispensable pour la perception du droit d'enregistrement (5).

778. *Dépouillement.* — Le dépouillement et le classement des titres et papiers sont nécessaires pour arriver à la rédaction de l'acte ; ce travail demande souvent du temps et des soins minutieux. Aussi est-il d'usage de porter des vacations spéciales qui paraissent absolument légales et devoir, en conséquence, entrer en taxe (6).

779. *Déplacement.* — Le temps employé au voyage ne compte pas dans le calcul des vacations dues aux notaires, aux officiers priseurs et autres experts. Ils n'ont droit à des frais de déplacement qu'autant qu'ils se transportent à plus de 2 kilomètres de leur résidence ; ces frais se paient pour chacun d'eux à raison de 0 fr. 20 ou de 0 fr. 60 par kilomètre à l'aller et au retour suivant que le voyage a lieu par chemin de fer ou de toute autre manière. Si le déplacement exige plus d'une journée, il est alloué en outre, 20 francs par journée (7).

780. *Expédition.* — En principe, le notaire ne doit pas délivrer d'office une expédition des actes qu'il reçoit ; mais on admet qu'il y a, à cet égard, réquisition tacite toutes les fois que l'expédition doit avoir une utilité pour les parties (8). Ainsi ne saurait être considérée comme constituant des frais frustratoires l'expédition d'un inventaire délivrée sans réquisition lorsque, s'agissant d'héritiers mineurs, cette pièce sera utile pour le règlement ultérieur de la succession et spécialement pour permettre au conseil de famille de motiver ses délibérations (9).

(1) Bioche, 306 ; — Roll. de Villargues, *Inv.*, 346-358 ; — *Encyc. not., Inv.*, 283.

(2) Décret 28 mars 1898, art. 20 ; — Defrénois, Tarif légal, 220 ; — Amiaud, *Tr. form., Inv.*, 157.

(3) Rutgeerts et Amiaud, 1104 ; — Dalloz, V° Honoraires, 458.

(4) Bertheau, *Rép.*, V° Frais, 52.181 ; — Defrénois, *op. cit.*, 219 ; — *Juris classeur not., Form. comment.*, V° Inv., Division A, 2ᵉ part., 78 *bis* ; — V. cep. Amiaud, *Tr. form., Inv.*, 157.

(5) Brives, 9 novembre 1908, *Rev. not.*, 13.904.

(6) Rouen, 9 mars 1910, *Rev. not.*, 14.348, *Rép. not.*, 17.071 ; — V. cep., Cass., 15 février 1904, J. N. 28.360, *Rép. not.*, 13.560, *J. du not.*, 1904, p. 243.

(7) Décrets 28 mars 1898, art. 22 ; — 15 août 1903, art. 75, 92 ; — 29 décembre 1919, art. 4.

(8) Caen, 3 janvier 1865, J. N. 18.297.

(9) Avranches, 1ᵉʳ mars 1923, *Rép. not.*, 20.237.

781. *Notaire en second*. — Quand l'inventaire est dressé par deux notaires, ils ont droit chacun à des vacations distinctes. Cette exception au principe qui veut que l'assistance du deuxième notaire à un acte n'en augmente pas les frais, s'explique par ce fait que l'honoraire de vacation représente l'indemnité due pour le temps réellement employé à l'opération Décret 25 août 1898, art. 10 .

782. *Notaire commis*. — Les notaires nommés par justice pour représenter des aliénés non interdits, des absents ou des défaillants ont également droit chacun à des vacations distinctes.

783. *Prisée*. — Il est alloué à l'officier priseur et à chacun des experts qui l'aident dans sa mission, par vacation de trois heures, savoir : à ceux de Paris, 8 francs, — à ceux des départements 6 francs 1). Mais le notaire instrumentaire qui procède en même temps à la prisée des objets mobiliers n'a pas droit à des honoraires de ce chef. De même il a été jugé que le greffier qui fait la prisée en assistant à la levée des scellés ne peut réclamer double vacation, qu'il doit percevoir seulement celle tarifée au taux le plus élevé (2).

784. *Séquestre*. — Le notaire chargé par mandat de justice de sauvegarder en qualité de séquestre, les droits des successibles, remplit une mission spéciale donnant lieu à rémunération 3 .

§ 3. — Timbre

785. *Timbre*. — L'inventaire doit être écrit sur timbre. Il n'y a exception que pour le procès-verbal d'ouverture de coffre-fort, de pli cacheté ou de cassette fermée, dressé en exécution de la loi du 18 avril 1918.

786. *Séances*. — Les diverses séances ou vacations de l'inventaire s'écrivent les unes à la suite des autres, sur le même timbre (4).

787. *Acte complémentaire*. — Il est permis de porter à la suite de l'inventaire, sur le même timbre, l'acte complémentaire ou rectificatif d'omissions ou d'erreurs.

788. *Référé*. — Les ordonnances de référé rendues en vertu de l'article 944 du code de procédure peuvent, tant que l'inventaire n'est pas clôturé, être écrites à la suite du procès verbal de la séance où sont constatés les faits qui ont motivé le référé. Toutefois si une ordonnance de référé était rendue après la clôture de l'inventaire, comme la contravention ainsi commise serait le fait du juge, ni les parties, ni le notaire ne seraient passibles d'amende; la Régie ne pourrait que leur réclamer le droit de timbre (5).

789. *Inventaire clos* — Mais il y a contravention si l'on écrit à la suite d'un inventaire clos la protestation de l'une des parties contre certaines déclarations contenues dans cet inventaire (6).

790. *Actes sur papier non timbré*. — L'inventaire est un acte conservatoire qui doit contenir toutes les indications relatives à l'actif et au passif d'une communauté ou d'une succession ; à cet effet il est permis d'y énoncer des actes rédigés sur papier non timbré 7 , et le notaire n'encourt aucune amende à ne pas mentionner si les pièces sont ou non sur papier timbré 8 .

(1) Décret 15 août 1903, art. 90.
(2) Douai, 26 août 1835, S. 36.2.223.
(3) Ile de la Réunion, 21 janvier 1905, *Rev. not.*, 12.268.
(4) L. 13 brumaire an VII, art. 23.
(5) Sol. reg. 30 mars 1901, *Rev. enreg.*, 3132, J. E. 26.322.
(6) Chambéry, 10 août 1889, *Rev. not.*, 9669, J. E. 24.783.
(7) Sol. 15 mars 1807, 17 juin 1822.
(8) Vannes, 18 décembre 1851 ; Mortagne, 5 mars 1852 ; Iustr., 16 février 1853

791. *Enonciation.* — L'énonciation que certaines pièces ne sont pas rédigées sur papier timbré ne saurait autoriser l'Administration de l'Enregistrement à poursuivre contre les parties le droit de timbre et l'amende (1).

792. *Valeurs étrangères.* — A l'égard des valeurs étrangères, leur seule énonciation rend exigibles les droits de timbre, s'ils ne sont déjà acquittés (V. *supra*, n° 559).

§ 4. — Enregistrement

793. *Bureau et délai.* — Chaque séance de l'inventaire doit être présentée à la formalité au bureau du lieu de la résidence du notaire dans les dix ou quinze jours de sa date selon que le notaire habite ou non la même ville que le receveur de l'enregistrement (2), sous peine d'une amende de dix francs en principal pour chacune des séances présentées en retard à la formalité (3). Mais on peut faire enregistrer en même temps plusieurs séances dont la date se trouve dans le délai légal (4).

794. — Toutefois les notaires qui résident au siège d'une cour d'appel, peuvent faire enregistrer les inventaires au bureau du lieu où ils instrumentent dans les dix ou quinze jours de chaque séance, suivant que la commune où a lieu l'opération se trouve être le siège d'un bureau ou non, à charge de soumettre la dernière séance à la formalité au bureau de leur résidence dans les quinze jours de sa date et de mentionner à son répertoire l'indication de l'enregistrement et du bureau où il a eu lieu (5).

795. *Tarif.* — Les droits d'enregistrement sont de six francs sans décimes par vacation (6), qu'il s'agisse d'un inventaire ou d'un procès-verbal de carence (7).

796. *Vacation.* — Chaque vacation est d'une durée de trois heures et toute fraction d'une ou de deux heures est comptée pour une vacation (8). Mais par exception les vacations peuvent être portées à quatre heures en l'exprimant dans le procès-verbal, pour la perception des droits fiscaux, et de trois heures pour le calcul des honoraires des notaires (9).

797. *Calcul.* — Le calcul des vacations se fait par journée et non d'après la réunion des heures employées pendant les opérations, lorsqu'il y a plusieurs séances (10).

798. *Faillite.* — Les inventaires après faillite ou liquidation judiciaire ne sont passibles que d'un seul droit fixe, quel que soit le nombre des vacations (11). Si toutes les séances ne sont pas présentées en même temps à la formalité, les dernières séances sont enregistrées gratis (12).

---

(1) Comp. Cass., 26 février 1835 : Déc. min. fin., 21 novembre 1850 et 2 février 1852 ; Inst. 16 février 1853, n° 1954.

(2) L. 22 frimaire an VII, art. 20 et 26 ; Instr. 296.

(3) Circ. 1737 ; Cass., 13 messidor an VIII, *J. E.*, 2086.

(4) Décr. 10 brumaire an XIV, art. 3 ; Cass., 11 septembre 1811 ; Maguéro, *Acte des not*, 102.

(5) Déc. min. fin., 12 thermidor an XII ; Instr. 3 fructidor an XIII, 290, § 2.

(6) L. 22 frimaire an VII, art. 68, § 2, n° 1 ; l. 28 février 1872, art. 4 : l. 25 juin 1920, art. 28.

(7) Garnier, *Carence*, 3 ; Sol. 10 février 1831.

(8) L. 27 mars 1791 ; Décr. 16 février 1807 ; *Dict. réd.*, *Inv.*, 9.

(9) L. 10 brumaire an XIV, art. 2 ; Déc. min. fin., 25 octobre 1808 : Sol. 25 mai 1830 et 7 novembre 1892, *J. du not.*, 1894, p. 28 ; *Dict. réd.*, *Inv.*, 11.

(10) Déc. min. fin., 25 octobre 1808 ; Sol. 25 mai 1830 ; Instr. 1336, § 8 : *J. E.*, 9676.

(11) L. 24 mai 1834, art. 11 ; 28 février 1872, art. 4 ; Déc. min. fin., 24 avril 1889.

(12) L. 28 février 1872, art. 2 ; Sol. 16 octobre 1846, *J. E.*, 11.125 ; Instr. 24 décembre 1836, n° 1528, § 7.

799. *Référé.* — La réquisition de référé et la déclaration par le notaire qu'il va se transporter devant le président du tribunal ne sont que des incidents de l'opération avec laquelle ils se confondent ; elles ne donnent par suite ouverture à aucun droit particulier. Au contraire, l'ordonnance de référé mise par le président sur la minute de l'inventaire forme un acte distinct soumis au droit fixe de 9 fr. (1).

800. *Ibid. Bureau compétent.* — Dans les lieux où il y a deux bureaux, l'un pour les actes civils et l'autre pour les actes judiciaires, l'ordonnance de référé doit être présentée à ce dernier bureau, lors même qu'elle est apposée sur le procès-verbal d'inventaire (2).

801. *Dispositions dépendantes.* — Sont des mesures dépendant de l'inventaire et par suite ne donnant lieu à aucun droit particulier :

1° La nomination d'experts pour la prisée, et leur prestation de serment (3) ;

2° La déclaration par l'époux survivant, en l'absence du donateur, que la dot constituée à son conjoint ou à lui-même a été payée (4) ; mais la présence du donateur donnerait ouverture au droit de quittance ;

3° La déclaration par le même qu'il garde les meubles appartenant à ses enfants mineurs pour les leur remettre en nature, conformément à l'article 453 du Code civil (5) ;

4° L'établissement d'un gardien pour les objets mobiliers, les titres et les papiers inventoriés (6), ou leur dépôt entre les mains d'un des intéressés (7), à moins que le dépositaire ne s'oblige à en servir les intérêts, ce qui rendrait exigible le droit d'obligation (8) ;

5° La déclaration par le tuteur de ce qui lui est dû par son pupille ou de ce qu'il peut lui devoir par suite d'un arrêté de compte (9) ;

6° Les protestations et réserves faites au cours de l'inventaire, et la déclaration par le notaire, en cas de difficultés, qu'il en réfère au président du tribunal (10) ;

7° La déclaration qu'il existe des deniers comptants entre les mains de quelques-unes des parties (11), ou une somme en dépôt à l'étude du notaire instrumentaire, à moins que celui-ci ne se reconnaisse formellement débiteur (12) ;

8° La déclaration fixant le jour et l'heure où l'inventaire sera continué en la présence des parties ou en leur absence (13) ;

9° Et la déclaration faite par un conseil ou par l'exécuteur testamentaire qu'il doit à la succession une somme pour solde de compte (14).

---

(1) L. 28 avril 1816, art. 44 ; l. 28 février 1872, art. 4 ; l. 25 juin 1920, art. 28 ; — Bagnères-de-Bigorre, 21 février 1896, *J. E.*, 25.089 ; — *Dict. réd., Inv.*, 21 ; — Maguéro. *Tr. alph., Inv.*, 19-III.

(2) Mortagne, 20 janvier 1843 ; Garnier, *Inv.*, 8.

(3) Déc. min. fin., 25 mai 1821, *J. E.*, 3939, 4367, 6319, J. N., 975 et 3994.

(4) Sol. 11 mai 1830, *J. E.*, 12.356-1.

(5) *Encyc. not., Inv.*, 327 ; *Dict. réd.. Ibid.*, 16.

(6) Dél. 9 mai 1837, J. N., 14.972.

(7) Dél. 25 janvier 1833, 30 juin 1849.

(8) Lyon, 25 février 1848 ; — Maguéro, Vº *Inv.*, 18-V.

(9) Dél. 9 janvier 1851, J. N., 14.250.

(10) V. *Dict. réd., Inv.*, 21 ; — Maguéro, *Inv.*, 19-III.

(11) Seine, 13 décembre 1856 ; — *Dict. réd., Inv..* 39 ; — Maguéro. *Inv.*, 33.

(12) Cass., 17 juillet 1854, S. 54.1.478, *J. E.*, 15.887 ; Sol. 5 décembre 1867, *J. E.*, 18.440-4, *Rép. pér.*, 2570, *Rev. not.*, 2012.

(13) Sol. 2 juin 1900, *Rép. pér.*, 4829 ; — *Dict. réd., Inv.*, 22 ; — Maguéro, *Inv.*, 19-IV.

(14) Cambrai. 14 juillet 1842, *J. E.*, 13.147-4 ; — Seine, 12 février 1864, *Rev. not.*, 1075, *Rép. pér.*, 1954, J. N., 18.162.

802. *Dispositions indépendantes.* — Au contraire, forment des dispositions indépendantes passibles de droits particuliers :

1° Le cautionnement par un tiers de la représentation des meubles par le gardien (1);

2° La nomination d'un administrateur de la succession ;

3° La procuration donnée par l'un des héritiers ;

4° La décharge donnée par un tiers intervenant de titres et objets lui appartenant qui étaient confondus avec ceux de la succession ou avaient été déposés au défunt (2);

5° La déclaration par l'époux survivant du prélèvement du préciput à lui accordé par le contrat de mariage, ou de l'option pour la conservation pour son compte du fonds ou établissement commercial ou industriel, mais sans que cette déclaration donne lieu au droit de vente de meubles sur la moitié de la valeur estimative lorsqu'elle est l'exécution d'une convention matrimoniale (3) ;

6° La décharge par une veuve d'objets formant le préciput stipulé en sa faveur (4).

7° La décharge donnée au gardien des scellés (5);

8° La clause par laquelle les cohéritiers fixent la part revenant à chacun d'eux relativement à une valeur successorale, ce qui vaut partage (6).

9° Et le dépôt entre les mains du notaire de divers documents et pièces inventoriés, lorsque celui-ci le reconnaît et s'en charge (7).

803. *Actes en conséquence.* — Il est permis de mentionner dans l'inventaire sans avoir été préalablement enregistrés :

1° La délibération du conseil de famille qui a nommé un tuteur ou un subrogé tuteur à un successible mineur, ou qui a émancipé ce mineur (8) ;

2° L'ordonnance qui a commis un notaire pour représenter un absent ou un non-présent (9);

3° L'ordonnance de référé qui statue sur les contestations survenues au cours de l'inventaire (10);

4° Le procès-verbal de levée de scellés qui se dresse en même temps que l'inventaire (11);

5° Et l'acte de prestation de serment devant le juge de paix (12).

804. — Au contraire le notaire doit faire enregistrer avant ou en même temps que la séance de l'inventaire où ils sont énoncés :

1° Les pièces étrangères produites à l'appui des qualités des parties ;

2° Et les dispositions entre époux ou testamentaires reçues par le notaire instrumentaire.

805. — Lorsque les testaments et donations ont été reçus par un notaire autre

(1) Maguéro, *Inv.*, 19-II ; *Dict. réd., ibid.*, 24. — *Contra* : Garnier, *Cautionn.*, 21.
(2) Maguéro, *Inv.*, 18-III ; — *J. E.*, 2243 et 4153.
(3) Lille, 27 août 1853 ; — Cass., 7 avril 1856, S. 56.1.538. — *Contra*, Seine, 4 juin 1856.
(4) Sol. 25 novembre 1872, 18 décembre 1893.
(5) Dél. 30 juin 1849.
(6) Grenoble, 3 janvier 1895, *Rép. pér.*, 8579, *J. E.*, 24.608.
(7) Sol. 15 janvier 1874 ; — Sol. 1er avril 1878, *Rép. enreg.*, 585-4.
(8) Sol. 19 février 1866 et 11 juillet 1870.
(9) Saverne, 20 février 1836, *J. E.*, 11.638.
(10) Déc. min. fin., 29 décembre 1807 ; Mortagne, 20 janvier 1843.
(11) Sol. 29 novembre 1845.
(12) Sol. 20 juin 1827.

que le notaire instrumentaire, ils doivent être soumis à la formalité avant leur énonciation (1).

806. *Actes sous seing privé.* — L'analyse des papiers ayant pour but de déterminer les forces et charges de la communauté ou de la succcession, on peut énoncer tous les actes sous signatures privées enregistrés ou non enregistrés qui s'y rapportent, pourvu qu'ils ne soient pas postérieurs à l'ouverture de la succession. Sous cette seule réserve, leur énonciation n'entraîne aucune contravention et n'oblige pas non plus à soumettre les actes à la formalité, sauf s'il s'agit d'actes translatifs de propriété ou de jouissance d'immeubles ou de fonds de commerce (2).

807. *Billets.* — Il en est ainsi notamment lorsqu'il s'agit de billets souscrits au profit du défunt par l'un des héritiers présents à l'inventaire (3) ou par le notaire instrumentaire (4).

808. *Actes translatifs.* — La mention d'actes translatifs de propriété, d'usufruit ou de jouissance immobilière ou de fonds de commerce, lorsqu'ils ne sont pas enregistrés, autorise la régie à poursuivre contre les parties les droits et amendes (5). Les droits d'enregistrement seraient même encore exigibles s'il s'agissait d'un bail expiré (6).

809. *Mutation verbale.* — L'énonciation d'une mutation verbale de propriété, d'usufruit ou de jouissance d'immeuble ou de fonds de commerce peut être rapportée dans l'inventaire sans contravention, mais la Régie a alors le droit de poursuivre contre les parties les droits et amendes (7).

810. *Déclarations actives.* — Les déclarations des créances actives ont pour objet d'établir le montant de l'actif de la communauté ou de la succession; elles sont indispensables pour rendre l'inventaire sincère et complet. Il semble logique qu'elles ne donnent en conséquence ouverture à aucun droit particulier alors même qu'elles constitueraient l'époux survivant ou un ou plusieurs des héritiers débiteurs (8) ou dépositaires, antérieurement au décès, de deniers comptants dépendant de la communauté ou appartenant à la succession (9).

811. *Ibid. Titre.* — Toutefois le droit d'obligation est dû lorsque les déclarations sont faites dans des termes tels qu'ils emportent aveu et fournissent au créancier un titre, ou lorsqu'elles sont faites dans le but de constituer l'un des héritiers personnellement débiteur envers l'époux survivant ou envers ses cohéritiers (10). Le droit est dû seulement sur les parts des cohéritiers dans la dette et non sur la part de l'héritier débiteur qui se trouve éteinte par confusion (11).

812. *Ibid. Droit non exigible.* — Il a été jugé que ne sont passibles d'aucun droit :

1° Les déclarations par la veuve commune en biens que des sommes empruntées par elle et son défunt mari suivant des actes enregistrés, l'ont été pour le

(1) Sarlat, 2 février 1870. S. 70.2.300, *Rép. pér.*, 3111 : Boulogne, 20 juin 1873, *Rép. pér.*, 3352 ;

(2) Dél. 27 juin 1834 et 1er avril 1855 ; — L. 28 février 1872, art. 8.

(3) Sol. 1er avril 1835 : *Contra* : Boulogne, 24 août 1882, *Rép. pér.*, 1357.

(4) Sol. 15 décembre 1845, 5 décembre 1867, *Rép. pér.*, 2750.

(5) L. 22 frimaire an VII, art. 22 et 38| : 28 février 1872, art. 8 : — Cass., 31 août 1808, 21 août 1811, 28 août 1816 et 11 avril 1854.

(6) Cass., 6 mars 1822, 18 mai 1847 : Epinal, 4 juillet 1848.

(7) L. 22 frimaire an VII, art. 12 et 22 : 27 ventôse an IX, art. 4 : 23 août 1871, art. 14 : 28 février 1872, art. 9.

(8) Seine, 26 février 1864, *Rev. not.*, 1075, *Rép. pér.*, 1954, *J. E.*, 18.162 ; — Valenciennes, 27 août 1847, *J. E.*, 14.327.

(9) Seine, 13 décembre 1856.

(10) Sol. 4 avril 1836 et 19 décembre 1874 ; Instr. 290, § 18.

(11) Lyon, 25 février 1858 ; Maguéro, *Inv.*, 42 ; *Dict. réd.*, *ibid.*, 53.

compte de deux enfants vis-à-vis desquels ils n'ont été en réalité que des cautions (1);

2° La déclaration faite par l'époux survivant qu'il a vendu amiablement, de sa propre autorité, divers objets mobiliers dépendant de la communauté, car il n'est pas débiteur mais comptable du montant de la vente envers ladite communauté (2);

3° La déclaration par une personne comptable de sommes déterminées envers la communauté ou la succession (V. *supra*, n° 801, 7° et 9°);

4° La déclaration du tuteur du successible mineur (V. *supra*, n° 801, 5°);

5° La déclaration qui émane d'une partie autre que le débiteur (3);

6° Et la reconnaissance par le mari survivant d'avoir reçu de son beau-père la dot de sa femme (4).

813. *Déclarations passives*. — Les déclarations passives indispensables pour faire connaître exactement les charges de la communauté ou de la succession, ne donnent lieu à aucun droit particulier (5), même si elles sont faites en présence des créanciers opposants (6).

814. *Ibid. Ouverture de crédit*. — Lorsque la dette résulte d'une ouverture de crédit, sa mention autorise la Régie à réclamer le droit de réalisation de crédit sur la somme énoncée (7).

815. *Don manuel*. — La déclaration ou la reconnaissance d'un don manuel par le donataire dans un inventaire est assujettie au droit de donation (8), à moins que l'aveu ne soit rétracté par acte authentique avant le paiement du droit auquel il donne ouverture (9).

816. *Ibid. mandataire*. — La reconnaissance émanant d'un mandataire sans pouvoir à cet effet ne lie point son mandant et dès lors ne donne pas ouverture à l'impôt (10).

817. *Ibid. Mari et femme*. — Celle faite par le mari engage la femme et rend le droit exigible, et, réciproquement, l'aveu de la femme même non autorisée lie le mari (11).

818. *Ibid. Tuteur*. — La déclaration faite par le tuteur d'un successible est valable, surtout quand elle a pour effet de révéler un chef de reprises au profit du mineur à l'encontre des propres intérêts du tuteur (12).

819. *Ibid. Donateur*. — La déclaration du donateur ou d'un de ses héritiers, si formelle qu'elle soit, ne rend pas l'impôt exigible, à moins que le déclarant ne soit devenu l'héritier du donataire (13) ou que cette déclaration ne soit faite en présence du donataire qui n'y oppose aucune protestation même de pure forme.

---

(1) Cass., 24 mars 1862, *Rev. not.*, 232, *J. E.*, 17.451, *Rép. pér.*, 1604; Nancy, 26 décembre 1883; *Rép. not.*, 1588; Sol. 27 mars 1890 et 14 décembre 1891.

(2) Maguéro, *Inv.* 36.

(3) Sol. 4 juillet 1868, *Rép. pér.*, 2811.

(4) Maguéro, *Inv.*, 40.

(5) Déc. min. fin., 30 floréal an XI; Dél. 1er octobre 1833.

(6) Cass., 24 mars 1862, *J. E.*, 17.451, *Rev. not.*, 232, S. 62.1.431.

(7) Seine, 3 août 1867; Limoges, 7 août 1869; Seine, 22 juillet 1871, *Rép. pér.*, 3695; L. 23 août 1871, art. 5.

(8) L. 18 mars 1850, art. 2; Cass., 13 août 1860, S. 60.1.998, D. 61.1.58; — Seine, 20 juin 1860; — Gray, 10 décembre 1877.

(9) Tournon, 11 janvier 1876.

(10) Cherbourg, 13 avril 1856, *Rép. pér.*, 719, J. N. 15.905; — Maguéro, *Don manuel*, 43; Garnier. *Inv.*, 25 et *Don manuel*, 99.

(11) Maguéro, *ibid.*, 45; Cass., 30 août 1869, S. 70.1.35.

(12) Maguéro, *ibid.*, 44-2; Gray, 18 février 1860, *Rép. pér.*, 3021.

(13) Douai, 25 mai 1852; Maguéro, *ibid.*, 43.

820. — Le droit ne peut non plus être exigé sur la description faite dans l'inventaire d'une note du défunt constatant un don manuel fait à l'un de ses héritiers présents, si celui-ci proteste (1).

821. *Responsabilité des notaires.* — Le notaire est personnellement tenu du paiement des droits exigibles à raison des reconnaissances de dettes, de dons manuels et autres, ainsi qu'à raison des déclarations de libérations que peut contenir l'inventaire ; il doit donc, s'il ne veut en faire l'avance, se faire consigner la somme nécessaire avant de mentionner la déclaration (2). Avec les rédacteurs du *Dictionnaire de l'Enregistrement*, nous regrettons le rigorisme de ce système par trop fiscal, qui ne peut que nuire à la sincérité et à l'exactitude des inventaires et par suite porter une atteinte sérieuse aux intérêts des familles, lorsque les parties ne pourront ou ne voudront pas consigner les droits entre les mains du notaire.

822. *Prescription.* — Le droit pour le fisc d'exiger l'impôt sur une reconnaissance de don manuel se prescrit par deux ans (3) ; dès lors, cette reconnaissance peut être réitérée dans un acte postérieur sans donner ouverture à aucun droit proportionnel (4).

§ 5. — Charge et recouvrement

823. *Succession.* — Les frais de scellés et d'inventaire constituent un passif de succession, sans qu'il y ait à distinguer entre le cas où ces formalités ont eu lieu à la requête de tous les successibles et celui où elles ont été requises seulement par l'un d'eux (5). Il en est de même bien que le requérant ait renoncé ensuite à la succession ou se soit trouvé évincé par un testament inconnu lors des opérations (6), et encore dans le cas où le défunt a institué un légataire ou donataire en usufruit, car l'inventaire n'est pas fait alors uniquement dans l'intérêt de l'usufruitier qui d'ailleurs en supporte en réalité une part, puisque les frais sont prélevés sur l'actif de la succession (7).

824. — Au contraire, ils restent à la charge personnelle des héritiers non réservataires exhérédés qui ont contesté les droits du légataire universel et ont requis les scellés et l'inventaire malgré lui, lorsque les droits de ce dernier n'ont subi aucune modification (8).

825. *Communauté.* — En cas de dissolution de communauté par décès, les scellés et l'inventaire profitent à l'époux survivant et aux héritiers du prédécédé. Aussi l'article 1482 du Code civil en met-il les frais à la charge de la communauté, à moins que ces formalités aient une portée plus étendue et intéressent à la fois des biens de communauté et des biens propres au *de cujus*, auquel cas les frais doivent être proportionnellement répartis entre la communauté et la succession (9).

---

(1) Seine, 29 décembre 1866, *Rép. pér.*, 1370.

(2) Cass. civ., 10 décembre 1877, *Rev. not.*, 5539, *J. E.*, 20.608, *Rép. pér.*, 4845, S. 78.1.84 ; — Instr. 2592, § 3.

(3) L. 22 frimaire an VII, art. 61.

(4) Seine, 7 mai 1870 et 1er août 1874, *Rép. pér.*, 3385 et 3599.

(5) C. civ., 910, 1034, 1039 ; Paris, 1er août 1811, S. chr. ; — Caen, 22 février 1820, S. chr. ; — Cass., 29 juillet 1861 ; *Encyc. not.*, *Inv.*, 290.

(6) Dutruc, 194 ; Riom, 24 juillet 1893, S. 94.2.16, D. 94.2.204, *J. du not.*, 1895, p. 52.

(7) Roll. de Villargues, *Inv.*, 367 ; — *Encyc. not.*, *Inv.*, 298 ; — Amiaud, *Tr. form.*, *Inv.*, lettre *a*.

(8) Douai, 20 décembre 1847, S. 48.2.748, D. 49.2.35 ; — Cass., 11 février 1890, *Rev. not.*, 8257, *Rép. not*, 5484.

(9) Bioche, 311 ; Dutruc, 194 ; Roll. de Villargues, *Inv.*, 362 ; Seine, 1er mars et 31 juillet 1901, *Rev. not.*, 10.830 ; — V. cep. Amiaud, *Tr. form.*, *Inv.*, 155, lettre *c*.

826. — Lorsque la femme ou ses héritiers renoncent à la communauté, ces frais sont alors supportés par le mari ou sa succession (1).

827. *Usufruitier*. — Les frais d'inventaire incombent à l'usufruitier seul lorsqu'il est dressé en exécution de l'article 600 du Code civil (2) ; mais si le testateur ou douateur a valablement dispensé l'usufruitier de cette formalité, les frais de l'inventaire alors requis par les héritiers non réservataires restent entièrement à leur charge, lors même que l'usufruitier aurait volontairement assisté aux opérations (V. *supra*, nos 83 et s.).

828. *Epoux survivant usufruitier*. — On s'est demandé quelle part l'époux survivant donataire ou légataire universel en usufruit doit supporter dans les frais de l'inventaire dressé à sa requête et à celle des héritiers de son conjoint prédécédé, car cet inventaire le dispense de celui que lui impose, à ses frais, l'article 600 du Code civil. La solution la plus généralement admise décide que c'est une circonstance heureuse dont l'époux survivant doit profiter, et que par suite il ne doit pas supporter d'autres frais que ceux qui lui auraient incombé, s'il n'eût pas été légataire ou donataire universel en usufruit (3).

829. — Lorsque l'époux prédécédé pouvait disposer soit de la pleine propriété de ses biens soit seulement de l'usufruit et a dispensé son conjoint survivant légataire ou donataire universel en usufruit de faire dresser inventaire, les héritiers restent libres de passer outre, mais à charge de payer seuls tous les frais, quand bien même l'époux survivant comparaîtrait volontairement et sans sommation (V. ci-dessus nos 83 et s.).

830. *Divorce. Séparation*. — En cas de séparation de corps ou de divorce, les frais de scellés et d'inventaire ne sont pas, à l'égard des créanciers, privilégiés comme frais de justice (4), car l'expression « frais de justice » de l'article 2101 du Code civil ne s'applique qu'aux frais qui ont pour objet l'intérêt commun des créanciers (5).

831. — D'après un premier système, les frais de scellés et d'inventaire seraient à la charge de l'époux qui succombe dans l'instance, à titre de dommages-intérêts (6). Mais cette opinion semble à peu près abandonnée. Les décisions les plus récentes de la jurisprudence consacrent le système d'après lequel les frais restent à la charge de chaque époux par moitié, sans s'occuper aux torts duquel la séparation ou le divorce a lieu, ni si la femme renonce ou non à la communauté (7).

832. — Toutefois, le mari défendeur à l'action en divorce ou en séparation de corps ne saurait, lorsque la femme a définitivement succombé, être tenu des frais de scellés et d'inventaire faits au cours de cette instance à la requête de la femme, quand le mari n'a pas assisté aux opérations (8), ou quand, sommé de comparaître, il a déclaré n'y assister que contraint et forcé et a fait toutes protestations et réserves contre cette mesure provoquée contre lui (9). Dans ce cas, l'action

---

(1) Rouen, 1er juillet 1841, S. 41.2.490 ; Laurent, XXI, 473 ; Rodière et Pont, 858.

(2) Demolombe, X, 465 ; — Laurent, VI, 497 ; — Aubry et Rau, § 229, texte et note 2.

(3) Comp. Demolombe, X, 461 *bis* et 463 ; — *Diction. Not., Inv.*, 513.

(4) Fontainebleau, 3 août 1904, *Rev. not.*, 12.673.

(5) Aubry et Rau, § 260, texte et note 1 *bis*.

(6) Amiens, 28 mars 1899, *J. du not.*, 1901, p. 296 ; T. Nantes, 25 avril 1899, *Rép. not.*, 10.872.

(7) Seine, 11 décembre 1861, D. 62.3.60 ; Orléans, 27 décembre 1883 ; St-Calais, 17 juillet 1903, *Rev. not.*, 11.697, *J. du not.*, 1904, p. 620 ; Rouen, 13 mai 1905, *J. du not.*, 1905, p. 630 ; Angers, 25 janvier 1905, S. 1906.2.51, *Rev. not.*, 12.783, *J. du not.*, 1905, p. 264 ; Aubry et Rau, § 508, texte et note 43.

(8) C. civ., 1426 ; Mirecourt, 7 juillet 1893, *Rev. not.*, 9006, *J. du not.*, 1893, p. 712.

(9) Comp. Cass., 11 février 1890, *Rev. not.*, 8257.

en paiement de ses frais de la part du notaire qui a procédé à l'inventaire ne peut atteindre que la nue propriété des biens personnels de la femme dont le mari a la jouissance. Mais si la femme avait obtenu contre son mari un jugement lui allouant une provision *ad litem*, la notaire aurait action directe contre le mari jusqu'à concurrence de la provision dont ce dernier se trouverait encore débiteur lors de la demande en paiement (1).

833. *Solidarité*. — En dehors du privilège de l'article 2101 du Code civil le notaire, fût-il commis par justice, a une action personnelle et solidaire contre toutes les parties pour le recouvrement de ses frais et honoraires, car les constatations de l'inventaire sont réputées faites dans leur intérêt commun (2). Il en est ainsi alors même que l'inventaire a été dressé par deux notaires : l'une des parties actionnées en paiement de tous les frais ne pourrait se borner à offrir les vacations dues au notaire qu'elle aurait personnellement appelé (3).

Mais il est bien entendu que la partie qui a payé pour une autre a un recours dans les termes du droit commun (4).

834. *Exceptions à la solidarité*. — Toutefois si l'intérêt commun n'existe pas, le notaire ne peut agir que contre la partie à laquelle l'inventaire profite. Nous avons vu qu'il en est ainsi en cas d'inventaire requis par une femme demanderesse en divorce ou en séparation de corps, lorsqu'elle succombe dans l'instance par elle intentée et que son mari a refusé d'assister aux opérations ou n'y a assisté que contraint et forcé, et en faisant toutes protestations et réserves (*supra*, n° 832). La question a été également tranchée dans le même sens pour le cas d'un inventaire dressé en vertu d'une ordonnance de référé sur la demande de l'une des parties, malgré la résistance de l'autre qui avait déclaré cet inventaire inutile et frustratoire et avait obtenu que les frais en fussent avancés par l'adversaire (5).

835. *Faillite*. — Le notaire qui a procédé à l'inventaire au décès d'un failli, mais avant le jugement de faillite, est fondé à réclamer l'admission de sa créance au rang privilégié, sauf à délivrer une expédition de son travail au syndic (6).

836. *Taxe*. — Comme pour les autres actes notariés, l'état des frais du notaire doit être établi sur deux colonnes destinées, l'une aux déboursés et l'autre aux honoraires ; cet état n'est délivré qu'une fois (7), et doit être communiqué aux parties avant d'être soumis à la taxe.

837. — Le président du tribunal compétent pour taxer est celui de la résidence du notaire (8). Il peut apprécier le temps qu'a dû exiger la confection de l'acte et retrancher les vacations qui n'auraient pas été manifestement employées de façon utile (9), alors même que les vacations sont constatées sur le procès-verbal du juge de paix (10). A cet égard nous ne pouvons que faire nôtres les judicieuses

(1) Seine, 11 décembre 1891, D. 62.3.60 : Comp. Cass., 22 novembre 1853, S. 53.1.737 : 30 avril 1862 et 5 juillet 1865 ; Orléans, 27 décembre 1883.

(2) C. civ., 2002 ; Conf. Chambéry, 22 juin 1897, *Rép. not.*, 9807.

(3) Roll. de Villargues, *Honor.*, 211 et s.: Rutgeerts et Amiaud, III, 1173 : Cass., 27 janvier 1812, 26 juin 1820, 19 avril 1826, 20 mai 1829 et 9 avril 1850 : Seine, 28 janvier 1865 : Beauvais, 19 juillet 1871.

(4) Cass., 7 novembre 1882, S. 83.1.151.

(5) Toulouse, 26 janvier 1907, *Rev. not.*, 12988, *J. du not.*, 1907, p. 556, *Rép. not.*, 15.205.

(6) T. com. Tarbes, 12 décembre 1911.

(7) Décret 25 août 1898, art. 10.

(8) L. 24 décembre 1897, art. 3.

(9) Poitiers, 10 avril 1851 : Lyon, 19 janvier 1865, S. 65.2.79 : Reims, 7 décembre 1865 : Paris, 13 et 20 novembre 1866, S. 67.2.3.

(10) Redon, 28 mai 1884, *Rép. not.*, 1929.

observations de M. Amiaud : « Nous croyons qu'on doit accepter le droit de contrôle du magistrat taxateur, car il ne saurait être facultatif aux notaires de prolonger indéfiniment les opérations de l'inventaire, soit en multipliant les vacations, soit en allongeant d'une façon démesurée l'analyse des papiers… Mais ce droit ne peut s'exercer qu'avec une sage réserve et ce ne serait pas apprécier ainsi le temps que le notaire a employé d'une façon sérieuse et utile pour les parties, que de déclarer oiseuse et inutile, toute analyse, même succincte, des papiers, comme l'ont jugé les magistrats de la Cour de Limoges par leur arrêt du 25 août 1860. » (1)

838. *Compensation*. — Les frais et honoraires du notaire ne peuvent se compenser avec ce que lui-même devrait à ses clients, qu'après avoir été taxés (2).

(1) Amiaud, *Traité formulaire*, V° *Inv.*, 158.
(2) Cass., 18 avril 1854, S. 55.1.255.

FORMULES

I. — Intitulés

1. *Intitulé avec scellés, après dissolution de communauté*

L'an mil neuf cent dix, le mardi douze janvier, à quatorze heures,

A Paris, dans un appartement situé au. . . étage d'une maison sise rue de. . . n°. . ., où demeurait et où est décédé le. . . (1), M. Charles Bernard, en son vivant employé de commerce, époux de Mme Jeanne-Odette Dupré (*ou, suivant le cas* : où demeurait M. Charles Bernard, etc. . . ., observation faite que ledit M. Bernard est décédé à. . ., où il se trouvait momentanément, le. . .),

A la requête de :

M... etc...

(*désignation des parties requérantes et présentes, et indication de leurs qualités*),

A la conservation des droits et intérêts des parties et de tous autres qu'il appartiendra, sans que les qualités ci-dessus exprimées puissent préjudicier à qui que ce soit, mais au contraire sous toutes réserves,

Il va être, par M⁰ Jean Fornel, notaire à Paris soussigné (2),

Procédé à l'inventaire fidèle et description exacte de tout ce qui peut dépendre (3) tant activement que passivement de la communauté de biens ayant existé entre M. et Mme Bernard-Dupré et de la succession particulière de M. Bernard.

Le tout trouvé dans les endroits ci-après indiqués dépendant de la maison où il est actuellement procédé (*ou* : le tout étant dans un appartement au deuxième étage de la maison où il est procédé),

---

(1) L'indication du décès peut se mettre également au cours des qualités des parties ou lors de l'énonciation des lieux où il est procédé (V. ci-dessus n° 212).

(2) *S'il y a deux notaires, on met* :

« Il sera par M⁰ Jean Fornel et M⁰. . ., tous deux notaires à Paris soussignés. »

S'il y a un notaire et deux témoins, on dit alors :

« Il sera par M⁰ Jean Fornel, notaire à Paris, soussigné.

Assisté de : 1° M. Benoît Henry, négociant, demeurant à Paris, rue. . . : 2° et M. Antoine Bonnin, boucher, demeurant aussi à Paris, rue. . ., témoins instrumentaires requis et soussignés conformément à la loi. »

Enfin, lorsque le ou les notaires instrumentaires ont été désignés par justice, on l'indique comme suit :

Il sera par M⁰ Jean Fornel et M⁰ Georges Deschamps, tous deux notaires à Paris soussignés,

M⁰⁵ Fornel et Deschamps commis à cet effet suivant ordonnance rendue sur référé par M. le président du tribunal civil de première instance de la Seine le. . ., de laquelle ordonnance une expédition est demeurée ci-annexée après mention (*ou* : rendue sur requête par M. . . etc. . . dont l'original est demeuré ci-annexé après mention).

(3) *Dans beaucoup d'études, il est d'usage de mettre ici* : Procédé à l'inventaire fidèle et description exacte de tous les meubles meublants, objets mobiliers, titres, papiers, valeurs, notes, deniers comptants et renseignements quelconques, et généralement de tout ce qui peut dépendre. . . etc. . .

Dans ce cas, il y a lieu de compléter comme suit, après le décès d'un cultivateur : Procédé à l'inventaire fidèle et description exacte de tous les meubles meublants, objets mobiliers, attirail de culture, bestiaux, labours, semences, récoltes, titres, papiers, valeurs, notes, deniers comptants et renseignements quelconques, et généralement, etc...

Sur les représentations et déclarations qui seront faites par M. . ., gardien des scellés dont il sera ci-après parlé, lequel averti du serment qu'il aura à prêter en fin du présent inventaire, a promis d'y déclarer et faire comprendre tout ce qui, à sa connaissance, peut dépendre tant activement que passivement desdites communauté et succession.

Il sera procédé au fur et à mesure que les scellés apposés par M. le juge de paix de. . . suivant procès-verbal en date du. . ., auront été reconnus par ce magistrat sains et entiers, et comme tels levés et ôtés suivant procès-verbal en date de ce jour.

La prisée des objets susceptibles d'estimation sera faite par Me. . ., commissaire priseur (1), demeurant à. . ., lequel à ce présent a promis de faire cette prisée à sa juste valeur.

Et sous toutes réserves de droit, les parties ont signé avec le gardien des scellés, l'officier priseur et le notaire (*ou* : avec le gardien des scellés, l'officier priseur, les experts et le notaire), après lecture faite (2).

2. *Intitulé sans scellés après dissolution de communauté*

L'an mil neuf cent dix, le jeudi. . ., à. . . heures,

A Neuilly-sur-Seine (Seine) en une maison sise rue. . . où demeurait et où est décédée le. . . Mme Jeanne Odette Dupré, en son vivant épouse de M. Charles Bernard ci-après nommé (*ou* : en une maison sise rue. . . où demeurait Mme Jeanne Odette Dupré, en son vivant épouse de M. Charles Bernard ci-après nommé, observation faite que ladite dame Bernard née Dupré est décédée à. . . où elle se trouvait momentanément le. . .).

A la requête de :

(*Noms et qualités des parties*),

A la conservation des droits et intérêts des parties et de tous autres qu'il appartiendra, sans que les qualités ci-dessus exprimées puissent préjudicier à qui que ce soit mais au contraire sous toutes réserves,

Il sera par Me Léonce Morel, notaire à Neuilly-sur-Seine soussigné (3),

(1) *Hors de la commune où réside le commissaire priseur, la prisée peut être faite par le notaire, un greffier ou un huissier. On met alors* : « La prisée des objets susceptibles d'estimation sera faite par M. . . huissier demeurant à. . . — *ou* : par M. . . greffier de la justice de paix du canton de. . . demeurant en cette ville — lequel à ce présent a promis, etc. . . » *Si la prisée est faite par le notaire lui-même, il est dit seulement* : « La prisée des objets susceptibles d'estimation sera faite par Me Fornel, notaire soussigné, à sa juste valeur. »

Lorsque l'officier priseur a été choisi avec le consentement du subrogé tuteur dans le cas de l'article 453 du Code civil on le mentionne : « La prisée des objets susceptibles d'estimation sera faite par M. . . désigné par M. . . subrogé tuteur, et agréé par Mme Vve Bernard-Dupré, lequel à ce présent, etc. . .

Enfin l'officier priseur peut être aidé d'experts ; on le constate soit ou moment même où leur concours devient nécessaire, sous forme d'intervention, soit en l'intitulé ; dans ce dernier cas on l'indique comme suit :

« La prisée des objets susceptibles d'estimation sera faite par M. . . (commissaire priseur, greffier, huissier ou notaire), demeurant à. . ., lequel à ce présent, a promis de faire cette prisée à sa juste valeur,

« Sur l'avis, en ce qui concerne la collection des tableaux, statues et œuvres d'art — *ou* : en ce qui concerne le matériel, les marchandises et le fonds de commerce, — *ou* : en ce qui concerne l'attirail de culture, les bestiaux, les labours, semences et récoltes, — de M. . . et M. . .,

« Experts choisis par les parties d'un commun accord, lesquels à ce présents ont prêté serment entre les mains de Me Fornel notaire, de donner leur avis en conscience (*ou s'il y a lieu* : lesquels à ce présents ont déclaré avoir prêté serment le. . . devant le juge de paix du canton de. . . de s'acquitter fidèlement de cette mission). »

(2) *Si l'une des parties ne savait ou ne pouvait signer, il faudrait alors deux notaires ou un notaire et deux témoins ; on mettrait* : « Et sous toutes réserves de droit et après lecture faite, les parties ont signé avec l'officier priseur, le gardien des scellés et les notaires (*ou* avec l'officier priseur, le gardien des scellés, les témoins et le notaire) à l'exception de M. . . qui de ce requis a déclaré ne savoir le faire, — *ou* : ne pouvoir le faire pour. . . (*indiquer la cause*).

(3) V. les explications données en cet endroit de la formule précédente.

Procédé à l'inventaire fidèle et description exacte de tout ce qui peut dépendre tant activement que passivement de la communauté de biens ayant existé entre M. et Mme Bernard-Dupré et de la succession particulière de Mme Bernard (1).

Le tout trouvé dans la maison où il est actuellement procédé, appartenant à. . .

Sur les représentations et les déclarations qui seront faites par M. Bernard requérant, lequel averti du serment qu'il aura à prêter en fin du présent inventaire a promis d'y déclarer et faire comprendre tout ce qui, à sa connaissance, peut dépendre activement et passivement des communauté et succession dont il s'agit.

La prisée des objets susceptibles d'estimation sera faite par M. . . commissaire priseur, demeurant à. . ., lequel à ce présent a promis de faire cette prisée à sa juste valeur (1).

Et sous toutes réserves, les parties ont signé avec. . . (1), après lecture faite.

3. *Intitulé sans scellés ni dissolution de communauté*

L'an. . ., le. . ., à. . . heures,

A. . ., dans une maison où demeurait et où est décédé le. . ., M. Auguste Bouchot, en son vivant propriétaire rentier, veuf en premières noces non remarié de Mme Mélanie Cousson (*ou* : dans une maison où demeurait M. Auguste Bouchot, en son vivant propriétaire rentier, veuf en premières noces non remarié de Mme Mélanie Cousson, observation faite qu'il est décédé à. . ., où il se trouvait momentanément le. . .),

A la requête de :

(*Noms et qualités des parties*),

A la conservation des droits et intérêts des parties et de tous autres qu'il appartiendra, sans que les qualités ci-dessus exprimées puissent préjudicier à qui que ce soit, mais au contraire sous toutes réserves.

Il sera par M". . ., notaire à. . ., soussigné (2),

Procédé à l'inventaire fidèle et description exacte de tout ce qui peut dépendre activement et passivement de la succession de M. Bouchot (2),

Le tout étant et trouvé dans les endroits ci-après indiqués dépendant de la maison où il est procédé,

Sur les représentations et déclarations qui seront faites par M. . . l'un des requérants, qui averti du serment qu'il aura à prêter en fin du présent inventaire, a promis d'y déclarer et faire comprendre tout ce qui, à sa connaissance, peut dépendre activement et passivement de la succession dont il s'agit,

La prisée des objets susceptibles d'estimation sera faite par. . . (2).

Et sous toutes réserves de droit, les parties ont signé avec. . . et le notaire, après lecture faite (2).

4. *Intitulé en cas d'urgence*

L'an. . ., le. . ., à. . . heures.

A Paris, en une maison où demeurait et où est décédé le. . ., M. . . . en son vivant. . .

En exécution d'une ordonnance de M. le Président du tribunal civil de. . . rendue le. . . sur le procès-verbal d'apposition des scellés dont il sera ci-après parlé, autorisant, vu l'urgence, les présentes opérations de levée de scellés et d'inventaire avant l'expiration du délai imparti par l'article 928 du Code de procédure, — de laquelle ordonnance une expédition est demeurée ci-annexée après mention,

A la requête de. . . etc...

(1) V. les explications données en cet endroit de la formule précédente.
(2) V. les explications données en cet endroit de la formule n° 1.

II. — **Qualités**

5. *Mari survivant. Communauté légale. Usufruit légal*

A la requête de :

M. Jean-Louis Moreau, propriétaire, demeurant à. . . veuf en premières noces de Mme Clémentine Mathieu,

Agissant en son nom personnel,

1° A cause de la communauté légale de biens ayant existé entre lui et sa défunte épouse à défaut de contrat préalable à leur union célébrée à la mairie de . . . le. . .

2° A cause des droits, reprises et créances qu'il peut avoir à exercer contre cette communauté en vertu de tous titres et de la loi ;

3° Et comme habile à recueillir l'usufruit du quart, — *ou bien* : de la moitié, — *ou bien* : d'une part d'enfant légitime le moins prenant, — des biens composant la succession de Mme Moreau, en vertu de l'article 767 du Code civil.

6. *Mari survivant. Communauté d'acquêts. Fonds de commerce*
Privation d'usufruit légal

A la requête de :

M. Jacques Patin, boucher, demeurant à. . ., veuf en premières noces de Mme Annette Charpin,

Agissant en son nom personnel,

1° A cause de la communauté de biens réduite aux acquêts ayant existé entre lui et sa défunte épouse aux termes de leur contrat de mariage reçu par Me. . . notaire à. . . le. . . ;

2° A cause des droits, reprises, créances et avantages matrimoniaux qu'il peut avoir à exercer contre ladite communauté en vertu de son contrat de mariage sus-énoncé, de tous autres titres et de la loi ;

3° Comme ayant la faculté, en vertu de l'article. . . dudit contrat de mariage, de conserver pour son compte personnel le fonds de commerce exploité au décès de Mme Patin, ensemble le matériel et les marchandises en dépendant et le droit au bail des lieux où il s'exploite, à charge de tenir compte de la valeur du tout d'après l'estimation qui en sera faite au présent inventaire et de faire son option dans les. . . mois du décès.

Observation faite que Mme Patin a privé son mari de tout droit d'usufruit dans sa succession aux termes de son testament authentique reçu par Me. . . notaire à. . ., en présence de quatre témoins, le. . . enregistré.

7. *Veuve survivante. Communauté légale. Usufruit*

A la requête de :

Mme Augustine Perrette, propriétaire rentière, demeurant à. . ., veuve en premières noces de M. Jules Valois,

Agissant en son nom personnel,

1° A cause de la communauté légale de biens ayant existé entre elle et son défunt mari à défaut de contrat de mariage préalable à leur union célébrée à la mairie de. . ., le. . ., laquelle communauté ladite dame se réserve d'accepter ou de répudier selon qu'elle avisera ;

2° A cause des droits, reprises, et créances qu'elle peut avoir à exercer contre ladite communauté et subsidiairement, s'il y a lieu, contre la succession de son mari, en vertu de tous titres et de la loi ;

3° Et comme habile à recueillir l'usufruit du quart — *ou* : de la moitié, — *ou bien* : d'une part d'enfant légitime le moins prenant, des biens composant la succession de son dit mari en vertu de l'article 767 du Code civil.

8. *Veuve survivante. Communauté d'acquêts. Préciput. Donation*

A la requête de :

Madame Suzanne Vermorel, rentière, demeurant à . . ., veuve en premières noces de M. Alexandre Cognard,

Agissant en son nom personnel,

1° A cause de la communauté de biens réduite aux acquêts ayant existé entre elle et son défunt mari, aux termes de leur contrat de mariage reçu par M⁰. . . notaire à. . . le. . ., laquelle communauté Mme Cognard se réserve d'accepter ou de répudier selon qu'elle avisera ;

2° A cause des droits, reprises, créances et avantages matrimoniaux qu'elle peut avoir à exercer contre la dite communauté et subsidiairement, s'il y a lieu, contre la succession de son mari, en vertu de leur contrat de mariage, de tous autres titres et de la loi ;

3° A cause du préciput de la somme de. . . qu'elle a le droit de réclamer, en sa qualité d'épouse survivante, en vertu de l'article. . . dudit contrat de mariage ;

4° Comme habile à se porter donataire de son mari de l'usufruit de tous les biens et actions mobiliers et immobiliers composant la succession de son mari avec dispense de fournir caution et de faire emploi, aux termes d'un acte reçu par M⁰. . . notaire à. . . le. . . enregistré ;

5° Et comme habile à recueillir l'usufruit de la moitié des biens composant la succession de son mari en vertu de l'article 767 du Code civil, lequel usufruit se confond avec le bénéfice de la donation sus-énoncée.

9. *Veuve non commune*

A la requête de :

Mme Laure Tillier, rentière, demeurant à . . ., veuve en premières noces de M. Joseph Néant,

Agissant en son nom personnel,

1° En qualité d'épouse survivante dudit M. Néant avec lequel elle était mariée sous le régime exclusif de communauté aux termes de leur contrat de mariage reçu par M⁰. . . notaire à. . . le. . .,

2° A cause des droits, reprises, créances et avantages matrimoniaux qu'elle peut avoir à exercer contre la succession de son mari en vertu dudit contrat de mariage, de tous autres titres et de la loi ;

3° Et comme habile à recueillir l'usufruit, etc...

10. *Veuve contractuellement séparée de biens*

A la requête de :

Mme Lucie Bonaud, marchande de nouveautés, demeurant à . . ., veuve en premières noces de M. Marc Coulon,

Agissant en son nom personnel,

1° En qualité d'épouse survivante de M. Coulon avec lequel elle était mariée sous le régime de la séparation de biens aux termes de leur contrat de mariage reçu par M². . . notaire à. . . le. . .;

2° A cause des droits, créances et avantages matrimoniaux qu'elle peut avoir à exercer contre la succession de son mari en vertu dudit contrat de mariage, de tous autres titres et de la loi;

3° Comme habile, etc...

11. *Veuve judiciairement séparée de biens*

A la requête de :

Mme Lucie Bonaud etc...

Agissant en son nom personnel,

1° En qualité d'épouse survivante de M. Coulon avec laquelle elle était mariée sous le régime de la communauté de biens réduite aux acquêts aux termes de leur contrat de mariage reçu par M². . . notaire à. . . le. . ., mais judiciairement séparée quant aux biens suivant jugement contradictoirement rendu par le tribu-nal civil de. . . le. . ., publié, exécuté et passé en force de chose jugée ;

2° A cause des droits, reprises, créances et avantages matrimoniaux qu'elle peut avoir à exercer en vertu soit de son contrat de mariage précité, soit de la liqui-dation de ses reprises dressée par Me. . . notaire à. . . le. . ., soit de tous autres titres et de la loi ;

3° Et comme habile, etc...

12. *Veuve dotale. Pas de société d'acquêts*

A la requête de :

Mme Fanny d'Arbouse, propriétaire, demeurant à. . ., veuve en premières noces de M. Gaëtan Henry, comte des Garets,

Agissant en son nom personnel,

1° En qualité d'épouse survivante de M. le comte des Garets avec lequel elle était mariée sous le régime dotal sans société d'acquêts aux termes de leur contrat de mariage reçu par Me. . . notaire à. . . le. . .

2° A cause des droits, reprises, créances et avantages matrimoniaux qu'elle peut avoir à exercer contre la succession de son mari en vertu dudit contrat de mariage, de tous autres titres et de la loi ;

3° etc...

13. *Veuve. Régime dotal avec société d'acquêts*

A la requête de :

Mme Hortense Desréaux, rentière, demeurant à. . ., veuve en premières noces de M. le colonel Napoléon-Louis Lahire,

Agissant en son nom personnel,

1° A cause de la société d'acquêts ayant existé entre elle et son défunt mari aux termes de leur contrat de mariage reçu par Me. . . notaire à. . . le. . ., conte-nant adoption du régime dotal avec addition de société d'acquêts, laquelle société elle se réserve d'accepter ou de répudier par la suite, selon qu'elle avisera ;

2° A cause des droits, reprises, créances et avantages matrimoniaux qu'elle peut avoir à exercer contre ladite société d'acquêts et subsidiairement, s'il y a lieu, contre la succession de son mari, en vertu de son contrat de mariage, de tous autres titres et de la loi;

3° etc...

14. *Veuve ayant renoncé à communauté*

A la requête de :

Mme Claire Piobard, sans profession, demeurant à. . ., veuve en premières noces de M. Anselme Ducarre,

Agissant en son nom personnel,

1° A cause des reprises, créances et avantages qu'elle peut avoir à exercer contre la succession de son mari en vertu de son contrat de mariage ci-après énoncé, de tous autres titres et de la loi.

Observation faite que M. et Mme Ducarre étaient mariés sous le régime de la communauté de biens réduite aux acquêts aux termes de leur contrat de mariage reçu par Me. . . notaire à. . . le . . ., mais que Mme Ducarre a renoncé purement et simplement à ladite communauté suivant déclaration faite au greffe du tribunal civil de. . . le. . .

2° Et comme habile à recueillir, etc...

15. *Mari survivant séparé de biens*

A la requête de :

M. Adolphe Duchapse, exportateur, demeurant à . . ., veuf en premières noces de Mme Désirée Lormois,

Agissant en son nom personnel,

1° Comme époux survivant et à raison des droits et créances qu'il peut avoir à exercer contre la succession de sa défunte épouse d'avec laquelle il était séparé de biens aux termes de leur contrat de mariage reçu par Me. . . notaire à. . . le. . .

2° Et comme habile à recueillir, etc...

16. *Epoux survivant donataire*

A la requête de Mme. . .

Agissant en son nom personnel :

1°. . ., 2°. . .

3° Comme habile à se porter donataire de son mari, pour le cas (arrivé) d'existence d'enfants de la moitié en usufruit (*ou bien* : d'un quart en pleine propriété et un quart en usufruit) des biens meubles et immeubles, droits et actions mobiliers et immobiliers composant sa succession, avec dispense de fournir caution et de faire emploi, aux termes d'un acte reçu par Me. . . notaire à. . . le. . . enregistré.

Ou bien : Comme habile à se porter donataire de son mari d'une rente annuelle et viagère, sa vie durant, de la somme de. . . payable de six mois en six mois à partir du décès de son dit mari, suivant acte reçu, etc... (*ou bien* : en vertu de l'article. . . de son contrat de mariage sus-énoncé).

17. *Epoux survivant légataire en usufruit*

Agissant en son nom personnel,

1°. . ., 2°. . .

3° Comme habile à se porter légataire d'un quart en toute propriété et un quart en usufruit des biens meubles et immeubles composant la succession de son mari aux termes du testament de ce dernier fait en la forme olographe, en date à. . . du. . ., déposé au rang des minutes de Me. . . notaire soussigné à la date du. . . en vertu de l'ordonnance de M. le Président du tribunal civil de. . ., contenue en son procès verbal de description (*ou* : d'ouverture et de description) de ce testament en date du même jour.

Ou bien : Comme habile à se porter légataire de l'usufruit pendant sa vie, de la moitié

des biens composant la succession de son mari, avec dispense de fournir caution et de
faire emploi, aux termes du testament authentique de son dit mari reçu par M*. . .,
notaire à. .   en présence de quatre témoins(*ou* de deux témoins et d'un second notaire)
e. . . enr. gistré.

18. *Epoux survivant tuteur. Subrogé tuteur*

A la requête de :

M. Alphonse Beurrier, typographe, demeurant à. . . veuf de Mme Alice Martin.

    Agissant :

    1ᵉⁿᵗ Eu son nom personnel :

    1° A cause de la communauté, etc. . .

    2°. . .

    3° Comme habile à recueillir l'usufruit du quart des biens composant la succes-
sion de son épouse en vertu de l'article 767 du Code civil ;

    4° Et comme ayant la jouissance légale des biens de ses enfants mineurs ci-après
nommés pendant le temps et sous les conditions déterminés par la loi ;

    2ᵉⁿᵗ Et au nom et en qualité de tuteur légal de :

    1° M. . . né à . . . le . . .

    2° Mlle . . . née à . . . le . .

    Ses deux enfants mineurs issus de son union avec Mme Beurrier, née Martin
décédée.

En présence de :

M. Charles-Gustave Martin, ébéniste, demeurant à . . .

    Agissant en qualité de subrogé tuteur des mineurs Beurrier susnommés, ses
neveux, fonction à laquelle il a été nommé et qu'il a acceptée suivant délibération
du conseil de famille desdits mineurs prise sous la présidence de M. le juge de
paix du canton de . . . le . . .

Qualités

    Les mineurs Beurrier, seuls enfants issus du mariage de M. et Mme Beurrier-
Martin et, en cette qualité, habiles à se porter seuls héritiers conjointement pour
le tout ou chacun pour moitié de Mme Beurrier, leur mère.

19. *Epoux survivant séparé de corps* (1)

A la requête de :

M. Honoré Moulinet, avocat, demeurant à . . .

    Agissant en son nom personnel,

    1° En qualité d'époux survivant de Mme Berthe Nigay, susnommée, d'avec
laquelle il a été déclaré séparé de corps et de biens suivant jugement rendu par le
tribunal civil de . . . le . . .,

    2° Comme habile à se dire et porter donataire de ladite dame, en vertu de l'arti-
cle... de leur contrat de mariage reçu par M*. . . notaire à . . . le . . . de
(*énoncer la consistance de la donation*), laquelle donation a conservé tout son effet,
la séparation de corps ayant été prononcée au profit du requérant ;

    3° Et comme habile à recueillir l'usufruit du quart des biens composant la suc-
cession de ladite dame en vertu de l'article 767 du Code civil, lequel usufruit se
confond avec le bénéfice de la donation précitée.

---

(1) L'époux au profit duquel la séparation de corps a été prononcée conserve tous ses droits
éventuels à l'usufruit légal et à toute donation entre époux faite par contrat de mariage ou
encore pendant le mariage et non révoquée. Il a donc qualité pour requérir inventaire. Si au contraire la séparation de corps a été prononcée contre lui, sa présence seule suffit (C. pr., 942-1°). et
même, cette présence serait inutile si les époux avaient été définitivement réglés de leurs droits
et avaient vécu éloignés.

20. *Veuve survivante tutrice de ses enfants nés, et enceinte.*
Subrogé tuteur et curateur au ventre

A la requéte de :
Mme Marthe Brisepierre, couturière, demeurant à. . . veuve en premières noces de
M. Mathieu Ancelle,

Agissant :
1ᵉⁿᵗ En son nom personnel,
1ᵉ A cause de la communauté. . . etc., 2ᵉ. . .
3ᵉ Comme habile à recueillir l'usufruit du quart des biens composant la succession de son mari en vertu de l'article 767 du Code civil ;
4ᵉ Et comme ayant la jouissance légale des biens de ses enfants mineurs
ci-après nommés et devant avoir celle des biens de l'enfant dont elle est actuellement enceinte, le tout pendant le temps et sous les conditions déterminés par la
loi ;
2ᵉⁿᵗ Au nom et comme tutrice naturelle et légale de : 1ᵉ. . . . 2ᵉ. . . ses enfants mineurs issus de son union avec son défunt mari ;
3ᵉⁿᵗ Et en outre comme devant être la tutrice naturelle et légale de l'enfant dont
elle se déclare enceinte, conçu de son mariage avec son défunt mari.

En présence de M...

Agissant en qualité de subrogé tuteur des mineurs Ancelle, ses neveux, et de
curateur au ventre de l'enfant dont Mme Vve Ancelle est enceinte, fonctions auxquelles il a été nommé et qu'il a acceptées suivant délibération du conseil de famille
desdits enfants prise sous la présidence de M. le juge de paix du canton de. . .
le. . .

Qualités

Les mineurs Ancelle et l'enfant à naître habiles à se porter seuls héritiers conjointement pour le tout de M. Ancelle leur père susnommé.

21. *Veuve enceinte. Curateur au ventre*

A la requête de :
Mme Marie Poirier, cultivatrice, demeurant à. . . veuve de M. Jean Horelle,

Agissant :
1ᵉⁿᵗ En son nom personnel :
1ᵘ A cause de la communauté. . . etc.
2ᵒ A cause des droits, reprises, etc. . .
3ᵒ Comme habile à recueillir l'usufruit, etc. . .
4ᵒ Et comme ayant droit à la jouissance pendant le temps et sous les conditions
déterminés par la loi, des biens de l'enfant dont elle se déclare enceinte, s'il naît
viable.
2ᵉⁿᵗ Et au nom et comme devant être la tutrice naturelle et légale dudit enfant,
au cas de viabilité.

En présence de (1) :
M. . . etc.

Agissant en qualité de curateur au ventre de l'enfant dont Mme Horelle est en-

---

(1) Si ceux qui peuvent être éventuellement appelés à l'hérédité en prévision de la non-viabilité
de l'enfant conçu assistent à l'inventaire, on met : En présence de : M. . . *(le curateur au ventre,*
comme ci-dessus), — 2ᵉ Et M. . . et M. . . ., ces deux derniers habiles à se dire seuls héritiers
éventuels de M. Horelle *de cujus,* pour le cas où l'enfant dont Mme Horelle est enceinte ne naîtrait
pas viable.

ceinte, fonction à laquelle il a été nommé et qu'il a acceptée suivant délibération du conseil de famille dudit enfant prise sous la présidence de M. le juge de paix du canton de. . . le. . .

Qualité

L'enfant dont Mme Horelle est enceinte, s'il naît viable, habile à se porter seul héritier de M. Horelle, son père décédé.

22. *Epoux survivant curateur à émancipation et mineur émancipé*

A la requête de :

i. — Mme Jenny Signoteau, libraire, demeurant à. . ., veuve en premières noces de M. Claude Lecercle.

Agissant :

1ent En son nom personnel,

1° A cause de la communauté, etc. . .

2° A cause des droits, reprises, etc. . .

3° Et comme habile à recueillir, etc. . .

2ent Et au nom et en qualité de curatrice à l'émancipation de M. Eloi Lecercle, son fils encore mineur comme étant né à. . . le. . ., mais émancipé ainsi qu'il sera ci-après énoncé, — fonction à laquelle ladite dame a été nommée et qu'elle a acceptée suivant délibération du conseil de famille dudit mineur tenue sous la présidence de M. le juge de paix du canton de. . . le. . .

II. — Et M. Eloi Lecercle susnommé, employé de banque, demeurant à. . .,

Encore mineur ainsi qu'il vient d'être dit, mais émancipé par Mme Vve Lecercle sa mère, suivant déclaration reçue par M. le juge de paix dudit canton de. . . qui en a dressé procès-verbal à la date du. . .

Qualité

M. Eloi Lecercle seul enfant existant du mariage de M. Claude Lecercle décédé avec Mme Jenny Signoteau requérante, et en cette qualité habile à se porter seul héritier de M. Lecercle son père.

23. *Epoux survivant légataire universel en concours avec ascendant*

A la requête de :

1ent M. Benoit Ivert, herboriste, demeurant à. . . veuf en premières noces de Mme Yveline Faure,

Agissant en son nom personnel,

1° A cause de la communauté, etc.

2° A cause des droits, reprises, etc...

3° Comme habile à se porter légataire universel en toute propriété de sa défunte épouse aux termes du testament authentique de celle-ci reçu par M°. . . notaire à. . . en présence de quatre témoins, le. . . enregistré, avec stipulation qu'en cas (arrivé) d'existence d'héritiers réservataires, ce legs serait réduit conformément à la loi.

4° Et comme habile à recueillir l'usufruit de la moitié des biens composant la succession de ladite dame Ivert, lequel usufruit se confond avec le bénéfice du legs ci-dessus énoncé.

2ent Et M. Claude-Marie Faure, rentier, demeurant à. . .

Habile à se porter héritier pour un quart à réserve de Mme Ivert, sa fille décédée, issue de son mariage avec Mme Pauline Rémond prédécédée.

24. *Epoux survivant donataire et ascendant. Loi du 14 février 1900*

A la requête de :

1er M. Victor Fournier, marchand épicier, demeurant à. . ., veuf en premières noces de Mme Clémence Robin.

> Agissant en son nom personnel,
> 1° A cause de la communauté, etc.
> 2° A cause des droits, reprises, etc...
> 3° Comme habile à se porter donataire de sa défunte épouse, aux termes de l'article. . . de leur contrat de mariage précité, de la toute propriété de l'universalité des biens meubles et immeubles, droits et actions mobiliers et immobiliers appartenant à Mme Fournier au jour de son décès et composant sa succession avec stipulation qu'au cas (arrivé) d'existence d'ascendants, ladite donation comprendrait l'usufruit de la portion à eux réservée par la loi.
>
> Etant ici fait observer qu'aux termes de l'article 1004 du Code civil modifié par la loi du 14 février 1900, l'époux ne peut plus disposer en faveur de son conjoint de l'usufruit de la réserve des ascendants, et que par conséquent la donation faite par Mme Fournier à son mari comprend seulement (par suite de l'existence de Mme Vve Robin ci-après nommée, sa mère) les trois quarts en toute propriété des biens composant sa succession.
>
> 4° Et comme habile à recueillir l'usufruit de la moitié des biens composant cette succession en vertu de l'article 767 du Code civil, lequel usufruit se confond avec le bénéfice de la donation sus-énoncée.

2^{ent} Et Mme Emilie Bernard, journalière, demeurant à. . ., veuve en premières noces non remariée de M. François Robin.

> Ladite dame veuve Robin mère de Mme Fournier *de cujus*, laquelle était issue de son union avec M. François Robin prédécédé, et en cette qualité habile à se porter héritière pour un quart à réserve de Mme Fournier sa fille décédée.

25. *Enfants majeurs présents*

A la requête de :

1° M. Stanislas Legros, mécanicien demeurant à. . .

2° M. Vincent Combet, menuisier, et Mme Thérèse Legros, son épouse qu'il autorise demeurant ensemble, à. . .

> M. et Mme Combet mariés en premières noces sous le régime de la communauté de biens réduite aux acquêts aux termes de leur contrat de mariage reçu par M^e. . . notaire à. . . le. . ., ne contenant aucune clause restrictive de la capacité civile de l'épouse ni prescriptive d'emploi de ses deniers propres.

3e Et M. Honoré Aujour, valet de chambre, et Mme Pétronille Legros, cuisinière, son épouse, qu'il autorise, demeurant ensemble au château de. . . commune de. . .

M. et Mme Aujour mariés en premières noces sous le régime de la communauté légale de biens à défaut de contrat de mariage préalable à leur union célébrée à la mairie de. . . le. . .

Qualités

M. Legros et Mmes Combet et Aujour, frère et sœurs germains, seuls enfants issus du mariage de M. Bernardin Legros *de cujus* avec Mme Aimée Lequien prédécédée, et en cette qualité habiles à se porter seuls héritiers conjointement pour le tout ou chacun divisément pour un tiers dudit M. Bernardin Legros leur père.

26. *Enfants majeurs. Mandataires*

A la requête de :

1° M. Urbain Grandier, lieutenant au trentième régiment d'artillerie, en garnison à . . .

M. Grandier non présent, mais représenté par M. Oscar Dumont, principal clerc d'avoué, demeurant à . . ., ici présent, son mandataire en vertu de la procuration qu'il lui a donnée suivant acte reçu en minute par M⁰. . . notaire soussigné le . . .

2° Et M⁰ Didier Henri Guillemin, avocat, et Mme Clotilde Grandier, son épouse, demeurant ensemble à . . ., rue . . .

M. et Mme Guillemin non présents, mais représentés par M. . . demeurant à . . ., ici présent, leur mandataire en vertu de la procuration qu'ils lui ont conjointement donnée, la femme sous l'autorisation de son mari, suivant acte reçu par M⁰. . ., notaire à . . ., le . . ., dont le brevet original légalisé est demeuré ci-annexé après mention.

M. et Mme Guillemin mariés sous le régime de la communauté de biens, etc...

Qualités

M. Grandier et Mme Guillemin, frère et sœur germains, seuls enfants existants du mariage de M. . . etc...

27. *Enfants et petits-enfants dont une fille mineure mariée. Représentati on*

A la requête de :

1° M. Ferdinand Machefer, charron, demeurant à . . .

2° M. Germain Machefer, ouvrier mécanicien, demeurant à . . .

3° M. Claude Prioux, maréchal ferrant, demeurant à . . .

4° Et M. Maximin Landry, serrurier, et Mme Antonine Prioux, son épouse qu'il assiste et autorise demeurant ensemble à . . .

M. et Mme Landry mariés en premières noces sous le régime de la communauté légale de biens à défaut de contrat préalable à leur union célébrée à la mairie de . . ., le . . .

Mme Landry encore mineure comme étant née à . . ., le . . ., mais émancipée par son mariage et ayant pour curateur légal, son mari, lequel agit aux présentes en cette qualité.

Qualités

MM. Ferdinand et Germain Machefer, frères germains comme étant avec Mme Prioux Machefer, ci-après nommée, les seuls enfants issus du mariage de M. Antoine Machefer *de cujus* et Mme Olympe Ravier prédécédée, et en cette qualité habiles à se porter héritiers chacun pour un tiers dudit M. Antoine Machefer.

Et M. Prioux et Mme Landry, frère et sœur germains, seuls enfants issus du mariage de M. Octave Prioux, manœuvre, demeurant à . . . avec Mme Lucile Machefer décédée à . . ., le . . . et en cette qualité habiles à se porter héritiers conjointement pour le tiers de surplus, soit chacun divisément pour un sixième de M. Antoine Machefer, leur aïeul, par représentation de Mme Prioux, née Machefer, leur mère, fille dudit M. Antoine Machefer.

28. *Petits-enfants venant de leur chef*

A la requête de :

1° M. Modeste Roy, propriétaire, demeurant à . . .

2° M. Paulin Roy, docteur en médecine, demeurant à. . .

3° Et M. Gervais Roy, étudiant en droit, demeurant à. . .

MM. Roy, frères germains, seuls enfants issus du mariage de M. Silvère Roy, décédé à. . ., le. . ., et Mme Pauline Sivignon restée sa veuve, lequel M. Silvère Roy était le seul enfant issu du mariage de M. Prosper Roy *de cujus* et Mme Emmeline Babolin prédécédée,

Et en cette qualité habiles à se porter seuls héritiers de leur chef, conjointement pour le tout ou chacun divisément pour un tiers, de M. Prosper Roy, leur aïeul paternel.

29. *Enfant de deux lits*

A la requête de :

1° M. Jean-Pierre Bignon, ingénieur, demeurant à. . .

2° M. Lucien-Eugène Bignon, banquier, demeurant à. . .

3° M. Armand Martineau, architecte, demeurant à. . .

4° Et Mlle Alexine Martineau, majeure, célibataire, demeurant à. . .

Qualités

MM. Bignon frères germains, seuls enfant issus du mariage de Madame Eléonore Pinet avec M. Cyrille Bignon son premier mari,

Et M. et Mlle Martineau seuls enfants issus du mariage de ladite dame Eléonore Pinet avec M. Max Martineau son second mari,

Et tous en ces qualités habiles à se porter seuls héritiers conjointement pour le tout ou chacun divisément pour un quart de Mme Martineau née Pinet, leur mère décédée.

30. *Enfant adoptif*

A la requête de :

M. Marc Antoine Minot, propriétaire, demeurant à. . .

Enfant adoptif de M. Jean-Pierre Minot *de cujus*, ainsi qu'il résulte d'un acte d'adoption dressé par Me. . . notaire à. . ., le. . . (ou : ainsi qu'il résulte d'un procès-verbal dressé par M. le juge de paix du canton de. . . le. . .) homologué suivant jugement rendu par le tribunal civil de. . . le. . ., ledit jugement transcrit sur les registres de l'état civil de la mairie de. . . le. . ., et mentionné le. . . en marge de l'acte de naissance de M. Marc-Antoine Minot dressé à la mairie de. . . le. . . (*ou bien* : régulièrement transcrit sur les registres de l'état-civil ainsi que le tout résulte des pièces qui ont été déposées au rang des minutes de Me. . . notaire à. . . suivant acte par lui dressé le. . .)

Et en cette qualité habile à se porter seul héritier de M. Jean-Pierre Minot, son père adoptif.

31. *Enfant naturel majeur seul héritier*

A la requête de :

M. André Grivot, propriétaire, demeurant à. . .

Enfant naturel de M. Adelstan Grivot *de cujus*, qui l'a reconnu suivant acte reçu par Me. . . notaire à. . . le. . . (*ou bien* : suivant déclaration faite devant M. le maire de. . . le. . .) laquelle reconnaissance a été mentionnée en marge de l'acte de naissance de M. André Grivot, le...

Et en cette qualité habile à se porter seul héritier dudit M. Adelstan Grivot, décédé sans laisser d'autre descendant ni, aucun ascendant ni, aucun frère ou sœur ou descendant légitime de ceux-ci.

32. *Enfant naturel mineur seul héritier. Tuteur légal*

A la requéte de :

Mlle Alice Décréaux, couturière, demeurant à. . .

Agissant tant en son nom personnel comme ayant la jouissance légale des biens de sa fille mineure ci-après nommée pendant le temps et sous les conditions déterminés par la loi. qu'au nom et en qualité de tutrice légale de Mlle Catherine Ragut, sa fille née à. . . le. . . qu'elle a reconnue la première suivant acte reçu par Me. . . notaire à. . . le. . . et qui a été ensuite reconnue par M. Alexis Raguet *de cujus* suivant déclaration faite devant M. le maire de. . . le. . ., lesdites reconnaissances mentionnées en marge de l'acte de naissance de la mineure Ragut, ainsi qu'il résulte, etc...

En présence de M. . . .

Agissant en qualité de subrogé tuteur de la mineure Ragut, fonction à laquelle il a été nommé aux termes d'un jugement rendu en la chambre du conseil du trinal civil de. . . le. . .

Qualités

La mineure Catherine Ragut, fille naturelle de M. Alexis Ragut, qui l'a reconnue ainsi qu'il est dit ci-dessus, et en cette qualité habile à se porter seule héritière dudit M. Ragut décédé sans laisser d'autre descendant, ni aucun ascendant, ni aucun frère ou sœur, ou descendant légitime de ceux-ci.

33. *Enfant légitime et enfant naturel*

A la requéte de :

1° M. Félix Glasser, propriétaire, demeurant à. . .

2' Et M. Louis Glasser, étudiant en médecine, demeurant à. . .

Qualités

MM. Félix et Louis Glasser, habiles à se porter seuls héritiers de M. Johan Glasser leur père décédé, savoir :

M. Félix Glasser pour les trois quarts comme étant le seul enfant né du mariage du *de cujus* avec Mme. . . prédécédée.

Et M. Louis Glasser pour le dernier quart en qualité d'enfant naturel dudit M. Johan Glasser qui l'a reconnu avant son mariage aux termes d'un acte reçu par Me. . . notaire à. . . le. . ., laquelle reconnaissance a été mentionnée en marge de son acte de naissance le. . .

34. *Enfants légitimés de plusieurs lits. Enfant naturel reconnu au cours du second mariage. Veuve survivante*

A la requête de :

I. — Mme Caroline Duplat, sans profession, demeurant à. . . veuve en premières noces de M. Léger Basset,

Agissant :

1ent En son nom personnel,

1° A cause de la communauté, etc...

2° A cause des droits, reprises, etc...

3° Comme habile à recueillir, en vertu de l'article 767 du Code civil, l'usufruit d'une part d'enfant légitime le moins prenant ; soit le cinquième des biens composant la succession de M. Basset ;

4° Et comme ayant la jouissance légale des biens de ses deux enfants mineurs ci-après nommés, pendant le temps et sous les conditions déterminés par la loi,

2^{ent} Et au nom et en qualité de tutrice naturelle et légale de :

1° M. Abel Basset, mineur né à. . ., le. . .

2° Et Mme Suzanne Basset, mineure née à. . ., le. . .

Ces deux enfants issus de son mariage avec M. Léger Basset.

II. — M. Raoul Lamarche, artiste peintre, et Mme Marguerite Basset, son épouse qu'il autorise, demeurant ensemble à. . .

M. et Mme Lamarche mariés en premières noces sous le régime de la communauté, etc...

III. — M. Octave Despierres, ingénieur électricien, et Mme Marcelle Basset, son épouse qu'il autorise, demeurant ensemble à. . .

M. et Mme Despierres mariés, etc...

IV. — Et M. Guy Basset, homme de lettres, demeurant à...

En présence de M. . .

Agissant en qualité de subrogé tuteur des deux mineurs Basset sus-nommés, ses neveux, fonctions à laquelle il a été nommé etc...

Qualités

Mesdames Lamarche et Despierres, sœurs germaines, seules enfants issues du mariage de M. Léger Basset *de cujus* avec Mme Claudine Millet sa première épouse décédée à. . . le. . . 1886.

Les deux mineurs Basset, frères germains, seuls enfants existants du mariage de M. Léger Basset avec Mme Caroline Duplat, sa deuxième épouse, requérante ;

Et M. Guy Basset, enfant naturel dudit M. Léger Basset, né à. . . le. . . 1888 et reconnu par lui au cours de son second mariage suivant acte reçu par M^e. . . notaire à. . . le. . ., mentionné en marge de l'acte de naissance dudit M. Guy Basset.

Et tous, en ces qualités, habiles à se porter seuls héritiers de M. Léger Basset, leur père, savoir ;

1° M. Guy Basset, enfant naturel reconnu pendant le second mariage et par suite ne pouvant opposer sa reconnaissance à Mme Vve Basset et aux deux enfants de celle-ci, pour la part contributoire des deux enfants du premier lit dans le montant des droits étant de 1/10 qui lui auraient été attribués, si sa reconnaissance avait eu lieu avant le second mariage de son père, soit pour 1/20 ou. . . .   6/120

Sauf les droits en usufruit de Mme Vve Basset, lesquels incombent à sa charge pour moitié de la part dont il aurait été tenu s'il eût été légitime, soit pour 2/120 ;

2° Mesdames Lamarche et Despierres, enfants du premier lit, chacune pour un quart ou 30/120, moins le prélèvement de la moitié des droits revenant à l'enfant naturel 3/120, soit 27/120 ou pour les deux. 54/120

Sauf à contribuer à l'usufruit de Mme Basset pour un quart chacune, moins la moitié de la contribution de l'enfant naturel, soit 5/120 pour chacune ou pour les deux 10/120.

3° Et les deux mineurs Basset, enfants légitimes du second lit, auxquels la reconnaissance de M. Guy Basset ne peut nuire, chacun pour un quart de la succession ou 30/120, soit ensemble pour. 60/120

Sauf à contribuer chacun pour un quart à l'usufruit de leur mère, soit ensemble pour 12/120

Total égal à l'unité. 120/120

35. *Enfant légitime et enfants naturels dont l'un est renonçant*

A la requête de :

1° M. Anatole Melay, auteur dramatique, demeurant à. . .

2° Et M. Pétrus Melay, journaliste, demeurant à. . .

Qualités

MM. Anatole et Pétrus Melay habiles à se porter seuls héritiers de M. Melchior Melay, leur père décédé, savoir :

M. Anatole Melay pour 3/4 comme étant le seul enfant né du mariage du *de cujus* avec Mme. . . prédécédée ;

Et M. Pétrus Melay pour le dernier quart en qualité d'enfant naturel de M. Melchior Melay qui l'a reconnu avant son mariage aux termes de l'acte de naissance dudit M. Pétrus Melay inscrit sur les registres des actes de l'état civil de la commune de. . . à la date du. . .,

Observation faite :

Qu'à son décès, M. Melchior Melay a laissé pour seuls héritiers chacun dans les proportions suivantes :

1° M. Anatole Melay requérant, son fils légitime pour 4/6 par suite de l'existence de deux enfants naturels.

2° M. Pétrus Melay aussi requérant pour 1/6.

3° Et M. Joachim Melay, son autre fils naturel qu'il a reconnu avant son mariage suivant. . . etc., pour 1/6 ;

Mais que suivant déclaration passée au greffe du tribunal civil de. . . le. . ., M. Joachim Melay a renoncé à la succession de son père, et que par suite il doit être considéré, pour le calcul des droits héréditaires des requérants, comme n'ayant jamais existé.

36. *Enfant légitime et descendants légitimes d'un enfant naturel*

A la requête de :

1° M. Jérôme Paturet, distillateur, demeurant à. .

2° M. Baptiste Rollet, pharmacien, demeurant à. . .

3 Et Mlle Ludovine Rollet, sans profession, demeurant à. . .

Qualités

M. Jérôme Paturet, seul enfant issu du mariage de M. Mathias Paturet décédé avec Mme. . . prédécédée, et en cette qualité habile à se porter héritier de son père pour les 3/4 ou 6/8 en raison de l'existence des descendants légitimes ci-après nommés de l'enfant naturel reconnu dudit M. Mathias Paturet.

Et M. et Mlle Rollet seuls enfants nés du mariage de M. Gabriel Rollet. . ., avec Mme Fanny Paturet décédée à. . . le. . ., fille naturelle de M. Mathias Paturet qui l'avait reconnue avant son mariage suivant. . . etc., et en cette qualité lesdits M. et Mlle Rollet habiles à se porter héritiers de M. Mathias Paturet leur grand-père conjointement pour le dernier quart ou chacun divisément pour 1/8 par représentation de Mme Rollet leur mère.

37. *Enfant naturel. Père et mère. Frère et sœur*

A la requête de :

1° M. Maxime Joas, cultivateur, demeurant à. . .

2° M. Claude Joas, rentier, et Mme Joséphine Beugnot son épouse qu'il autorise demeurant ensemble à. . .

M. et Mme Joas-Beugnot mariés. . . etc.

3° M. Gustave Joas, limonadier, demeurant à. . .
4° Et Mlle Camille Joas, sans profession, demeurant à. . .

Qualités

M. Maxime Joas, enfant naturel de M. Geoffroy Joas décédé qui l'a reconnu suivant, etc. . . et en cette qualité habile à se porter héritier de son père pour 3/4 ou 12/16 par suite de l'existence d'héritiers légitimes privilégiés.

M. et Mme Joas-Beugnot, père et mère du défunt, et en cette qualité habiles à se porter ses héritiers conjointement pour la moitié du dernier quart dévolu à la famille légitime, soit chacun pour 1/16 du total.

Et M. Gustave Joas et Mlle Joas frère et sœur germains du *de cujus* comme étant avec lui les seuls enfants nés du mariage de M. et Mme Joas-Beugnot susnommés, et en cette qualité, habiles à se porter héritiers de leur frère décédé conjointement pour les 2/16 de surplus ou chacun divisément pour 1/16.

38. *Enfant naturel. Neveux et nièces*

A la requête de :
1° M. René Bouvier, négociant, demeurant à. . .
2° Mme Victoire Bouvier, libraire, demeurant à. . . veuve en premières noces de M. Marc Robineau.
3° Mme Angèle Bouvier, modiste, demeurant à. . . veuve en premières noces de M. Robert Lambiotte.
4° M. Désiré Bouquet, voyageur de commerce, et Mme Elisa Tachon son épouse qu'il autorise, demeurant ensemble à. . .

M. et Mme Bouquet, mariés, etc...

5° M. Gaston Tachon, garçon épicier, demeurant à. . .
6° Et Mlle Isidora Lucand, lingère, demeurant à. . .

Qualités

M. Bouvier et Mmes Yves Robineau et Lambiotte, enfants naturels de Mlle Justine Bouvier décédée, qui les a reconnus suivant, etc. . ., et en cette qualité habiles à se porter ses héritiers conjointement pour les 3/4 ou chacun divisément pour 1/4 ou 4/16.

Mme Bouquet et M. Tachon, neveu et nièce de Mlle Justine Bouvier et en cette qualité habiles à se porter ses héritiers conjointement pour 1/8 soit chacun divisément pour 1/16, par représentation de Mme Agnès Bouvier, leur mère, décédée épouse de M. Frédéric Tachon, et sœur germaine de la *de cujus*.

Et Mlle Lucand, nièce de Mlle Justine Bouvier, et en cette qualité habile à se dire et porter son héritière pour les 2/16 de surplus par représentation de sa mère, Mme Michelle Bouvier décédée veuve de M. Lucand, et autre sœur germaine de la défunte.

39. *Enfant légitime. Enfant naturel légataire de la quotité disponible*

A la requête de :
1° Mlle Renée Vivian, dactylographe, demeurant à. . .
2° M. Arthur Dulon, facteur, demeurant à. . .

Qualités

Mlle Vivian seule enfant issue du mariage de Mme Marthe Dulon *de cujus* avec M. Prosper Vivian prédécédé, et en cette qualité habile à se porter héritière pour 3/4 de sa mère, sauf l'effet du legs ci-après énoncé.

Et M. Dulon, enfant naturel de ladite dame Vivian qui l'a reconnu suivant, etc... et en cette qualité habile à se porter héritier de sa mère pour le dernier quart.

Et en outre ledit M. Dulon habile à se porter légataire de la quotité disponible dans la succession de sa mère aux termes du testament authentique de celle-ci reçu par Mᵉ. . ., notaire à. . ., le. . . enregistré.

40. *Enfant naturel légataire universel. Ascendant*

A la requête de :

1ᵉ M. Joseph Binet, cultivateur, demeurant à. . .

2ᵉ Et M. Félix Binet, aussi cultivateur, demeurant à. . .

Qualités

1° M. Joseph Binet fils naturel de Mlle Berthe Binet sa mère décédée, qui l'a reconnu, etc..., et en cette qualité habile à se porter son héritier pour 3/4 ;

Et en outre habile à se porter légataire universel de ladite demoiselle aux termes de son testament, etc..., et par suite ayant droit aux 7/8 de la succession en raison de l'existence d'un ascendant réservataire;

2° Et M. Félix Binet, père légitime de la *de cujus* et en cette qualité habile à se porter héritier à titre réservataire pour 1/8 de ladite demoiselle.

41. *Enfant naturel légataire universel*

A la requête de :

M. César Alliaume, horloger-bijoutier, demeurant à. . .

Habile à se porter légataire universel de Mlle Aglaé Alliaume, sa mère naturelle qui l'a reconnu aux termes..., etc., ainsi qu'il résulte du testament authentique de ladite demoiselle reçu par. . ., etc.

Lequel legs universel peut recevoir son entière exécution, la testatrice n'ayant laissé aucun héritier autre que le bénéficiaire de ce legs ayant droit à une réserve légale quelconque dans sa succession, ainsi qu'il est constaté par un acte de notoriété dressé après son décès par Mᵉ. . . notaire à. . . le. . .

42. *Père et mère naturels*

A la requête de :

1° M. Hilaire Aubriot, voyageur de commerce, demeurant à. . .

2° Et Mlle Charlotte Monnet, demoiselle de magasin, demeurant à. . .

M. Aubriot et Mlle Monnet père et mère naturels de Mlle Rémonde Aubriot décédée, laquelle ils ont reconnue. . . etc...

Et, en cette qualité, habiles à se porter seuls héritiers chacun pour moitié de ladite demoiselle décédée sans postérité, ainsi que le constate un acte de notoriété dressé après son décès par Mᵉ......etc.

43. *Frères et sœurs légitimes et naturels d'un enfant naturel*

A la requête de :

1° Damien Saurel, sabotier, demeurant à. . .

2° Et M. Aristide Saurel, coiffeur, demeurant à. . .

Qualités

M. Damien Saurel, seul enfant issu du mariage de M. Philippe Saurel et Adélaïde Cuzin décédés, et en cette qualité habile à appréhender tous les biens donnés par M. Philippe Saurel, son père, à Mlle Geneviève Saurel, fille naturelle de ce dernier qui l'a reconnue suivant, etc..., ainsi que tous les biens que ladite demoiselle a pu recueillir dans la succession de M. Philippe Saurel son père et qui se retrouvent en nature ou sont représentés par des prix ou par des actions en reprises,

Et M. Aristide Saurel frère naturel de Mlle Geneviève Saurel comme ayant été reconnu par M. Philippe Saurel suivant, etc..., et en cette qualité habile à se porter héritier de tous les autres biens qui peuvent dépendre de la succession de ladite demoiselle décédée sans postérité ainsi que le constate un acte de notoriété dressé, etc...

44. *Héritier majeur grevé de substitution*

A la requête de :

M. Gustave Cocbeau, propriétaire, demeurant à. . .

Habile à se porter :

1° Seul héritier de Mme veuve Cochcau, sa mère, susnommée, comme étant le seul enfant issu du mariage de ladite dame avec M. Xavier Cochcau, prédécédé ;

2° Et légataire par préciput et hors part de toute la quotité disponible, soit la moitié des biens meubles et immeubles composant la succession de Mme Cocheau *de cujus*, à charge de conserver et de rendre lesdits biens à ses enfants légitimes nés et à naître qu'elle lui a substitués, le tout aux termes du testament de ladite dame fait en la forme olographe en date à. . ., du. . ., etc...

En présence de M. . .

Agissant en qualité de tuteur à la restitution dont il est ci-dessus parlé, fonction à laquelle il a été nommé et qu'il a acceptée aux termes d'une délibération du conseil de famille des enfants nés et à naître de M. Gustave Cocheau prise sous la présidence de M. le juge de paix du canton de. . ., le. . . (*ou* : fonction à laquelle il a été nommé par Mme veuve Cocheau aux termes de son testament sus-énoncé et qu'il a acceptée suivant déclaration faite devant M. le juge de paix du canton de. . ., le. . .).

45. *Ascendants dans les deux lignes*

A la requête de :

1° Mme Julie Calmette, rentière, demeurant à..., veuve en premières noces de M. Ernest Nicloux ;

2° Et M. Auguste Nicloux, propriétaire, et Mme Amélie Thibaut, son épouse qu'il autorise, demeurant ensemble à. . .

M. et Mme Nicloux mariés, etc...

Qualités

Mme Vve Nicloux et M. et Mme Nicloux-Thibaut habiles à se porter seuls héritiers de M. Paul Nicloux, leur fils et petit-fils issu du mariage de M. et Mme Nicloux Calmette et décédé intestat et sans laisser de descendants ni de frères et sœurs ou de descendants de ceux-ci, savoir :

Mme veuve Nicloux pour la moitié dévolue à la ligne maternelle,

Et M. et Mme Nicloux-Thibaut conjointement pour l'autre moitié dévolue à la ligne paternelle ou chacun pour un quart de la totalité, par suite du prédécès de M. Ernest Nicloux leur fils, père de M. Paul Nicloux *de cujus.*

46. *Ascendants et collatéraux privilégiés*

A la requête de :

1° M. Edmond Féron, industriel, et Mme Augustine Leduc, son épouse qu'il autorise demeurant ensemble à. . .

M. et Mme Féron, mariés, etc...

2° M. Jacques Féron, ingénieur, demeurant à. . .

3° Mlle Ursule Féron, majeure, célibataire, demeurant à. . .

Qualités

M. et Mme Féron habiles à se porter héritiers conjointement pour moitié ou chacun divisément pour un quart de M. Georges Féron, leur fils, décédé intestat et sans postérité ;

Et M. Jacques Féron et Mlle Féron, frère et sœur germains de M. Georges Féron, comme étant issus tous les trois du mariage de M. et Mme Féron-Leduc requérants, et en cette qualité habiles à se porter héritiers conjointement pour l'autre moitié ou chacun divisément pour un quart dudit M. Georges Féron, leur frère.

47. *Ascendant dans une ligne et collatéraux ordinaires dans l'autre*

A la requête de :

1° M. Charles Martin, rentier, demeurant à. . ., veuf de Mme. . .

2° Et M. Emile Dagout, métayer, demeurant à. . .

Qualités

M. Charles Martin habile à se porter héritier pour la moitié dévolue à la ligne paternelle, de M. Alphonse Martin son fils décédé intestat et sans postérité, et en outre à recueillir l'usufruit du tiers de l'autre moitié conformément aux articles 753 et 754 du Code civil.

Et M. Emile Dagout habile à se porter héritier pour la moitié dévolue à la ligne maternelle (sauf l'effet de l'usufruit de M. Charles Martin), de M. Alphonse Martin son cousin germain comme étant issu du mariage de M. Jacques Dagout avec Mme Hortense Bureau, décédée à. . . le. . ., sœur de Mme Martin, mère du *de cujus.*

48. *Ascendant et collatéraux. Renonciation par les collatéraux.*
Dévolution à l'autre ligne

A la requête de :

M. Jean Marie Leroy, rentier, demeurant à. . ., veuf de Mme. . .

Habile à se porter héritier de M. Louis Leroy, seul enfant issu du mariage du requérant avec Mme. . . susnommée, et décédé intestat et sans postérité, savoir :

de la moitié afférente à la ligne paternelle en sa qualité d'ascendant,

et de l'autre moitié afférente à la ligne maternelle par suite de l'absence de parents au degré successible dans cette ligne autres que M. François Bilbaut, propriétaire, demeurant à. . ., cousin germain du *de cujus,* lequel a renoncé purement et simplement à ladite succession suivant déclaration passée au greffe du tribunal civil de. . . le. . ., ainsi que celle absence d'autres héritiers au degré succes-

sible dans la ligne maternelle est constatée par un acte de notoriété dressé par
M⁰. . . etc. . .

49. *Ascendant. Retour légal. Retour conventionnel*

A la requête de :

Mme Eugénie Cadot, rentière, demeurant à. . . veuve en premières noces de M.Jérome
Hutin.

Habile à se porter héritière pour la moitié dévolue à la ligne maternelle de
M. Théodore Hutin, son fils, décédé intestat et sans postérité.

Et en outre habile à se porter héritière, à titre de retour légal, conformément
à l'article 747 du Code civil, des biens par elle donnés au *de cujus* suivant acte. . .
et qui se retrouvent en nature dans sa succession ou donnent lieu à une action en
reprise.

Ou bien : Et en outre habile à exercer le droit de retour conventionnel qu'elle
s'est réservé sur les biens par elle donnés au *de cujus* aux termes de son contrat
de mariage reçu. . . etc. . .

50. *Descendants de l'adoptant exerçant le droit de retour légal*

A la requête de M. Gratien Buteau, etc. . .

M. Buteau seul enfant issu du mariage de M. Adrien Buteau décédé à. . .
le. . . avec Mme. . . prédécédée, et en cette qualité habile à se dire et porter
héritier de M. Jacques Buteau décédé, mais seulement en ce qui concerne les biens
donnés à ce dernier par M. Adrien Buteau duquel il était fils adoptif ou qu'il a
recueillis dans sa succession et qui se retrouvent en nature.

51. *Frères et sœurs germains. Neveux et nièces*

A la requête de :

1° M. Antoine Dupin, etc...

2° M. Jean Dupin, etc...

3° Mme Laure Carrette, rentière, demeurant à. . . veuve de M. André Chardiny

4° Et M. Edme Carrette, étudiant en médecine, demeurant à. . .

Qualités

MM. Dupin issus, ainsi que M. Louis Dupin décédé et Mme Carrette ci-après
nommée, du mariage de M. Eude Dupin et Mme Marthe Jadin décédés, et en cette
qualité habiles à se porter héritiers chacun pour 1/3 de M. Louis Dupin leur frère
germain décédé sans postérité,

Et Mme Chardiny et M. Carrette frère et sœur germains seuls enfants issus du
mariage de M. Lucien Carrette, propriétaire demeurant à. . . avec Mme Jeanne
Dupin décédée à. . . le. . ., et en cette qualité habiles à se porter héritiers conjointement pour l'autre tiers ou chacun divisément pour 1/6 dudit M. Louis Dupin
leur oncle par représentation de Mme Carrette, leur mère décédée, sa sœur
germaine.

52. *Frères et sœurs germains, utérins et consanguins*

A la requête de :

1° M. Jacques Michaud, etc...

2° Mme Louise Michaud, rentière, demeurant à. . . veuve de M. Jean Lardy.

3° M. Paul Michaud, etc...

4° Mlle Odette Combet, etc...

5° Et M. Eugène Combet, etc...

Qualités

M. Jacques Michaud et Mme Vve Lardy, ses frère et sœur germains comme étant issus, ainsi que la *de cujus*, du mariage de M. Robert Michaud avec Mme Berthe Lémard sa deuxième épouse,

M. Paul Michaud son frère consanguin comme étant issu du mariage de M. Robert Michaud avec Mme Alice Pinchenat sa première épouse,

Et Mlle Combet et M. Eugène Combet, ses frère et sœur utérins comme étant nés du mariage de Mme Berthe Lémard susnommée avec M. Gustave Combet son premier mari,

Et en ces qualités, habiles à se porter seuls héritiers de Mlle Léontine Michaud à défaut de descendant et d'ascendant, conjointement pour le tout ou chacun dans les proportions ci-après :

1° M. Jacques Michaud, frère germain,

pour un tiers de la moitié dévolue à ligne paternelle ou 4/24 de la totalité de succession, ci. 4/24

et pour un quart de la moitié dévolue à la ligne maternelle ou 3/24 de la totalité de la succession, ci. 3/24

soit ensemble pour. 7/24

2° Mme veuve Lardy, sœur germaine,

pour même qualité dans chaque ligne, soit ensemble pour 7/24

3° M. Paul Michaud, frère consanguin,

pour un tiers de la moitié dévolue à la ligne paternelle ou 4/24 de la totalité de la succession. 4/24

4° Mlle Odette Combet, sœur utérine,

pour un quart de la moitié dévolue à la ligne maternelle ou 3/24 de la totalité de la succession, ci. 3/24

5° Et M. Eugène Combet, frère utérin,

pour même quotité. 3/24

Total égal. 24/24

53. Collatéraux aux 3° et 4° degrés avec tableau généalogique

A la requête de :

1° Marcel Albinet, etc...

2° Mlle Berthe Albinet, etc...

3° M. Justin Duflos, etc...

4° M. Augustin Decard, etc...

5° M. Georges Bernard, etc...

6° Et Mlle Suzanne Tardy, etc...

Qualités

M. Marcel Albinet, Mlle Albinet, M. Duflos, M. Decard et M. Bernard habiles à se porter héritiers conjointement pour la moitié dévolue à la ligne paternelle, ou chacun divisément pour 1/5 de ladite moitié, soit 1/10 de la totalité, de Mlle Eliane Albinet décédée sans laisser d'ascendants ni de descendants, ni de frères et sœurs ou descendants d'eux, leur cousine germaine, comme étant les seuls enfants restant exister des frères et sœurs de feu M. Théophile Albinet, père de la *de cujus*, tous prédécédés,

Et Mlle Tardy habile à se porter seule héritière de la moitié dévolue à la ligne maternelle, soit pour 5/10 de la totalité, de Mlle Albinet décédée, comme étant la seule fille restant exister de M. Pierre Morin et Mme Ursule Deveaux, décédés, aïeuls maternels de la dite demoiselle Albinet.

Pour plus de clarté, les parties ont dressé le tableau généalogique établissant leurs qualités héréditaires, lequel est demeuré ci-annexé après avoir été certifié sincère et véritable par les requérants et que dessus mention du tout ait été mise par le notaire soussigné.

54. *Collatéraux au 5ᵉ degré. Parenté dans les deux lignes*

A la requête de :
1° M. Félix Vitrier, etc...
2° M. Michel Vitrier, etc...
3° M. Elémir Debourges, etc...
4° Et Mlle Zoé Debourges, etc...

Qualités

MM. Vitrier habiles à se porter héritiers conjointement pour la moitié dévolue à la ligne paternelle ou chacun divisément pour 3/12 de la totalité, de Mlle Pierrette Vitrier, leur cousine issue de germains, comme étant les seuls arrière-petits-enfants existants de M. César Vitrier, aïeul paternel de la *de cujus* ;

M. Michel Vitrier, M. Debourges et Mlle Debourges habiles à se porter seuls héritiers conjointement pour la moitié dévolue à la ligne maternelle ou chacun divisément pour 2/12 de la totalité de ladite demoiselle Vitrier, aussi leur cousine issue de germains, comme étant les seuls arrière-petits-enfants existants de M. Edgard Rondet, aïeul maternel de la *de cujus*.

M. Michel Vitrier prend part dans les deux lignes comme étant issu du mariage de M. Denis Vitrier, cousin germain paternel de la défunte avec Mme Eléonore Rondet, cousine germaine maternelle de ladite défunte.

Par suite les droits héréditaires des réquérants sont :
pour M. Félix Vitrier de. 3/12
pour M. Michel Vitrier de 3/12 + 2/12, soit ensemble de. 5/12
pour M. Debourges de 2/12
et pour Mlle Debourges de. 2/12
Total égal. 12/12

55. *Légataire universel*

I. *Testament authentique*

A la requête de :
1° M. Louis Rollet, etc...
2° Et M. Hubert Massé, etc...

MM. Rollet, Massé habiles à se porter légataires universels en toute propriété conjointement pour le tout ou chacun divisément pour moitié de Mlle Huberte Rollet, leur tante, aux termes du testament de ladite demoiselle reçu par Mᵉ. . . notaire à. . . en présence de quatre témoins le. . . enregistré ;

Lequel legs universel peut recevoir son entière exécution, Mlle Rollet étant décédée sans laisser aucun descendant, ni aucun ascendant, et par suite aucun héritier ayant droit à un titre quelconque à une réserve légale dans sa succession, ainsi qu'il est constaté par un acte de notoriété dressé après son décès par Mᵉ. . . notaire à. . . le. . .

II. *Testament olographe*

A la requête de M . . .

Habile à se porter légataire universel en toute propriété de M. X. . . décédé, aux termes du testament de celui-ci fait en la forme olographe en date à... du... et du codicille à ce testament fait aussi en la forme olographe en date à. . . du. . ., lesdits testament et codicille déposés au rang des minutes de Me. . . notaire à. . . le. . ., en exécution d'une ordonnance de l'un des juges pour M. le Président du tribunal civil de. . . empêché, contenue en son procès-verbal de description *(ou : d'ouverture et de description)* de ces testament et codicille en date du même jour ;

Duquel legs universel, M. . . a été envoyé en possession suivant ordonnance du même magistrat en date du. . ., M. X. . . étant décédé sans laisser aucun héritier ayant droit à une réserve légale quelconque dans sa succession, ainsi qu'il est constaté par un acte de notoriété dressé par Me. . . notaire à. . . le. . . ;

La grosse de laquelle ordonnance d'envoi en possession a été déposée au rang des minutes dudit Me. . . suivant acte reçu par lui le. . .

III. *Testament mystique*

A la requête de :

M. Prosper Despoix, etc.

Habile à se porter légataire universel en toute propriété de M. Charles Despoix décédé, aux termes du testament de ce dernier fait en la forme mystique le. . . ainsi qu'il résulte d'un acte de suscription reçu par Me. . . notaire à. . . le. . ., ledit testament déposé au rang des minutes de Me. . . notaire soussigné le. . . en exécution d'une ordonnance de M. le Président du tribunal civil de. . . le . . contenue en son procès-verbal d'ouverture et de description de ce testament en date du même jour.

Duquel legs universel le requérant a été envoyé en possession suivant ordonnance, etc. . . *(comme pour le testament olographe)*. . .

56. *Donation par institution contractuelle*

A la requête de :

M. Lucien Lepaix, etc. . .

Habile à se porter donataire universel en toute propriété de M. . ., son oncle décédé, en vertu de la donation à titre d'institution contractuelle contenue au contrat de mariage du requérant reçu par Me. . ., etc. . .

57. *Exécuteur testamentaire avec saisine*

A la requête de :

M. Alfred Maugras, etc. . .

Agissant en qualité d'exécuteur testamentaire avec saisine de Mme Vve Despierres décédée, aux termes du testament de ladite dame reçu, etc. . .

58. *Légataire particulier*

En présence de : *(ou : Encore à la requête de)* :

M. Olivier Liabeuf, etc. . .

Agissant en qualité de légataire à titre particulier du mobilier garnissant la chambre à coucher de M. . ., aux termes du testament ci-dessus énoncé dudit M. . .

59. *Époux survivant seul héritier*

A la requête de

M. Valentin Blanchard, etc. . .

Agissant :

1° A cause de la communauté de biens réduite aux acquêts ayant existé entre lui et sa défunte épouse, aux termes de leur contrat, etc. . .

2° A cause des droits, reprises, etc. . .

3° Et comme habile à se porter seul héritier de sa défunte épouse, conformémen t à l'article 767 du Code civil, à défaut d'héritiers au degré successible, ainsi que le constate un acte de notoriété dressé. . . etc. . .

60. *État héritier. Déshérence*

L'an. . ., le. . ., à. . .

En exécution d'un arrêté de M. le préfet du département de. . ., en date du. . .,

A la requête de :

M. le Directeur général de l'enregistrement, des domaines et du timbre, demeurant à Paris, au ministère des finances, rue de Rivoli, n° 192,

Aux poursuites et diligences de M. . ., inspecteur de l'enregistrement, des domaines et du timbre, demeurant à. . ., désigné à cet effet par M. le Directeur de l'enregistrement du département de. . . suivant autorisation en date du. . . qu'il a représentée et qui lui a été de suite rendue.

Agissant au nom de l'État appelé à recueillir, à titre de déshérence, la succcession de M. . . décédé sans laisser aucun parent au degré successible connu, ainsi qu'il est constaté par un acte de notoriété, etc. . .,

61. *Succession vacante. Administrateur provisoire*

A la requête de :

M. . . etc. . .

Agissant en qualité d'administrateur provisoire de la succession dudit M. Charolay, décédé sans que personne ne se soit présenté pour réclamer cette succession et sans qu'aucun héritier ne se soit fait connaître, — nommé à cette fonction suivant ordonnance de M. le Président du tribunal civil de. . . en date du. . . dont l'original est demeuré ci-annexé après mention (*ou s'il y a scellés* : dont l'original enregistré à. . . le. . . folio. . . case. . . est demeuré annex é à la minute du procès-verbal de levée de scellés dont il sera ci-après parlé).

Ou : Agissant en qualité d'administrateur provisoire de la succession de M. Charolay décédé laissant pour seule héritière connue Mlle. . . sa cousine qu i a renoncé à ladite succession suivant déclaration faite au greffe du tribunal civil de. . . le. . ., sans que, depuis cette renonciation, aucune personne ne se soit présentée pour réclamer la succession dont il s'agit, ni qu'aucun héritier ne se soit fait connaître, —

Nommé à cette fonction, suivant ordonnance, etc. . .

62. *Succession vacante. Curateur*

A la requête de :

M. . . etc. . .

Agissant en qualité de curateur à la succession réputée vacante de M. . ., nommé à cette fonction aux termes d'un jugement rendu par le tribunal civil de première instance de. . . le. . .

63. *Absence. Envoyés en possession provisoire*

L'an. . .

A. . . en une maison où demeurait M. Firmin Bouziat, célibataire, disparu depuis le. . .

A la requête de :

1° M. Désiré Bouziat, etc...

2° Et Mlle Elise Bouziat, etc...

> Tous deux envoyés en possession provisoire, chacun pour moitié, des biens de M. Firmin Bouziat, leur frère germain comme étant né ainsi qu'eux du mariage de M. . . et Mme. . . décédés, comme étant les seuls présomptifs héritiers dudit M. Bouziat déclaré absent suivant jugement du tribunal civil de. . . en date du. . . non suivi d'opposition ni d'appel, ainsi qu'il en a été justifié.

En présence de :

M. . . juge de paix du canton de. . . demeurant à. . .

> Requis à cet effet par M. le Procureur de la République près le tribunal civil de. . . suivant ordonnance en date du. . ., dont l'original est demeuré ci-annexé après mention.

64. *Absence. Conjoint présent et héritiers présomptifs avant option*

L'an. . .

A. . ., en une maison où demeurait M. Firmin Bouziat et où a continué d'habiter Mme Bouziat ci-après nommée,

A la requête de :

1ent Mme Léonie Rigaud, modiste, demeurant à. . ., épouse dudit M. Firmin Bouziat et spécialement autorisée à l'effet des présentes en vertu d'un jugement rendu sur requête par le tribunal civil de. . ., le. . .

> Agissant :
>
> 1° A cause de la communauté légale de biens existant entre elle et M. Bouziat son mari déclaré absent ainsi qu'il sera ci-après rapporté, à défaut de contrat préalable à leur union célébrée à la mairie de. . . le. . ., laquelle communauté elle se réserve d'accepter ou de répudier par la suite, selon qu'elle avisera,
>
> 2° à cause des droits, reprises, etc...

2ent M. Désiré Bouziat, etc...

3ent Mlle Elise Bouziat, etc...

En présence de :

M. Louis Taupin, procureur de la République près le tribunal civil de. . ., où il demeure ;

Qualités

> M. Désiré Bouziat et Mlle Denise Bouziat, frère et sœur germains de M. Firmin Bouziat comme étant, avec lui, les seuls enfants issus du mariage de M. . . et Mme. . . décédés, et par suite ses présomptifs héritiers conjointement pour le tout ou chacun divisément pour moitié, à défaut de postérité et d'ascendants, ainsi que le constate un acte de notoriété dressé, etc...

> Et en cette qualité, envoyés en possession provisoire dans les proportions qui viennent d'être indiquées, des biens de M. Firmin Bouziat époux de Mme Léonie Rigaud requérante, déclaré absent à partir du. . ., suivant jugement rendu par le tribunal civil de. . ., le. . ., dont la grosse est demeurée annexée. . .

65. *Absence. Conjoint présent ayant opté pour la continuation de la comunauté*

A la requête de :

Mme Léonie Rigaud, rentière, demeurant à. . . épouse dudit M. Firmin Bouziat, déclaré absent suivant jugement rendu par le tribunal civil de. . ., le. . .

Mme Bouziat ayant opté pour la continuation de la communauté existant entre elle et son mari en vertu de leur contrat de mariage reçu par Me. . . notaire à. . . le. . . et ayant pris l'administration des biens de son mari suivant déclaration passée au greffe du même tribunal le. . .

En présence de :

1° M. Désiré Bouziat, etc.

2° Mlle Elise Bouziat, etc.

Seuls présomptifs héritiers, chacun pour moitié, de M. Firmin Bouziat, leur frère germain, comme étant, avec lui, les seuls enfants issus du mariage de M. . . etc...

3° Et M. . . juge de paix du canton de. . . demeurant à. . .

Requis à cet effet, etc...

66. *Mari maître des droits de sa femme*

A la requête de :

M. Sosthène Beaugros, tapissier, demeurant à. . .

Agissant au nom et comme maître des droits mobiliers et actions possessoires de Mme Césarine Parry, son épouse demeurant avec lui, et avec laquelle il est marié sous le régime, etc...

67. *Femme mariée. Divers régimes*

A la requête de :

1° M. Jean-Jacques Caquet, propriétaire, et Mme Adèle Turpin, son épouse qu'il autorise, demeurant ensemble à. . .

Mariés en premières noces sous le régime de la communauté légale de biens à défaut de contrat de mariage préalable à leur union célébrée à la mairie de. . . . le. . . ., ainsi déclaré (*ou* : ainsi qu'il résulte de leur acte de mariage dont une copie a été représentée au notaire qui l'a à l'instant rendue).

Ou bien : Mariés sous le régime de la communauté de biens réduite aux acquêts aux termes de leur contrat de mariage reçu par Me. . . notaire à. . . le. . . ne contenant aucune clause restrictive de la capacité civile de l'épouse ni prescriptive d'emploi de ses propres.

Ou bien : Mariés sans communauté aux termes de leur contrat de mariage, etc...

Ou encore : Mariés sous le régime dotal avec addition de société d'acquêts aux termes de leur contrat de mariage, etc...

2° Et Mme Héloïse Bonnard, épouse assistée et autorisée de M. Constantin Voileau, rentier avec lequel elle demeure à. . .

Mariés sous le régime dotal sans société d'acquêts avec stipulation de paraphernalité des successions qui écherraient à la femme aux termes de leur contrat de mariage reçu, etc. .

Ou bien : Mme Voileau séparée quant aux biens d'avec son mari en vertu d'un jugement contradictoirement rendu par le tribunal civil de. . . le. . ., publié et exécuté aux termes d'un acte reçu par Me. . . notaire à. . . le. . ., conte nant les opérations de liquidation des reprises et créances de ladite dame (ou : suivant jugement rendu par défaut par le tribunal civil de. . . le. . ., levé, signifié, publié, exécuté et actuellement passé en force de chose jugée ainsi que la requérante en a justifié).

68. *Femme mariée. Autorisation de justice*

A la requête de Mme Noëlle Grosdidier, rentière, domiciliée à. . ., mais résidant de fait à. . ., épouse de M. Hilaire Chardenet.

M. et Mme Chardenet mariés en premières noces sous le régime, etc...

Mme Chardenet à ce présente et spécialement autorisée à cet effet suivant jugement rendu par le tribunal civil de. . ., le. . ., dont la grosse ainsi que l'exploit de signification et les certificats de non-opposition ni appel sont demeurés ci-annexés après mention.

69. *Femme séparée de corps ou divorcée*

A la requête de :

1° Mme Henriette Blum, propriétaire, demeurant à. . .

Epouse séparée de corps et de biens de M. . . suivant jugement contradictoirement rendu par le tribunal civil de. . . le. . ., exécuté suivant acte de liquidation dressée par Me. . . notaire à. . ., commis à cet effet, le. . .

2° Et Mme Sidonie Gerfroi, rentière, demeurant à. . ., épouse divorcée de M. Bernard Worms.

70. *Mandataires de requérants et mandataire de subrogé tuteur*

A la requête de :

1ent Mme Julie Sarton, sans profession, demeurant à. . ., veuve en premières noces non remariée de M. Nicolas Gallet,

Non présente, mais représentée par M. Louis Aubry, clerc d'avoué, demeurant à. . ., son mandataire en vertu de la procuration qu'elle lui a donnée suivant acte reçu par Me. . ., notaire à. . ., le. . ., dont le brevet original légalisé est demeuré ci-annexé après mention,

Mme Gallet agissant :

1° A cause de la communauté légale de biens, etc...

2° A cause des droits, reprises, etc...

3° Etc...

2ent Et M. Maxime Lançon, industriel. demeurant à. . ., non présent, mais représenté par Mme. . ., sa femme, demeurant avec lui à. . ., comme sa mandataire en vertu de la procuration qu'il lui a donnée suivant acte reçu par Me. . . notaire à. . ., le. . ., dont le brevet original est demeuré ci-annexé après mention

Dans laquelle procuration M. Lançon a agi au nom et en qualité de tuteur de. . ., mineur comme étant né à. . ., le. . ., du mariage de M. . . et Mme. . . décédés, fonction à laquelle il a été nommé et qu'il a acceptée suivant délibération du conseil de famille dudit mineur prise sous la présidence de M. le juge de paix du canton de. . ., le. . .

En présence de :

M. Marc Joanny Bélard, clerc de notaire, demeurant à. . .,

Agissant au nom et en qualité de mandataire de M. Gustave Nolaux, rentier, demeurant à. . ., en vertu de la procuration que ce dernier lui a donnée suivant acte reçu par Me. . ., etc.

Dans laquelle procuration M. Nolaux a agi en qualité de subrogé tuteur du mineur. . ., fonction à laquelle il a été nommé et qu'il a acceptée aux termes de la délibération du conseil de famille dudit mineur du. . . ., sus-énoncée.

Qualité

Le mineur. . . habile à se porter, etc...

71. *Mineur sous l'administration légale*

A la requête de :

1° M. Marcel Randon, etc...

Agissant au nom et comme administrateur légal de M. Ludovic Randon, né à. . . le. . , son fils mineur issu de son mariage avec Mme Gustavie Blandin, demeurant avec lui,

2° Mme France Goubert, épouse divorcée de M. Amédé Guillin, sans profession, demeurant à. . .

Agissant au nom et en qualité d'administratrice légale de. . ., sa fille mineure née à. . . le. . ., de son union avec ledit M. Guillin et dont la garde lui a été confiée,

3° Et M. Lodoïs Gédon, etc...

Agissant au nom et en qualité d'administrateur *ad hoc* de Mlle Nelly Cotelle née à. . . le. . ., sous l'administration légale de M. Georges Cotelle, son père propriétaire demeurant à. . ., nommé à cette fonction en raison de l'opposition d'intérêts existant entre ledit mineur et son père suivant jugement rendu sur requête par la chambre du conseil du tribunal de. . ., le ministère public entendu, le. . .

72. *Tutelles légale, dative et testamentaire*

A la requête de:

1° M. Louis Naudin, etc...

Agissant au nom et en qualité de tuteur naturel et légal de : 1°. . ., né à. . . le. . ., et 2°. . ., né à. . . le. . ., ses deux enfants mineurs issus de son union avec Mme Adèle Vaizan décédée,

2° M. Henri Daubart, etc...

Agissant au nom et en qualité de tuteur légitime de M. . ., son petit-fils né à. . . le. . ., du mariage de M. . . et Mme. . . fille du requérant, tous deux décédés,

3° M. Adelstan Desfrançois, etc...

Agissant au nom et en qualité de tuteur testamentaire de M. . ., né à. . . le. . . du mariage de M. . . décédé à. . . le. . ., et Mme. . . décédée à. . . le. . ., fonction à laquelle il a été nommé par M. . ., mari survivant et tuteur légal dudit mineur aux termes de son testament reçu. . . (*ou* : suivant déclaration reçue par Me. . . notaire à. . ., le. . .)

Si c'est la mère remariée qui a choisi le tuteur, il y a lieu d'ajouter : laquelle désignation a été confirmée par délibération du conseil de famille du mineur prise sous la présidence de M. le juge de paix du canton de. . . le. . .

4° M. Alfred Marcenay, etc...

Agissant au nom et en qualité de tuteur datif de M. . ., né à. . . le. . ., du mariage de M. . . et Mme. . . décédés, fonction à laquelle il a été nommé et qu'il a acceptée suivant délibération du conseil de famille dudit mineur prise sous la présidence de M. le juge de paix du canton de. . . le. . .

En présence de M . . .,

    Agissant en qualité de subrogé tuteur des mineurs. . . et. . ., fonction à laquelle il a été nommé et qu'il a acceptée aux termes de la délibération sus-énoncée du conseil de famille desdits mineurs. . . en date du. . .

73. *Tuteur ad hoc*

M. Deniel Angars, etc...

    Agissant en qualité de tuteur ad hoc de M. Louis Bajard mineur né à . . ., le. . ., du mariage de M . . . et Mme. . . décédés, fonction à laquelle il a été nommé et qu'il a acceptée suivant délibération du conseil de famille dudit mineur prise sous la présidence de M. le juge de paix de. . . le. . ., en raison de l'opposition d'intérêts qui existe entre le mineur Baujard et Mlle Odile Piffault née à. . ., le. . ., du mariage de M . . . et Mme. . . décédés,

    Lesquels mineurs ont l'un et l'autre pour tuteur datif M. . ., nommé à cette fonction qu'il a acceptée suivant délibération du conseil de famille de chacun d'eux prise, savoir : en ce qui concerne M. Bajard, sous la présidence de M. le juge de paix de. . ., le. . ., et, en ce qui concerne Mlle Piffault, sous la présidence de M. le Juge de paix de..., le...

74. *Mère tutrice légale et conseil à la tutelle*

A la requête de :
Mme Annette Chauveau, rentière, demeurant à. . ., veuve en premières noces de M. Benoit Mercier,

    Agissant :
    1ent En son nom personnel,
    1o. . ., 2o. . ., etc.
    2ent Et au nom et en qualité de tutrice naturelle et légale de M. . . né à. . ., le. . ., son fils mineur issu de son union avec son défunt mari,
En présence de :
1o M. Jean Louis Belin...

    Agissant en qualité de conseil spécial nommé par M. Mercier, pour assister la requérante à tous les actes relatifs à la tutelle de son fils, aux termes du testament dudit M. Mercier fait en la forme olographe en date à. . ., du. . ., déposé au rang des minutes du notaire soussigné le. . . en exécution d'une ordonnance de M. le président du tribunal civil de. . ., contenue en son procès-verbal d'ouverture de ce testament en date du même jour,
2e Et M. . .

    Subrogé tuteur du mineur Mercier, fonction à laquelle il a été nommé et qu'il a acceptée suivant délibération du Conseil de famille dudit mineur prise sous la présidence de M. le juge de paix de. . . le. . .

Qualité

    Le mineur Mercier seul enfant existant du mariage de M. et Mme Mercier-Chauveau et en cette qualité habile à se porter seul héritier de M. Mercier, son père décédé ainsi qu'il est dit ci-dessus.

75. *Mère remariée ; mari cotuteur*

A la requête de :
M. Aubin Dumont, rentier, et Mme Clarisse Segaud son épouse qu'il autorise demeurant ensemble à. . .

Mme Dumont agissant en qualité de tutrice légale et M. Dumont en qualité de cotuteur de Mlle Josèphe Chamoux, née à. . . le. . . du mariage de ladite dame Dumont avec M. Blaise Chamoux son premier mari décédé, la requérante maintenue dans la tutelle avec la cotutelle de M. Dumont son second mari, antérieurement à leur mariage, suivant délibération du conseil de famille de la mineure Chamoux prise sous la présidence de M. le juge de paix du canton de. . . le. . .

Ou, selon le cas :

Mme Dumont agissant en qualité de tutrice dative et M. Dumont en qualité de cotuteur de Mlle Josèphe Chamoux, née à. . ., le. . ., du mariage de Mme Dumont avec M. Blaise Chamoux son premier mari décédé, la requérante réintégrée dans cette tutelle avec la cotutelle de M. Dumont postérieurement à leur mariage suivant délibération du Conseil de famille de la mineure Chamoux prise sous la présidence de M. le juge de paix de. . . le. . .

76. *Mineurs émancip s*

A la requête de :
1º M. Henri Pigeard, etc...

Encore mineur comme étant né à. . . le. . ., mais émancipé par M. Léon Pigeard son père, propriétaire, demeurant à. . ., suivant déclaration reçue par M. le juge de paix du canton de. . . le. . .

Assisté de M. . . (profession et domicile) son curateur à ce présent, fonction à laquelle il a été nommé et qu'il a acceptée suivant délibération du conseil de famille du requérant prise sous la présidence de M. le juge de paix dudit canton le. . .

2º M. Georges Dunand, etc...

Encore mineur comme étant né à. . . le. . . du mariage de M. et Mme. . . décédés, mais émancipé par une délibération de son conseil de famille prise sous la présidence de M. le juge de paix du canton de. . . le. . .

Assisté de M. . ., son curateur à ce présent, fonction à laquelle il a été nommé et qu'il a acceptée aux termes de la délibération précitée du conseil de famille dudit M. Dunand.

3º Et M. Alfred Chasles, rentier, et Mme Aline Auloy, son épouse qu'il assiste et autorise, demeurant ensemble à . . .

M. et Mme Chasles mariés..., etc.

Mme Chasles encore mineure comme étant née à. . . le. . ., mais émancipée par son mariage et ayant pour curateur légal son mari, lequel agit aux présentes en cette qualité.

77. *Conseil judiciaire*

A la requête de :
M. André Gustave Lauvergne, etc...

Assisté de Me. . ., avoué, demeurant à. . ., à ce présent, son conseil judiciaire en vertu d'un jugement rendu par le tribunal civil de. . ., le. . .

78. *Interdit*

A la requête de M. . .

Agissant au nom et en qualité de tuteur de M. Edouard Collette, interdit suivant jugement rendu par le tribunal civil de. . ., le. . ., fonction à laquelle il a été nommé et qu'il a acceptée suivant la délibération du conseil de famille dudit M. Collette prise sous la présidence de M. le juge de paix du canton de. . ., le. . .

En présence de M. . .

Agissant en qualité de subrogé tuteur de M. Collette, fonction à laquelle il a été nommé et qu'il a acceptée aux termes de la même délibération de son conseil de famille.

79. *Aliéné non interdit*

I. *Placé dans un établissement de l'assistance publique de Paris*

A la requête de M. . ., directeur de l'administration de l'assistance publique de Paris demeurant à Paris, rue. . .

Agissant au nom et en qualité de tuteur de M. . ., domicilié à. . ., actuellement placé dans l'établissement d'aliénés de. . ., ressortissant des hospices civils de Paris, conformément à la loi du 10 janvier 1849.

II. *Placé dans un autre établissement public*

A la requête de M. . .

Agissant en qualité d'administrateur provisoire des biens de M. . ., domicilié à. . ., mais actuellement placé dans l'établissement public d'aliénés de. . ., fonction à laquelle il a été nommé et qu'il accepte comme faisant partie des membres de la commission de surveillance de cet établissement, suivant délibération de ladite commission prise en la forme administrative le. . ., et dont une ampliation est demeurée ci-annexée après mention.

III. *Administrateur provisoire choisi en dehors de la commission de l'établissement public*

A la requête de M. . .

Agissant en qualité d'administrateur provisoire de biens de M. . ., domicilié à. . ., mais actuellement placé dans l'établissement public d'aliénés de. . ., nommé à cette fonction suivant jugement rendu par le tribunal civil de. . ., le. . ., dont un extrait est demeuré ci-annexé après mention.

IV. *Aliéné non interdit ni interné Administrateur provisoire*

A la requête de M. . .

Agissant en qualité d'administrateur provisoire de la personne et des biens de M. . ., fonction à laquelle il a été nommé, en conformité de l'article 497 du Code civil, par jugement rendu sur requête par le tribunal civil de. . . le. . . dont une expédition est demeurée annexée à la minute d'un acte en constatant le dépôt dressé par le notaire soussigné le. . .

V. *Aliéné non interdit ni interné et sans administrateur provisoire Notaire commis pour le représenter*

En présence de M. . . . notaire, demeurant à . . .

Agissant au nom de M. . . comme ayant été commis à l'effet de représenter au présent inventaire, M. . ., aliéné non interdit ni pourvu d'un administrateur provisoire, suivant ordonnance rendue sur requête par M. le Président du tribunal civil de. . . le. . . dont l'original est demeuré ci-annexé après mention.

80. *Syndic de faillite*

A la requête de M. . .

Agissant au nom et en qualité de syndic de l'union des créanciers de M. X...
épicier, demeurant à. . ., déclaré en état de faillite suivant jugement du tribunal de commerce de. . .; fonction à laquelle le requérant a été nommé par jugement du même tribunal en date du. . .

En présence de M. X... susnommé (1).

81. *Liquidé judiciaire et son liquidateur*

A la requête de M. Albert Ory, etc...

Agissant comme étant en état de liquidation judiciaire en vertu d'un jugement sur requête rendu par le tribunal de commerce de. . . le. . .

Ledit M. Ory assisté de M. . . ancien avoué, demeurant à. . . ici présent en qualité de liquidateur définitif à sa liquidation judiciaire, nommé à cette fonction suivant jugement du même tribunal en date du. . .

82. *Liquidateur autorisé à agir seul*

A la requête de M. . .

Agissant en qualité de liquidateur définitif de M. . . Ory. . . en état de liquidation judiciaire en vertu d'un jugement sur requête rendu par le tribunal de commerce de. . . le. . ., fonction à laquelle le requérant a été nommé suivant jugement du même tribunal en date du. . .

Ledit M. . . autorisé à agir seul au présent inventaire, au refus de M. Ory, suivant ordonnance du juge-commissaire en date du. . ., dont l'original est demeuré ci-annexé après mention.

83. *Notaire commis pour représenter un présumé absent*

En présence de Me. . . notaire, demeurant à. . .

Agissant au nom et comme représentant M. . . actuellement sans résidence ni domicile connus et n'ayant plus donné de ses nouvelles depuis le début de l'année. . ., en conséquence présumé absent,

Ledit M. . . commis à cet effet suivant jugement rendu en la chambre du conseil par le tribunal civil de. . . le. . . dont la grosse est demeurée ci-annexée après mention.

84. *Notaire commis pour représenter un non présent*

En présence de M. . . etc...

Agissant au nom de M. . ., comme ayant été commis à l'effet de le représenter aux présentes opérations suivant ordonnance de M. le Président du tribunal civil de. . . en date du. . . dont l'original est demeuré ci-annexé après mention (*ou, en cas de scellés* : est demeuré annexé au procès-verbal de levée des scellés dont il sera ci-après parlé).

---

(1) La présence du failli n'est pas nécessaire, mais elle doit être constatée, si celui-ci juge à propos d'intervenir.

85. *Notaire commis en cas d'urgence*

I. *Pour représenter des héritiers non présents*

En présence de M. . .

Commis à l'effet de représenter au présent inventaire 1°. . . . 2°. . . . et tous autres héritiers inconnus de Mlle Burtin décédée, aux termes d'une ordonnance de M. le Président du tribunal civil de. . ., en date du. . . dont l'original. . . (*comme ci-dessus*).

II. *Pour représenter un mineur non pourvu de tuteur*

En présence de M. . .

Agissant au nom et comme représentant le mineur. . . non encore pourvu de tuteur; commis à cet effet, en raison de l'urgence, par ordonnance de M. le Président du tribunal civil de. . ., en date du. . ., dont l'original, etc...

86. *Créanciers opposants*

I. *S'il n'y a pas de scellés ni de sommation*

A la requête de :
M. . . (*énoncer les qualités héréditaires*).
En présence de M. . .

Se disant créancier de la succession de M. . . et à ce titre ayant déclaré s'opposer à ce qu'il fût procédé aux présentes opérations hors sa présence, suivant exploit de. . ., huissier à. . ., en date du. . ., dont l'original est demeuré ci-annexé après mention.

A la conservation des droits et intérêts, etc...

II. *S'il y a scellés et sommation*

Intitulé ordinaire juqu'à :

Sur les représentations et déclarations qui seront faites du tout par M. . . gardien des scellés dont il sera ci-après parlé. lequel averti du serment qu'il aura à prêter en fin du présent inventaire a promis d'y déclarer et faire comprendre tout ce qui à sa connaissance peut dépendre tant activement que passivement desdites communauté et succession.

La prisée des objets susceptibles d'estimation sera faite par M. . ., lequel à ce présent a promis de faire cette prisée à sa juste valeur.

Il sera procédé au fur et à mesure que les scellés apposés par M. le juge de paix du canton de. . . suivant procès-verbal en date du. . . auront été reconnus par ce magistrat sains et entiers, et comme tels levés et ôtés suivant procès-verbal en date de ce jour.

Il est ici fait observer :

Que M. . . X. . ., M. . . Y. . . et M. . . Z. . . se prétendant créanciers du *de cujus* ont formé opposition à ce qu'il soit procédé à la levée desdits scellés et au présent inventaire hors leur présence, suivant exploit de. . . huissier à. . . en date du. . .

Que suivant exploit de. . ., huissier à. . ., en date du. . ., il a été fait sommation à MM. X. . ., Y. . . et Z. . . de se trouver à ces jour, heure et lieu afin d'être présents aux opérations de levée de scellés et d'inventaire, avec déclaration qu'à défaut par eux de comparaître ou se faire représenter, il serait prononcé défaut de suite et procédé aux dites opérations en leur absence comme en leur présence, l'original de laquelle sommation est demeuré annexé au procès-verbal de levée des scellés dressé par M. le juge de paix. ce jour même ;

Que M. X. . ., quoique régulièrement sommé, n'ayant pas comparu ni personne pour lui, il a été prononcé défaut contre lui, ainsi que le constate le procès-verbal de levée de scellés sus-énoncé ;

Et qu'à l'instant se sont présentés :

1° M⁰. . ., avoué près le tribunal civil de. . ., demeurant a. . ., au nom et comme porteur des titres de M. Y. . . susnommé,

2° Et M. Z. . . aussi susnommé,

Lesquels ont déclaré comparaître pour assister à la levée des scellés et à l'inventaire dont il s'agit.

Et sous toutes réserves de fait et de droit, les parties requérantes et présentes ont signé avec M. M. . . le gardien des scellés, le commissaire-priseur et le notaire, après lecture faite.

87. *Biens d'un interdit judiciaire*

L'an. . ., le. . ., à. . . heures,

A. . . rue. . . n°. . ., dans la maison où habitait M. Johan Desgarets, ancien banquier, actuellement placé à l'asile de. . ., interdit suivant jugement du tribunal civil de. . . en date du. . .

A la requête de M. . .

Agissant en qualité de tuteur à l'interdiction de M. Desgarets, fonction à. laquelle il a été nommé et qu'il a acceptée suivant délibération du conseil de famille dudit M. Desgarets, prise sous la présidence de M. le juge de paix du canton de. . . le. . .

En présence de M. . .

Agissant en qualité de subrogé tuteur de l'interdit, fonction à laquelle il a été nommé et qu'il a acceptée aux termes de la délibération précitée dudit conseil de famille.

A la conservation des droits et intérêts de M. Johan Desgarets et de tous autres qu'il appartiendra.

Il va être par M⁰. . . notaire à. . . .

Procédé à l'inventaire fidèle et description exacte, etc...

88. *Biens d'un interdit légalement*

L'an. ., le. . ., à. . . heures,

A. . ., dans une maison sise rue. . . n°. . . où demeurait M. Alphonse Pariat. . .,
interdit légalement suivant arrêt de la Cour d'assises de. . . rendu le. . .

A la requête de M. . .

Agissant en qualité de tuteur à l'interdiction de M. Pariat, fonction à laquelle il a été nommé, etc... (comme ci-dessus).

En présence de M. . .

Agissant en qualité de subrogé tuteur dudit M. Pariat, fonction à laquelle, etc...

A la conservation, etc...

III. — Prisée

89. *Préciput*

Mme X. . ., requérante, déclare :

Qu'aux termes de l'article. . . de son contrat de mariage précité elle a droit de prélever tels objets qu'il lui plaira à titre de préciput, jusqu'à concurrence de la somme de. . .
francs.

Qu'en conséquence elle a réuni, comme devant être prélevés par elle, les objets ci-après
dont l'estimation a lieu par distinction comme suit :

1° Un lit, etc...

90. *Prisée en cas de séparation de biens*

Préalablement à la prisée qui va suivre, M. . . fait observer qu'aux termes de son
contrat de mariage sus-énoncé il a été stipulé :

Que tous les meubles meublants, objets mobiliers, linge et ustensiles de ménage qui
garniraient l'habitation commune seraient de plein droit réputés appartenir à la femme
qui seule possédait des objets de cette nature, à moins que le mari ou ses héritiers ne
puissent justifier d'un droit de propriété par titres et pièces réguliers ;

Et que chaque époux ou ses héritiers et représentants aurait le droit de reprendre les
habits, linge et bijoux à son usage personnel comme étant la représentation des objets
de semblable nature qu'ils possédaient au jour de leur mariage.

En conséquence, il ne sera compris dans la présente prisée que les objets dépendant de
la succession de Mme. . .

91. *Prisée en présence d'une femme commune ayant exercé*
une profession distincte

Préalablement à la prisée qui va suivre, Mme Vve. . . fait observer :

Qu'au cours de son mariage avec M. . . décédé, elle a exercé personnellement une profession distincte de celle de son mari ainsi qu'il a été constaté par un acte de notoriété
dressé par Me. . . notaire à. . . le. . . ;

Qu'avec les gains et économies provenant de son industrie personnelle, elle a notamment
acheté divers objets mobiliers qui existent en nature ;

Et qu'au cas où elle viendrait à renoncer à la communauté (*ou* : à la société d'acquêts)
ayant existé entre elle et son défunt mari, elle aurait le droit d'exercer la reprise en
nature de ces objets mobiliers.

En conséquence, la prisée desdits objets mobiliers et celle des autres objets qui peuvent
exister seront faites par distinction, ainsi qu'il suit. . . etc...

92. *Reprise en nature des effets du survivant*

Préalablement à la prisée, Mme. . . fait observer qu'il a été stipulé sous l'article. . .
de leur contrat de mariage ci-dessus énoncé que chacun des époux reprendrait en nature
les habits, linge et bijoux à son usage personnel au jour de la dissolution du mariage,
comme étant la représentation de ceux de même nature qu'il possédait au jour dudit
mariage.

En conséquence, ces objets ne seront pas compris aux présentes (*ou* : seront, sur la
demande des requérants, prisés par distinction).

93. *Effets des enfants*

A l'ouverture d'une tutelle, on doit mettre : Les habits, linge, effets et meubles à l'usage
personnel des enfants étant considérés comme leur propriété particulière seront

décrits et prisés par distinction, à raison de la garde et possession qu'en aura leur tuteur.

Dans les autres cas : Les habits, linge, effets et meubles à l'usage personnel des enfants ne seront pas compris dans la présente prisée, comme étant leur propriété particulière.

94. *Portraits de famille. Armoiries, etc.*

Un tableau avec cadre en bois sculpté style Louis XV, représentant M. . . . en costume de général, estimé. . .

Une épée d'honneur, lame en acier avec incrustations, garde en argent doré, évaluée à. . .

95. *Manuscrits*

Un manuscrit sur papier vergé ayant. . . pages, écrit en entier de la main de M. . . . et portant le titre de. . .

Le requérant déclare que cet ouvrage est resté à l'état de manuscrit, M. . . . n'ayant pas voulu le livrer à la publicité (*ou* : étant dans l'intention de ne pas le livrer à la publicité).

96. *Intervention d'experts spéciaux*

La prisée des objets ci-après sera faite par M. le commissaire-priseur sur l'avis et avec l'assistance de M. . . ., expert en. . . (*librairie, ou : en tableaux, ou : en joaillerie, etc.*), demeurant, à. . . ., lequel à ce présent a promis de donner son avis en son âme et conscience :

41o. . . etc...

La mission de M. . . . étant terminée, il a signé en cet endroit, après lecture faite, puis il s'est retiré.

(Signature.)

97. *Objets revendiqués. Propriété reconnue*

Au présent inventaire est à l'instant intervenu M. . .

Lequel a déclaré qu'il avait remis en garde à M. . . ., *de cujus*, à titre de dépôt, les objets mobiliers suivants : 1º etc... (*simple description*).

Par suite, il demande que remise lui soit faite de ces objets comme étant sa propriété personnelle.

Les parties reconnaissant le bien fondé de cette revendication consentent que ledit M. . . . enlève les objets lui revenant et qu'ils lui ont à l'instant remis.

En conséquence, M. . . ., intervenant, leur consent toute décharge utile, et après lecture faite, il a signé et s'est retiré.

(Signature.)

98. *Objets revendiqués. Propriété contestée*

Aux présentes est à l'instant intervenu M. . .

Lequel a déclaré qu'il avait remis en garde au *de cujus*, à titre de dépôt : 1º (*description sommaire*).

Par suite, il demande que remise lui soit faite de ces objets comme étant sa propriété personnelle.

Et il a signé, après lecture.

(Signature.)

Les requérants font toutes protestations et réserves contre les réclamations et déclarations de M. . . qui, au surplus, n'apporte aucune justification à l'appui de ses dires (*ou* : Les requérants déclarent se réserver la faculté de se renseigner sur le bien fondé de cette revendication à l'appui de laquelle il n'est d'ailleurs apporté aucune justification).

Mais afin de ne pas retarder les présentes opérations, ils requièrent le notaire d'inventorier par distinction les objets revendiqués.

Et ils ont signé, après lecture.

(Signatures.)

M. . . intervenant, ayant déclaré adhérer à cette réquisition, sous réserve de ses droits, il a été procédé à la prisée desdits objets ainsi qu'il suit : etc...

99. *Objets étrangers à la succession*

M. . ., requérant, déclare :

Qu'il existe dans les lieux où il est procédé divers objets mobiliers, instruments de chirurgie et de médecine et livres de médecine appartenant au docteur. . ., demeurant actuellement à. . ., qui, d'après le testament de la défunte, les a laissés à ladite dame à titre de garantie du paiement d'une somme de. . . qu'il lui devait ;

Qu'en conséquence il n'y a pas lieu de les estimer au présent inventaire.

Par suite, ces objets ont seulement été décrits par distinction, de la manière suivante : etc.

100. *Objets légués*

Préalablement à la prisée qui va suivre, il est fait observer qu'aux termes de son testament sus-énoncé, M. . ., *de cujus,* a fait divers legs particuliers d'objets mobiliers.

En conséquence, la prisée de ces objets et celle des objets non légués seront faites par distinction ainsi qu'il suit :

1ent *Objets non légués.*

1º, etc...

2ent *Objets légués à M.* . .

1º, etc...

3ent *Objets légués à Mme.* . .

1º, etc...

101. *Prisée ordinaire*

Dans la cuisine au rez-de-chaussée, éclairée par une fenêtre sur la cour.

1º Une série de huit casseroles en cuivre rouge, prisée. . . francs, ci . . . .   » »

2º Quatre casseroles, deux tourtières et un chauffoir en fer battu, prisés ensemble . . . . . francs, ci . . . .   » »

3' Un buffet de cuisine en hêtre, prisé. . . fr., ci . . . .   » »

4º etc...

Dans la salle à manger éclairée par deux fenêtres sur la rue.

5º Une table à quatre rallonges en chêne, prisée. . . fr., ci . . . .   » »

6º Un buffet avec étagère, style Louis XVI, en chêne, prisé. . . fr., ci . . . .   » »

7º Douze chaises en chêne recouvertes en maroquin, prisées . . . fr. . .   » »

Dans le salon éclairé par. . . fenêtres sur la rue.

8º Une galerie en bronze doré, une pelle, des pincettes, un porte-pelle et un garde-étincelle, prisés. . . fr., ci . . . .   » »

9º Un meuble de salon Louis XVI, en bois doré, recouvert en satin rose avec dessins, composé de : un canapé, deux bergères, six fauteuils et deux chaises, prisés. . . . fr., ci . . . .   » »

10º, etc...

A reporter . . .   » »

Report . . . . .   »   »

Dans la chambre à coucher de M . . ., éclairée par deux fenêtres sur la cour.

11° Un lit Pompadour à deux faces, en acajou, avec un sommier élastique, un matelas, deux couvertures de laine, un couvre-pied en satin gris et un édredon américain en soie gris perle, le tout prisé. . . fr., ci . . . .   »   »

12° Une table de nuit à deux pans, en acajou, prisée. . . fr., ci . . . .   »   »

13° Deux rideaux de lit et un baldaquin, prisés. . . fr., ci . . . .   »   »

14° etc...

Dans le cabinet à toilette à côté.

15° Une table à toilette citronnier avec marbre, prisée. . . fr., ci . . . . . .   »   »

16° etc...

Dans un autre salon éclairé par. . . fenêtres.

17° Un tableau à l'huile représentant une scène champêtre et signé de . . ., prisé . . fr., ci . . . .   »   »

18° Un tableau par. . . (femme en toilette de soirée) prisé. . . fr., ci. . . .   »   »

19° Un sujet en bronze représentant un joueur de vielle, prisé. . . fr., ci . .   »   »

20° Deux cornets en porcelaine de Sèvres, monture en bronze, prisé. . . fr., ci . . . .   »   »

21° Un paravent à quatre feuilles à scènes japonaises, prisé . . . fr., ci. . . . .   »   »

Dans la cave.

22° Trois pièces de vin de Bourgogne de 218 litres chacune, prisées. . . fr.. ci . . . .   »   »

23° Quatre-vingts bouteilles de vin du Clos-Vougeot, année 1898, prisées. . . fr., ci. . . . .   »   »

Dans une écurie.

24° Un cheval pie, appelé Pompon, âgé de. . . ans, prisé. . . fr., ci. . . . .   »   »

25° Un poney bai, appelé Bagatelle, âgé de. . . ans, prisé. . . fr., ci . . . .   »   »

Dans une étable.

26° Une vache sous poil roux, âgée de cinq ans, prisée. . . fr., ci. . . . . .   »   »

27° Un veau sous poil blanc, âgé de trois mois, prisé. . . fr., ci. . . . . .   »   »

28° Un autre veau sous poil roux, âgé de quinze jours et devant par suite être considéré comme fruit ; en conséquence il est prisé par distinction. . . fr., ci. . . . .   »   »

29°, etc...

Total de la prisée . . . .   »   »

102. *Prisée après le décès d'un commerçant*
(*Experts intervenant au cours de la prisée*)

Mobilier personnel

Dans la cuisine éclairée. . .

1°, etc. . .

Total de la prisée du mobilier personnel. . . . .   »   »

Fonds de commerce

M. . . déclare :

Qu'il dépend de la communauté ayant existé entre lui et sa défunte épouse un fonds de commerce de marchand épicier exploité à. . ., rue. . ., n°. . .

Qu'aux termes de son contrat de mariage énoncé en tête des présentes (1) il a été stipulé

____

(1) *Si l'époux survivant n'a pas la faculté de conserver le fonds de commerce, il y a lieu de modifier cette formule comme suit :*

que le survivant des époux aura le droit de conserver pour son propre compte le fonds de commerce qui serait exploité par eux au moment du décès du prémourant, ensemble les ustensiles, marchandises et droit au bail pouvant en dépendre, le tout au prix de l'estimation qui en sera faite alors par inventaire régulier, et à la charge du paiement des loyers et de l'exécution des conditions du bail;

(*Lorsqu'il y a lieu, mettre ici* : Que depuis le décès de Mme. . ., il a continué les opérations de ce fonds de commerce, qu'il a vendu les marchandises dans les mêmes proportions que du vivant de son épouse, qu'il a remplacé ces marchandises au fur et à mesure de la vente avec les fonds en provenant et que les bénéfices ont servi à acquitter à due concurrence les charges;

Que la situation dudit fonds de commerce se trouve donc être sensiblement la même aujourd'hui qu'au jour du décès de Mme. . .);

Qu'il y a lieu de comprendre au présent inventaire ce fonds de commerce avec le matériel et les marchandises en dépendant,

L'estimation du tout sera faite par M. le commissaire priseur, sur l'avis de 1° M. . . 2° Et M. . .

Experts choisis par les parties, ici présents et intervenants,

Lesquels ont prêté serment entre les mains de Me. . ., notaire, soussigné, de donner leur avis en leur âme et conscience et eu égard aux cours du jour.

Et ils ont signé en cet endroit, après lecture faite.

(Signatures.)

Matériel

1° Un comptoir en chêne verni avec bureau vitré, prisé.. . .francs, ci. . . . . .   »   »
2° etc. . .

Total de la prisée du matériel. . . francs, ci. . . . . .   »   »

Marchandises

1° Dix boîtes de sucre scié, marque Say, d'un kilogramme chacune, prisées. . . francs, ci. . . . .   »   »
2° etc...

Total de la prisée des marchandises. . .francs, ci. . . .   »   »

Fonds de commerce

Après s'être rendu compte de l'importance des affaires commerciales d'après les livres de comptabilité tenus par M. . . et après s'être entourés de tous les renseignements propres à les éclairer sur la valeur du fonds de commerce dont il s'agit, MM. les experts et M. le commissaire priseur ont été d'avis, d'un commun accord, d'estimer, comme de fait ils estiment ledit fonds de commerce à la somme de. . . francs, y compris la clientèle ou achalandage et le droit au bail des lieux où il s'exploite, mais en ce non compris le matériel, les marchandises et les loyers d'avance.

M. . . déclare :

Qu'il dépend de la communauté ayant existé entre lui et sa défunte épouse un fonds de commerce de. . . exploité à. . .

Qu'en raison du peu de temps écoulé depuis le décès de Mme. . ., les marchandises actuelles sont à peu de chose près les mêmes qu'au jour de ce décès, et qu'au surplus celles vendues depuis trouvent leur contre-partie dans un supplément de créances ou dans une diminution de charges;

Que la situation dudit fonds est donc sensiblement la même aujourd'hui qu'au jour du décès de Mme. . .,

Et qu'il y a lieu de comprendre, etc...

Récapitulation des prisées

1° Mobilier personnel . . . . » »
2° Matériel . . . . » »
3° Marchandises. . . . . » »
4° Et fonds de commerce. . . . . » »
          Total . . . . » »

S'il y a lieu : La mission de MM. les experts (*ou* : de M. le commissaire priseur et des experts), étant terminée, ils ont signé en cet endroit et se sont retirés.

                                         (Signatures.)

(Pour une autre formule avec réquisition de référé, voir ci-après n° 200.)

103. *Prisée après le décès d'un cultivateur (Experts présents à l'intitulé)*

Mobilier personnel

Dans la cuisine

1° Deux chenêts, un porte-broche, etc. . . . . » »
        Total de la prisée du mobilier. . . . francs, ci. . . » »

Matériel de culture et bestiaux

21° Une charrue en fer, prisée. . . fr., ci. . . . . » »
22° Une faucheuse-lieuse, système. . ., avec accessoires, prisée. . . fr., ci. » »
23°, etc. . .
Total de la prisée du matériel de culture et des bestiaux. . . fr., ci. . . . . » »

Labour, fumiers et semences

1ent Sur les propres de M. . .
24° Labours, fumiers et semences faits et répandus sur. . . hectares. . . ares. . . centiares de blé, prisés. . . fr., ci. . . . . » »
25° Labours, fumiers et semences sur. . . hectares. . . ares. . . centia-res de seigle, prisés. . . fr., çi. . . . . » »
26° Labours et semences sur. . . hectares. . . ares d'avoines, prisés. . . fr., ci. » »
27° Labours pour préparation de. . . sur. . ., prisés. . . fr.. ci. . . . . . . » »
        Ensemble . . . . » »

2ent Sur les propres de Mme. . .
28°, etc...

Récoltes coupées (1)

29° La récolte en luzerne provenant de la coupe faite antérieurement au décès de Mme. . ., sur. . . hectares. . . ares. . . centiares. . . . formant environ. . . bottes, de chacune. . . kilogrammes, estimées. . . . . fr., ci. . . » »
30°, etc...

Terres dépendant de la communauté chargées de récoltes

1ent Récolte en blé.
1° . . . hectares. . . ares. . . centiares, lieudit le. . ., cadastré sec-tion D, n°s 121 et 122, ci . . . . *mémoire*

(1) Lorsqu'il s'agit d'immeubles tenus à bail, il est indispensable de vérifier les clauses du bail et de déduire de l'estimation des récoltes les foins, pailles et fourrages qui doivent rester à la ferme.

2°, etc...
2ent Récolte en avoine,
3°, etc...

Terres dépendant de la succession chargée des récoltes

1ent Blé.
1°. . . hectares. . . ares. . . centiares, lieudit. . ., cadastré section A,
n° 48, ci. . . . . *mémoire*
2°, etc. . . .
2ent Orge.
3°, etc. . . .

Récapitulation des prisées

1° Prisée du mobilier personnel. . . . . » »
2° Prisée du matériel de culture et des bestiaux. . . . . » »
3° Prisée des labours, fumiers et semences sur les propres de M. . . . . . . » »
4° Prisée des labours, fumiers et semences sur les propres de la succession. » »
5° Prisée des récoltes coupées au décès. . . . . » »
         Total général desdites prisées. . . . . » »

104. *Récolement*

Sur le mobilier

Les parties déclarent :

Que M. Héricourt, mari de la *de cujus*, est décédé à. . ., le. . ., et qu'après son décès inventaire a été dressé par M°. . ., notaire soussigné, suivant procès-verbal en date au commencement du. . .

Que les meubles meublants et objet mobiliers dépendant de la communauté ayant existé entre M. et Mme Héricourt ont été alors prisés par M°. . ., commissaire priseur à. . ., à la somme de. . .

Que ces meubles et objets mobiliers se retrouvent tous en nature et à peu près dans le même état que lors du décès de M. Héricourt,

Que par suite leur valeur est sensiblement la même que celle qui leur a été donnée en l'inventaire après ce décès.

En conséquence, les parties estiment qu'il n'y a pas lieu de procéder à une nouvelle prisée de ce mobilier, mais seulement à son récolement.

(*Ou, suivant le cas*) :

Les parties déclarent :

Que M. Héricourt, mari de la *de cujus*, est décédé à. . ., le. . .

Qu'après son décès, inventaire a été dressé par M°. . ., notaire soussigné, suivant procès-verbal en date au commencement du. . .

Que les objets susceptibles d'estimation qui dépendaient de la communauté d'entre M. et Mme Héricourt ont été décrits et prisés audit inventaire par M. . .

Que ceux existant aujourd'hui font partie de ceux écrits en cet inventaire, et que la valeur est, eu égard au peu de temps écoulé depuis leur prisée, la même que celle qui leur a été donnée alors,

Qu'il y a lieu par suite de procéder seulement au récolement desdits objets).

M. . ., commissaire priseur, après avoir procédé à ce récolement, a reconnu que les objets compris en l'inventaire précité existent en nature, sauf ceux prisés sous les articles ci-après qui ne se retrouvent pas, savoir :

1°. . . . . » »
Soit ensemble. . . . . » »

Il y a donc lieu de déduire de la prisée totale des objets faite en l'inventaire après le décès de M. Héricourt et s'élevant à. . ., ci. . . . .   » »
la somme de. . ., montant de la valeur des objets disparus. . . . .   » »
En sorte qu'il reste pour le mobilier actuel. . . . .   » »

Sur le matériel (en cas de fonds de commerce)

(*Comme pour le mobilier.*)

Sur les marchandises

(*Prisée nouvelle.*)

Sur le fonds de commerce

Les parties déclarent :

Qu'il dépend de la succession de Mme Héricourt le fonds de commerce de. . ., exploité à. . . qui dépendait précédemment de la communauté ayant existé entre elle et son mari prédécédé et qui appartenait depuis à ladite dame en vertu de la faculté à elle accordée par l'article. . . de son contrat de mariage ci-après énoncé de conserver ce fonds pour son compte personnel, laquelle faculté elle a exercée après le décès de son mari par l'option qu'elle fit et qui est contenue en l'inventaire après le décès et ci-dessus énoncé,

Que depuis le décès de Mme Héricourt, les parties ont continué les opérations. . . (*V. formule* 102).

105. *Transport au cours de la prisée*

Mme. . . déclare :

Que son mari exploitait un fonds de commerce de. . . dans une maison sise à. . . rue. . ., n°. . .,

Que ce fonds de commerce dépend de la communauté d'entre elle et son défunt mari et que par suite il y a lieu de comprendre en cet endroit du présent inventaire les meubles meublants, objets mobiliers, titres, papiers et notes se trouvant audit lieu, ainsi que le matériel et les marchandises du fonds de commerce dont il s'agit.

En conséquence, elle requiert le notaire soussigné et le commissaire priseur de se transporter immédiatement, sans interrompre la séance, audit fonds de commerce pour y procéder à sa prisée et au classement des titres et papiers.

Déférant à cette réquisition, le notaire et le commissaire priseur ont signé avec les parties en cet endroit, après lecture faite.

(*Signatures.*)

On continue ensuite :

Le notaire, le commissaire priseur et les parties s'étant transportés dans les lieux dont il est ci-dessus question, sis à. . ., rue. . ., n°. . ., il y est procédé de la manière suivante, etc...

IV. — Ajournements

106. *Inventaire sans scellés*

Ce fait, tous les objets ci-dessus inventoriés et ceux restant à l'être sont, du consentement des parties, demeurés en la garde et possession de M. . ., qui le reconnaît et s'en charge, pour en faire la représentation quand et à qui il appartiendra.

La séance pour la continuation du présent inventaire a été remise d'un commun accord à demain jeudi, vingt-six du présent mois de. . ., à dix heures du matin, les parties consentant à ce qu'il soit procédé tant en leur absence que présence (*ou* : a été remise à un jour qui sera ultérieurement fixé).

Il a été vaqué à tout ce que dessus depuis ladite heure de. . . jusqu'à celle de. . ., par simple (*ou* : double, triple) vacation.

Et sous toutes nouvelles réserves et protestations de droit, les parties ont signé avec. . . et le notaire, après lecture faite.

107. *Inventaire avec scellés réapposés*

Ce fait la séance pour la continuation du présent inventaire a été remise à. . .

M. le juge de paix a réapposé les scellés à tous les endroits où ils avaient été mis précédemment, sauf sur l'armoire se trouvant. . ., attendu que cette armoire et son contenu ont été prisés ainsi qu'il est dit plus haut (*ou*: M. le juge de paix a réapposé les scellés sur. . . qui restent seuls à inventorier).

Tous les objets ci-dessus inventoriés et ceux restant à l'être sont demeurés, du consentement des parties, en la garde et possession de M. . . susnommé qui le reconnaît et s'en charge pour en faire la représentation quand et à qui il appartiendra.

Il a été vaqué à tout ce que dessus depuis ladite heure de. . . jusqu'à celle de. . . par simple (*ou* double, etc.) vacation.

Et sous toutes nouvelles réserves et protestations de droit, les parties, etc. . .

108. *Inventaire avec scellés non réapposés*

Ce fait, M. le juge de paix, à la réquisition expresse des parties, n'a pas réapposé les scellés, et M. . ., gardien desdits scellés, à à l'instant prêté serment entre les mains de M⁰. . ., notaire soussigné, d'avoir dit, déclaré et représenté tout ce qui, à sa connaissance, dépend tant activement que passivement de la succession de M. . . (*ou*: de la communauté ayant existé entre M. et Mme. . . et de la succession particulière de M. . .), sans en avoir rien pris, caché ni détourné, de ne savoir ni avoir vu qu'il en ait été rien pris, caché ni détourné par qui que ce soit, directement ou indirectement (1).

Tous les objets ci-dessus inventoriés et ceux restant à l'être sont, du consentement des parties demeurés en la garde et possession de M. . ., qui le reconnaît et s'en charge pour en faire la représentation quand et à qui il appartiendra.

La séance pour la continuation du présent inventaire a été remise...

Il a été vaqué à tout ce que dessus. . .

Et sous toutes nouvelles réserves. . .

109. *Ajournement avec réquisition de transport*

Ce fait, la séance pour continuer le présent inventaire dans une maison de campagne située à. . ., que M. et Mme. . . occupaient l'été, a été remise, du consentement des parties, à. . .

Tous les objets ci-dessus inventoriés et ceux restant à l'être sont, également du consentement des parties, demeurés en la garde et possession de. . ., etc. . .

Il a été vaqué à tout ce que dessus. . .

Et sous toutes nouvelles réserves. . .

110. *Ajournement lorsqu'il y a des créanciers opposants*

Ce fait, tous les objets ci-dessus inventoriés et ceux restant à l'être sont. . .

La séance pour la continuation du présent inventaire a été remise. . .

(1) Nous ne voyons pas la nécessité de faire donner une décharge expresse au gardien des scellés, dont le principal effet serait d'occasionner un droit d'enregistrement de 6 francs.

Observation faite que cette nouvelle séance aura lieu en la présence de M. . ., seul créancier du défunt qui se soit présenté pour assister aux opérations, sans qu'il soit besoin d'y appeler de nouveau les défaillants.

Il a été vaqué à tout ce que dessus. . .

Et sous toutes nouvelles réserves. . .

Si plusieurs créanciers sont présents, il est dit alors :

A l'instant, MM. . ., créanciers opposants, ont déclaré choisir, d'un commun accord, M. . ., l'un deux pour les représenter aux séances ultérieures du présent inventaire, et lui donner à cet effet les pouvoirs nécessaires pour faire au cours desdites opérations tous dires, déclarations, réquisitions, protestations et réserves, produire tous titres et pièces, introduire tous référés ou y défendre et généralement faire tout ce qui sera nécessaire dans leur intérêt commun.

111. *Ajournement avec renvoi à l'étude*

Ce fait, tous les objets ci-dessus inventoriés et ceux restant à l'être sont. . .

La séance pour la continuation du présent inventaire a été renvoyée au. . ., à. . . heure du. . ., en l'étude de M⁰. . ., notaire soussigné, où les titres et papiers seront transportés pour y être classés et inventoriés.

Il a été vaqué à tout ce que dessus. . .

Et sous toutes nouvelles réserves. . .

112. *Ajournement pour prendre des renseignements*

M. . ., requérant, déclare que les titres et notes relatifs à diverses créances souscrites par M. . . au profit du *de cujus* sont entre les mains de M⁰. . ., notaire à. . ., qui était chargé d'encaisser les intérêts produits par ces créances, et que par suite il se trouve dans l'impossibilité de faire comprendre au présent inventaire ces créances dont il ignore le montant et les conditions.

Il requiert donc M⁰. . ., notaire soussigné, d'ajourner les opérations jusqu'à ce qu'il ait pu se procurer les pièces et renseignements nécessaires.

En conséquence, la séance pour la continuation du présent inventaire a été remise à un jour qui sera ultérieurement fixé.

Tous les objets ci-dessus inventoriés. . .

Il a été vaqué à tout ce qui précède. . .

Et sous toutes nouvelles réserves. . .

113. *Ajournement par suite d'apposition des scellés*

A l'instant, s'est présenté M. le juge de paix du canton de. . ., assisté de son greffier, lequel a déclaré venir apposer les scellés au domicile mortuaire de M. . . sur les meubles et objets mobiliers dépendant de sa succession.

En conséquence, les opérations du présent inventaire ont été ajournées à un jour qui sera ultérieurement fixé.

Les objets ci-dessus inventoriés et ceux restant à l'être sont demeurés en la garde et possession de M. . . constitué gardien des scellés présentement apposés, lequel à ce présent le reconnaît et s'en charge pour en faire la représentation quand et à qui il appartiendra.

Il a été vaqué à ce que dessus. . .

Et sous toutes nouvelles réserves et protestations, les parties ont signé avec le gardien des scellés, le commissaire priseur et le notaire, après lecture faite.

114. *Découverte d'un testament*

I. — *Au cours de la prisée en cas de scellés ; testament ouvert*   »   »

A l'instant et sur la réquisition des parties, M. le juge de paix a procédé à la levée des scellés apposés sur une armoire se trouvant dans la chambre à coucher dite. . ., sise. . .

Au cours du dépouillement des objets, titres et papiers enfermés dans cette armoire, il a été trouvé par le notaire soussigné une feuille de papier au timbre de soixante centimes qui semble être le testament de M. X. . . La première page comprend. . . lignes dont la première commence par ces mots «. . . .», et la deuxième page en comprend. . . dont la dernière finit par ces mots : «. . . .(signé) X. . . »

Ce testament a été paraphé par les parties et le notaire, puis remis à M. le juge de paix pour en faire la représentation à M. le président du tribunal civil de. . ., afin que ce magistrat en ordonne le dépôt.

Total de la prisée. . . . .   »   »

Ce fait, M. le juge de paix a immédiatement réapposé les scellés sur ladite armoire et la séance pour la continuation du présent inventaire a été remise à un jour qui sera ultérieurement fixé, pour avoir lieu à la requête et en présence de telles personnes qu'il appartiendra (1).

Les objets ci-dessus inventoriés et ceux restant à l'être. . .

Il a été vaqué à tout ce que dessus. . .

Et sous toutes nouvelles réserves. . .

II. — *Pendant le classement de papiers ; inventaire sans scellés ; pli cacheté*

En procédant au dépouillement des papiers enfermés dans le bureau qui se trouve dans la chambre. . ., le notaire soussigné a trouvé un pli cacheté, scellé avec de la cire rouge par deux empreintes portant chacune les initiales. . . en lettres entrelacées ; ce pli porte la suscription : Mon testament (signé). . . .»

Ce pli paraissant être le testament du *de cujus*, les parties et le notaire l'ont paraphé, puis le notaire s'en est saisi à la réquisition des parties, pour le représenter à M. le président du tribunal civil de. . ., le. . ., qui en fera l'ouverture et en ordonnera le dépôt.

Ce fait, la séance pour la continuation du présent inventaire a été remise à un jour qui sera ultérieurement fixé pour avoir lieu à la requête et en présence de telles personnes qu'il appartiendra.

Les objets ci-dessus inventoriés. . .

Il a été vaqué à tout ce que dessus. . .

Et sous toutes nouvelles réserves. . .

115. *Intervention d'un héritier plus proche*

A l'instant s'est présenté M. X. . .

Lequel a déclaré être parent au cinquième degré de M. . ., *de cujus*, et en cette qualité avoir droit à la moitié de la succession dévolue à la ligne. . ., à l'exclusion de MM. . ., lesquels ne sont parents du défunt qu'au sixième degré.

A l'appui de sa déclaration, M. X. . . a représenté au notaire soussigné une expédi-

---

(1) Si le testament ne modifie pas les qualités, les opérations peuvent continuer. Dans ce cas, il n'y a pas lieu de faire le total de la prisée, mais de mettre seulement : « Attendu que ledit testament ne modifie pas les qualités des parties, il a été procédé comme suit, à la réquisition expresse de celles-ci, à la continuation des opérations. » Et l'on poursuit la prisée.

tion dûment légalisée (*ou* : le brevet original) d'un acte de notoriété dressé par M°. . .,
notaire à. . ., le. . . ., auquel ont été annexées trois copies d'actes de l'état civil.

Et il a signé, après lecture.

(Signature.)

Par suite et comme conséquence de cette déclaration, la séance pour la continuation du
présent inventaire, à la réquisition des parties, a été remise à un jour qui sera ultérieurement fixé pour avoir lieu à la requête et en présence de telles personnes qu'il appartiendra.

Les objets ci-dessus inventoriés, etc...

V. — Reprises de séances

116. *Inventaire sans scellés*

Et le jeudi dix-huit janvier 1910, à. . . heures du. . .

A. . ., rue. . ., n°. . ., au domicile où est décédé M. . .

En conséquence de l'indication à ces jour, heure et lieu donnée lors de (*ou* : depuis) la
clôture de la séance qui précède (*ou encore* : en conséquence de l'indication prise à ces
jour, heure et lieu d'un commun accord depuis la clôture de la précédente séance, *ou bien*,
en conséquence de l'indication donnée par les parties d'un commun accord à ces jour,
heure et lieu, par modification de l'ajournement indiqué lors de la clôture de la séance
qui précède),

Aux mêmes requêtes, présences et qualités qu'en ladite séance (à l'exception toutefois
de M. le commissaire priseur et de MM. les experts dont la mission est terminée),

Il va être par M°. . ., notaire à. . ., soussigné (1),

Procédé de la manière suivante à la continuation (*ou* à la continuation et à la clôture)
de l'inventaire après le décès de M. . .

117. *Inventaire avec scellés*

Et le. . .

A. . . — En conséquence. . .

Aux mêmes requêtes, présences et qualités qu'en ladite séance,

Il sera par M°. . ., notaire à. . ., soussigné (1),

Procédé à la continuation de l'inventaire après le décès de M. . . ., et ce au fur et à
mesure que les scellés réapposés par M. le juge de paix du canton de. . ., ainsi qu'il est
dit en fin de la précédente séance, auront été par ce magistrat reconnus sains et entiers et
comme tels levés et ôtés suivant son procès-verbal en date de ce jour.

118. *Reprise de séance à l'étude*

Et le. . .

A. . ., en l'étude de M°. . ., notaire soussigné, sise rue. . ., n°. . ., où les titres
et papiers à analyser ont été transportés,

En conséquence. . ., etc...

119. *Reprise de séance dans un autre lieu*

Et le. . .

A. . ., dans une maison sise rue. . . n°. . ., que M. . . occupait l'été, et où le

(1) Si l'inventaire est dressé par deux notaires ou un notaire assisté de deux témoins, on l'indique de la même manière qu'en l'intitulé. Nous renvoyons donc aux formules données ci-dessus
à ce sujet.

notaire, l'officier priseur et les parties se sont transportés pour procéder à l'inventaire des meubles meublants, objets mobiliers, titres, papiers et notes quelconques qui peuvent s'y trouver et intéresser la succession (*ou* : les communauté et succession) dont il s'agit,

En conséquence de l'indication. . .

Il va être. . .

Procédé à la continuation de l'inventaire après le décès de M. . .

. *S'il y a eu apposition de scellés et gardien spécial, on ajoute* : Sur les représentations et déclarations qui seront faites par M. . . ., gardien des scellés dont il va être parlé ci-après, lequel, averti du serment qu'il aura à prêter à la clôture des présentes opérations, a promis d'y déclarer et faire comprendre tout ce qui, à sa connaissance, peut dépendre tant activement que passivement desdites communauté et succession (*ou* : de ladite succession),

Et ce, au fur et à mesure que les scellés apposés par M. le juge de paix du canton de. . ., suivant procès-verbal du. . . auront été reconnus par ce magistrat sains et entiers et comme tels levés et ôtés suivant procès-verbal en date de ce jour.

120. *A la requête d'un héritier précédemment représenté par un notaire*

Et le. . . — A. . . — En conséquence de l'indication. . .

Aux mêmes requêtes, présences et qualités qu'en l'intitulé du présent inventaire, à l'exception toutefois de M. le commissaire priseur dont la mission est terminée et de M⁰. . ., notaire, commis à l'effet de représenter M. . . et dont la mission est également terminée,

Et encore à la requête de M. . ., soldat au . . . bataillon d'Afrique, section détachée à. . ., ledit M. . ., domicilié à. . ., et à ce présent,

Il va être par M⁰. . .

Procédé de la manière suivante à la continuation de l'inventaire après le décès de M. . .

121. *A la requête d'un héritier précédemment mineur*

Et le. . . — A. . . — En conséquence de l'indication . . .

Aux mêmes requêtes, présences et qualités qu'en la séance qui précède, à l'exception de M. . ., tuteur de M. X. . ., et de M. . ., son subrogé tuteur, dont les fonctions ont cessé,

Et encore à la requête de M. X. . ., actuellement majeur, comme étant né à. . ., le. . .

Il va être, etc...

122. *A la requête d'un mandataire*

Et le. . . — A. . . — En conséquence de l'indication. . .

Aux mêmes requêtes, présences et qualités qu'en la précédente séance, étant toutefois fait observer que M. . . est représenté par M. . . ici présent, son mandataire en vertu de la procuration qu'il lui a donnée lors de la clôture de ladite séance (*ou* : qu'il lui a donnée suivant acte reçu par M⁰. . ., notaire à. . ., le. . ., dont le brevet original légalisé est demeuré ci-annexé après mention), etc...

Il va être. . .

123. *Après l'ouverture d'un testament*

Aux mêmes requêtes, présences et qualités qu'en l'intitulé du présent inventaire,

Et encore en présence de M. . .

Habile à recueillir le legs que M. . . . lui a fait de. . ., aux termes de son testament etc. . .

Il va être par Mᵉ. . .

(Si les qualités sont entièrement changées, V. formule ci-après.)

124. *Après changement de qualités (Naissance d'un enfant posthume)*

Et l'an. . ., le. . ., à. . . heures

A. . ., en l'étude de Mᵉ. . . notaire soussigné, où les titres et papiers ont été transportés depuis la clôture de la séance qui précède,

En conséquence de l'indication à ces jour, heure et lieu prise d'un commun accord depuis ladite séance,

A la requête de :

Mme Marie Poirier, cultivatrice, demeurant à. . ., veuve de M. Jean Horelle,

Agissant :

1ᵉⁿᵗ En son nom personnel,

1° A cause de la communauté, etc. . .

2° A cause des droits, reprises, etc. . .

3° Comme habile à recueillir l'usufruit, etc. . .

4° Et comme ayant droit à la jouissance légale, pendant le temps et sous les conditions déterminés par la loi, des biens de M. Pierre Horelle, son fils mineur, dénommé en l'intitulé du présent inventaire, déjà existant lors du décès de son mari, et en outre des biens de Victor Horelle, son fils mineur dont elle était enceinte et qui est né à. . ., le. . .

2ᵉⁿᵗ Et au nom et comme tutrice naturelle et légale de deux mineurs Horelle, ses enfants sus nommés,

En présence de M. . .

Subrogé tuteur du mineur Pierre Horelle et, en outre, subrogé tuteur de plein droit du mineur Victor Horelle, en vertu de l'article 393 du code civil comme ayant été nommé curateur au ventre aux termes de la délibération du conseil de famille énoncé en l'intitulé du présent inventaire

Qualités

Les deux mineurs Pierre et Victor Horelle seuls enfants issus (*ou* : existants) du mariage de M. Jean Horelle décédé avec Mme Marie Poirier requérante, et en cette qualité habiles à se porter seuls héritiers conjointement pour le tout ou chacun divisément pour moitié dudit M. Jean Horelle leur père.

Il va être par Mᵉ. . ., etc. . .

Si l'enfant dont la veuve était enceinte n'était pas né viable, la formule serait à modifier comme suit :

Et l'an. . .

A. . .

En conséquence de l'indication. . .

A la requête de :

Mme Marie Poirier, cultivatrice, demeurant à. . ., veuve de M. Jean Horelle,

Agissant :

1ᵉⁿᵗ En son nom personnel,

1° A cause de la communauté, etc. . .

2° A cause des droits, reprises, etc. . .

2° Comme habile à recueillir l'usufruit, etc. . .

4° Et comme ayant la jouissance légale pendant le temps et sous les conditions déterminés par la loi des biens de Pierre Horelle, son fils mineur susnommé, déjà existant lors du décès de son mari, l'enfant dont Mme Vve Horelle était enceinte étant mort-né le. . ., ainsi qu'il résulte de l'acte de décès dudit enfant dressé à la mairie de. . . le. . . dont une copie est demeurée ci-annexée après mention.

2^{ent} Et au nom et en qualité de tutrice naturelle et légale du mineur Pierre Horelle, son fils susnommé

En présence de M. . .

Subrogé tuteur dudit mineur Pierre Horelle ainsi qu'il est énoncé en l'intitulé du présent inventaire.

Qualités

Le mineur Pierre Horelle seul enfant existant du mariage de M. Jean Horelle décédé avec Mme Marie Poirier requérante, et en cette qualité habile à se porter seul héritier dudit M. Jean Horelle, son père.

125. *Reprise à une Société de crédit pour l'ouverture d'un coffre-fort*

Et le. . .

A. . ., rue. . ., n° . . ., à la succursale. . . de la Société. . . ayant son siège social à. . . rue. . ., n°. . .

En conséquence de l'indication à ces jour, heure et lieu, prise d'un commun accord entre les parties depuis la clôture de la séance qui précède.

Aux mêmes requêtes, présences et qualités qu'en ladite séance, à l'exception du commissaire priseur dont la mission est terminée.

Il va être par M^e. . .

Procédé à la continuation de l'inventaire après le décès de M. . ., par la constatation des titres et papiers se trouvant dans un coffre-fort portant le n°. . ., case. . . loué par ladite succursale de la Société. . . à M. . ., *de cujus*.

Ouverture faite de ce coffre-fort par M. . . qui en avait la clef, il y est trouvé et il en a été retiré les valeurs ci-après désignées, sauf à en faire une plus ample analyse en la forme ordinaire, dans une séance ultérieure, savoir :

1° etc...

Ce fait, tous les titres ci-dessus indiqués, sont demeurés en la garde et possession de M. . . qui le reconnaît et s'en charge pour en faire la représentation quand et à qui il appartiendra.

La séance pour la continuation. . .

Il a été vaqué à tout ce que dessus depuis ladite heure de. . . jusqu'à celle de. . . par simple (*ou* : double, triple) vacation, en ce compris le temps passé au tri et au classement des papiers et valeurs trouvés.

Et sous toutes nouvelles réserves. . .

126. *Séance de classement*

Et le. . . — A. . . — En conséquence. . . — Il sera par. . .

Procédé à la continuation de l'inventaire après le décès de M. . . de la manière suivante :

Les titres, papiers, notes et registres trouvés au cours de la présente séance ont été réunis, mis en ordre et classés par M^e. . ., notaire soussigné, qui en fera ultérieurement l'analyse.

Il a été vaqué à tout ce que dessus. . .

VI. — Analyse des titres et papiers

127. *Livret de famille de M. et Mme Dupuis*

Cote première   *Une pièce*

Qui est le livret de famille de M. et Mme Dupuis délivré par M. le maire de. . . le. . ., constatant :

Que Mme Dupuis est née à. . . le. . .

Et que son union avec M. Dupuis décédé a été célébrée à la mairie de. . . le. . . sans avoir été précédée d'un contrat en réglant les conventions civiles.

Cette pièce a été cotée et paraphée par Me. . ., notaire soussigné, et par lui inventoriée sous la cote . . . . *première*

Pour faire suite à cette cote, Mme Vve Dupuis déclare :

I. Qu'au jour de leur mariage, son mari ni elle ne possédaient aucun immeuble ni aucun droit immobilier ;

II. Que pendant le mariage, M. Dupuis n'a recueilli aucune succession ni bénéficié d'aucun don, ni d'aucun legs ;

III. Que pendant le même temps :

Elle a seulement recueilli la succession de Mme Marguerite Carré, décédée à. . . le. . ., veuve de M. Ernest Laupin, dont elle était seule héritière, laquelle succession purement mobilière et de nulle importance ne donne lieu à aucune reprise ni à aucune récompense ;

Et elle n'a été appelée à bénéficier d'aucun don ni d'aucun legs.

128. *Contrat de Mariage (Communauté)*

Cote première.   *Deux pièces.*

La *première pièce* est l'expédition d'un contrat reçu par Me. . ., notaire à. . ., le. . ., contenant les clauses et conventions civiles du mariage alors projeté entre M. et Mme Lhospital.

De ce contrat il résulte ce qui suit ·

Aux termes des articles premier et deuxième, les futurs époux ont adopté pour base de leur union le régime de la communauté de biens réduite aux acquêts.

Aux termes de l'article 3, le futur époux a apporté en mariage :

1° Les habits, linges, bijoux et objets mobiliers à son usage personnel, le tout d'une valeur de . ., ci . . . . » »

2° Et une somme de. . . en deniers comptants, ci . . . . » »

Ensemble. . . . . » »

Lequel apport a été déclaré net de tout passif.

Aux termes de l'article 4, la future épouse a apporté en mariage les habits, linges, bijoux et objets mobiliers à son usage personnel estimés . . . . » »

Aux termes de l'article 5, M. Baptiste Macheret, boucher, et Mme Rose-Eugénie Pelletier son épouse, demeurant à. . ., ont constitué en dot à la future épouse, leur fille, en avancement d'hoirie et par imputation d'abord sur la succession du prémourant des donateurs et subsidiairement, s'il y avait lieu, sur celle du survivant, savoir :

1° 45 actions de capital de la Compagnie des chemins de fer de Paris à Lyon et à la Méditerranée, nos. . ., portant jouissance courante et représentant au cours de la bourse du jour du mariage, étant de. . ., une valeur de. . ., ci . . . . » »

2° Etc...

Total : . . . francs, ci . . . . » »

Sous l'article 6e, M. et Mme Macheret, donateurs, ont réservé à leur profit l'exercice du droit de retour dans les termes ordinaires.

Sous l'article 7e, il a été stipulé :

Que les futurs époux excluaient de la communauté leurs apports et dot ci-dessus rappelés, ensemble tout ce qui, pendant le mariage, pourrait advenir à chacun d'eux par succession, donation, legs ou autrement,

Mais que néanmoins, les estimations données à leurs apports et dots en vaudraient vente à la communauté, de sorte que les reprises que chacun des époux ou ses représentants pourrait réclamer à la dissolution de ladite communauté ne seraient que du montant de ces estimations.

L'article 8e n'a imposé aucune clause particulière: pour le remploi des biens propres aliénés ou remboursés pendant le mariage.

Sous l'article 9e, il a été convenu :

Que le survivant des futurs époux prélèverait à titre de préciput et hors part, avant tout partage des biens de la communauté, tels de ces biens qu'il lui plairait d'après l'estimation de l'inventaire qui en serait alors dressé, jusqu'à concurrence de. . . francs, ou cette somme en deniers comptants pour le tout ou partie à son choix,

Et que le survivant aurait même le droit de conserver tout ou partie du surplus du mobilier, à son choix, en tenant compte de sa valeur d'après la prisée de l'inventaire, mais que, dans ce cas, ledit préciput ne pourrait s'exercer qu'en objets mobiliers.

L'article 10e rappelle dans les termes ordinaires la clause de reprise en cas de renonciation à la communauté.

Sous l'article 11e, il a été stipulé :

Que l'époux survivant aurait l'usufruit pendant sa vie de la part de l'époux prédécédé dans les bénéfices de communauté,

Et qu'il jouirait de cet usufruit sans être tenu de donner caution et de faire emploi, à la seule charge de faire inventaire.

Sous l'article 12e, il été accordé au survivant des époux la faculté de conserver pour son compte personnel le fonds de commerce qui serait exploité par eux au moment du décès du prémourant, laquelle clause est sans objet par suite d'absence de fonds commercial.

S'il y avait un fonds de commerce : Sous l'article 12, il a été dit :

Que le survivant des époux aurait le droit de conserver pour son compte personnel le fonds de commerce qui serait exploité par eux au jour du décès du prémourant, ensemble les ustensiles et marchandises en dépendant, le tout au prix de l'estimation qui en serait alors faite par inventaire régulier ;

Que ledit survivant imputerait la valeur du fonds de commerce, du matériel et des marchandises sur les sommes qui lui reviendraient en propriété ou en usufruit dans la communauté ou dans la succession, et que le surplus, s'il y en avait, serait payable dans les. . . ans du décès, sans intérêts pendant la première année et ensuite avec intérêts au taux légal ;

Qu'en usant du droit à lui accordé de reprendre le fonds de commerce et ses accessoires, le survivant des époux conserverait la location des lieux où serait exploité ledit fonds de commerce sous la charge du paiement des loyers et de l'exécution des clauses et conditions du bail ;

Et que si ce fonds de commerce était exploité dans une maison dépendant de la communauté ou de la succession du prédécédé, les héritiers et représentants de celui-ci seraient tenus, si le survivant le demandait, de lui passer bail des lieux nécessaires à cette exploitation et à l'habitation personnelle du survivant pour. . . années aux prix, charges et conditions fixés par experts, avec faculté audit survivant de transporter ce bail en demeurant seulement garant de son exécution.

La deuxième pièce est le livret de famille de M. et Mme Lhospital, délivré par M. le maire de. . ., le. . ., et constatant :

1° Que Mme Vve Lhospital est née à. . ., le. . .

2° Et que son union avec son défunt mari a été célébrée à la mairie de. . . le. . .

Ces pièces ont été cotées et paraphées par M°. . ., notaire soussigné, et par lui inventoriées sous la cote . . . . *première.*

Pour faire suite à cette cote, M·ne Vve Lhospital fait les déclarations suivantes :

I. *Sur l'apport de M. Lhospital*

L'apport en mariage de M. Lhospital, décédé, est entré en communauté. . .

II. *Sur les apports et dot de Mme Lhospital*

L'apport en mariage de Mme Lhospital et la dot qui lui a été constituée ont été également encaissés par la communauté.

III. *Sur les successions, dons et legs*

1^{ent} Pendant le mariage, Mme Lhospital a recueilli, ainsi qu'on le verra ci-après :

1° La succession de M. Macheret, son père (cote 3°).

2° Le legs particulier qui lui a été fait par M. Guillaume, son oncle (cote 4°).

3° Et la succession de Mme Macheret, sa mère (cote 5°).

Pendant le même temps, elle n'a pas recueilli d'autre succession ni d'autre legs et il ne lui a été fait aucune donation.

2^{ent} Pendant ledit mariage, M. Lhospital a recueilli la succession de Mme Vve Libert, sa grand'mère maternelle, ainsi qu'il sera dit ci-après sous la cote 6°.

Et pendant le même temps, il n'a recueilli aucune autre succession ni été appelé à bénéficier d'aucun don ni d'aucun legs.

IV. *Sur la profession distincte de Mme Lhospital*

Si Mme Lhospital avait une profession séparée de celle de son mari, il y aurait lieu de le mentionner, soit sous une cote particulière, soit à la suite de l'analyse du contrat de mariage comme suit :

Mme Lhospital exerçait personnellement depuis le. . . la profession de. . . ainsi qu'il résulte d'un acte de notoriété dressé par M°. . ., notaire à. . ., le. . . Avec les gains et économies provenant de son libre salaire, elle a acquis diverses valeurs de bourse qui seront analysées ci-après (cotes. . . à. . .) avec mention de leur origine, afin de réserver à ladite dame le droit à leur reprise au cas où elle renoncerait à la communauté.

V. *Sur les frais du contrat de mariage*

Les frais, droits et honoraires payés à M°. . . susnommé à raison du contrat de mariage de M. et Mme Lhospital se sont élevés à la somme de. . . francs, dans laquelle ceux occasionnés par l'apport de M. Lhospital figurent pour. . . francs, ci . . . . » »

et ceux occasionnés par les apports et dot de Mme Lhospital figurent pour. . . francs, ci . . . . » »

129. *Contrat de mariage (séparation de biens)*

Cote première.   Une pièce

Qui est la minute représentée par M°. . . notaire soussigné du contrat de mariage de M. et Mme Guillermet, reçu par M°. . . prédécesseur immédiat du notaire soussigné, le. . .

De ce contrat, il résulte ce qui suit :

I. Les futurs époux ont adopté pour base de leur union le régime de la séparation de biens conformément aux dispositions des articles 1536 et suivants du code civil. En conséquence, il a été déclaré que chacun d'eux conserverait la propriété des biens meubles et immeubles qui lui appartiendraient et de ceux qui pourraient lui advenir pendant le mariage par succession, donations, legs ou autrement.

II. Il a été convenu que chacun desdits futurs époux serait réputé de droit propriétaire des habits, linge et bijoux à son usage personnel sans avoir aucune justification à fournir à cet égard.

Et que tous les autres meubles et effets mobiliers sur lesquels la future épouse ne pourrait justifier de sa propriété en vertu du contrat présentement analysé ou par des quittances de fournisseurs et marchands ou par d'autres titres, seraient censés avoir été acquis des deniers du futur époux et lui appartiendraient de plein droit.

III. La future épouse a déclaré que ses biens consistaient en :

1° etc...

Lequel avoir a été déclaré net de tout passif.

IV. Il a été stipulé que les futurs époux contribueraient aux charges du ménage en proportion de leurs revenus respectifs sans être assujettis à aucun compte entre eux ni à retirer des quittances l'un de l'autre, chacun étant réputé avoir fourni sa part jour par jour.

V. Il a été dit que le futur époux ne serait responsable vis-à-vis de la future épouse des prix de vente et des capitaux touchés qu'autant que les ventes et remboursements auraient lieu avec son autorisation et que, dans tous les cas, les tiers n'auraient pas à se préoccuper de ces remplois ni à s'y immiscer.

VI. Enfin il a été convenu que la future épouse ou ses héritiers seraient garantis et indemnisés, par le futur époux ou par ses représentants, de toutes les dettes et engagements qu'elle aurait pu contracter pour lui pendant le mariage.

Et que tous engagements souscrits dans un intérêt commun seraient supportés par chacun des époux proportionnellement à la somme ou au bénéfice qu'il en aurait retiré.

Cette pièce a été aussitôt retirée par Me . . . notaire soussigné, pour être reclassée au rang de ses minutes, mais son analyse tiendra lieu de la cote. . . . . .   *première.*

Pour faire suite à cette cote, M. Guillermet fait les déclarations suivantes :

I. *Sur la date de sa naissance* (1)

Il est né à. . . le. . ..

II. *Sur la date du mariage* (1)

Son union avec Mme Guillermet *de cujus* a été célébrée à la mairie de. . . le. . .

III. *Sur l'apport de Mme Guillermet*

1° La plupart des objets mobiliers apportés en mariage par Mme Guillermet et composant l'article. . . de son apport ci-dessus rappelé existent en nature et ont été prisés, en la séance qui précède en même temps que les objets mobiliers par elle achetés pendant le mariage ;

2° Pendant le cours dudit mariage, les valeurs comprises sous les articles. . . à. . . inclusivement de son apport ont été réalisées par Mme Guillermet. Le produit de ces aliénations a été encaissé par elle et a été employé pour partie en acquisitions faites au nom personnel de ladite dame qui seront ci-après analysées sous les cotes. . . à . . .,le surplus a servi à payer les frais de ces acquisitions et diverses dépenses faites pour la bonification des terres et prés acquis et aux réparations nécessaires aux constructions ;

(1) A mettre seulement lorsqu'il n'existe pas de livret de famille ou de copie de l'acte de mariage à analyser.

3° La terre sise à. . . dite. . . a été échangée contre une autre dont il sera question sous la cote ci-après ;

4° Les autres immeubles se retrouvent en nature ; il en sera question sous les cotes. . . à . . . ci-après.

IV. *Sur la contribution aux charges*

Chacun des époux a contribué aux charges du ménage dans la proportion de ses revenus conformément à ce qui est dit sous le chiffre IV de l'analyse de leur contrat de mariage.

V. *Sur les engagements et les dettes*

Pendant le cours du mariage, Mme Guillermet n'a contracté au profit de tiers aucun engagement solidaire avec son mari, ni payé aucune dette pour le compte personnel de M. Guillermet.

VI. *Sur les successions, dons et legs*

Pendant le même temps, lesdits époux n'ont recueilli ni l'un ni l'autre aucune succession ni bénéficié d'aucun don ni d'aucun legs.

130. *Donation par M. à son épouse*

Cote deuxième.   *Une pièce*

Qui est l'expédition d'un acte reçu par M'. . . notaire à. . . le. . . enregistré, aux termes duquel M. . . *de cujus* a fait donation à Mme. . . son épouse, pour le cas où elle lui survivrait, de l'universalité des biens meubles et immeubles, droits et actions mobiliers et immobiliers qui appartiendraient au donateur au jour de son décès et composeraient sa succession, sans exception ni réserve,

Pour la donataire, jouir et disposer desdits biens, droits et actions en usufruit seulement à compter du jour du décès du donateur,

Avec stipulation :

Qu'au cas (arrivé) d'existence d'enfants, cette donation serait réduite à la moitié en usufruit des mêmes biens, droits et actions ;

Que dans tous les cas, la donataire ne serait pas tenue de fournir caution ni de faire emploi, mais qu'elle resterait soumise aux charges de droit ;

Et qu'en cas de convol en deuxièmes noces, cet usufruit cesserait de plein droit à partir du jour du second mariage.

Cette pièce a été cotée et paraphée par M°. . . notaire soussigné et par lui inventoriée sous la cote. . . . . *deuxième*

131. *Testament de M. X. . .*

Cote. . .   *Une pièce*

Qui est l'original représenté par M'. . . notaire soussigné du testament de M. . . décédé, fait en la forme olographe en date à. . . du. . . et déposé au rang des minutes dudit M°. . . le. . . en exécution d'une ordonnance de M. le Président du tribunal civil de première instance de. . . contenue en son procès-verbal de description dudit testament en date du même jour (*ou* : qui est l'original représenté par M°. . . notaire soussigné du testament olographe de M. . . *de cujus*, énoncé en l'intitulé du présent inventaire).

Lequel testament est ainsi conçu «. . . copie littérale. . . ».

Cette pièce a été de suite retirée par M°. . . et replacée au rang de ses minutes, mais son analyse tiendra lieu de la cote...

Pour faire suite à cette cote et la compléter, Mme. . . déclare :

Que Mme Marie Dalibert, veuve de M. Louis Delacour à laquelle M. . . . a légué la somme de. . . francs existe et demeure à. . . rue. . . nº. . .

Mais que Mlle Léontine Delacourt, à laquelle le *de cujus* a légué. . ., est décédée depuis le courant de l'année 19. . ., et que par suite le legs à elle fait se trouve caduc.

132. *Succession de M. X. . . père*

Cote. . .   *Déclarations*

Pour tenir lieu de cette cote, Mme Lhomme requérante déclare ce qui suit :

M. Lhomme, son défunt mari, a recueilli la succession de M. César-Adrien Lhomme, son père, en son vivant propriétaire, demeurant à. . ., où il est décédé le. . . époux de Mme Alice Dauphin, et dont le *de cujus* était héritier pour un tiers.

De la communauté de biens ayant existé entre M. et Mme Lhomme-Dauphin et de la succession de M. Lhomme il dépendait divers objets mobiliers, valeurs et immeubles qui ont été partagés suivant acte reçu par Mᵉ. . . notaire à. . . le. . . Aux termes de cet acte il a été attribué à M. Lhomme *de cujus* :

1º Une somme de. . . francs à prendre dans le produit de la réalisation des objets mobiliers et des valeurs, ci . . . .   » »

2º Et une terre sise à. . . lieudit. . . de la contenance de. . . qui a été vendue depuis suivant acte reçu par Mᵉ. . . notaire à. . . le. . . moyennant le prix principal de. . . qui a été payé comptant et est entré en la communauté, ci. . . .   » »

Ce partage a eu lieu sans soulte ni retour à la charge ou au profit du *de cujus*. Mais la communauté a payé pour lui la somme totale de. . . francs pour frais de partage, et celle de. . . pour droits de succession, ci. . . . .   » »

Ces déclarations tiendront lieu de la cote . . . .   » »

133. *Succession de Mme Mouchet*

Cote. . .   *Déclarations*

Pour tenir lieu de cette cote, Mme Lhomme déclare ce qui suit :

Elle a recueilli la succession de Mme Jeanne Taupin, sa mère, en son vivant veuve de M. Jacques Mouchet, décédée à. . . le. . ., et dont la requérante était héritière pour partie.

Cette succession a été liquidée suivant acte reçu par Mᵉ. . . notaire à. . . le. . ., aux termes duquel les droits nets de tout passif, frais quelconques et droits de mutation, revenant à la requérante, se sont élevés à. . ., ci . . . .   » »

Pour lui fournir cette somme, il lui a été attribué :

1º Dix obligations, etc. . . pour leur valeur de. . . . .   » »

2º Et la somme de. . . francs à prendre dans le montant d'une créance Rabilloud, ci . . . .   » »

Total égal. . . . .   » »

Les dix obligations. . . existent en nature et seront ci-après analysées (cote. . .)

La somme de. . . attribuée sur le montant de la créance Rabilloud a été encaissée par la communauté qui a également encaissé une somme de. . . francs formant la part de la requérante dans le boni sur l'évaluation des frais faite dans le partage présentement rappelé.

Les sommes encaissées par la communauté ne comprenaient que des fonds.

A l'appui de ces déclarations, Mme Lhomme a représenté au notaire soussigné trois notes et un reçu qui ont été cotés et paraphés par ledit notaire sous la cote.   » »

134. *Inventaire.* — *Récolement*

Cote. . .   *Une pièce*

Qui est la minute représentée par M . . . notaire soussigné, de l'inventaire dress
par lui suivant procès-verbal en date au commencement du. . ., après le décès arrivé
à . . ., le . . ., de M. Pierre Larmurier, époux de Mme Philomène Touzé,

A la requête de :

1ᵉⁿᵗ Mme Larmurier-Touzé susnommée.

    Ayant agi notamment :

    1° A cause de la communauté de biens. . . etc. . . .

    2° Et comme habile à se dire et porter donataire d e. . . etc. . . .

2ᵐᵗ M. Larmurier requérant au présent inventaire.

3ᵐᵗ Et Mlle Lucile Larmurier, actuellement épouse de M. Rivoire, tous deux requérants au présent inventaire.

    M. Larmurier et Mme Rivoire ayant agi en qualité de seuls héritiers chacun
pour moitié de M. Pierre-Charles Larmurier père.

Le mobilier dépendant de la communauté d'entre M. et Mme Larmurier-Touzé a été
prisé, ainsi qu'il a été dit en la séance précédente, à la somme de. . . francs.

Les titres et papiers ont été inventoriés et les déclarations ont eu lieu sous six cotes
dont le dépouillement succinct suit :

Cotes	Pièces	
		Mariage de M. et Mme Larmurier. — *Successions recueillies*
1	»	Déclarations desquelles il résulte que l'union de M. et Mme Larmurier-Touzé avait été célébrée à la mairie de. . . le. . . et n'avait été précédée d'aucun contrat ; Que pendant le mariage, M. Larmurier n'avait recueilli aucune succession, ni bénéficié d'aucun don ni d'aucun legs ; Que pendant le même temps, Mme Larmurier avait recueilli seulement la succession de ses père et mère dont il sera question ci-après.
		Donation par M. Larmurier à sa femme
2	1	Expédition de l'acte de donation par M. Larmurier à sa femme ci-dessus énoncé. Cette pièce se retrouve en nature.
3	1	Expédition d'un acte reçu par Mᵉ. . . notaire à. . . le. . . contenant le partage entre Mme Larmurier et ses deux frères, des successions de ses père et mère. De l'analyse de cette pièce et des déclarations qui y font suite, il résulte : Que ces successions ne présentaient aucun actif mobilier. Que Mme Larmurier a cédé ses parts et portions dans les immeubles dépendant desdites successions à ses deux frères moyennant le prix total de. . . francs qui a été encaissé par la communauté d'entre elle et son mari. Et que cette communauté a payé pour elle pour frais et droits de successions la somme de. . . francs. Cette pièce se retrouve en nature.
		Loyer. — *Contributions*
4	»	Déclarations desquelles il résulte que M. et Mme Larmurier habitaient chez M. et Mme Rivoire leur gendre et fille depuis le. . . et que par suite ils ne payaient aucun loyer ni aucune contribution.

Etablissement des enfants

Cotes	Pièces
5	»
6	1

Déclarations desquelles il résulte que M. et Mme Larmurier-Touzé n'ont constitué aucune dot à M. Larmurier l'un des requérants lors de son mariage, et qu'ils ne lui ont fait aucun avantage à rapport.

Expédition du contrat de mariage de M. et Mme Rivoire reçu par Me. . . notaire à . . . le. . ., duquel il résulte que M. et Mme Larmurier ont constitué en dot à Mme Rivoire leur fille une somme de. . . en la valeur d'un trousseau et en espèces, par imputation sur la succession du prémourant des donateurs.

Cette pièce se retrouve en nature.

En suite de cette cote, Mme Larmurier a déclaré que ni elle ni son mari n'avaient fait à ladite dame Rivoire aucun autre avantage sujet à rapport.

Sous le titre « Déclarations générales », Mme Vve Larmurier a déclaré ce qui suit :

Au décès de son mari, il n'existait pas de deniers comptants.

A la même date, il était dû à la communauté par diverses personnes dénommées en l'inventaire présentement récolé la somme totale de. . . francs, qu'elle avait encaissée depuis.

Il n'était pas à sa connaissance qu'il dépend de ladite communauté ni de la succession de son mari aucun autre actif.

Il était réclamé par diverses personnes la somme totale de. . . francs qu'elle avait acquittée depuis.

Il était encore réclamé :

pour frais de dernière maladie la somme de. . . encore due,

et pour frais funéraires celle de. . . qui, à l'exception d'une somme de. . . due au marbrier, avait été acquittée par M. Rivoire de ses deniers personnels.

L'inventaire présentement récolé a été clos après le serment d'usage et après avoir été affirmé sincère et véritable par Mme Larmurier-Touzé.

Cette pièce a été cotée et paraphée par Me. . . notaire soussigné et par lui inventoriée sous la cote. . .   » »

Pour faire suite à cette cote et la compléter, les requérants déclarent :

1° Que jusqu'à son décès, Mme Vve Larmurier est restée en possession du mobilier qui existe encore en nature ainsi qu'il est dit ci-dessus ;

2e Que les frais de la dernière maladie de M. Larmurier s'élevant à ladite somme de. . . ont été acquittés par M. Rivoire de ses deniers person nels.

3° Que Mme Vve Larmurier a acquitté, tous les droits de mutations dus par suite du décès de son mari, lesquels se sont élevés pour la part de ladite dame à. . ., pour la part de M. Larmurier à. . . et pour la part de Mme Rivoire à. . .

4° Et que les frais de l'inventaire sus-analysé sont encore dus et s'élèvent à la somme de. . .

135. *Liquidation*

Cote. . . .   *Une pièce*

Qui est l'expédition d'un acte reçu par Me. . . notaire à. . . le. . ., aux termes duquel :

1° M. Eugène Porché, rentier, demeurant à. . .

2° M. Auguste Porché, avocat, demeurant à. . .

3° Et M. et Mme Laugerette-Porché susnommés.

MM. Porché et Mme Laugerette frères et sœur germains ayant agi en qualité de seuls héritiers chacun pour 1/3, de :

M. Charles Porché leur père en son vivant rentier demeurant à. . . où il est décédé le. . ., ainsi qu'il est constaté par l'inventaire dressé après son décès par Me. . . notaire à. . . suivant procès-verbal en date au commencement du. . .

Et Mme Marie Pottier, leur mère décédée veuve dudit M. Charles Porché, à. . . le. . ., ainsi qu'il est constaté par un acte de notoriété dressé à défaut d'inventaire par Me. . . notaire à. . . le. . .

Ont procédé entre eux au partage tant de la communauté qui avait existé entre M. et Mme Porché-Pottier que des successions confondues desdits M. et Mme Porché.

Les droits de Mme Laugerette ont été liquidés, en fonds nets de tout passif, à la somme de. . . . . 273.586 fr. 50

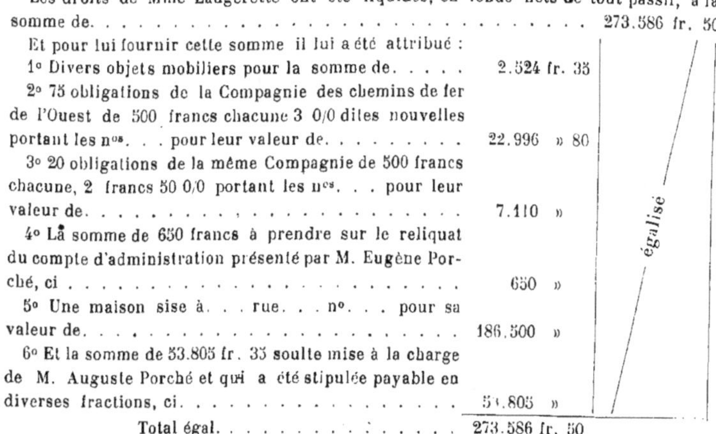

Et pour lui fournir cette somme il lui a été attribué :

1° Divers objets mobiliers pour la somme de. . . . . 2.524 fr. 35

2° 75 obligations de la Compagnie des chemins de fer de l'Ouest de 500 francs chacune 3 0/0 dites nouvelles portant les nos. . . pour leur valeur de. . . . . 22.996 » 80

3° 20 obligations de la même Compagnie de 500 francs chacune, 2 francs 50 0/0 portant les nos. . . pour leur valeur de. . . . . 7.110 »

4° La somme de 650 francs à prendre sur le reliquat du compte d'administration présenté par M. Eugène Porché, ci . . . . 650 »

5° Une maison sise à. . . rue. . . n°. . . pour sa valeur de. 186.500 »

6° Et la somme de 53.805 fr. 35 soulte mise à la charge de M. Auguste Porché et qui a été stipulée payable en diverses fractions, ci. . . . . 53.805 »

Total égal. . . . . 273.586 fr. 50

En outre les copartageants se sont fait respectivement abandon au profit de chacun d'eux de la somme de 85.000 francs qui leur avait été constituée en dot par leurs père et mère, en sorte que chacun d'eux a conservé la dot qu'il avait reçue tant en argent qu'en valeurs, sans avoir été tenu à aucun rapport.

La jouissance divise a été fixée au. . . jour de la signature desdites opérations de liquidation et de partage.

M. et Mme Laugerette ont reconnu qu'ils étaient déjà en possession des objets mobiliers et de la maison attribués à Mme Laugerette.

Il a été en outre laissé dans l'indivision :

1° Une créance de la somme de 3.000 francs souscrite par M. . . . au profit de M. Porché père suivant acte reçu par Me. . .

2° Diverses parcelles de terre sises à. . .

Et il a été encore stipulé que les conséquences d'un procès alors jugé en première instance mais porté devant la Cour d'appel de. . ., relatif à. . . seraient supportables par les copartageurs chacun par tiers.

Cette pièce a été cotée et paraphée par Me . . notaire soussigné et par lui inventoriée sous la cote. . .   » »

Pour faire suite à cette cote et la compléter, les parties déclarent ce qui suit :

1° Le mobilier attribué à Mme Laugerette est entré en communauté en sorte que sa succession a droit à la reprise en deniers de sa valeur, soit de la somme de 2.524 fr. 35.

2° Les 75 obligations de la Compagnie des chemins de fer de l'Ouest dites nouvelles se retrouvent en nature et sont comprises en un certificat n°. . . au nom de Mme Laugerette. Ces obligations portent jouissance courante.

3° Quinze obligations faisant partie des vingt obligations de la même compagnie de 500 francs chacune, 2 fr. 50 0/0, ont été vendues vers le mois de. . . 18. . . moyennant un prix, frais de courtage et prorata d'intérêts déduits, de 6.950 francs, ci. . . . .   6.950 fr.   »

Les cinq autres ont été remboursées moyennant le prix total de 2.450 francs, ci. . . . .   2.450 fr.   »

Cette somme a servi à l'achat de cinq obligations de même nature portant les nos. . . moyennant un prix, net de frais de courtage et de prorata d'intérêts, de.   2.398   » 80

De sorte qu'il est resté non employé.   51   » 20

Ces cinq obligations se retrouvent en nature ; elles sont comprises en un certificat n°. . . au nom de Mme Laugerette et portent jouissance courante.

4° La somme de 650 francs attribuée à Mme Laugerette dans le reliquat du compte d'administration de M. Eugène Porché a été encaissée par la communauté.

5° La maison sise à. . . existe en nature ; il en sera question ci-après sous la cote. . . ci-après.

6° Est également entrée en communauté la somme de 53.805 fr. 35 montant de la soulte mise à la charge de M. Auguste Porché.

7° La créance de 3.000 francs sur M. . . laissée indivise est toujours due et est considérée par les requérants comme étant d'un recouvrement désespéré.

8° Les parcelles de terre également laissées indivises ont été depuis vendues ainsi qu'il sera dit ci-après sous la cote. . . ci-après.

9° La communauté Laugerette a payé pour droits de mutation par suite des décès de M. et Mme Porché-Pottier la somme de 3.180 francs.

10° Ladite communauté a aussi payé pour la part de Mme Laugerette, savoir :

Dans les frais et droits de partage, la somme de. . .

Et dans les frais du procès relatif à. . . celle de. . .

11° Enfin lors de la liquidation sus-analysée, il existait encore une somme de 5.160 francs qui dépendait des successions de M. et Mme Porché et avait été laissée en dehors des opérations ; mais cette somme a été ingralement employée conformément aux instructions données par M. et Mme Porché, en sorte que la communauté d'entre M. et Mme Laugerette-Porché n'a rien encaissé ni rien payé de ce chef.

136. *Partage d'ascendants*

Cote. . .   *Dix pièces*

Qui sont :

La première, l'expédition d'un acte reçu par Mᵉ. . ., notaire à. . . le. . ., aux termes duquel :

M. Charles Marceau, rentier, demeurant à. . ., a fait donation entre vifs à titre de partage anticipé à M. Georges Marceau *de cujus* et à Mme Aurore Marceau veuve de M. Ludovic de Courtray, ses deux enfants et seuls présomptifs héritiers, chacun pour moitié, de tous les biens meubles et immeubles lui appartenant en propre et de tous les droits, parts et portions lui revenant dans ceux dépendant de la communauté ayant existé entre lui et Mme Laure Dupin son épouse décédée,

Et les donataires ont procédé, sous la médiation de leur père, au partage tant des biens donnés que de ceux recueillis dans la succession de Mme Marceau née Dupin, leur mère dont ils étaient seuls héritiers chacun pour moitié.

Les droits de M. Marceau *de cujus* ont été fixés en fonds à la somme de 156.842 fr. 50. ci. . . . .   156.842 fr. 50

Et en fruits à la somme de 2.148 fr. 85, ci. . . . .   2.148   » 85

Soit ensemble à la somme de. . . . .   178.991   » 35

Pour lui fournir cette somme, il lui a été attribué :

1º etc...

La donation sus-énoncée a eu lieu à la charge par les donataires de servir à M. Marceau père, chacun par moitié, une rente annuelle et viagère de 6.500 francs payables...

La jouissance divise a été fixée au...

Le partage a eu lieu sans soulte à la charge de M. Georges Marceau décédé. Il a été stipulé que les frais et droits dudit acte de donation et partage seraient supportés par M. Georges Marceau et Mme de Courtray, chacun par moitié.

D'une mention mise en fin de l'expédition présentement analysée, il résulte que la donation sus-énoncée a été transcrite au bureau des hypothèques de. . . le. . . volume. . . numéro. . .

Et les neuf autres, autant d'anciens titres de propriété relatifs aux immeubles, attribués à M. Marceau.

Ces pièces ont été cotées et paraphées par Mᵉ. . . notaire soussigné et par lui inventoriées sous la cote. . . . . » »

Pour faire suite à cette cote, les requérants font les déclarations suivantes :

1º La rente viagère stipulée au profit de M. Marceau père était au courant du jour du décès de M. Georges Marceau ;

2º Le domaine de. . . existe toujours en nature ; il n'y a été fait aucune amélioration ou reconstruction pouvant donner lieu à récompense à la charge de la succession dudit M. Marceau ;

Il est actuellement affermé ainsi qu'il sera dit sous la cote. . . ci-après et représente une valeur vénale de. . .

3º Les quinze actions de. . . ont été vendues dans le courant du mois de. . . de l'année. . ., moyennant le prix total de. . . francs, déduction faite du prorata de dividende et des frais de courtage ;

4º Les cinquante obligations de. . . existent toujours en nature et seront analysées ci-après sous la cote. . . ;

5º Les sept obligations de. . . ont été depuis vendues, ainsi qu'il sera dit sous la cote. . . ci-après ;

6º Et la part de M. Marceau dans les frais et droits de donation et partage s'est élevée à la somme de. . . francs qui a été acquittée par la communauté d'entre lui et son épouse restée sa veuve.

137. *Biens provenant du libre salaire de la femme*

A) *Domaine de Champlong*

Cote. . .   *Dix pièces*

Qui sont :

La première, une expédition d'un acte reçu par Mᵉ. . . notaire à. . . le. . ., aux termes duquel M. . . a vendu à Mme Despoix *de cujus*, alors modiste, qui a accepté, sans l'assistance ni l'autorisation de son mari, conformément à la loi du 13 juillet 1907, comme faisant cette acquisition avec les gains et économies provenant du commerce qu'elle exerçait séparément de celui de son mari ainsi qu'elle en a justifié par la présentation de la formule de la patente à laquelle elle était personnellement imposée pour ladite profession, laquelle formule a été annexée à l'acte de vente dont il s'agit (1),

(1) *Si la femme avait fait constater sa profession distincte par un acte de notoriété, on analyserait en premier lieu cette pièce comme suit :*

Profession de Mme Despoix

Cote. . .   *Une pièce*

Qui est l'expédition d'un acte de notoriété dressé en conformité de la loi du 13 juillet 1907 par Mᵉ. . .

Un domaine dit de Champlong, sis à. . . comprenant. . .

Cette vente a eu lieu moyennant le prix principal de. . . que Mme Despoix a payé comptant avec des deniers qu'elle a déclaré provenir de son libre salaire.

Une mention mise en fin de l'expédition présentement analysée constate qu'elle a été transcrite au bureau des hypothèques de. . . le. . . vol⁰. . . n⁰. . .

Les deuxième et troisième, deux certificats négatifs quant aux inscriptions, transcriptions et mentions, délivrés sur la transcription ci-dessus rappelée ;

Et les sept autres, autant d'anciens titres de propriété relatifs au domaine de Champlong.

Ces pièces ont été. . . etc...

> Pour faire suite à cette cote, les requérants déclarent que le domaine ci-dessus indiqué existe en nature et représente une valeur vénale de. . .;
>
> Qu'au décès de Mme Despoix il était affermé ainsi qu'il sera dit sous la cote suivante ;
>
> Qu'au cours du mariage, il a été fait diverses réparations à ce domaine qui ont été entièrement payées par les fermages dudit domaine et les gains et économies personnels de Mme Despoix.

B) *Bail dudit domaine.* — C) *Assurance contre l'incendie.* — D) *Impôts et contributions*

(Dans la forme ordinaire, V. ci-après n⁰ˢ 154 et s.)

E) *Valeurs de bourse*

Cote. . .   *Onze pièces*

Qui sont :

Les dix premières, autant d'obligations de chacune cinq cents francs 5 % au porteur, du gouvernement des Etats-Unis du Brésil, emprunt de 1905, portant les Nᵒˢ. . . et produisant vingt-cinq francs d'intérêts annuels payables les premier janvier et premier juillet, au moyen de coupons adhérents auxdits titres dont le premier à détacher est celui à échéance du premier janvier prochain (1911).

Chacune de ces pièces porte l'empreinte d'un cachet circulaire avec cette mention intérieure : « Fonds d'Etats étrangers. 2 % plein tarif, 19, Paris, 3-1909 ».

Et la onzième, un bordereau de M. . . agent de change à. . . en date du. . ., constatant l'acquisition des obligations sus-énoncées sur l'ordre et pour le compte de Mme Despoix.

Cette dernière pièce a été seule cotée et paraphée par Mᵉ. . . soussigné et inventoriée sous la cote. . . . .   » »

> A la suite de cette cote, Mme Despoix déclare que les dix obligations ci-dessus analysées ont été acquises avec des deniers lui provenant des produits de sa profession personnelle.

138. *Impenses*

Cote. . .   *Quinze pièces*

Qui sont autant de plans et mémoires d'architecte, d'entrepreneur et de fournisseurs relatifs à des travaux de reconstruction des bâtiments d'exploitation de la ferme de. . . qui ont été exécutés dans le courant de l'année. . .

Il en résulte que les frais acquittés de ce chef par la communauté d'entre M. et Mme. . . se sont élevés à la somme de. . . francs.

Ces pièces ont été cotées et paraphées par Mᵉ. . . notaire soussigné et par lui inventoriées sous la cote. . . . .   » »

notaire à. . . le. . ., afin d'établir que Mme Despoix exerçait personnellement depuis le. . ., la profession de. . ., séparément de celle de son mari qui était courtier en vins.

Cette pièce a été cotée. . . etc...

Domaine de Champlong, etc. .

Ou bien.

Cote. . .   *Déclarations*

Pour tenir lieu de cette cote, M. . . requérant fait les déclarations suivantes :

Au cours de l'année. . ., il a fait édifier une écurie pour chevaux à une ferme située à. . . vendue pendant le mariage ainsi qu'il a été dit sous la cote. . . ci-dessus (*ou* : vendue pendant le mariage moyennant un prix qui a été entièrement employé à l'acquisition des valeurs analysées sous la cote. . . ci-dessus).

Et la communauté d'entre lu i et sa défunte épouse a payé de ce chef la somme totale de. . . francs.

Ces déclarations tiendront lieu de la cote. . . . . » »

139. Remvioi. — *Acquisition d'immeubles*

Cote. . .   *Onze pièces*

Qui sont :

La première, l'expédition d'un contrat reçu par M⁰. . . notaire à. . . le. . ., aux termes duquel Mme Besnard susnommée a acquis en remploi de deniers propres, de M. Félix Martin, propriétaire, demeurant à. . ., une propriété sise. . .

Cette acquisition a eu lieu moyennant le prix principal de 60.000 francs qui a été stipulé payable aussitôt après l'accomplissement des formalités hypothécaires avec le produit à provenir du transfert de 2.100 francs de rente 3% sur l'Etat français compris en un certificat n°. . . au nom de Mme Besnard.

Une mention mise en fin de cette expédition constate qu'elle a été transcrite au bureau des hypothèques de. . . le. . . vol⁰. . . n°. . .

La deuxième, l'expédition d'un acte reçu par le même notaire le. . ., constatant que les 60.000 francs formant le prix principal de la vente sus-énoncée ont été payés par Mme Besnard à due concurrence avec celle de 65.980 francs montant net en capital du transfert opéré le. . ., par le ministère de M. . . agent de change près la Bourse de. . ., des 2.100 francs de rente sus-énoncés propres à la dite dame.

La troisième, un état des frais des vente et quittance précitées s'élevant à la somme totale de 6.183 fr. 50 et acquittés par Mme Besnard.

La quatrième à onzième, autant d'états et certificat délivrés sur la transcription, de certificat de radiation, bordereaux de l'agent de change et anciens titres de propriété.

Ces pièces ont été cotées et paraphées par M⁰. . ., notaire soussigné et par lui inventoriées sous la cote. . . . . » »

Des pièces ci-dessus cotées, il résulte :

Que le transfert des 2.100 francs de rente propres à Mme Besnard a donné un produit net en capital de. 65.980 fr. »

Que ladite dame a payé :

Pour prix d'acquisition de la propriété de. . ., la somme de 60.000 francs, ci. . . . . 60.000 fr. »

Et pour frais relatifs à cette acquisition, celle de. .   6.183 » 50

Soit ensemble la somme 66.183 fr. 50, ci. . . .   66.183 » 50   66.183 fr. 50

Balance faite en sens inverse, il résulte qu'il a été employé en trop la somme de. . . . . 203 fr. 50

Laquelle somme a été avancée par la communauté.

Madame Besnard ajoute :

Que lors du décès de son mari, cette propriété existait en nature et était louée ainsi qu'il sera dit sous la cote. . . ci-après.

Et qu'au cours du mariage, il n'y avait été fait aucune impense pouvant donner lieu à une récompense quelconque au profit de la communauté.

140. *Remploi en acquisition de valeurs*

Cote. . .   *Deux pièces*

Qui sont :

La première, l'expédition d'un acte reçu par Mᵉ. . . notaire à. . . le. . ., constatant :

Que suivant acte reçu par le même notaire le. . ., M. et Mme Hauvette ont vendu à M. Georges Audiat, propriétaire demeurant à. . . une propriété sise. . . appartenant en propre à Mme Hauvette moyennant le prix principal de 66.500 francs qui a été payé comptant à charge d'en faire emploi dans les termes du contrat de mariage des vendeurs ;

Que par suite, M. et Mme Hauvette ont employé ce prix à l'acquisition de 140 obligations de. . ., qui ont été achetées le. . ., par le ministère de M. . . agent de change près la Bourse de. . ., moyennant la somme totale (défalcation faite du prorata d'intérêts, mais y compris les frais de timbre et de courtage) de 66.281 fr. 50, en sorte qu'il reste non employé la somme de 218 fr. 50 destinée à faire face à due concurrence aux frais de l'acte présentement analysé, ci. . . . . 218 fr. 50

Que ces 140 obligations portant les nˢ. . . ont été comprises en un certificat n°. . . mmatriculé comme suit : «. . . etc...

Et que Mme Hauvette a accepté ce remploi.

La deuxième, un reçu délivré par ledit Mᵉ. . . duquel il résulte que les frais et droits de l'acte d'emploi précité se sont élevés à la somme de 195 fr. 25

Ces pièces ont été cotées, etc...

De l'analyse ci-dessus, il résulte qu'il est resté non employé la somme de 23 fr. 25 qui a été encaissée par la communauté d'entre M. et Mme Hauvette.

141. *Echange de propre*

Cote. . .   *Dix pièces*

Qui sont :

La première, l'expédition d'un acte reçu par Mᵉ. . . notaire à. . . le. . . transcrite au bureau des hypothèques de. . . le. . . volᵉ. . . n°. . .

Aux termes de cet acte, M. et Mme Rollot ont cédé à titre d'échange à M. Gabriel Larme, rentier, et Mme Sophie Duhamel son épouse, demeurant à. . ., une propriété sise à. . . appartenant en propre à M. Rollot.

En contre-échange, M. et Mme Larme ont cédé à M. et Mme Rollot une propriété sise à. . . etc...

Cet échange a eu lieu moyennant une soulte de 12.500 francs à la charge de M. et Mme Rollot qui l'ont payée comptant aux termes dudit acte qui en contient quittance, ci . . . . 12.500 fr.

Les deuxième à cinquième, autant d'état et certificat négatifs délivrés sur la transcription et pièces des formalités de la purge des hypothèques légales accomplie sur cet échange.

La sixième, l'état des frais du notaire relatifs à cet échange, duquel il résulte que M. Rollot a payé de ce chef, y compris la purge, une somme de 2.142 francs, ci   2.142 fr.

Les septième à dixième, d'anciens titres de propriété et pièces hypothécaires y relatives.

Ces pièces ont été cotées, etc. . .

De l'analyse ci-dessus, il résulte :

Que M. Rollot a droit à la reprise en nature de la propriété sise à. . . qui existe toujours.

Mais qu'il doit récompense à la communauté qui les a payées pour lui :

De la somme de 12.500 francs montant de soulte stipulée audit acte d'échange, ci. . . . .   12.500 fr.

Et de celle de 2.142 francs pour frais de cet acte, ci. . . . .   2.142 fr.

Soit ensemble. . . . .   <u>14.642 fr.</u>

142. *Acquisitions d'immeubles*

I. *Château du Valfleuri*

Cote. . .   *Huit pièces*

Qui sont :

La première, la grosse d'un jugement rendu par la chambre des saisies immobilières du tribunal civil de première instance de. . . le. . . ., aux termes duquel et par suite de surenchère du sixième, M. des Garnauds *de cujus* s'est rendu adjudicataire sous le nom de M⁰. . . avoué qui lui en a passé aussitôt déclaration de command, d'un château dit du Valfleuri, sis. . . etc. . . ., moyennant, en sus des frais de poursuite de vente taxés à la somme de. . ., le prix principal de. . . stipulé payable. . . etc. . .

Cette adjudication a eu lieu sur le cahier des charges dressé par M⁰. . . avoué à. . . le. . ., déposé au greffe du tribunal civil de. . . le même jour, aux requêtes, poursuites et diligences de M. . . propriétaire, demeurant à. . .

Ayant M⁰. . . pour avoué,

En présence ou après appel de :

1⁰ etc. . .

En exécution d'un jugement rendu par le tribunal civil de. . . le. . ., signifié à avoué par acte du Palais du. . . et à parties le. . . par exploit de. . . huissier à. . .

En fin de la grosse de ces cahier des charges et jugement d'adjudication se trouve une mention constatant qu'elle a été transcrite au bureau des hypothèques de. . . le. . . vol⁰. . . n⁰. . . et qu'inscription a été prise d'office le même jour vol⁰. . . n⁰. . .

. *Les deuxième à cinquième pièces*, des significations de la grosse de ce jugement, et états et certificats négatifs quant aux inscriptions, transcriptions et mentions délivrés sur la transcription prérappelée.

La *sixième*, l'expédition d'une quittance reçue par M⁰. . . notaire à. . . le. . ., aux termes de laquelle M. des Garnauds s'est libéré du prix de son acquisition en principal, intérêts, frais et accessoires.

La septième, le certificat de radiation de l'inscription d'office sus-énoncé.

Et la huitième, un ancien titre de propriété.

Ces pièces ont été cotées, etc. . .

Pour faire suite à cette cote, Mme des Garnauds déclare que ce château existe en nature, qu'au décès de son mari il n'était pas loué, et qu'il est d'une valeur vénale de. . .

II. *Domaine des Chambons*

Cote. . .   *Neuf pièces*

Qui sont :

La *première*, l'expédition d'un contrat reçu par M⁰. . . notaire à. . . le. . . aux termes duquel M. Esprit Lombard, propriétaire agriculteur et Mme Anaïs Ladhive, son épouse, demeurant à. . . ont vendu à M. des Garnauds un domaine dit des Chambons situé à. . . etc. . .

Cette vente a eu lieu moyennant le prix principal de. . . qui a été payé comptant aux termes dudit contrat qui en contient quittance.

En marge de cette expédition se trouve une mention constatant qu'elle a été transcrite au bureau des hypothèques de. . . le. . . vol⁰. . . n⁰. . .

Les deuxième à quatrième, certificats de non-inscription, de non-transcription et de non-résolution délivrés sur cette transcription.

Les cinquième à neuvième, anciens titres de propriété non analysés à la réquisition des parties.

Ces pièces ont été cotées, etc...

  Pour faire suite à cette cote, Mme des Garnauds déclare que ce domaine se retrouve en nature, qu'au décès de son mari il était loué ainsi qu'il sera dit ci-après sous la cote. . ., et qu'il est d'une valeur vénale de. . .

143. *Valeurs de Bourse*

A) *130 francs de rente 3 0/0 nominative*

Cote douzième   *Une pièce*

Qui est un certificat d'inscription de 130 francs de rente trois pour cent sur l'Etat français portant le n°. . . de la section 2e, immatriculé comme suit :

  « Norin (Jacqueline-Antonine) épouse de Emile-Charles Dugay ».

Des estampilles apposées au verso de ce certificat, il résulte que les arrérages ont été payés jusques et y compris ceux échus le. . .

Cette pièce a été cotée et paraphée par Me. . . notaire soussigné et par lui inventoriée sous la cote . . . . *douzième*

B) *10 actions nominatives des Chemins de fer économiques*

Cote treizième   *Deux pièces*

Qui sont autant de certificats d'inscription d'actions de la Société Générale des chemins de fer économiques de 500 francs chacune 4 0/0, au nom de M. Dugay, savoir :

  L'un n° 811, de 2 actions n°s 34046 à 34047 (2).

  Et l'autre n° 1445, de 8 actions n°s 42413 à 42420 (8).

Le premier coupon de dividende à détacher est celui à échéance du. . .

Ces pièces ont été cotées et paraphées par Me. . . notaire soussigné et inventoriées par lui sous la cote. . . . . *treizième*

C) *2 obligations Ville de Paris 1871 au porteur*

Cote quatorzième   *Deux pièces*

Qui sont autant d'obligations de 400 francs chacune trois pour cent au porteur de la Ville de Paris, emprunt 1871, portant les n°s 14362 et 14566.

A chacun de ces titres sont adhérents des coupons dont le premier à détacher au jour du décès de M. Dugay est celui du semestre à échéance du. . .

Ces pièces, attendu leur nature de valeurs au porteur, n'ont pas été cotées ni paraphées, mais leur analyse tiendra lieu de la cote. *quatorzième*

D) *60 francs de Rente Russe 4 % or, 6e émission*

Cote quinzième   *Trois pièces*

Qui sont autant de titres au porteur de chacun 20 francs de rente russe quatre pour cent or, emprunt de 1894, sixième émission, savoir :

Le premier n° 198819 portant l'empreinte d'un cachet circulaire avec cette mention intérieure : « Fonds d'Etats étrangers 1 0/0 plein tarif. 20 Paris 4-1899. »

Et les deux autres n°s 296967 et 296968 portant cette mention manuscrite :

  « Visé pour timbre à 2 0/0. Nancy, le 4 février 1912. »

A chacun de ces titres sont adhérents des coupons pour le paiement des arrérages, dont le premier à détacher au jour du décès de M. Dugay était celui échu le premier janvier dernier (1910).

Ces titres, attendu leur nature de valeurs au porteur, n'ont pas été cotés ni paraphés, mais leur analyse tiendra lieu de la cote . . . . *quinzième*

E) 15 *obligations Lombardes* 4 %

Cote seizième   *Une pièce*

Qui est un récépissé n°. . . de l'agence X. . . du Crédit Lyonnais en date du. . . constatant le dépôt à cette agence de 15 obligations de 500 francs chacune quatre pour cent des chemins de fer réunis du Sud de l'Autriche, de la Lombardie et de l'Italie cen trale portant les n°s. . . de la série. . .

Cette pièce a été cotée et paraphée par le notaire soussigné et par lui inventoriée sous la cote. . . . . *seizième.*

Pour faire suite à cette cote, les requérants déclarent que les obligations sus-énoncées sont munies de coupons d'intérêts dont le premier à détacher au jour du décès de M. . . était celui à échéance du. . .

F) 6 *lettres de gage de la Noblesse Russe*

Code dix-septième   *Déclarations*

Pour tenir lieu de cette cote, les requérants déclarent que M. . . décédé, a déposé à la Banque. . ., dont le siège est à. . ., rue. . ., six lettres de gage de 400 francs chacune, trois et demi pour cent, de la Banque Impériale foncière de la Noblesse Russe troisième émission portant les n°s. . .

Mais que la reconnaissance de ce dépôt étant adirée, ils ne peuvent donner aucun renseignement sur la jouissance ni sur la mention de timbre dont les titres peuvent être revêtus.

Ces déclarations tiennent lieu de la cote. . . . . *dix-septième*

144. *Valeurs déposées à la Caisse des consignations*

Cote. . .   *Une pièce*

Qui est le récépissé délivré par le caissier de la Caisse des dépôts et consignations le. . . constatant le dépôt à ladite Caisse de :

1° 4 obligations, etc. . . *(rapporter les indications mises sur le récépissé).*

Ce récépissé a été coté et paraphé par le notaire soussigné et par lui inventorié sous la cote. . . . . » »

145. *Réquisition de consignation de valeurs*

Avant de clore, M. . .,l'un des requérants, a demandé à ce que les titres et valeurs de bourse analysés sous les cotes. . . à. . . ci-dessus soient remis à M. X. . . en qualité de séquestre et dépositaire provisoire pour en faire ultérieurement la remise entre les mains de qui de droit.

Les autres parties ont déclaré s'opposer formellement à cette demande que rien ne justifie à leurs yeux.

Dans ces conditions, M. . . a requis que le dépôt desdits titres et valeurs ait lieu à la Caisse des consignations, conformément à la loi du 27 juillet 1875.

Les autres parties ayant adhéré alors à cette demande, M°. . . a déclaré qu'il se trans-porterait le. . . à. . ., heures du. . ., à l'hôtel de la Caisse des dépôts et con-signations (*ou* : à la trésorerie générale de. . .,*ou encore* : au bureau de la recette particulière des finances de. . .) pour effectuer ce dépôt.

146. *Créance hypothécaire*

Cote. . .   *Quatre pièces*

Qui sont :

La première, la grosse d'un acte reçu par Mᵉ. . ., notaire à. . ., le. . ., aux termes duquel M. . . et Mme. . . son épouse demeurant ensemble à. . . ont reconnu devoir solidairement entre eux à M. . . *de cujus* une somme de. . . pour prêt, stipulée exigible le. . . et jusqu'à son remboursement, productive d'intérêts au taux de. . . payables par semestres les. . .

A la garantie de cette créance, les débiteurs ont hypothéqué une propriété. . . (*désignation très sommaire*).

En outre, Mme. . . a subrogé le prêteur dans l'effet de son hypothèque légale contre son mari, mais seulement en ce qu'elle frappait les immeubles donnés en garantie.

M. et Mme. . . ont déclaré. . .

(*Rapporter les déclarations faites sur l'état civil des emprunteurs et la situation hypothécaire des immeubles donnés en garantie.*)

La deuxième, le bordereau de l'inscription d'hypothèque conventionnelle et légale prise au profit du prêteur contre M. et Mme. . . au bureau des hypothèques de. . ., le. . . volᵉ. . ., nº. . .

Les troisième et quatrième, états de transcriptions et d'inscriptions en ce qui concernait les immeubles hypothéqués et conformes aux déclarations faites à cet égard audit acte de prêt.

Ces pièces ont été cotées, etc...

Pour faire suite à cette cote, les requérants déclarent que lors du décès de M..., il n'était dû par les débiteurs que le prorata d'intérêts courus depuis le. . . (*ou, si le terme d'exigibilité était expiré* : que la créance sus-énoncée contre M. et Mme. . . est toujours due en entier et qu'au jour du décès de M. . . les intérêts dont cette créance est productive étaient au courant).

147. *Billet à ordre souscrit par M. et Mme X...*

Cote...   *Une pièce*

Qui est un billet à ordre sur timbre proportionnel en date à. . . du. . ., par lequel M. . . et Mme. . . se sont obligés solidairement à payer à M. Rollet requérant ou à son ordre, à... (*indiquer le lieu*), fin juin 1921 la somme de. . ., valeur reçue par eux en espèces, et à en servir, jusqu'à son remboursement, les intérêts au taux de. . . par an, exigibles les...

Cette pièce, attendu sa nature, n'a pas été cotée ni paraphée à la réquisition des parties ; son analyse tiendra lieu de la cote. . . . . » »

Pour faire suite à cette cote, M. Rollet déclare que M. et Mme. . . sont encore débiteurs de ladite somme de. . . francs,

Et qu'au jour du décès de Mme Rollet, ils devaient les intérêts de cette somme à compter du. . .

148. *Créance Fropier*

Cote. . .   *Une pièce*

Qui est un billet sur timbre proportionnel (1) de la somme de. . ., souscrit par

____

(1) Si la reconnaissance n'est pas sur timbre, il est préférable de ne pas l'indiquer. Il suffit de mettre alors : Qui est une reconnaissance de... souscrite, etc...

M. Louis Fropier, négociant demeurant à. . ., au profit de M. . . et payable le. . . à. . .

Cette pièce a été cotée et paraphée par Mᵉ. . . notaire soussigné et inventoriée sous la cote. . . . . » »

Pour compléter cette cote, M. . . ., déclare que M. Fropier est actuellement en faillite et que cette créance est d'un recouvrement désespéré.

149. *Ouverture de crédit Charpin*

Cote. . .   *Cinq pièces.*

La première pièce est la grosse d'un acte reçu par Mᵉ... notaire soussigné le. . ., contenant ouverture de crédit de la somme de. . . par M. . . décédé, sur sa maison de banque, au profit de M. Joanny Charpin, boulanger, et Mme Cladie Bouquet, son épouse, demeurant ensemble à. . ., avec affectation hypothécaire par ces derniers d'une maison sise à. . . rue. . ., cadastrée. . ., et avec subrogation par Mme Charpin dans l'effet de son hypothèque légale contre son mari.

Aux termes de cet acte, il a été stipulé notamment :

(*Relater succinctement les principales conditions de l'ouverture du crédit.*)

La deuxième pièce est le bordereau de l'inscription hypothécaire prise pour sûreté des sommes qui pourraient être dues en vertu de l'ouverture de crédit dont il s'agit, au bureau des hypothèques de. . ., le. . ., Vol. . . Nᵒ. . .

La troisième, un certificat de non-inscription délivré par M. le Conservateur des hypothèques de. . ., lors de l'inscription sus-énoncée.

Les quatrième et cinquième, autant d'effets de commerce, souscrits par M. Charpin au profit de M. . . décédé.

Et la sixième, le relevé du compte au jour du décès de M. . ., duquel il résulte que l'ouverture de crédit se trouvait réalisée à concurrence de. . . francs, ci . . .   » »
et que les intérêts dus de ce chef s'élevaient à cette date à la somme de . . . . .   » »

Soit ensemble. . . . .   » »

Ces pièces ont été cotées et paraphées, etc...

150. *Prêt du Crédit foncier*

Cote. . .   *Déclarations*

Pour tenir lieu de cette cote, Mme. . . déclare ce qui suit :

Suivant deux actes reçus par Mᵉ. . ., *notaire* à. . ., le premier le. . . et le second le. . ., son mari et elle-même ont emprunté au Crédit foncier de France dont le siège social est à Paris rue des Capucines nᵒ 19, une somme de 20.000 francs qui a été stipulée remboursable dans un délai de 30 années à compter du. . ., par annuités semestrielles de. . . francs chacune.

A la garantie de cet emprunt, M. et Mme. . . ont hypothéqué la propriété sise à. . . dont il a été question sous la cote. . . ci-dessus, et Mme. . . a en outre subrogé le Crédit foncier dans l'entier effet de son hypothèque légale contre son mari.

Les annuités ont été régulièrement payées à leurs échéances. Au jour du décès de M..., il n'était dû de ce chef que le prorata couru du. . .

Par suite de l'amortissement, il ne restait dû sur le montant de cet emprunt, audit jour du décès, que la somme de. . ., ainsi qu'il résulte d'une lettre du Gouverneur du Crédit foncier en date du. . .

Cette pièce a été cotée et paraphée par Mᵉ. . . notaire et par lui inventoriée sous la cote. . . . . » »

151. *Compte courant. Carnet de chèques*

Cote. . .   *Cinq pièces*

La première, un carnet portant le n°. . . délivré par le Comptoir national d'escompte dont le siège est à Paris, rue Bergère n° 14, sur lequel sont inscrits les versements et les retraits de fonds faits par M. . . avec l'agence X. . . dudit Comptoir, et duquel il résulte que le compte ouvert avec cette agence se soldait par un reliquat actif de. . .

La deuxième, un carnet de chèques sur le même établissement, dont les huit premiers ont été détachés ; les douze de surplus qui sont encore attachés à la souche ont été bâtonnés à l'instant.

La troisième, une lettre dudit établissement en date à. . . du. . ., constatant que le compte de M. . . au jour de son décès, se soldait par un reliquat actif de. . ., ci. . . . .   » »

Et les quatrième et cinquième, deux lettres du même établissement donnant le relevé dudit compte à des dates antérieures.

Ces pièces ont été cotées, etc. . .

152. *Livret de la caisse d'épargne*

Cote. . .   *Deux pièces*

Qui sont :

La première, un livret de la caisse nationale d'épargne sous la garantie de l'Etat série. . . n°s. . ., au nom de Mme Guérin décédée s'élevant en principal et intérêts au jour de son décès, à la somme de...

Et la seconde, un livret de la Caisse d'épargne et de prévoyance de. . ., portant le n°. . ., et au nom de M. Guérin requérant, constatant, comme dernière opération, le retrait à la date du. . . de la somme de. . . qui formait le montant en principal dudit livret, en sorte qu'il ne reste que les intérêts alors courus.

Ces pièces ont été cotées, etc...

153. *Assurance sur la vie*

Cote. . .   *Cinq pièces*

Qui sont :

La première, une police n°. . . en date à. . . du. . . aux termes de la laquelle la Compagnie. . ., dont le siège social est à. . . s'est engagée à payer lors du décès de M. X. . . la somme de. . . francs à ses héritiers et représentants (*ou* : à. . .), et ce moyennant le paiement d'une prime annuelle de. . . payable d'avance le. . . de chaque année, dont la première a été versée au moment même de l'assurance.

Les quatre autres, autant de reçus de la Compagnie. . ., desquels il résulte que toutes les primes relatives à cette assurance payées au jour du décès de M. . . s'élèvent à la somme de. . . francs.

Ces pièces ont été cotées, etc. . .

154. *Bail authentique (bail actif)*

Cote. . .   *Deux pièces*

Qui sont

La première, la grosse d'un acte reçu par Me. . . notaire à. . . le. . ., aux termes duquel M. . . a loué à M. . . et Mme. . . son épouse, demeurant à. . ., un appartement sis au rez-de-chaussée de la maison sise à. . . rue. . ., dont il a été question sous la cote. . . ci-dessus.

Ce bail a eu lieu pour une durée ayant expiré le 11 novembre. . . et moyennant outre diverses charges et conditions, un loyer annuel de. . . qui a été stipulé payable par quart et à terme échu. . .

Cet acte constate en outre le paiement par les preneurs d'une somme de. . . à titre de oyers d'avance à imputer sur les six derniers mois de jouissance du bail.

Et la deuxième, la grosse d'un acte reçu par le même notaire le. . ., aux termes duquel M. . . d'une part, et M. et Mme. . . d'autre part ont convenu de proroger pour une durée de 3, 6 ou 9 années consécutives au choix exclusif des preneurs, à partir du 11 novembre. . . le bail ci-dessus analysé.

Cette prolongation de bail a été consentie et acceptée sous les mêmes charges et conditions que celles dudit bail et moyennant le même loyer annuel, et il a été stipulé que les loyers versés à titre de loyers d'avance aux termes de l'acte premier énoncé s'imputeraient sur les six derniers de jouissance de ladite prolongation de bail.

Ces pièces ont été cotées et paraphées, etc.

Pour faire suite à cette cote, Mme. . . déclare qu'au décès de son mari :

1ᵉⁿᵗ Le surplus de la maison sise à. . . rue. . . était loué verbalement et suivant l'usage des lieux aux personnes ci-après nommées, moyennant les loyers annuels suivants, payables en quatre termes égaux aux époques ordinaires, les . . ., savoir :

1º à M. . . moyennant . . . . » »
2º à M. . . . . » »
Total. . . francs, ci. . . . . » »

2ᵉⁿᵗ Et tous les loyers résultant tant des actes que des locations verbales sus-énoncés étaient au courant.

155. *Bail et cession de bail s. s. p. (bail passif)*

Cote. . .   *Trois pièces*

Qui sont :

La première, l'un des doubles originaux d'un acte sous signatures privées en date à. . . du. . . portant comme dernière mention celle suivante : « Enregistré à. . . le. . . folio. . . case. . . Reçu . . . francs. . . centimes pour trois ans (signé). . . »,
aux termes duquel :

M. . . propriétaire, demeurant à. . ., a loué pour 10 années consécutives qui ont commencé à courir le. . .

A M. X. . . et Mme. . . son épouse, preneurs solidaires.

Diverses parties d'une maison sise à. . . rue. . . nº. . . comprenant notamment. . . *(désignation très succincte)*.

Moyennant, outre les conditions ordinaires, un loyer annuel de. . . payable par quart et à terme échu les. . .,

Et en outre à charge par les preneurs de verser le jour de l'entrée en jouissance six mois de loyers d'avance imputables sur les six derniers mois de jouissance dudit bail ;

La deuxième, un des doubles originaux d'un acte aussi sous signatures privées en date à. . . du. . . portant cette mention : « Enregistré, etc. . . »

Aux termes duquel M. et Mme X. . . ont cédé et transporté sous les garanties de droit, à M. et Mme Y. . . susnommés tous leurs droits pour le temps restant à courir à la location des locaux susdésignés à compter du. . ., moyennant le même loyer de. . . payable aux époques et de la manière ci-dessus indiquées.

Cet acte constate le remboursement par M. et Mme Y. . . à M. et Mme X. . . d'une somme de. . . versée par ceux-ci pour loyers d'avance et imputable sur les six derniers mois de jouissance du bail cédé.

Ces pièces ont été cotées, etc. . .

Pour faire suite à cette cote, Mme Y. . . déclare :

Qu'au jour du décès de son mari il n'était dû que le prorata de loyer couru à partir du. . .

Et que depuis ce décès, elle a continué ce bail et en a payé régulièrement les loyers.

156. *Assurances contre l'incendie, etc.*

Cote. . .   *Quatre pièces*

Qui sont :

La première, une police nᵒ . . . en date à. . . du. . . aux termes de laquelle M. X. . . a assuré à la compagnie le Phénix, dont le siège est à . . . pour une durée de dix ans à compter du. . ., son mobilier personnel et industriel et les marchandises contenues dans la maison sise à. . . rue. . . nᵒ. . ., ainsi que les risques locatifs et le recours des voisins pour une somme totale de. . . francs, dans laquelle le mobilier personnel figure pour. . . et le mobilier industriel pour. . ., le tout moyennant une prime annuelle de. . . payable d'avance, le. . .

La deuxième, une quittance de ladite compagnie de laquelle il résulte que M. X. . . a payé le. . . la prime d'assurance pour l'année ayant commencé le. . . dernier.

La troisième, une autre police en date à. . . du. . . portant le nᵒ. . ., aux termes de laquelle M. X. . . a assuré à la compagnie. . . ayant son siège à. . . pour dix années à compter du. . . les *diverses* glaces de sa devanture et de l'intérieur de sa demeure contre le bris, moyennant une prime annuelle de. . . payable d'avance le. . .

Et la quatrième, la quittance de la prime de cette assurance pour l'année ayant commencé le. . .

Ces pièces ont été cotées, etc. . .

157. *Contributions et impôts*

Cote. . .   *Trois pièces*

Qui sont autant d'avertissements de l'administration des contributions directes, desquels il résulte :

Que la maison sise à. . . rue. . . nᵒ. . . dont il est question sous la cote. . . ci-dessus, est imposée pour l'année en cours, à la somme de. . . pour le foncier et les portes et fenêtres,

Et que pour la même année, M. X. . . *de cujus* était imposé pour la cote personnelle et mobilière et diverses taxes à la somme de. . .

Ces pièces ont été cotées, etc...

Pour faire suite à cette cote, les requérants déclarent qu'au jour du décès de M. X..., ces impositions étaient encore intégralement dues.

158. *Abonnement aux eaux*

Cote. . .   *Deux pièces*

Qui sont :

La première, un abonnement pour les eaux contracté avec la compagnie. . . pour la maison sise à. . . rue. . . moyennant une redevance annuelle de. . . payable. . .

Et la deuxième, une quittance du semestre échu le. . .

Ces pièces ont été cotées, etc. . .

159. *Abonnement au gaz*

Cote. . .   *Déclarations*

Mme. . . déclare que son mari avait contracté avec la compagnie. . . dont le siège est à. . ., un abonnement pour la fourniture du gaz nécessaire à l'éclairage de leur maison de. . ., et qu'au jour du décès de son dit mari, il était dû à cette compagnie la somme de. . . pour la fourniture du gaz et pour la location du compteur.

Ces déclarations tiendront lieu de la présente cote. . . . . » »

160. *Fonds de commerce*

Cote. . .   *Douze pièces*

Qui sont :

La première, l'expédition d'un acte reçu par M⁰. . . notaire à. . . le. . . aux termes duquel M. . . a vendu à M. et Mme. . . le fonds de commerce de. . . prisé en la première séance du présent inventaire, moyennant le prix principal, savoir :

Pour les marchandises et le matériel, de. . . francs payés comptant aux termes dudit acte qui en contient quittance,

Et pour le fonds proprement dit, de. . . francs qui ont été stipulés payables en dix fractions égales de chacune. . . exigibles le. . . de chaque année, avec intérêts au taux de. . . par an payables en même temps que chaque fraction de capital.

D'une mention mise en marge de ladite expédition, il résulte :

Que M. et Mme. . . ont fait remplir sur cette acquisition et dans les délais voulus les formalités de publicité prescrites par la loi sans qu'il soit survenu aucune opposition sur le prix de ladite vente ;

Et que l'inscription de privilège du vendeur avec réserve de l'action résolutoire a été prise au greffe du tribunal de commerce de. . . le. . . vol⁰. . . n⁰. . . pour sûreté de paiement du solde du prix d'acquisition en principal, intérêts, frais et accessoires.

La deuxième, un certificat délivré par le greffier dudit tribunal de commerce de. . . à la date du. . ., duquel il résulte que le fonds de commerce dont il s'agit n'était grevé d'aucune inscription de privilège et de nantissement du chef de M. . . vendeur et de divers précédents propriétaires.

Et les dix autres, autant de reçus de M. . ., constatant que M. et Mme. . . se sont libérés de la somme totale de. . . à valoir sur le capital dû et des intérêts jusques et y compris ceux échus le. . .

Ces pièces ont été cotées et paraphées par M⁰. . . notaire soussigné et par lui inventoriées sous la cote. . . . . » »

Pour faire suite à cette cote, Mme. . . déclare :

Que l'inscription de privilège et d'action résolutoire prise contre elle et son mari sur ce fonds de commerce a été renouvelée le. . . vol⁰. . . n⁰. . .

Qu'il n'a été consenti sur ledit fonds aucune inscription de nantissement.

Qu'au jour du décès de son mari, il restait dû en principal la somme de. . .

Et que depuis ce décès elle a acquitté le. . . la fraction de capital de. . . exigible à cette date, et l'année d'intérêts échue à la même date et s'élevant à. . .

161. *Livres et registres de banque*

Cote. . .   *Douze pièces*

La première pièce de cette cote est un registre relié en toile noire intitulé « Journal » et où sont inscrites jour par jour les opérations de banque de M. . .

Ce registre, qui contient. . . feuillets numérotés et paraphés par M. le Président du tribunal de commerce de. . ., a été commencé à la date du. . ., et les opérations y sont portées jusqu'au. . . Toutes les pages, jusques et y compris celle n° 160 sont écrites en entier, sans blanc, lacune ni intervalle ; la page n° 161 est écrite en partie seulement celles suivantes sont entièrement en blanc. La partie en blanc de la page 161 a été bâtonnée par le notaire soussigné.

La deuxième pièce est un registre relié en peau jaune avec le haut et bas du dos et les coins en cuivre ; il est intitulé « Grand Livre » et contient, d'après le relevé du livre journal sus-analysé, les comptes par doit et avoir des clients et des correspondants de la maison de banque de M...

Ce registre a 300 feuillets numérotés de 1 à 299 ; la première et la dernière page ne portent pas de numéros et les deux pages en regard l'une de l'autre ont le même numéro, 'une étant destinée au doit et l'autre à l'avoir.

Les feuillets 1 à 60 sont entièrement écrits ; les feuillets 61 à 234 sont écrits en partie et en partie en blanc ; les feuillets 235 à 299 sont entièrement en blanc.

Tous les comptes ont été arrêtés au. . ., jour du décès de M. . . et tous les blancs existant dans les pages employées en partie ou en totalité ont été bâtonnés et chaque feuillet a été paraphé par le notaire soussigné.

Du dépouillement de ce livre, il résulte les créances actives et passives ci-après énumérées, observation faite que les créances actives ont été divisées sur les indications des requérants et de M. . ., fondé de pouvoir de feu M. . ., en créances paraissant d'un recouvrement certain, créances d'un recouvrement douteux et créances pouvant être considérées comme irrécouvrables.

I. *Créances actives paraissant d'un recouvrement certain*

1° M. Louis Forjat, emboucheur, demeurant à. . ., deux cents soixante-dix francs . . . . 270 »

2° M. Prosper Grandioux, marchand de vins à . ., 1346 francs, ci . . . 1346 »

3° M. Léonard Jugnier, etc. . . . . » »

Total des créances paraissant d'un recouvrement certain . . . . » »

Créances actives douteuses

1° M. Francis Galamin, etc. . . . . »

2° M. . . . . » »

Total des créances douteuses. » »

Créances d'un recouvrement désespéré

1° M. Claudien Margaux . . . . » »

2° M. . . . . » »

Total des créances paraissant irrécouvrables. . . . . » »

II. — *Créances passives*

La maison de banque de M. . . devait

1° Au Comptoir 'Lyonnais, la somme de. . ., ci . . . . » »

2° A M. . . . . » »

Total des sommes dues : . . . francs, ci . . . . » »

La troisième pièce est un registre de 300 pages entièrement numérotées, servant à copier les lettres écrites par M. . . pour les affaires de son commerce, et dont les 143 premières ont seules servi en entier, et la 144° en partie. Le blanc existant à cette dernière a été bâtonné par le notaire soussigné.

La quatrième pièce est un petit registre cartonné et recouvert en maroquin rouge, intitulé livre de caisse, qui contient le détail jour par jour des entrées et sorties de fonds dans la caisse de M. . . et la balance de compte à la fin de chaque mois. La dernière balance arrêtée au. . ., jour du décès de M. . . constate qu'il existait alors en caisse une somme de. . . qui correspond exactement à celle trouvée.

Ce registre contient. . . feuillets dont les 36 premiers sont entièrement écrits et le 37 en partie ; les autres sont en blanc. La partie en blanc du 37e feuillet a été bâtonnée.

La cinquième pièce est un registre relié en toile contenant. . . feuillets paraphés par M. le président du tribunal de commerce de. . . et contenant la copie des inventaires faits tous les six mois par M. . . de la situation de ses affaires. Le premier inventaire constaté est celui établi à la date du. . ., et le dernier celui dressé à la date du. . . lequel constate un actif de. . .   ,

Les 159 premières pages de ce registre sont écrites en entier ; les autres sont en blanc.

Les sixième à douzième pièces sont un ancien livre « Journal », un ancien grand livre et cinq anciens copies-lettres. Les reliquats actifs et passifs des anciens livre journal et grand livre ayant été reportés aux registres faisant l'objet des deux premières pièces ci-dessus analysées, il n'en est pas fait plus ample désignation.

Ces pièces ont été cotées et paraphées par le notaire soussigné et inventoriées sous la présente cote. . . . .   »   »

Pour compléter cette cote, M. . . requérant déclare que parmi les créances actives ci-dessus mentionnées d'après le dépouillement du grand livre,

Celle de. . . sur M. . . est celle à concurrence de laquelle se trouvait réalisée, au jour du décès de M. . ., l'ouverture de crédit sus-analysée sous la cote. . .

Et celle de. . . sur M. . . est la même que celle qui a fait l'objet du billet également sus-analysé, cote. . .

162. *Autre formule.* — A. *Livres et registre de commerce*

Cote. . .   *Onze pièces*

Qui sont :

La première, un registre cartonné et couvert en toile noire avec le bas et le haut du dos et les coins en cuivre, intitulé « Livre Journal » et sur lequel M. . . inscrivait au jour le jour des ventes et achats relatifs à son commerce de. . .

Ce registre contient. . . pages toutes numérotées et paraphées par M. le Président du tribunal de commerce de. . . Les. . . premières sont écrites en totalité ; la. . . . l'est en partie, et les autres sont en blanc.

Les opérations y sont portées depuis le. . . jusqu'au. . .

La partie en blanc de la dernière page écrite a été bâtonnée ;

La deuxième, un registre cartonné et couvert en basane verte intitulé « Grand Livre » également avec le haut et le bas du dos et les coins en cuivre, lequel grand livre contient, d'après le relevé du livre journal sus-analysé, le compte par doit et avoir de chaque débiteur et créancier du défunt.

Ce registre a. . . pages foliotées, dont les. . . premières sont écrites en partie et en partie laissées en blanc. Tous les blancs existants dans ces pages ont été bâtonnés et chaque feuillet a été paraphé par Me. . . soussigné ;

La troisième, un petit registre cartonné contenant la table alphabétique des noms portés au grand livre avec l'indication des folios des différents comptes ;

La quatrième, un registre cartonné et couvert en toile grise, contenant la copie des inventaires faits chaque année par M. . . de la situation de ses affaires. Le premier inventaire rapporté est celui de l'année. . . et le dernier celui de l'année. . .

Ce registre a. . . pages foliotées et paraphées par M. le Président du Tribunal de commerce de. . . Les. . . premières pages sont entièrement écrites ; la. . . l'est seulement en partie, et les autres sont en blanc.

La partie non écrite de la page. . . a été bâtonnée.

La cinquième, un registre cartonné à dos rouge, contenant. . . pages numérotées et destinées à recevoir la copie des lettres écrites par M. . . Les. . . premières seules ont été employées.

La sixième, une liasse de. . . lettres et télégrammes reçus par M. . . à raison de ses affaires.

Et les septième à onzième, d'anciens registres entièrement écrits, dont les opérations ont été arrêtées et reportées sur les registres ci-dessus analysés. Ces livres sont intitulés. . .

Ces pièces ont été cotées, etc...

B. *Situation commerciale*

Cote. . .   *Une pièce*

Qui est une note dressée par les requérants d'après les registres sus-analysés et les renseignements qu'ils ont pu recueillir pour établir la situation commerciale de M. . . au jour de son décès.

De cette note, il résulte ce qui suit :

1^{ent} Actif

Il était dû à M. . . au jour de son décès pour fournitures de. . ., savoir :

Créances bonnes

1° par M. . , demeurant à. . . la somme de. . ., à	»	»
2° par M. . . etc.	»	»
Total des créances paraissant bonnes.		

Créances douteuses

1° par M°. . . etc...

Créances d'un recouvrement désespéré

1° par M. . .

2^{ent} Passif

A la même date, il était réclamé au défunt :

1° par M. . ., la somme de. . . pour livraison de. . . (*sorte de marchandises fournies*). . .

2° etc...

Cette pièce a été cotée, etc...

163. *Société entre M. . . et M. . .*

Cote. . .   *Cinq pièces*

La première pièce est l'un des originaux d'un acte sous signatures privées en date à. . . du. . ., portant cette mention :

Enregistré à, etc. . .

Aux termes duquel :

1° M. . . Gallien. . .,

2° M. . . Dubois. . .,

3° Et M. Nouveau *de cujus*,

Ont formé entre eux une société en nom collectif ayant son siège à. . ., pour une durée de. . . années ayant commencé à courir le. . ., sous la raison sociale. . . et dont l'objet était la fabrication et la mise en vente de. . .

Le capital social, fixé à la somme de. . ., a été composé comme suit. . .

Aux termes de cet acte, il a été stipulé notamment :

Qu'il serait fait chaque année, au mois de. . ., un inventaire pour constater l'actif et le passif de la société ;

Que les bénéfices ainsi que les pertes, le cas échéant, seraient partagés par tiers entre les associés ;

Qu'en cas de décès de l'un desdits associés au cours de la société, celle-ci continuerait de plein droit entre les deux survivants, sans que les héritiers et représentants du pré-décédé puissent faire procéder alors à aucun inventaire social, même en la forme commer-ciale ;

Et que les droits de ceux-ci dans l'actif de société seraient fixés par le dernier inven-taire social dressé au jour du décès et seraient payables en espèces dans le délai de. . . avec intérêts aux taux de. . . exigibles les. . .

Les deuxième à quatrième pièces constatent la publication régulière de la société.

Et la cinquième est un relevé de l'inventaire commercial dressé à la date du. . . et constatant qu'à cette date, la part nette revenant à M. Nouveau dans la société s'éle-vait à. . .

Ces pièces ont été cotées et paraphées par le notaire soussigné et inventoriées par lui sous la présente cote . . . . » »

Pour compléter cette cote, M. . . déclare qu'au décès de M. Nouveau il n'existait pas de compte particulier entre celui-ci et la société, et que les droits de sa suc-cession dans cette société se trouvent par suite fixés, d'après le dernier inventaire social, à la somme de. . .

164. *Etablissement des enfants*

Cote. . .   *Déclarations*

Pour tenir lieu de cette cote, les requérants déclarent ce qui suit :

1^{ent} En ce qui concerne M. X. . . fils.

M. X. . . fils n'a reçu de sa mère aucun avantage sujet à rapport.

2^{ent} En ce qui concerne Mme Y. . .

Aux termes du contrat de mariage sus-énoncé de M. et Mme Y. . . reçu par M^e. . . notaire à. . . le. . ., Mme X. . . a donné et constitué en dot à Mme Y. . . sa fille qui a accepté, par imputation sur sa succession future, une somme de. . . en argent qu'elle a remis à M. et Mme Y. . . aussitôt après la célébration civile de leur mariage.

Elle ne lui a fait aucun autre avantage sujet à rapport.

Ces déclarations tiendront lieu, etc. . .

165. *Dots constituées aux enfants*

Cote. . .   *Deux pièces*

Qui sont :

La premire, l'expédition représentée par M. et Mme Dubois de leur contrat de mariage sus-énoncé reçu par M^e. . . notaire à. . . le. . ., aux termes duquel M. et Mme Ariel ont constitué en dot à Mme Dubois leur fille qui a accepté, en avancement d'hoirie, par imputation d'abord sur ses droits dans la succession du prémourant des donateurs et subsidiairement, s'il y avait lieu, sur ses droits dans celle du survivant,

1° Un trousseau décrit et estimé en un état joint audit contrat à la somme de. . ., ci . . . . » »

2° etc. . .

Le tout stipulé livrable et payable le jour du mariage, avec déclaration que la célébra-tion civile en vaudrait quittance et décharge aux donateurs.

Et la deuxième, l'expédition représentée par M. Ariel fils, de son contrat de mariage reçu par Mᵉ. . . notaire à. . . le. . ., aux termes duquel ses père et mère lui ont constitué en dot en avancement d'hoirie et par imputation par moitié sur la succession de chacun d'eux, savoir :

1° etc. . .

Ces pièces ont été cotées, etc. . .

Pour faire suite à cette cote, il a été déclaré séparément, savoir :

Par M. et Mme Dubois, qu'ils ont reçu les objets mobiliers, valeurs, créances et espèces qui ont été constituées en dot à Mme Dubois.

Et par M. Ariel fils, que les valeurs faisant partie de sa dot lui ont été remises, mais qu'il n'a reçu qu'une somme de . . . sur celle de . . . qui lui avait été promise en numéraire.

166. *Don manuel à M...*

Cote. . .   *Déclarations*

M. X... déclare que son père lui a fait la remise, à titre de don manuel, à la date du. . ., de :

1° Une somme de. . .

2° etc...

Ensemble :

Ces déclarations tiendront lieu de la cote. . . . .   »   »

167. *Reconnaissance de libéralité. Refus de consigner les droits*

Ne pas mentionner la libéralité. Mettre seulement :

A l'instant les parties ont fait une déclaration donnant ouverture à des droits d'enregistrement particuliers. Demande leur ayant été faite de consigner la somme suffisante pour l'acquit de ces droits, les parties ont répondu ne pouvoir le faire (*ou* : ne pas juger à propos de le faire). Par suite, le notaire soussigné a estimé ne pas devoir rapporter la déclaration en question et a laissé lesdites parties se pourvoir selon qu'elles aviseront.

168. *Sur la tutelle des enfants X...*

Cote. . .   *Déclarations*

Les requérants déclarent ce qui suit :

Mme veuve X... *de cujus*, a été tutrice légale de :

1° Mme Y..., issue de son union avec M. Z... son premier mari et à laquelle elle a rendu compte suivant actes reçus par Mᵉ. . . notaire à. . ., le premier le. . . et le second le. . ., desquels il résulte que Mme X. . . a remis et payé à Mme Y... tout ce qui revenait à celle-ci.

2° Et M. X..., issu de son union avec M. X... son second mari, et auquel ladite dame n'a rendu aucun compte.

La tutelle que Mme X... a eue de son fils s'est ouverte au décès de M. X... père arrivé à. . . le. . ., dont la succession n'a pas été liquidée. Elle a cessé le jour de la majorité de M. X... fils arrivé le. . .

Au cours de cette tutelle, M. X... fils n'a recueilli aucune autre succession que celle de son père et il ne lui a été fait aucun don ni legs.

Par suite, le compte que sa mère lui devait n'aurait compris que les droits de M. X.. fils dans la succession de son père, lesdits droits grevés :

1º de la somme de. . . pour frais de subrogée tutelle, ci . . . .   » »

2º et celle de. . . pour droits de succession dus par lui par suite du décès de
son père, ci . . . .   » »

Ensemble :   » »

Le tout payé par Mme X. . *de cujus.*

Ces déclarations tiendront lieu de la cote . . . .   » »

VII. — Déclarations générales

169. *Déclarations générales*

Mme. . . fait les déclarations suivantes :

I. *Sur les deniers comptants*

Au jour du décès de M. . ., il existait en deniers comptants une somme de. . .,
laquelle somme a servi à acquitter à due concurrence les frais funéraires ci-après
indiqués.

II. *Sur l'actif*

Il était dû à la même date :

1º par M. . . la somme de. . . pour prêt verbal non productif d'intérêts,
ci . . . .   » »

2º par M. . . celle de. . . pour. . . . .   » »

Ensemble. . . . .   » »

Lesquelles sommes sont encore dues.

Il n'est pas à la connaissance de la requérante qu'il dépende des communauté et succession dont il s'agit aucun autre actif que celui résultant des pièces sus-analysées et des
déclarations faites au cours du présent inventaire.

III. *Sur le passif*

Il était réclamé au décès de M. . .,

1º par les ouvriers, pour le prorata de leur salaire, la somme de . . ., ci. . . .   » »

2º par M. . . . .   » »

Soit ensemble la somme de . . encore due, ci . . . .   » »

IV. *Sur les frais de dernière maladie*

Il n'était rien dû pour frais de dernière maladie au jour du décès de M. . .

V. *Sur les frais funéraires*

1º Mme. . . a payé à due concurrence avec les deniers comptants existant lors du
décès de son mari et le surplus avec des deniers personnels, savoir :

1º Aux pompes funèbres pour l'inhumation, la somme de. . . . .   » »

2º A M. le curé de. . . pour le service religieux, celle de. . ., ci. . . . . .   » »

3º A la ville de. . . pour concession trentenaire de terrain, celle de. . .,
ci. . . . .   » »

4. A M. . . marbrier à. . . pour le monument funéraire, celle de. . ., ci.   » »

Ensemble. . . . .   » »

Il n'est pas à la connaissance de la déclarante qu'il existe à la charge desdites
communauté et succession aucun autre passif que celui résultant des pièces sus-
analysées et des déclarations qui précèdent.

A l'appui de ses dires en ce qui concerue les déclarations générales ci-dessus, Mme. . .
a représenté. . . pièces qui sont autant de notes, mémoires et reçus, que Me. . . notaire
a cotés et paraphés et inventoriés sous la cote. . . . . *trentième et dernière*

<h2 style="text-align:center">170. Récapitulation</h2>

§ 1. — Reprises et récompenses des époux

1^{en}t Mme X . . .

Mme X. . .a droit à la reprise :

En nature, de :

1º Cinquante actions de la Banque de France (cote 3ᵉ).

2º Quinze obligations de la Ville de Paris emprunt de 1855 (cote 4ᵉ).

3º Une propriété dite. . . sise à. . ., acquise en remploi (cote 6ᵉ).

En deniers, de :

1º Cinquante mille francs provenant de son apport en mariage (cote 1ʳᵉ) ci.   50.000 fr.

2º Soixante-douze mille six cent quarante-neuf francs cinquante-cinq
centimes provenant de la succession de son père (cote 2ᵉ), ci . . . . . . 72.649 » 55

3º Trente et un mille cinq cents francs, prix de vente d'immeuble propre resté sans emploi (cote 5ᵉ), ci . . . . 31.500 »

Ensemble . . . . 154.149 fr. 55

Elle doit récompense de :

1º La somme de. . . etc...

2ᵉⁿt La succession de M. X...

La succession de M. X. . . a droit à la reprise :

En nature, de :

1º etc...

En deniers, de :

1º etc...

Elle doit récompense de. . . etc...

§ 2. — Communauté

Actif.

L'actif de communauté se compose de :

1º Le mobilier prisé à. . ., ci. . . . . » »

2º Le prorata au décès des valeurs propres à Mr   X. . . (cotes 7ᵉ à 10ᵉ).

3º Le prorata au décès des propres de Mme X. . . (cotes 3ᵉ et 4ᵉ)

4º etc...

Passif.

Le passif de communauté comprend :

1º Créance du Crédit foncier (cote. . .).

2º etc...

§ 3. — Succession

L'actif de succession comprend. . . etc...

Le passif se compose de. . . etc...

<h2 style="text-align:center">171. Option de l'époux survivant</h2>

M . . ., usant de la faculté que lui accorde son contrat de mariage analysé sous la
cote. . . ci-dessus, a, par ces présentes, déclaré opter pour la conservation à son profit
personnel du fonds de commerce de. . ., exploité à. . ., dépendant de la communauté
qui a existé entre lui et sa défunte épouse, et ce, aux charges et conditions stipulées
audit contrat de mariage,

Pour M. . . avoir droit à la toute propriété de ce fonds de commerce à partir du jour du décès de Mme. . .

(ou bien encore):

Usant de la faculté qui lui est laissée par la donation entre époux ci-dessus analysée sous la cote. . ., Mme. . ., déclare par ces présentes qu'elle entend conserver pour son compte personnel l'établissement agricole qui dépend de la communauté ayant existé entre elle et son défunt mari, le tout dans les termes de ladite donation.

172. *Interpellation au tuteur*

Sur l'interpellation qui lui en a été faite par Me. . . notaire soussigné, Mme Vve. . . a déclaré que ses enfants mineurs lui doivent seulement le coût de la délibération du conseil de famille leur ayant nommé M. . . pour subrogé tuteur et qui s'élève à. . .

Ou bien : Qu'il lui est dû par ses enfants mineurs, outre la somme de. . ., coût de la délibération du conseil de famille leur ayant nommé M. . . pour subrogé tuteur, une créance de. . . *(montant et nature, titre, intérêts).*

Ou encore : Que ses enfants mineurs susnommés lui doivent la somme de . . . montant des frais de la délibération de leur conseil de famille leur ayant nommé un subrogé tuteur, et qu'il y a en outre compte à faire entre elle et sesdits enfants mineurs relativement à. . ., sans que la déclarante puisse préciser dès maintenant si le reliquat de ce compte sera actif ou passif.

173. *Avertissements à MM. . .*

A l'instant, Me. . . notaire soussigné, a donné connaissance à MM. . . *(tuteur et subrogé tuteur). . .* qui le reconnaissent, des prescriptions de la loi du 27 février 1880 sur l'emploi des biens mobiliers et des valeurs appartenant aux mineurs, et des responsabilités encourues par les tuteurs et subrogés tuteurs en cas d'inobservation de ces prescriptions.

A un mari et une femme soumis au régime dotal le cas échéant:

A l'instant, le notaire soussigné a rappelé à M. et Mme X. . . qui le reconnaissent l'obligation où ils se trouvent d'employer tous les biens mobiliers et valeurs au porteur recueillis par Mme X. . . dans la succession dont il s'agit, en valeurs au nom de ladite dame, le tout dans les termes et de la manière stipulés dans leur contrat de mariage il a spécialement attiré leur attention sur les dangers et les responsabilités qui pourraient résulter pour eux de l'inobservation de ces prescriptions.

174. *Conservation du mobilier*

Conformément à la faculté qui lui est accordée par la loi, Mme Vve. . . déclare qu'elle entend conserver les meubles appartenant à ses enfants mineurs pour les leur remettre en nature en temps voulu.

175. *Protestations et réserves*

Contre les déclarations faites par Mme Vve. . . au cours du présent inventaire en ce qu'elles pourraient nuire aux droits et intérêts des héritiers *(ou :* des mineurs X. . .*)* M. . . et M. . ., subrogé tuteur desdits mineurs, font toutes réserves et protestations nécessaires.

VIII. — Clôture

176. *Clôture d'inventaire sans scellés*

Ce fait, ne se trouvant plus rien à comprendre ni déclarer au présent inventaire, il est demeuré clos à la réquisition des parties, après que M. . . requérant, a eu prêté serment entre les mains de M*. . . notaire soussigné d'y avoir déclaré et fait comprendre tout ce qui, à sa connaissance, peut dépendre tant activement que passivement de la communauté d'entre lui et sa défunte épouse et de la succession de celle-ci, sans en avoir rien pris, caché ni détourné, et sans avoir vu ni savoir qu'il en ait été rien pris, caché ni détourné par qui que ce soit, directement ou indirectement.

Tout le contenu au présent inventaire est demeuré en la garde et possession de M. . . qui le reconnaît et s'en charge pour en faire la représentation quand et à qui il appartiendra (*ou, s'il y a lieu* : Les meubles et objets ci-dessus inventoriés ont été confiés à la garde de M. . ., et les titres et papiers ainsi que les deniers comptants ont été remis à M. . ., lesquels MM. . ., chacun en ce qui le concerne, le reconnaissent et s'en chargent pour en faire la représentation quand et à qui il appartiendra).

Il a été vaqué à tout ce que dessus depuis ladite heure de. . . jusqu'à celle de. . . par (simple, double ou triple) vacat^ion (*Si l'analyse a eu lieu d'un seul tenant, on met* : Il a été vaqué à la lecture de tout ce qui précède depuis ladite heure de. . . jusqu'à celle de. . . par (simple, double ou triple) vacation, et il a été employé par le notaire sous^signé, en dehors des parties qui le reconnaissent,. . . (*nombre*). . . vacations tant à la rédaction de la présente séance qu'au tri et au classement des papiers).

Et sous toutes nouvelles réserves et protestations de droit, les parties ont signé avec le notaire, après lecture faite.

177. *Clôture d'inventaire avec scellés*

Ce fait, ne se trouvant plus rien à comprendre ni déclarer au présent inventaire, il est demeuré clos à la réquisition des parties et après que M. . . requérant, et M. . . gardien des scellés, ont eu prêté serment, chacun séparément, entre les mains du notaire soussigné, d'y avoir dit et représenté tout ce qui, à leur connaissance, peut dépendre tant activement que passivement de la communauté ayant existé entre ledit M. . . et sa défunte épouse et de la succession de cette dernière (*ou, selon le cas* : de la succession de M. . .) sans en avoir rien pris, caché ni détourné, et sans savoir ni avoir vu qu'il en ait été rien pris, caché ni détourné par qui que ce soit, directement ou indirectement.

Les scellés ont été définitivement levés et ôtés.

Tous les meubles meublants, objets mobiliers, titres, papiers et deniers comptants ci-dessus inventoriés sont demeurés en la garde et possession de M. . . qui le reconnaît et s'en charge pour en faire la représentation quand et à qui il appartiendra.

Il a été vaqué à tout ce que dessus depuis ladite heure de. . . jusqu'à celle de. . . par. . . vacation. (*En cas d'analyse d'un seul tenant, voir formule précédente.*)

Et sous toutes nouvelles réserves et protestations de droit, les parties ont signé avec le gardien des scellés et le notaire, après lecture faite.

178. *Clôture d'inventaire dressé à la requête d'une veuve survivante commune*

Ce fait, le présent inventaire est demeuré clos à la réquisition des parties, après avoir été affirmé sincère et véritable par Mme veuve. . . requérante et après que ladite dame a eu prêté (*ou, s'il y a lieu*: et après que ladite dame et M. . . gardien des scellés, chacun séparément, ont eu prêté) serment entre les mains de Me. . . notaire soussigné, d'y avoir déclaré et fait comprendre tout ce qui à sa (*ou* : leur) connaissance, peut dépendre activement et passivement tant de la communauté ayant existé entre Mme. . . et son défunt mari que de la succession particulière de ce dernier, sans en avoir rien pris, etc...

(*Le reste comme ci-dessus.*)

IX. — Incidents et référés

179. *Lettres confidentielles*

Dans l'un des casiers du coffre-fort de M. . . . il a été trouvé un paquet de lettres ficelé et portant cette suscription : « Lettres de M. X. . . Confidentiel. »

Les parties ont requis M°. . . soussigné de se saisir de ces lettres pour les remettre à leur propriétaire contre décharge.

Ou :

Dans l'un des tiroirs du bureau de M. . . ., il a été trouvé une liasse de lettres ficelée et portant cette suscription : « Lettres de M. Léon Dunois. Affaire. . . »

M. Léon Dunois, propriétaire, demeurant à. . . ., à ce intervenant, a déclaré que ces lettres destinées à rester secrètes donnaient au défunt seulement un droit personnel non transmissible, qu'en conséquence il s'opposait à ce qu'elles fussent inventoriées et en réclamait la remise

Les requérants ont répondu que ces lettres présentaient un grand intérêt pour la succession en raison des relations d'affaires qui ont existé entre le défunt et M. Dunois, que par suite ils s'opposaient formellement à la remise demandée par ce dernier et requéraient le notaire soussigné de les inventorier.

M. Dunois a déclaré à nouveau s'opposer à cette analyse, les lettres dont il s'agit, constituant sa propriété personnelle.

Sur quoi les parties n'ayant pu s'entendre, le notaire les a délaissées à se pourvoir en référé. En attendant, elles ont requis M°. . . notaire de se saisir de ces lettres pour en faire la représentation quand et à qui il appartiendra.

Si au contraire il était fait droit à la demande en remise: Déférant à cette réquisition, les parties ont à l'instant remis cette liasse de lettres à M. Dunois qui le reconnaît et a signé en cet endroit, après lecture.

(Signature.)

180. *Papiers étrangers*

Dans le même bureau, il a été encore trouvé une liasse de papiers renfermés dans une couverture portant cette suscription : « Papiers confiés par M. . . . »

A la réquisition des parties, ces papiers ont été à l'instant remis à M. . . . à ce intervenant, lequel en consent bonne et valable décharge.

Et lecture faite, il a signé en cet endroit et s'est retiré.

(Signature.)

Ou :

Les parties ont requis M°. . . de se saisir de ces papiers pour les remettre contre décharge à M. . . .

181. *Pièces remises par un tiers*

Sur la demande des parties est à l'instant intervenu M. . . ., demeurant à. . .

Lequel a déclaré (*rapporter la mission, la gestion d'affaires ou le mandat dont il était chargé, en faisant ressortir l'actif et le passif qui en résultent*).

A l'appui de ses déclarations, M. . . . a représenté au notaire soussigné. . . pièces qui sont autant de lettres missives, notes et mémoires qui ont été cotées et paraphées par ledit notaire sous la cote. . .   » »

Et lecture faite, M. . . . a signé et s'est retiré.

Ou bien :

M. . . l'un des requérants, déclare que M. X. . . lui ayant fait savoir qu'il était dépositaire de valeurs dépendant de la succession dont il s'agit, il l'a invité à comparaître pour fournir tous renseignements et indications nécessaires à cet égard.

Et à l'instant est intervenu M. X. . .

Lequel a déclaré que M. . . *de cujus* lui a remis à titre de dépôt dans le courant du mois de. . . les valeurs qui seront ci-après inventoriées pour les remettre à. . . (*indiquer l'emploi et au besoin les motifs du dépôt*).

Que depuis ce dépôt, il a encaissé régulièrement les intérêts de ces valeurs, lesquels s'élèvent actuellement à la somme de. . .

Et de suite M. . ., intervenant a remis à M. . . qui le reconnaît et lui en consent décharge :

1° Ladite somme de. . .

2°. . . etc. . .

Après lecture faite, M. X. . . a signé et s'est retiré.

(Signature.)

Les titres remis ont été inventoriés de la manière suivante (*les analyser dans la forme ordinaire*).

182. *Réquisition de référé pour gérer et vendre un fonds de commerce*

A) *Ordonnance de référé*

M. . . requérant fait observer qu'il est de l'intérêt de toutes les parties de faire procéder dans le plus bref délai à la vente du fonds de commerce de. . . dépendant de la communauté d'entre lui et sa défunte épouse, ensemble le matériel, les marchandises en dépendant et le droit au bail des lieux où ce fonds est exploité.

En conséquence il requiert Me. . ., notaire soussigné, de se transporter devant M. le président du tribunal civil de. . . à l'effet d'obtenir les autorisations nécessaires pour faire procéder, sans attribution de qualités, à la vente dont il s'agit, sur la mise à prix qu'il plaira à M. le président d'indiquer, et pour continuer l'administration provisoire dudit fonds jusqu'à ce jour.

Et M. . . a signé en cet endroit, après lecture.

(Signature.)

M. . . subrogé tuteur des mineurs X. . ., déclare qu'il consent, sous toutes réserves, au référé introduit par M. . .

Et il a signé, après lecture faite.

(Signature.)

Ajournement

Ce fait, etc. . .

B) *Ordonnance*

Nous, président du tribunal civil de. . .

Vu les observations et réquisitions contenues en la séance qui précède de l'inventaire dont la minute nous est représentée,

Après avoir entendu Me. . ., notaire à. . ., en ses explications,

Attendu la nature de l'établissement de commerce qu'exploitait M. . . décédé,

Attendu que cet établissement est susceptible de dépérir,

Et que jusqu'à ce qu'il soit procédé à la vente, il y a lieu de pourvoir à son administration provisoire,

Vu l'urgence,

Autorisons la vente par adjudication du fonds de commerce de. . . exploité à. . . aux requêtes, poursuite et diligence de M. . . tant en son nom personnel qu'au nom et comme tuteur du mineur. . . en présence ou après appel du subrogé tuteur dudit mineur, en l'étude et par le ministère de Me. . ., notaire, après les annonces et publications prescrites par la loi et aux charges et conditions qui seront insérées au cahier d'enchères qui sera dressé par lui à cet effet, sur la mise à prix de. . . pour le fonds de commerce proprement dit, ensemble l'achalandage et le droit au bail des lieux où s'exploite ce fonds, le matériel et les marchandises devant être pris en sus du prix d'adjudication, le matériel d'après la prisée de l'inventaire et les marchandises à dire d'experts, — laquelle mise à prix de. . .pourra être baissée séance tenante d'un quart et même de moitié à défaut d'enchère ;

Autorisons M. . .à pourvoir jusqu'à la vente à l'administration provisoire dudit fonds de commerce, signer tous actes et procès-verbaux ;

Le tout sans qu'il en résulte attribution de qualités pour aucun des intéressés ;

Disons que la présente ordonnance sera exécutoire par provision, nonobstant appel tous droits réservés.

Fait au palais de justice de. . ., le. . .

(Signature.)

183. *Demande d'un administrateur*

Mme veuve. . . a déclaré :

Que provisoirement et en attendant la liquidation des communauté et succession dont il s'agit, il est de l'intérêt de toutes les parties, qu'une seule personne soit chargée de la gestion et de l'administration des affaires communes.

Qu'étant celle des parties le plus en état de suivre et assurer ces gestion et administration, elle demande que les autres parties lui accordent toutes autorisations nécessaires à cet effet.

Et elle a signé, après lecture.

(Signature.)

Les autres parties ont répondu que les autorisations demandées par Mme. . . ne leur paraissent pas indispensables au moins quant à présent, qu'en conséquence elles s réservent de les consentir ultérieurement, si elles le jugent à propos.

Et lecture faite, elles ont signé.

(Signatures.)

Mme veuve. . . ayant persisté dans sa demande, et les parties n'ayant pu se mettre d'accord, le notaire les a délaissées à se pourvoir en référé devant M. le président du tribunal civil de. . .à l'effet d'être ordonné par ce magistrat ce qu'il appartiendra.

(Si le notaire doit aller en référé lui-même : Les parties n'ayant pu se mettre d'accord, elles ont requis Me. . . notaire soussigné de se transporter en référé, au jour le plus prochain, devant M. le président du tribunal civil de. . . pour être ordonné par ce magistrat ce qu'il appartiendra, ce qui leur a été octroyé.

Ce fait, etc. . . *(ajournement).*

Ordonnance

Nous, président du tribunal civil de première instance de. . .

Vu les observations et réquisitions contenues en la séance qui précéde de l'inventaire dont la minute nous est représentée par Me. . . notaire à. . .

Autorisons par provision M. . .à gérer et administrer pendant. . . mois ; les biens et affaires des communauté et succession dont il s'agit, en conséquence faire toutes locations pour la durée ordinaire des baux sans écrit ; donner et accepter tous congés ; recevoir tous loyers, fermages et revenus échus et à échoir ; signer tous états de lieux ; acquitter tous impôts et contributions ; donner toutes quittances et décharges ; exercer au besoin toutes poursuites, contraintes et diligences ; aux effets ci-dessus passer et signer tous actes et pièces, le tout sans attribution de qualités et à la charge par ledit M. . . .de rendre compte quand et à qui il appartiendra.

Fait au palais de justice de. . .le. . .

(Signature.)

184. *Référé à fin de vendre le mobilier*

Mme veuve. . . a fait observer qu'il est de l'intérêt de toutes les parties ainsi que des créanciers de faire procéder dans le plus bref délai à la vente du mobilier ci-dessus inventorié.

En conséquence elle requiert M⁰. . . notaire soussigné de se transporter devant M. le président du tribunal civil de. . ., au jour le plus prochain, à l'effet d'obtenir les autorisations nécessaires pour faire procéder à la vente dont il s'agit par le ministère de M'. . . et pour que la déclarante puisse toucher et recevoir le prix de cette vente, régler tous comptes y relatifs, en donner et recevoir quittances et décharges, le tout sans attribution de qualité.

Après lecture faite, Mme. . . a signé.

(Signature.)

Les autres parties ont déclaré qu'ils consentent, sous toutes réserves, au référé introduit par Mme. . . comme aussi à ce que les autorisations demandées par ladite dame lui soient accordées.

Et elles ont signé, après lecture faite.

(Signatures et ajournements.)

Ordonnance

Nous, président du tribunal civil de. . .

Vu les observations et réquisitions contenues en la séance qui précède, de l'inventaire dont la minute nous est présentée par M⁰. . ., notaire à. . .

Après avoir entendu ledit M'. . . en ses explications,

Attendu le consentement des parties à ce qu'il soit procédé dans le plus bref délai à la vente des objets mobiliers prisés audit inventaire, dont la plupart sont susceptibles de dépérir ou dispendieux à conserver,

Attendu qu'il est de l'intérêt de toutes les parties et de celui des créanciers à ce qu'il soit procédé de suite à cette vente,

Autorisons Mme Vve. . . à faire procéder, en présence ou après appel des héritiers de son mari, à la vente publique des effets mobiliers compris dans l'inventaire sus-énoncé par le ministère de. . ., à charge d'observer les formalités prescrites par la loi,

Autorisons aussi ladite dame à toucher et recevoir le prix de cette vente ; employer les sommes ainsi touchées à l'acquit des dettes exigibles ; entendre et arrêter le compte de M⁰. . . chargé de la vente ; donner et recevoir quittances et décharges.

Le tout sans qu'il en résulte attribution de qualités pour Mme veuve. . . ni aucun des intéressés.

Fait au palais de justice de. . . le. . .

(Signature.)

X. — Inventaires particuliers

185. *Intitulé sur sommation*

L'an. . ., le. . ., à. . . heures,

A. . ., rue. . . n°. . ., dans une maison où demeurait et où est décédé le. . . M. Gilbert Despoujot, en son vivant propriétaire, époux de Mme Catherine Auloge,

Par devant M⁰. . .

A comparu :

Mme Catherine Auloge, rentière demeurant à. . ., veuve dudit M. Gilbert Despoujot.

Agissant en son nom personnel.

1 . . . 2°. . . etc. . .

Laquelle a dit que voulant faire dresser l'inventaire après le décès de son mari sus-nommé, elle a, par exploit de. . . huissier à. . . en date du. . ., fait sommation à:

1° M. Denis Despoujot, employé de commerce, demeurant à. . .

2° Et Mme Eloïse Despoujot, rentière, demeurant à. . ., veuve de M. César Henrion,

Frère et sœur germains de M. Despoujot *de cujus*, comme étant nés ainsi que lui du mariage d'entre M. . . . et Mme. . . décédés, et en cette qualité habiles à se dire et porter seuls héritiers conjointement pour le tout ou chacun divisément pour moitié, de M. Gilbert Despoujot leur frère,

De se trouver aujourd'hui, à ces heure et lieu, pour procéder auxdites opérations d'inventaire, avec déclaration qu'il y serait procédé en leur absence comme en leur présence.

En conséquence, la requérante requiert le notaire soussigné de prononcer défaut contre les parties défaillantes et de passer outre.

L'original de la sommation sus-énoncée est demeuré ci-annexé après mention (*ou* : annexé au procès-verbal de levée des scellés dont il sera ci-après parlé).

Et lecture faite, Mme veuve Despoujot a signé.

(*Signature.*)

Si les parties sommées font défaut: Attendu qu'il est. . . heures sonnées et que M. Denis Despoujot et Mme veuve Henrion n'ont pas comparu ni personne pour eux, il est prononcé défaut contre eux.

Et sur la réquisition de Mme veuve Despoujot,

En l'absence de M. Despoujot et Mme Henrion qui n'ont pas comparu quoique régulièrement sommés,

A la conservation des droits et intérêts. . . (*Intitulé ordinaire*).

Si les parties sommées comparaissent : A l'instant sont intervenus :

1° M. Denis Despoujot,

2° Et Mme veuve Henrion,

Tous deux ci-dessus prénommés, qualifiés et domiciliés,

Lesquels ont dit comparaître, pour satisfaire au désir de la sommation à eux faite, ainsi qu'il est rapporté plus haut, à l'effet d'être présents à l'inventaire après le décès de M. Gilbert Despoujot, lequel inventaire ils requièrent également.

En conséquence, à la requête de :

1° Mme veuve Despoujot,

2° M. Denis Despoujot,

3° Et Mme veuve Henrion,

Agissant chacun dans les qualités ci-dessus énoncées,

A la conservation des droits et intérêts, etc...

(*Si un seul des sommés comparaît, on constate sa comparution et on prononce défaut contre l'autre.*)

186. *Inventaire sur déclaration*

L'an. . . le. . ., à . . .,

A. . . ., en l'étude de M°. . . notaire soussigné.

A la requête de :

1° etc... (*énoncer les noms et qualités des parties, et les noms, lieu et date de décès du défunt*).

A la conservation des droits et intérêts des parties et de tous autres qu'il appartiendra, sans que les qualités ci-dessus exprimées puissent préjudicier à qui que ce soit, mais au contraire sous toutes réserves.

Il va être par Mᵉ. . .

Procédé à l'inventaire et description des titres, papiers, valeurs, notes et documents de toute nature pouvant dépendre activement et passivement de la succession de M. . .

Sur les représentations et déclarations qui seront faites du tout par les requérants, lesquels avertis du serment qu'ils auront à prêter en fin du présent inventaire, ont promis d'y déclarer et faire comprendre tout ce qui, à leur connaissance, dépend tant activement que passivement de ladite succession.

Et sous toutes réserves, les requérants ont signé avec le notaire après lecture faite, etc...

187. *Inventaire pendant l'instance en divorce*

L'an. . . le. . ., à. . . heures,

A. . . rue. . . nᵒ. . ., au domicile de M. Gueugnot ci-après nommé.

Par-devant Mᵉ. . .

A comparu :

M. Georges Aubry, avoué près le tribunal civil de première instance de. . ., demeurant en ladite ville, rue. . .

     Agissant au nom et en qualité de mandataire de Mme Stéphanie Daubas, sans profession, résidant à. . ., épouse de M. Henri Gueugnot, négociant, avec lequel elle est domiciliée de droit à. . ., en vertu de la procuration qu'elle lui a donnée, etc...

Lequel a dit :

Que suivant ordonnance rendue par M. le Président du tribunal civil de. . ., le. . ., Mme Gueugnot a été autorisée à former contre son mari une demande en divorce,

Qu'à la réquisition de ladite dame, les scellés ont été apposés sur les effets de la communauté par M. le juge de paix du canton de. . ., le. . . ;

Que suivant exploit de. . . huissier à. . ., en date du. . ., elle a fait sommation à son mari de se trouver à ces jour, heure et lieu pour assister à l'inventaire des biens de ladite communauté, avec déclaration qu'il y serait procédé en son absence comme en sa présence, duquel exploit l'original est demeuré annexé après mention au procès-verbal de levée de scellés dont il sera ci-après parlé.

Par suite, M. Aubry, en sa dite qualité, a requis Mᵉ. . . notaire, de lui donner acte de sa comparution et de prononcer défaut contre M. Gueugnot, s'il ne comparaît pas ni personne pour lui, et de procéder à l'inventaire dont il s'agit.

     Et lecture faite, il a signé.

                                  (Signature.)

     A l'instant est intervenu M. Henri Gueugnot susnommé,

Lequel a déclaré ne pas s'opposer à ce qu'il soit procédé à l'inventaire réclamé, le requérant en tant que de besoin.

     Et il a signé, après lecture.

                                  (Signature.)

En conséquence, à la requête de 1ᵒ Mme Gueugnot, représentée par M. Aubry comparant, 2ᵒ et de M. Henri Gueugnot,

     Agissant l'un et l'autre,

1ᵒ A cause de la communauté de biens réduite aux acquêts existant entre eux aux termes de leur contrat de mariage reçu par Mᵉ. . ., notaire à. . ., le. . ., laquelle communauté M. Aubry réserve à sa mandante la faculté d'accepter ou de répudier par la suite, selon qu'elle avisera ;

2ᵒ Et à cause des reprises qu'ils peuvent avoir à exercer contre ladite communauté ;

Il va être par Mᵉ. . .

Procédé à l'inventaire de tout ce qui peut dépendre de la communauté existant entre M. et Mme Gueugnot Daubas en vertu de leur contrat de mariage précité ;

Sur les représentations et déclarations. . . *(formule ordinaire).*

188. *Inventaire après divorce ou séparation de corps*

L'an. . ., le. . ., à. . . heures.

A. . . au domicile de M. Olivier ci-après nommé,

Par-devant Mᵉ. . .

A comparu :

M. Charles Amable Olivier, artiste peintre, demeurant à. . .

Lequel a dit :

Qu'il avait contracté mariage avec Mme Césarine Auton à la mairie de. . . le. . . après avoir réglé les clauses et conventions civiles de cette union suivant contrat reçu par Mᵉ. . . notaire à. . . le. . . contenant adoption du régime de la communauté réduite aux acquêts ;

Qu'il a formé contre ladite dame une demande en divorce (*ou* : en séparation de corps) suivant exploit de. . . . huissier à. . ., en date du. . . ;

Que suivant jugement contradictoirement rendu par le tribunal civil de. . . le. . ., le divorce a été prononcé à son profit (*ou* : M. Olivier a été déclaré séparé de corps et de biens d'avec son épouse) et les époux ont été renvoyés devant Mᵉ. . . soussigné pour procéder à la liquidation de leurs droits ;

Que ce jugement a été publié, signifié, et est actuellement passé en force de chose jugée (*en cas de divorce, il y a lieu d'ajouter* : et qu'il a été transcrit sur les registres des actes de l'état civil de la commune de. . . le. . ., et mentionné le. . . en marge de l'acte de mariage de M. et Mme Olivier) ;

Que par suite, il y a lieu de liquider la communauté ayant existé entre lui et Mme Césarine Auton et, au préalable, d'en constater les forces et charges par un inventaire ;

Que par exploit de. . . huissier à. . . en date du. . ., il a fait sommation à ladite dame de se trouver à ces jour, heure et lieu afin d'être présente à l'inventaire de ladite communauté qui sera dressé par Mᵉ. . . notaire soussigné, avec déclaration qu'il y serait procédé tant en son absence qu'en sa présence, duquel exploit l'original est demeuré ci-annexé après mention.

En conséquence, M. Olivier comparant requiert Mᵉ. . . soussigné de lui donner acte de ses comparution et dires, et de prononcer défaut contre ladite dame Césarine Auton si elle ne comparaît pas ni personne pour elle.

Et il a signé, après lecture.

(Signature.)

A l'instant est intervenu.

M. . .

Agissant au nom et comme mandataire de Mme Césarine Auton en vertu de. . . etc. . .

Lequel a dit comparaître au nom de sa mandante pour être présent aux opérations de l'inventaire dont il s'agit.

Et lecture faite, il a signé.

(Signature.)

En conséquence, à la requête de M. Olivier.

En présence de M. . . mandataire de Mme Césarine Auton.

Ladite dame agissant :

1º A cause de la communauté de biens réduite aux acquêts ayant existé entre elle et M. Olivier aux termes de leur contrat de mariage précité, laquelle communauté elle se réserve d'accepter ou de répudier par la suite selon qu'elle avisera.

2º Et à cause des droits, reprises et créances qu'elle peut avoir à exercer contre ladite communauté et subsidiairement, s'il y a lieu contre M. Olivier, en vertu de son contrat de mariage, de tous autres titres et de la loi.

Sans que les qualités ci-dessus exprimées puissent préjudicier à qui que ce soit, mais au contraire sous toutes réserves,

Il va être par. . .

Procédé à l'inventaire fidèle et description exacte de tout ce qui peut dépendre de la communauté ayant existé entre M. et Mme Olivier ou l'intéresser comme appartenant à l'un ou à l'autre d'eux.

Le tout étant et trouvé dans une maison sise à. . . qui formait le domicile commun de M. et Mme Olivier et où M. Olivier a continué de demeurer.

Sur la représentation. . ., etc. . .

(Si les deux parties comparaissent spontanément, sans sommation, on ferait faire l'exposé par elles deux de la même manière que ci-dessus, puis l'on indiquerait qu'elles ont convenu d'un commun accord de faire dresser l'inventaire aujourd'hui même à leur requête).

189. *Inventaire après séparation de biens*

L'an. . ., le. . ., à. . . heures,

A. . . en une maison sise. . . formant le domicile commun de M. et Mme X. . . ci-après nommés,

A la requête de :

1º Mme X. . épouse de M. X. . ., avec lequel elle demeure à. . .

Le cas échéant : Assistée de Mᵉ. . . avoué près le tribunal civil de. . .

Agissant :

1º Comme ayant été déclarée séparée quant aux biens d'avec M. X. . son mari suivant jugement rendu par défaut par le tribunal civil de. . . le. . . publié, signifié, exécuté et actuellement passé en force de chose jugée ainsi qu'il résulte du procès-verbal d'ouverture de liquidation de ses reprises dressé par Mᵉ. . . notaire soussigné le. . .

2º A cause de la communauté réduite aux acquêts qui a existé entre elle et M. X. . . aux termes de leur contrat de mariage reçu par Mᵉ. . . notaire à. . . le. . ., laquelle communauté elle se réserve d'accepter ou de répudier par la suite selon qu'elle avisera,

3º Et à cause des droits, reprises et créances qu'elle peut avoir à exercer contre ladite communauté et subsidiairement, s'il y a lieu. contre son mari, en vertu de leur contrat de mariage, de tous autres titres et de la loi.

En présence de M. X. . . susnommé, qualifié et domicilié.

A la conservation des droits et intérêts de Mme X. . . et de tous autres qu'il appartiendra, sans que les qualités ci-dessus exprimées puissent préjudicier à qui que ce soit mais au contraire sous toutes réserves,

Il va être. . .

Procédé à l'inventaire fidèle et description exacte de tout ce qui peut dépendre de la communauté ayant existé entre M. et Mme X. . . et peut servir à l'établissement des droits et reprises de Mme X. . .

Sur les représentations et déclarations qui seront faites du tout par M. X. . ., leque averti, etc. . .

(S'il y a sommation, on modifie ainsi) :

A la requête de Mme. . .,

Agissant : 1º. . . 2º. . .

Laquelle a dit :

Que suivant exploit de. . . huissier à. . . en date du. . ., elle a signifié à son mari le jugement de séparation de biens précité, et lui a fait sommation de se trouver ce jour d'hui à dix heures, au lieu où il est procédé, pour assister à l'inventaire des biens dépendant de la communauté qui a existé entre eux, avec déclaration qu'il y serait procédé tant en son absence qu'en sa présence,

Duquel exploit l'original est demeuré ci-annexé après mention.

Par suite Mme. . . requiert M⁰. . . soussigné de lui donner acte de ses comparution et dires, et de prononcer défaut contre son mari, s'il ne comparait pas ni personne pour lui.

Après lecture faite, elle a signé.

(Signature.)

Attendu qu'il est dix heures passées et que M. . . n'a pas comparu ni personne pour le représenter, M°. . . a prononcé défaut contre lui et passé outre.

En conséquence, à la réquisition de Mme. . .

Il va être. . .

(Si le mari comparait, on constate son intervention et on procède à l'inventaire à la requête de la femme en présence du mari.)

190. *Majorat. Notification au garde des sceaux*

Monsieur le Garde des Sceaux,

J'ai l'honneur de vous informer que je suis chargé de procéder à l'inventaire après le décès de M. . ., en son vivant. . ., demeurant à. . ., où il est décédé le. . . et qu'à cet effet je vous adresse ci-inclus copie de son acte de décès afin de suppléer à la notification prescrite par l'article 12 de la loi du 4 mai 1809.

Je vous prie, Monsieur le Garde des Sceaux, de vouloir bien m'accuser réception de cette lettre pour tenir lieu du certificat de notification prescrit par la loi.

Veuillez agréer, etc...

191. *Inventaire après le décès du titulaire d'un majorat*

L'an. . ., le. . ., à. . . heures,

A. . ., rue. . ., en une maison où demeurait et où est décédé le. . ., M. . .

Lequel décès a été notifié, conformément aux prescriptions de l'article 12 de la loi du 4 mai 1809, par M°. . . notaire soussigné, à la date du. . ., à M. le Garde des Sceaux, ministre de la Justice, qui a accusé réception de cette notification le. . ., lequel accusé de réception est demeuré ci-annexé après mention.

A la requête de, etc...

192. *Inventaire. Après le décès d'un officier général*

L'an. . ., le. . ., à. . . heures,

A. . .

A la requête de. . .

En présence de :

M. . ., capitaine au. . . régiment d'artillerie, en garnison à. . .

Agissant comme délégué par M. le général commandant la. . . division, suivant autorisation en date du. . ., à l'effet d'assister à la levée des scellés et à l'inventaire des papiers dépendant de la succession de M. . . susnommé.

A la conservation, etc...

193. *Après le décès d'un notaire*

L'an. . . le. . .

A la requête de. . . etc. . . (*formule ordinaire*).

En présence de M. . .

Agissant en qualité de receveur de l'enregistrement à. . . et comme délégué

par M. le directeur de l'enregistrement du département de. . . suivant autorisation en date du. . . à l'effet d'assister au dépouillement des minutes et répertoires de l'étude de M°. . . décédé dans l'exercice de ses fonctions de notaire.
A la conservation, etc...

194. *Succession anglaise. Exécuteur testamentaire*

L'an. . . le. . . etc. . ., A. . . où est décédé le. . . etc. . ., A la requête de
. . .

Agissant en qualité d'exécuteur testamentaire dudit M. William Epsom, en son vivant sujet anglais, domicilié légalement à. . . comté de. . . (Angleterre) aux termes de son testament fait dans la forme anglaise à Paris le. . . homologué et enregistré le. . . au greffe principal de la Cour de probate de Sa Majesté Britannique qui a accordé au requérant, en sa dite qualité, l'administration des biens et effets mobiliers généralement quelconques de la succession de M. Epsom.

Etant expliqué que d'après la législation anglaise qui régit la succession mobilière de tout sujet anglais ayant conservé son domicile légal en Angleterre quoique ayant une résidence à l'étranger, les exécuteurs testamentaires auxquels le probate du testament a été accordé, ont les droits les plus étendus pour prendre possession de toute la succession mobilière du testateur et notamment en faire dresser inventaire, ainsi que le constate un certificat de coutume délivré le. . . par M. . . solicitor près la Haute Cour de Chancellerie d'Angleterre, demeurant à Paris et suivi d'une mention en date du. . . signée de M. le consul général de Sa Majesté Britannique à Paris attestant que M. . . est solicitor près la Haute Cour de Chancellerie d'Angleterre et qu'à ce titre il a qualité pour délivrer ledit certificat de coutume.

Une copie en langue anglaise des testament et lettres d'administration précités, dûment certifiée et légalisée, la traduction de cette copie faite en langue française le. . . par M. . . traducteur assermenté près la cour d'appel de. . ., l'original en langue anglaise du certificat de coutume sus-énoncé et la traduction en langue française qui a été faite le. . . par ledit M. . ., sont demeurés ci-annexés après avoir été certifiés véritables par M. . . requérant et que dessus ait été mis mention du tout; lesdites pièces devant être timbrées et enregistrées pour celles qui y sont sujettes lors de l'enregistrement des présentes.

195. *Supplément d'inventaire*

Et le. . . à. . . heures,
Par-devant M°. . .
Ont comparu.
1° M. . ., 2° M. . ., 3° M. . .

Agissant tous dans les mêmes qualités que celles énoncées en l'intitulé de l'inventaire ci-après énoncé et sous les mêmes réserves,

Lesquels ont déclaré que depuis la clôture de l'inventaire dressé après le décès de M. . . par M°. . . soussigné suivant procès-verbal en date au commencement du. . . et dont la minute précède, il a été découvert par M. . . diverses valeurs qui dépendent également de la succession de M. . .

En conséquence, ils requièrent M'. . . d'en faire l'analyse.

Déférant à cette réquisition, ledit M'. . . a procédé comme suit :

(*Analyse en la forme ordinaire.*)

Les objets et papiers sus-analysés qui sont les seuls représentés ont été, du consentement des autres parties, remis à M. . . qui le reconnait et s'en charge pour en faire la représentation quand et à qui il appartiendra.

Ledit M. . . a affirmé par serment prêté entre les mains du notaire soussigné qu'il n'a rien pris, caché ni détourné et qu'il ne sait pas ni n'a pas vu qu'il ait été rien pris, caché ni détourné par qui que ce soit directement ou indirectement.

Il a été vaqué, etc. . .

Et sous toutes réserves, etc. . .

196. *Procès-verbal de carence*

L'an. . . le. . .

A la requête de M. . .

Agissant. . . etc...

Sans que les qualités ci-dessus exprimées puissent nuire ni préjudicier à qui que ce soit, mais au contraire sous toutes réserves.

M⁰. '. . notaire à. . . soussigné s'est transporté à. . . dans un logement situé au. . . étage d'une maison appartenant à. . . et où le *de cujus* avait son habitation.

Et il a constaté qu'il ne se trouve audit lieu aucun effet mobilier, titre ni papier quelconque autre que quelques vêtements et linges de corps usés et informes, et un bois de lit avec sa paillasse, le tout en mauvais état et n'offrant aucune valeur.

En conséquence M⁰. . . soussigné a dressé les présentes pour servir de procès-verbal de carence.

M. . . requérant a affirmé par serment prêté ès mains du notaire soussigné qu'il n'a rien pris, caché ni détourné et qu'il ne sait pas ni n'a pas vu qu'il ait été rien pris, caché ni détourné par qui que ce soit directement ou indirectement, et il s'est chargé des objets ci-dessus mentionnés pour les représenter quand et à qui il appartiendra.

Il a été vaqué. . .

Et sous toutes réserves. . .

197. *Inventaire spécial (hors du ressort du notaire rédacteur de l'inventaire principal)*

L'an. . ., le. . . à. . . heures,

Dans une villa sise à. . . rue. . . n°. . . où résidait pendant l'été, M. . . en son vivant. . . demeurant à. . . où il est décédé le. . .

A la requête de :

1°. . . *(formule ordinaire)*.

Ainsi au surplus que ces qualités sont constatées par l'intitulé de l'inventaire dressé après le décès dudit M. . . par M⁰. . . notaire à. . . suivant procès-verbal en date au commencement du. . ., dont un extrait est demeuré ci-annexé après mention.

A la conservation des droits et intérêts. . .

Il va être. . .

Procédé à l'inventaire fidèle et description exacte de tout ce qui peut dépendre activement et passivement de la succession de M. . ., et se trouver dans la villa où il est procédé,

Sur les représentations. . .

La prisée des objets susceptibles d'estimation. . .

Et sous toutes réserves. . .

(Signatures.)

Prisée du mobilier

(Dans la forme ordinaire.)

Javon   14

Titres et papiers

On fait une description sommaire, comme s'il s'agissait seulement d'en établir le récépissé, l'analyse devant en avoir lieu dans l'inventaire principal, par exemple :

Au cours des opérations, il a été trouvé :

1° Un dossier composé de dix pièces relatives à l'acquisition de la villa où il est procédé et au paiement de son prix, ainsi qu'à l'assurance contre l'incendie de cette villa avec les quittances des primes échues,

2° La grosse d'une obligation souscrite au profit du défunt par des consorts X. . . suivant acte reçu par M°. . . notaire à. . . le. . ., et le bordereau d'inscription hypothécaire y relatif,

3°. . . etc. . .

Ces pièces, qui seront analysées en la forme ordinaire dans l'inventaire principal dressé par M°. . . notaire à. . . suivant procès-verbal en date au commencement du. . ., ainsi qu'il est dit plus haut, ont été cotées et paraphées par le notaire soussigné sous la cote . . . . *première*

Il n'a pas été trouvé de deniers comptants.

Clôture

Ce fait, etc... *(Serment, garde, etc...)*

198. *Procès-verbal rectificatif d'inventaire*

Et le. . . A. . .

Par-devant M°. . . notaire à. . . soussigné,

Ont comparu :

1° M. Claude-Marie Chabanaud, tonnelier, et Mme Blanche Collin son épouse qu'il autorise, demeurant ensemble à. . .

M. et Mme Chabanaud, mariés en premières noces sous le régime. . . etc...

2° M. Joséphin Lelong, carrossier, demeurant à. . .

3° Et M. Marius Rey, voyageur de commerce, demeurant à. . .

Lesquels ont déclaré ce qui suit :

M. Jacques Blanchard, en son vivant rentier, demeurant à. . . est décédé à. . ., où il se trouvait momentanément, le. . .

Après son décès, inventaire a été dressé par le notaire soussigné suivant procès-verbal en date au commencement du. . ., à la requête de :

M. Lelong et M. Rey comparants, comme habiles à se porter héritiers conjointement pour la moitié dévolue à la ligne paternelle dudit M. Blanchard,

Et en présence de M°. . . notaire à. . ., judiciairement commis pour représenter les héritiers inconnus de la ligne maternelle.

Depuis cet inventaire, Mme Chabanaud a découvert ses droits d'héritière pour la moitié dévolue à la ligne maternelle dudit M. Blanchard, son cousin issu de germains, comme étant la seule arrière-petite-fille de M. Edgard Rondeau, aïeul maternel du *de cujus*,

Et à l'appui de ces prétentions, M. et Mme Chabanaud ont représenté au notaire soussigné et à leurs cohéritiers les actes de l'état civil suivants qui leur ont été à l'instant rendus, savoir :

(indiquer les filiations contenues dans les actes énoncés)

En conséquence, les qualités des héritiers de M. Jacques Blanchard se trouvent ainsi établies :

M. Lelong et M. Rey, habiles à se dire héritiers de M. Jacques Blanchard, leur cousin germain susnommé conjointement pour la moitié dévolue à la ligne paternelle ou chacun divisément pour moitié de cette ligne ou un quart du tout,

Et Mme Chabanaud, habile à se dire héritière dudit M. Blanchard, son cousin issu de germains, pour la moitié dévolue à la ligne maternelle ou pour moitié du total.

De tout ce que dessus il a été dressé le présent procès-verbal dont mention est requise partout où besoin sera.

Il a été vaqué à ce qui précède depuis ladite heure de. . .jusqu'à celle de. . . par simple vacation.

Et lecture faite, les parties ont signé avec le notaire.

199. *Même procès-verbal avec sommation*

Et le. . ., A. . .

Par-devant Me. . . notaire à. . . soussigné,

Ont comparu :

M. Claude-Marie Chabanaud, tonnelier, et Mme Blanche Collin, son épouse qu'il autorise, demeurant ensemble à. . .

      Mariés en premières noces. . . etc...

Lesquels ont déclaré ce qui suit :

M. Jacques Blanchard, en son vivant rentier, demeurant à. . . est décédé en son dit domicile le. . . Après son décès inventaire a été dressé par le notaire soussigné suivant procès-verbal en date au commencement du. . .

A la requête de :

M. Joséphin Lelong, carrossier, demeurant à. . .

Et M. Marius Rey, voyageur de commerce, demeurant à. . .

      Comme habiles à se dire héritiers conjointement pour la moitié dévolue à la ligne paternelle dudit M. Blanchard.

En présence de Me. . . notaire à. . ., judiciairement commis pour représenter les héritiers inconnus de la ligne maternelle.

Depuis cet inventaire, Mme Chabanaud a découvert ses droits d'héritière pour la moitié dévolue à la ligne maternelle de M. Blanchard, son cousin issu de germains, comme étant la seule arrière-petite-fille de M. Edgard Rondeau, aïeul maternel du *de cujus*.

En conséquence, suivant l'exploit de. . . huissier à. . . en date du. . ., dont l'original est demeuré ci-annexé après mention, les comparants ont fait sommation à MM. Lelong et Rey de se trouver à ces jour, heure et lieu pour prendre connaissance des pièces justificatives de la qualité d'héritière de Mme Chabanaud dans la succession de M. Blanchard, reconnaître cette qualité et par suite faire établir un procès-verbal rectificatif de l'intitulé de l'inventaire du. . . précité.

Et à l'instant, M. et Mme Chabanaud ont représenté à Me. . . notaire soussigné, à l'appui de leur prétention, les actes de l'état-civil suivants qui leur ont été rendus aussitôt :

1o etc...

Puis ils ont requis le notaire soussigné de leur donner acte de leurs comparution et dires, et de la comparution des sommés, s'ils se présentent, ou de prononcer défaut contre eux s'ils ne se présentent pas, et dans tous les cas de procéder à la rectification de l'intitulé de l'inventaire après le décès de M. Blanchard.

Lecture faite, les comparants ont signé.

                          (Signatures.)

A l'instant sont intervenus :

M. Joséphin Lelong, carrossier, demeurant à. . .

Et M. Marius Rey, voyageur de commerce, demeurant à. . .

Lesquels ont dit se présenter pour répondre au désir de la sommation à eux faite ainsi qu'il est dit ci-dessus.

Après avoir pris connaissance des prétentions de M. et Mme Chabanaud et des justifications fournies par ceux-ci, ils ont déclaré être d'accord pour qu'il soit procédé à la rectification de l'intitulé de l'inventaire après le décès de M. Blanchard susnommé.

En conséquence (V. *fin de la formule précédente*).

S'ils font défaut : Attendu qu'il est. . . heures passées et que MM. Lelong et Rey ne se sont pas présentés ni personne pour eux, Me. . . notaire soussigné a prononcé défaut contre eux et a donné acte à M. et Mme Chabanaud de leurs comparution et dires pour qu'il en soit fait mention partout où besoin sera.

Il a été vaqué à tout ce que dessus depuis ladite heure de. . . jusqu'à celle de. . . par simple vacation.

Et lecture faite, les comparants ont signé avec le notaire.

(Signature.)

XI. — Inventaires entiers et formules diverses

200. *Inventaire de communauté. Enfants mineurs. Fonds de commerce.*

L'an mil neuf cent vingt,

Le lundi quinze avril, à treize heures,

A Paris, en une maison sise rue de Flandre no 191 (dix-neuvième arrondissement) où demeurait et où est décédé le trois avril présent mois, M. Jean Népomucène Hilarion, en son vivant confiseur, époux en premières noces de Mme Hermance Giroux.

A la requête de :

I. Madame Hermance Giroux, propriétaire, demeurant à Paris, rue de Flandre, no 191, veuve en premières noces dudit M. Jean Népomucène Hilarion.

Agissant :

1ent En son nom personnel.

1o A cause de la communauté de biens réduite aux acquêts ayant existé entre elle et M. Hilarion aux termes de leur contrat de mariage reçu par Me. . ., notaire à. . ., le. . ., laquelle communauté elle se réserve d'accepter ou de répudier selon qu'elle avisera,

2o A cause des droits, reprises, créances et avantages matrimoniaux qu'elle peut avoir à exercer contre ladite communauté et subsidiairement, s'il y a lieu, contre la succession de son mari en vertu de tous titres et de la loi.

3 Comme habile à recueillir l'usufruit du quart des biens composant la succession de son mari en vertu de l'article 767 du Code civil.

4o Et comme ayant la jouissance légale des biens de ses deux enfants mineurs ci-après nommés pendant le temps et sous les conditions déterminés par la loi;

2ent Et au nom et en qualité de tutrice naturelle et légale de :

1o M. Marcel Hilarion, né à Paris, sur le dix-huitième arrondissement, le 11 juin 1906 ;

2o Et Mlle Andrée Hilarion, née à Paris, sur le dix-neuvième arrondissement, le 20 septembre 1910,

Ses deux enfants mineurs issus de son mariage avec M. Hilarion susnommé.

II. M. Auguste Liobé, voyageur de commerce, et Mme Césarine Hilarion, son épouse qu'il autorise, demeurant ensemble à. . .

M. et Mme Liobé mariés en premières noces sous le régime de la communauté de

biens réduite aux acquêts aux termes de leur contrat de mariage reçu par M⁰. . .
notaire à. . ., le. . ., ne contenant aucune clause restrictive de la capacité civile
de la femme ni prescriptive d'emploi ou de remploi de ses propres.

En présence de :

M. Louis-Auguste Fulchiron, emballeur, demeurant à Paris, rue des Moines, n° 37.

Subrogé tuteur des mineurs Hilarion, ses neveux, fonction à laquelle il a été
nommé et qu'il a acceptée aux termes de la délibération du conseil de famille desdits
mineurs prise sous la présidence de M. le juge de paix du dix-neuvième arrondissement de Paris le 12 avril présent mois (1920).

Qualités

Mme Liobé et les deux mineurs Hilarion susnommés, seuls enfants issus du mariage de M. Hilarion de cujus avec Mme Hilarion requérante, et en cette qualité
habiles à se porter seuls héritiers conjointement pour le tout ou chacun divisément
pour un tiers dudit M. Hilarion, leur père.

A la conservation des droits et intérêts des parties et de tous autres qu'il appartiendra,
sans que les qualités ci-dessus exprimées puissent préjudicier à qui que ce soit, mais au
contraire sous toutes réserves,

Il va être par M. Duboys, notaire à Paris soussigné.

Procédé à l'inventaire fidèle et description exacte de tout ce qui peut dépendre tant
activement que passivement de la communauté ayant existé entre M. et Mme Hilarion-
Giroux, et de la succession de M. Hilarion.

Le tout étant dans les endroits ci-après indiqués dépendant de la maison où il es
actuellement procédé.

Sur les représentations et déclarations qui seront faites par Mme veuve Hilarion requérante, laquelle, avertie du serment qu'elle aura à prêter en fin du présent inventaire, a
promis d'y faire comprendre tout ce qui, à sa connaissance, peut dépendre activement et
passivement desdites communauté et succession.

La prisée des objets susceptibles d'estimation sera faite par M. Émile Henri Hurteaux,
commissaire priseur au département de la Seine, demeurant à Paris, rue Damrémont,
n° 12, ici présent.

Et sous toutes réserves de droit, les parties ont signé avec le commissaire priseur et
le notaire, après lecture faite.

(Signatures.)

Prisée

Préalablement à la prisée, Mme veuve Hilarion déclare qu'il n'y a pas lieu de comprendre au présent inventaire :

1° Les bijoux qui lui ont été remis par des parents et amis entre la date de son contrat
de mariage et celle du mariage et qui ont constitué sa corbeille, parce que ces bijoux
forment des propres parfaits et doivent faire l'objet d'une reprise en nature pure et
simple ;

2° Une bague marquise composée de trois diamants entourés de roses qui lui a été
remise pendant le mariage par M. Boler, son beau-frère, à la suite du décès de Mme Boler
et d'après les volontés de celle-ci, car cette bague lui appartient également à titre de
propre ;

3° Et les bijoux qui lui ont été offerts par M. Hilarion, à l'occasion du premier anniversaire de leur mariage, puis de la naissance de chacun de leurs enfants, conformément
à l'usage, car M. Hilarion a reconnu par là qu'il s'agissait pour lui d'un devoir familial et
de conscience, que son acquittement a rendu définitif.

M. et Mme Liobé déclarent faire toutes réserves au sujet de la valeur des revendications ci-dessus et requérir la prisée desdits objets au moins par distinction, pour le

cas où Mme Hilarion établirait qu'ils lui appartiennent en fait et en droit à titre de propres.

En conséquence, la prisée a eu lieu comme suit :

Objets dépendant de la communauté

Dans la cuisine éclairée par une fenêtre sur la cour.

1° Un fourneau de cuisine en fonte, marque Godin, avec ses tuyaux, prisé cinquante-cinq francs, ci. . . . . 55 »

2° Une table ronde à trois pieds avec dessus en toile cirée, prisée huit francs, ci. . . . . 8 »

3° Six chaises paillées, prisées trois francs, ci. . . . . 3 »

° Six casseroles bordées avec bec, en aluminium, prisées dix-huit francs cinquante centimes, ci. 18 50

5° Deux écumoires en nickel, prisées sept francs, ci. . . . . 7 »

6° Une cafetière à filtre forme verseuse, prisée dix francs . . . . 10 »

7° etc. . . . . » »

Total de la prisée : mille six cent vingt-un francs trente-cinq centimes, ci. 1.621 35

Objets dépendant de la succession de M. Hilarion

1°. . . . . » »

2°. . . . . » »

Total. . . . . » »

Objets revendiqués par Mme Hilarion

1°. . . . . » »

2° etc.

Total. . . . . » »

Fonds de commerce

Mme Vve Hilarion déclare :

Qu'il dépend de la communauté de biens ayant existé entre elle et son défunt mari un fonds de commerce de pâtissier-confiseur exploité à Paris, rue de Flandre n° 191, où il est actuellement procédé,

Qu'en vertu de l'article 10 de son contrat de mariage précité, elle a le droit de conserver pour son compte personnel et pour le prix qui en serait fixé par inventaire régulier, ledit fonds de commerce avec les marchandises, objets mobiliers et ustensiles en dépendant, ainsi que le droit au bail des lieux où s'exploite ce fonds à charge d'en payer les loyers et d'en exécuter les conditions;

Que désirant se réserver la faculté d'user de ce droit, elle a choisi comme expert, pour assister M. . . . commissaire priseur, M. Jules Rateau, pâtissier et confiseur, demeurant à. . .

Et qu'elle requiert M. et Mme Liobé et M. Fulchiron, subrogé tuteur de ses deux enfants mineurs de désigner eux-mêmes un expert pour procéder contradictoirement à la prisée dont il s'agit.

Et lecture faite, Mme Hilarion a signé.

(Signature.)

Pour satisfaire à cette réquisition, M. et Mme Liobé et M. Fulchiron ont déclaré choisir pour leur expert M. Jacques Merlin, pâtissier, demeurant à. . .

Et après lecture, ils ont signé.

(Signatures de M. et Mme Liobé et de M. Fulchiron.)

En conséquence la prisée dont il s'agit sera faite par M. . . ., commissaire priseur, sur l'avis de MM. Jules Rateau et Jacques Merlin, susnommés, lesquels, à ce présents, ont prêté serment entre les mains de M⁰ Duboys notaire soussigné de donner leur avis en conscience et eu égard au cours du jour.

Et ils ont signé, après lecture.

(Signatures de MM. Rateau et Merlin.)

Matériel

1⁰ Un comptoir en poirier noirci, prisé vingt-cinq francs, ci. . . . . 25 fr.

2⁰ etc. . . . . ˙. . . . . » »

Total: quatre mille sept cent quarante-cinq francs, ci. . . . . 4.745 »

Marchandises

1⁰ etc. . . . . » »

Total : Deux mille cent douze francs, ci. . . . . 2.112 »

Fonds de commerce

Après avoir pris connaissance des livres de comptabilité et du chiffre d'affaires annuel du commerce, et après s'être entourés de tous les renseignements propres à les éclairer sur la valeur dudit fonds de commerce,

Considérant l'emplacement peu avantageux du fonds et le voisinage assez rapproché d'autres fonds similaires,

Messieurs les experts et le commissaire priseur ont été d'avis d'estimer, comme de fait ils estiment ce fonds à la somme de trois mille francs, y compris la clientèle, l'achalandage et le droit au bail, mais en ce non compris le matériel et les marchandises (1).

Ajournement

Ce fait, la continuation du présent inventaire a été remise d'un commun accord à samedi prochain, vingt avril présent mois, à treize heures, à Paris, rue . . . en l'étude de M⁰ Duboys où les papiers seront transportés pour y être inventoriés, — jour, heure et lieu auxquels les parties promettent de se rendre sans qu'il soit besoin de leur faire sommation, consentant au surplus qu'il soit alors procédé tant en leur absence que présence.

Tous les objets ci-dessus inventoriés et ceux restant à l'être sont, du consentement des parties, demeurés en la garde et possession de Mme Vve Hilarion qui le reconnaît et s'en charge pour en faire la représentation quand et à qui il appartiendra.

Il a été vaqué à tout ce que dessus depuis ladite heure de treize jusqu'à celle de dix-neuf par double vacation,

Et sous toutes nouvelles réserves, les parties ont signé avec le commissaire-priseur, les experts et le notaire, après lecture faite.

(Signatures.)

Et le samedi vingt avril mil neuf cent vingt à treize heures.

A Paris, en l'étude de M⁰ Duboys, notaire soussigné, sise rue. . . . n°. . . .

(1) Si Mme Hilarion n'avait pas eu la faculté de conserver le fonds de commerce, il y aurait lieu de le vendre. On mettrait alors :

La mission de M. le commissaire priseur et de MM. les experts étant terminée, ils ont signé en cet endroit après lecture faite et se sont retirés.

(Signatures.)

Réquisition de référé. — Mme Hilarion fait observer qu'il est de l'intérêt de tous, etc... (V. formule n° 182).

Ajournement. — Ce fait, etc...

En conséquence de l'indication à ces jour, heure et lieu donnée lors de la clôture de la séance qui précède.

Aux mêmes requêtes, présences et qualités qu'en ladite séance, à l'exception de M. le commissaire priseur et des experts dont la mission est terminée.

Il sera par Me Duboys, notaire à Paris, soussigné

Procédé à la continuation de l'inventaire après le décès de M. Jean Népomucène Hilarion, de la manière suivante.

Analyse des titres et papiers

Contrat de mariage de M. et Mme Hilarion

Cote première   *Deux pièce*

La première est l'expédition d'un contrat reçu par Me. . .,notaire à . . .,le . . . contenant les clauses et conventions civiles du mariage de M. et Mme Hilarion-Giroux.

Aux termes de ce contrat :

I. Sous les articles 1er à 3e, les futurs époux ont déclaré adopter pour base de leur union le régime de la communauté de biens réduite aux acquêts, avec réserves de propres et exclusion des dettes.

II. Sous l'article quatrième, le futur époux a apporté en mariage, outre les habits, linge et bijoux à son usage personnel :

1° Dix obligations de cinq cents francs trois pour cent, au porteur, dites anciennes, de la Compagnie des chemins de fer du Nord, portant les nos. . .

2° La somme de 5.000 francs montant en principal d'une obligation souscrite à son profit par M. André Lefèvre, cultivateur, demeurant à. . ., suivant acte reçu par Me . . ., notaire à. . ., le . . ., ladite somme alors exigible et productive d'intérêts au taux de quatre pour cent par an, payables annuellement et à terme échu le. . ., ci.   5.000 fr.»

Et celle de 125 francs pour intérêts courus au jour drésumé du mariage
ci. . . . .   125 »

Soit ensemble : 5.125 francs, ci. . . . .   5.125 »

III. Sous l'article cinquième, la future épouse a apporté en mariage, outre les habits, linge et bijoux à son usage personnel, la somme de 1.253 francs montant en principal et intérêts courus au jour présumé du mariage, d'un livret de Caisse d'épargne et de prévoyance de Charolles portant le n°. . .

IV. Sous l'article sixième, M. Henri Giroux, propriétaire, et Mme Noémie Rousseau, son épouse, demeurant ensemble à. . ., ont constitué en dot à la future épouse, leur fille, par imputation d'abord sur les droits de celle-ci dans la succession du prémourant et subsidiairement, s'il y avait lieu, sur ses droits dans celle du survivant,

Une somme de 15.000 francs en espèces, stipulée payable le lendemain du mariage.

V. Par l'article septième, M. et Mme Giroux-Rousseau ont réservé à leur profit l'exercice du droit de retour sur les biens par eux donnés.

VI. L'article huitième n'a imposé aucune clause spéciale d'emploi ou de remploi des biens propres aliénés ou remboursés pendant le mariage.

VII. Sous l'article neuvième, il a été stipulé que lors de la dissolution du mariage, le survivant des époux aurait le droit de conserver pour son compte personnel le fonds de commerce que les époux ou l'un deux exploiteraient alors, ensemble le matériel et les marchandises en dépendant et le droit au bail des locaux où il s'exploiterait, à charge de tenir compte de la valeur du tout d'après la prisée de l'inventaire qui serait dressé alors, d'acquitter exactement les loyers à échoir et d'exécuter les conditions du bail, de manière que les héritiers du prédécédé ne soient jamais inquiétés ni recherchés à ce sujet.

Et qu'il imputerait la valeur du tout sur les sommes qui lui reviendraient en pleine propriété ou usufruit dans la communauté ou la succession du prédécédé.

VIII. Et sous l'article onzième et dernier, il a été accordé au survivant des époux un délai d'un an pour se libérer de ce dont il se trouverait débiteur envers la succession de son conjoint, avec intérêts au taux de. . . stipulés payables en même temps que le principal.

La seconde pièce est le livret de famille de M. et Mme Hilarion-Giroux, délivré par M. le maire de. . ., le . . ., et constatant :

Que Mme Hilarion est née à . . ., le. . .

Et que son union avec son défunt mari a été célébrée à la mairie de. . ., le. . .

Ces pièces ont été cotées et paraphées par Me Duboys notaire soussigné et par lui inventoriées sous la présente cote. . .   *première.*

Pour faire suite à cette cote, Mme Hilarion déclare ce qui suit :

1. *Sur l'apport de M. Hilarion*

1° Sur les dix obligations de la Compagnie des chemins de fer du Nord, trois sont sorties au tirage du. . . et ont été remboursées à leur capital nominal sous déduction de la taxe sur la prime de remboursement, soit net la somme totale de 1.413 francs qui est entrée en communauté, ci. . . . . 1.413 fr. »

Les sept autres ont été vendues au cours de la bourse de Paris du. . .étant de. . ., pour la somme de 3.012 francs, défalcation faite du droit de courtage de l'agent de change et du prorata d'intérêts couru, laquelle a été touchée par la communauté, ci . . . . 3 012 fr. »

2° Le prorata d'intérêts de la créance sur M. Lefèvre couru au jour du mariage et s'élevant à la somme de 125 francs est entré en communauté. ci.   125 fr. »

Et le montant de la créance a été touché le. . . et est également entré en communauté, ci. . . . . 5 000 fr.

II. *Sur les apports et dot de Mme Hilarion*

1° Le montant du livret de la caisse d'épargne apporté en mariage par Mme Hilarion, est entré en communauté, soit la somme de 1.253 francs, ci.   1.253 fr. »

2° La somme de 15.000 francs montant de sa constitution de dot a été payée par les donateurs aussitôt après le mariage et est également entrée en communauté, ci. . . . . 15 000 fr. »

III. *Sur les frais du contrat de mariage*

Les frais et honoraires du contrat de mariage sus analysé se sont élevés à la somme de. . . qui a été payée avec des deniers de la communauté.

Dans cette somme, les frais et honoraires incombant à la succession de M. Hilarion figurent pour. . . francs.

Et ceux incombant à Mme Hilarion figurent pour. . .

IV. *Sur les successions, dons et legs*

Pendant le mariage :

1ent M. Hilarion n'a recueilli aucune succession, ni bénéficié d'aucun don ni d'aucun legs;

2ent Mme Hilarion requérante a recueilli :

1° Le legs particulier qui lui a été fait par M. Guillaume, son oncle, ainsi qu'il sera dit ci-après sous la cote deuxième,

2° Et les successions de M. et Mme Giroux-Rousseau, ses père et mère, ainsi qu'il sera dit sous la cote troisième.

Et pendant le même temps, elle n'a pas recueilli d'autre succession ni d'autre legs et n'a été appelée à bénéficier d'aucun don.

Propres de Mme Hilarion

———

Legs fait par M. Guillaume

Cote deuxième   *Déclaration*

Mme Vve Hilarion fait les déclarations suivantes :

Aux termes de son testament reçu en la forme authentique par Me Goyard, notaire à Beaubéry (Saône-et-Loire) le 16 juin 1897, M. André Guillaume, en son vivant propriétaire, demeurant à Beaubéry où il est décédé le 4 décembre 1909, a légué à Mme Hilarion requérante, une somme de six mille francs. . . . . 6.000 fr.

Cette somme a été encaissée par la communauté suivant acte reçu par le même notaire le 26 février 1910, contenant délivrance de legs et décharge, sous déduction de celle de 577 fr. 50 montant des frais et droits de mutation à la charge de Mme Hilarion, ci . . . . 577 fr. 50

En sorte qu'il a été encaissé net, 5.422 fr. 50, ci . . . . 5.422 fr. 50

Il n'a pas été fait emploi de cette somme.

Ces déclarations tiendront lieu de la cote. . . . . *deuxième*

Successions de M. et Mme Giroux-Rousseau

Cote troisième   *Une pièce*

Qui est une note de Me X..., notaire à Charolles, de laquelle il résulte ce qui suit :

I. M. Henri Giroux, en son vivant propriétaire et cultivateur, demeurant à Chazeau, commune de Charolles, est décédé en son domicile le..., laissant :

1° Mme Noémie Rousseau, son épouse, restée sa veuve demeurant avec lui,

         pour commune en biens légalement à défaut de contrat de mariage préalable à leur union célébrée à la mairie de. . ., le. . .

         et donataire de l'usufruit de tous les biens composant sa succession aux termes d'un acte reçu par Me. . ., notaire à Charolles le. . .

2° Et pour seuls héritiers, chacun pour moitié, Mme Hilarion et Mme Laurence Giroux, épouse de Lucien Boler, horloger bijoutier avec lequel elle demeurait à Charolles,

         ses deux enfants issus de son union avec son épouse survivante.

         Ainsi que ces qualités sont constatées par un acte de notoriété dressé à défaut d'inventaire par Me. . . susnommé le. . .

II. Suivant acte reçu par ledit Me X..., le. . ., M. et Mme Hilarion et M. et Mme Boler ont consenti à l'exécution pure et simple de la donation sus-énoncée faite par M. Giroux au profit de son épouse, et par suite Mme Vve Giroux est restée en possession de tous les biens qui dépendaient tant de la communauté ayant existé entre M. et Mme Giroux que de la succession de M. Giroux, sans qu'il ait été dressé inventaire.

Mme veuve Giroux a acquitté personnellement tous les frais et droits occasionnés par le décès de son mari,

Par suite, la communauté d'entre M. et Mme Hilarion n'a rien recueilli ni rien payé de ce chef.

III. Mme Giroux est elle-même décédée en son domicile à Chazeau, commune de Charolles, le. . ., laissant pour seules héritières, chacune par moitié, Mesdames Hilarion et Boler,

Ainsi que cette qualité est constatée par l'intitulé de l'inventaire dressé par Me X... susnommé suivant procès-verbal en date au commencement du. . .

IV. Suivant acte reçu par ledit Me. . ., le. . ., Mmes Hilarion et Boler ont procédé entre elles au partage des successions confondues de M. et Mme Giroux-Rousseau.

Aux termes de cet acte, les droits de Mme Hilarion ont été liquidés en fonds à la somme de 67.254 francs, nette de tout passif et déduction faite de la somme de. . . montant des droits du mutation à sa charge. Dans cette somme n'était pas comprise non plus celle de 15.000 francs qui lui avait été constituée en dot et dont elle n'effectuait pas le rapport, Mme Boler ayant reçu la même dot qu'elle.

Pour lui fournir ses droits, il lui a été attribué :

1° Une propriété sise à Chazeau, commune de Charolles, consistant en bâtiments d'habitation et d'exploitation, cour, jardin, terres et prés, cadastrés sous les nºˢ. . . de la section. . . pour une contenance. . ., ladite propriété évaluée 39.500 francs, ci.   39.500 fr.   »

2° Une créance sur M. René Martin, jardinier à Charolles, s'élevant en principal à 20.000 francs, alors exigible et productive d'intérêts à 4 0/0 par an payables annuellement le. . ., ci. . . . .   20.000   »   »

3° Et la somme de 7.754 francs formant le montant de la soulte mise à la charge de Mme Boler et stipulée payable en diverses fractions, ci. . . .   7.754   »   »

Total égal : 67.254 francs, ci. . . . .   67.254   »   »

La jouissance a été fixée au. . .

V. Il avait été mis en réserve la somme de 2.450 francs pour faire face à l'acquit des frais de partage et autres, ci . . . .   2.450 fr.   »

Ces frais se sont élevés seulement à 2.175 francs, ci. . . . .   2.175   »   »

Il est resté de ce chef un actif de 275 francs, ci.   275   »   »

Dont la moitié revenant à chacune de Mme Boler et Hilarion est de   1/2

137 francs 50, ci . . . . ·   137   »   50

Cette pièce a été cotée et paraphée par Mᵉ Duboys, notaire soussigné, et inventoriée sous la présente cote. . . . . *troisième*

Pour compléter cette cote, Mme Hilarion déclare ce qui suit :

1° La propriété de Chazeau existe en nature et est affermée ainsi qu'il sera dit sous la cote *cinquième*.

Au cours du mariage il a été reconstruit une écurie de poules qui tombait en ruines et refait la toiture de la maison d'habitation ; les dépenses effectuées de ce chef se sont élevées à la somme de 1.768 francs, qui a été payée avec des deniers de la communauté.

3° La créance de 20.000 francs sur M. Martin a été encaissée à la date du. . . et a été employée à l'acquisition du pré des Teppes dont il sera ci-après question sous la cote 3°.

3° La somme de 7.754 francs montant de la soulte mise à la charge de Mme Boler a été encaissée en plusieurs fois et est entrée dans la communauté.

4° Et celle de 137 francs 50 centimes formant la moitié du boni réalisé sur les frais de partage et autres est également entrée dans la communauté.

Acquisition du Pré des Teppes

Cote quatrième   *Six pièces*

Qui sont :

La première, l'expédition d'un acte reçu par Mᵉ. . . notaire à Charolles le. . . . aux termes duquel Mme Hilarion autorisée de son mari a acquis à titre de remploi de M. Fernand Legay, cultivateur demeurant à. . ., un pré dit Pré des Teppes, sis commune de Charolles, cadastré section. . . nºˢ. . ., pour une contenance de. . .

Cette acquisition a eu lieu moyennant le prix principal de 16.500 francs qui a été payé comptant aux termes dudit contrat qui en contient quittance. avec pareille somme que Mme Hilarion a déclaré lui provenir du remboursement de la créance sur M. Martin dont il est question sous la cote précédente.

Audit acte, M. Legay a déclaré :

Qu'il était veuf en premières noces, sans enfant, de Mme. . .

Qu'il n'était pas et n'avait jamais été tuteur de mineur ou d'interdit.

Et que le dit pré n'était grevé d'aucun privilège ni d'aucune hypothèque.

Une mention mise en fin de cette expédition constate qu'elle a été transcrite au bureau des hypothèques de Charolles le. . ., volume. . . nº. . .

Mme Hilarion a déclaré accepter expressément ce remploi.

Les deuxième et troisième deux certificats négatifs d'inscription de transcription et de mention, délivrés par M. le Conservateur audit bureau des hypothèques, lors de la transcription dudit contrat de vente.

Les quatrième et cinquième, deux anciens titres de propriété.

Et la sixième, une note de frais établie par Mᵉ. . . et constatant que les frais du contrat de vente dont il s'agit se sont élevés à la somme de 1.486 francs et ont été intégralement payés.

Ces pièces ont été cotées et paraphées par Mᵉ Duboys soussigné et par lui inventoriées sous la cote . . . . *quatrième*

Des pièces sus-analysées, il résulte ce qui suit :

Le prix d'acquisition du pré s'est élevé à la somme de 16.500 fr., ci.	16.500 »
Les frais de cette acquisition ont été de	1.486 »
Soit ensemble	17.986 »
Comme la créance Martin employée à payer l'acquit de ces sommes était de 20.000 francs, ci	20.000 »
Balance faite, il est resté non employé.	2.014 »

Laquelle somme est entrée dans la communauté.

Mme Hilarion ajoute, pour compléter cette cote, que ce pré existe en nature, qu'il est actuellement incorporé à sa propriété de Chazeau dont il a été parlé sous la cote troisième ci-dessus et qu'il est affermé avec cette propriété ainsi qu'il sera dit ci-après sous la cote suivante.

Bail de la propriété de Chazeau

Cote cinquième   *Une pièce*

Qui est l'un des originaux d'un acte sous signatures privées en date à. . . du. . . portant cette mention : « Enregistré à Charolles le. . ., folio. . . case. . . Reçu. . . (Signé). . . », aux termes duquel M. Hilarion a affermé à M. . . la propriété de Chazeau provenant à Mme Hilarion du partage énoncé sous la cote 3ᵉ ci-dessus et de l'acquisition énoncée sous la cote 4ᵉ, pour neuf années consécutives ayant commencé à courir le. . ., moyennant un fermage annuel de. . . francs payable par semestre et à terme échu les. . .

Cette pièce a été cotée et paraphée par Mᵉ Duboys soussigné et par lui inventoriée sous la cote. . . . . *cinquième*

Pour faire suite à cette cote, Mme Hilarion déclare que lors du décès de son mari, M. . . ne devait que le prorata de fermage parcouru depuis le. . .

Impôts

Cote sixième   *Deux pièces*

Qui sont des avertissements de l'administration des contributions directes desquels il résulte que les contributions foncières et taxe vicinale dues pour l'année 1920 à raison de la propriété de Chazeau dont il est ci-dessus question s'élèvent à la somme de. . .

Ces pièces ont été cotées et paraphées par Mᵉ Duboys soussigné et inventoriées sous la cote. . . . . *sixième*

Pour compléter cette cote, Mme Hilarion déclare qu'au décès de son mari, la somme de. . . était encore intégralement due.

Biens et valeurs de communauté

---

10 actions au porteur des chemins de fer du Nord

Cote septième   *Dix pièces*

Qui sont autant d'actions de 500 francs chacune, au porteur, de la Compagnie des Chemins de fer du Nord portant les nᵒˢ. . .

A chacune de ces actions sont adhérents des coupons de dividende dont le premier à détacher au jour du décès était celui à échéance du. . .

Ces pièces, attendu leur nature, n'ont pas été cotées ni paraphées, mais leur analyse tiendra lieu de la cote. . . . . *septième*

1 obligation portugai e 1869

Cote huitième   *Une pièce*

Qui est une obligation portugaise de 100 livres sterling trois pour cent au porteur, emprunt de 1869 consolidé, nᵒ 243.984 lettre A, portant cette mention :

« Timbre nᵒ 899, visé pour timbre à Dijon le 11 novembre 1887. Reçu : 4 fr. 50. Signé illisiblement. »

A cette obligation sont adhérents des coupons d'intérêts, dont le premier à détacher au jour du décès de M. Hilarion était celui à échéance du premier janvier dernier.

Cette pièce, attendu sa nature, n'a pas été cotée ni paraphée, mais son analyse tiendra lieu de la cote. . . . . *huitième*

Compte courant au Crédit Lyonnais

Cote neurième   *Six pièces*

Qui sont, etc...

    (V. ci-dessus formule nᵒ 151.)

Ces pièces ont été cotées et paraphées par Mᵉ Duboys soussigné et inventoriées par lui sous la cote. . . . . *neuvième*

Bail Bouziat

Cote dixième   *Deux pièces*

Qui sont :

La première l'un des doubles originaux d'un acte sous signatures privées en date à Paris du 15 novembre 1916 portant comme dernière mention celle suivante :

« Enregistré à Paris, 19ᵉ bureau, le 21 décembre 1919, folio 9, case 24, reçu 12 francs 75 centimes, décimes compris, pour trois ans. Signé illisiblement. »

Aux termes duquel M. Edme Bouziat, propriétaire et architecte, demeurant à Paris, rue Ranelagh, nᵒ 16, a loué pour 18 années consécutives qui ont commencé à courir le 1ᵉʳ janvier 1917, à M. et Mme Hilarion-Giroux sus-nommés,

La maison sise à Paris, rue de Flandre, nᵒ 191, où il a été procédé lors de la première séance du présent inventaire et comprenant notamment une boutique, une arrière-boutique, une cave sous la boutique, et un appartement au-dessus de la boutique composé de six pièces, avec grenier au-dessus.

Ce bail a eu lieu moyennant, outre les conditions ordinairement imposées aux locataires, un loyer annuel de 2.700 francs payable par quart aux époques d'usage, les premiers janvier, avril, juillet et octobre de chaque année, à terme échu.

Aux termes dudit acte, M. et Mme Hilarion se sont obligés à payer à M. Bouziat six mois de loyer d'avance imputables sur les six derniers mois de jouissance de ce bail.

Et la deuxième, une quittance signée de M. Bouziat, de laquelle il résulte que le terme de loyer échu le premier avril présent mois (1920), était payé au jour du décès de M. Hilarion.

Ces pièces ont été cotées et paraphées par Mᵉ Duboys et par lui inventoriées sous la cote . . . . *dixième*

> Pour faire suite à cette cote, Mme Hilarion requérante déclare que son mari a versé à M. Bouziat, le premier janvier 1917, la somme de 1.350 francs pour loyers d'avance imputables sur les six derniers mois de jouissance du bail ci-dessus analysé.

Contributions

Cote onzième　　　　　　　　　　　　　　　　　　*Quatre pièces*

Qui sont autant d'avertissements pour l'acquit des contributions, desquels il résulte que M. Hilarion, décédé. était imposé pour l'année 1920 à la somme totale de 2.257 francs 30 centimes pour contributions personuelle et mobilière, patente, impôts sur le revenu et sur les bénéfices commerciaux.

Ces pièces ont été cotées et paraphées par Mᵉ Duboys notaire, soussigné, et par lui inventoriées sous la cote . . . . *onzième*

> Pour compléter cette cote, Mme Vve Hilarion déclare qu'il n'avait encore rien été payé sur ces impositions, lors du décès de son mari.

Gaz

Cote douzième　　　　　　　　　　　　　　　　　　　*Une pièce*

Qui est un reçu constatant que M. Hilarion avait versé à la Compagnie d'éclairage et de chauffage par le gaz dont le siège est à Paris, rue Condorcet, n° 6, à titre de dépôt en garantie une somme de trente-cinq francs, ci . . . . __35 fr.__

Cette pièce a été cotée et paraphée par Mᵉ Duboys soussigné et par lui inventoriée sous la cote . . . . *douzième*

> Pour faire suite à cette cote, Mme Vve Hilarion déclare qu'au décès de son mari il était dû à ladite Compagnie la somme de huit franc soixante-quinze centimes pour la consommation du gaz.

Assurances

Cote seizième　　　　　　　　　　　　　　　　　　*Deux pièces*

Qui sont :

La première, une police en date à Paris du 21 mai 1918, portant le n° 275.319, aux termes de laquelle M. Hilarion a assuré à la Compagnie le « Phénix », dont le siège est à Paris, rue de Lafayette n° 33, pour dix années à compter du 22 mai 1918, savoir :

Son mobilier personnel pour douze mille cinq cents francs, ci	12.500 »
Son matériel pour huit mille francs, ci	8.000 »
Ses marchandises pour six mille francs, ci.	6.000 »
Les risques locatifs et le recours des voisins pour cinquante deux mille francs, ci	52.000 »
Et les constructions dépendant de la propriété de Chazeau, commune de Charolles, pour trente mille francs, ci	30.000 »
Soit ensemble	__108.500 »__

Et ce moyennant une prime annuelle de cent trente neuf francs 30 centimes payables d'avance le 22 mai de chaque année.

Et la deuxième; un reçu de ladite Compagnie d'assurance pour la prime afférente à l'année ayant commencé le 22 mai 1919.

Ces deux pièces ont été cotées et paraphées par M⁾ Duboys soussigné et par lui inventoriées sous la cote. . . . . *huitième*

Sur le fonds de commerce

Cote quatorzième   *Déclarations*

Mme Veuve Hilarion déclare :

Que le fonds de pâtissier-confiseur qu'elle et son mari faisaient valoir et qui a été prisé en la précédente séance dépend de la communauté ayant existé entre eux comme ayant été acquis au cours et pour le compte de cette communauté, des époux Jullien-Auloy, dans le courant de l'année 1906, moyennant un prix dont la moitié a été payée comptant et l'autre moitié a été stipulée payable à termes.

Que le solde dudit prix était entièrement payé en principal et intérêts au jour du décès de M. Hilarion.

Et que ce fonds ne se trouve grevé d'aucun privilège ni d'aucun nantissement.

Ces déclarations tiendront lieu de la cote. . . . . *quatorzième*

Livres de commerce

Cote quinzième   *Deux pièces*

Qui sont :

La première, un registre cartonné et couvert en toile noire servant à inscrire au jour le jour les achats et ventes relatifs au commerce de pâtissier et confiseur qui était exploité par M. et Mme Hilarion. Ce registre contient 400 pages numérotées ; les deux cent vingt-cinq premières sont écrites en totalité, la page 226 l'est en partie, et le surplus est en blanc.

Les opérations y sont portées depuis le cinq mars 1919 jusqu'au 2 avril 1920 inclusivement.

Il n'est pas fait une plus ample description dudit registre à la réquisition des parties ; mais les blancs existant sur la dernière page écrite ont été bâtonnés.

Et la deuxième, un petit carnet de poche dont plusieurs feuillets ont été déchirés, et auquel il reste attaché vingt-six pages dont dix contiennent des notes écrites tantôt au crayon, tantôt à l'encre, et relatives au commerce de M. Hilarion.

Mᵉ Duboys a énuméré et paraphé les pages écrites et bâtonné les blancs qui y existaient.

Ces pièces ont été cotées et paraphées par Mᵉ Duboys soussigné, et par lui inventoriées sous la cote. . . . . *quinzième*

Situation commerciale

Cote seizième   *Une pièce*

Qui est une note dressée par Mme Hilarion d'après les registre et carnet sus analysés et d'après les renseignements qu'elle a pu recueillir pour établir la situation commerciale au jour du décès de son mari.

Il en résulte ce qui suit :

I. *Actif*

Il était dû par les personnes ci-après nommées :

  1ᵒⁿᵗ Créances paraissant d'un recouvrement assuré.

1ᵒ Mme Vve Aussion, couturière, demeurant à Paris rue. . . ., la somme de deux cent dix-sept francs soixante centimes, ci. . . . .   217 fr. 60

2ᵒ M. le Docteur Pidot, à Paris rue. . . ., celle de quarante-deux francs quatre-vingt-dix centimes, ci. . . . .   42 fr. 90

3ᵒ M. . . ., etc . . . .   »   »

Total des créances certaines : 2.321 francs 50, ci . . . .   2.321 fr. 50

2^{ent} Créances d'un recouvrement douteux.

13° Mme Mifflier, ouvrière en modes, à Paris, rue. . . . la
s omme de quatorze francs trente-cinq centimes, ci. . . . . . . 14 fr. 35

14° M. . . ., etc. . . . . »   »

Total des créances douteuses . . . . 102 fr. 80   102 fr. 80

3^{ent} Créances considérées comme irrécouvrables.

19° Mme Gaudin, employée, à Paris rue. . . . la somme de
treize francs vingt centimes, ci. . . . . 13 fr. 20

20° M. . . . etc . . . . »   »

Total des créances irrécouvrables . . . . 213 fr. 20   213 fr. 20

Soit ensemble . . . . 2.637 fr. 50

<h3 align="center">II. Passif</h3>

Il était réclamé pour fournitures, savoir :

1° Par M. Marin, minotier à Corbeil, six cent vingt francs. . . . . 620 fr.

2° par M. . . ., etc . . . . »   »

Ensemble. 1.850 fr. 40

Cette pièce a été cotée et paraphée par Me Duboys soussigné et par lui inventoriée sous
la cote . . . . *seizième*

<h3 align="center">Dot constituée à Mme Liobé</h3>

Cote dix-septième   *Une pièce*

Qui est l'expédition représentée par M. et Mme Liobé de leur contrat de mariage sus-
é noncé, aux termes duquel M. et Mme Hilarion ont constitué solidairement en dot à
Mme Liobé leur fille, en avancement d'hoirie, chacun par moitié, savoir :

1° Un trousseau estimé. . .

2° Etc. . .

Le tout stipulé livrable et payable le jour du mariage, avec déclaration que sa célébra-
tion en vaudrait quittance aux donateurs.

Cette pièce a été rendue à M. et Mme Liobé sans avoir été cotée ni paraphée, mais
après avoir été inventoriée sous la présente cote. . . . . *dix-septième*

Pour compléter cette cote, Mme Hilarion déclare que M. et Mme Liobé ont reçu
les objets, valeurs et sommes constitués en dot à Madame Liobé.

<h3 align="center">Déclarations générales</h3>

Mme Vve Hilarion fait les déclarations suivantes :

<h3 align="center">I. Sur les deniers comptants</h3>

Au jour du décès de M. Hilarion, il existait en deniers comptants la somme de 1.321 fr.
75 centimes, ci . . . . 1.321 fr. 75

<h3 align="center">II. Sur l'actif</h3>

Il n'est pas à sa connaissance qu'il dépende de la communauté ayant existé entre elle
et son défunt mari et de la succession particulière de ce dernier aucun autre actif que
celui résultant des pièces sus-analysées et des déclarations faites au cours du présent
inventaire.

<h3 align="center">III. Sur le passif</h3>

Il est réclamé, savoir :

1° par M. Léon Rivoire, rentier demeurant à. . . . la somme de cinq cents francs, pour
prêt verbal fait à M. Hilarion dans le courant de janvier dernier et non productif d'intérêts, ci . . . . 500 fr.

2º et par M. Georges Conort, propriétaire demeurant à. . ., celle de deux
cents francs pour solde de règlement de compte arrêté avec M. Hilarion, ladite
somme non productive d'intérêts, ci . . . .   200 fr. »

    Soit ensemble, ...   700 fr. »

IV. *Sur les frais de dernière maladie*

Il n'était rien dû pour frais de dernière maladie au jour du décès de M. Hilarion.

V. *Sur les frais funéraires*

Il est réclamé pour frais funéraires :
1º Par les Pompes funèbres la somme de neuf cent trente-deux francs 50
ci. . . . .   932 fr. 50
2º Par M. X... imprimeur, celle de soixante-dix francs pour lettres de
faire part, ci . . . .   70 »

Ensemble : 1.002 fr. 50, ci . . . .   1.002 fr. 50

Il n'est pas à la connaissance de Mme Hilarion qu'il y ait à la charge desdites communauté et succession aucun autre passif que celui résultant des pièces sus-analysées et des
déclarations faites au cours du présent inventaire.

A l'appui de ses déclarations en ce qui concerne le passif ci-dessus, Mme Vve
Hilarion a représenté au notaire soussigné quatre notes et mémoire qui ont été
cotés et paraphés par Mᵉ Duboys et par lui inventoriés sous la cote. . . . .
. . . .*dix-huitième et dernière*

Option de Mme Vve Hilarion

Et à l'instant, Mme Vve Hilarion requérante a déclaré opter, en vertu de l'article 9ᵉ de
son contrat de mariage sus-analysé, pour la conservation du fonds de commerce de pâtissier-confiseur dépendant de la communauté d'entre elle et son défunt mari, ensemble la
clientèle, l'achalandage, le droit au bail, le matériel, et les marchandises en dépendant,
pour le montant de l'estimation qui en a été faite au cours du présent inventaire, soit :

  pour le fonds proprement dit, 3.000 francs, ci . . . .   3.000 »
  pour le matériel, 4.145 francs, ci . . . .   4.145 »
  et pour les marchandises, 2.712 francs, ci . . . .   2.712 »
  Total : 9.857 francs, ci. . . . .   9.857 »

Sauf à tenir compte du tout dans les termes et aux conditions stipulés audit contrat de mariage.

Interpellation

Sur l'interpellation qui lui en a été faite par Mᵉ Duboys, Mme Hilarion requérante a
déclaré qu'il ne lui était dû par ses enfants mineurs que le coût de la délibération de leur
conseil de famille pour la nomination d'un subrogé tuteur, lequel coût s'élève à la somme
de 28 fr. 35.

Loi du 27 février 1880

Avant de clore, Mᵉ Duboys, notaire soussigné, a donné connaissance à Mme Vve Hilarion et à M. Fulchiron qui le reconnaissent, des prescriptions de la loi du 27 février 1880
sur l'emploi des biens mobiliers et valeurs appartenant aux mineurs, et des responsabilités qu'ils encourraient en cas cas d'inobservation de ces prescriptions.

Clôture

Ce fait, ne se trouvant plus rien à comprendre au présent inventaire, il est demeuré
clos et arrêté à la réquisition des parties, après avoir été affirmé sincère et véritable par

Mme Hilarion et après que ladite dame a eu prêté serment entre les mains de Mᵉ Duboys, notaire soussigné, d'y avoir déclaré et représenté tout ce qui, à sa connaissance, dépend tant activement que passivement des communauté et succession dont il s'agit, sans en avoir rien pris, caché ni détourné, et sans savoir ni avoir vu qu'il en ait été rien pris, caché ni détourné par qui que ce soit, directement ou indirectement.

Tout le contenu au présent inventaire est, du consentement des autres parties, demeuré en la garde et possession de Mme Vve Hilarion qui le reconnaît et s'en charge, pour en faire la représentation quand et à qui il appartiendra.

Il a été vaqué à tout ce que dessus depuis ladite heure de treize jusqu'à celle de dix-sept par double vacation.

Et sous toutes nouvelles réserves, les parties ont signé avec le notaire, après lecture faite.

(Signatures.)

201. *Inventaire de succession. — Scellés. — Nombreuses protestations et réserves*

L'an mil neuf cent vingt,
Le mardi cinq juillet à treize heures,
A Charolles, en une maison sise rue de Champagny, où demeurait M. Xavier Duprilot, en son vivant rentier, veuf en premières noces non remarié de Mme Luce Halinc.

Observation faite que ledit M. Duprilot est décédé à Vichy, où il se trouvait momentanément, le 25 juin dernier (1920).

A la requête de :
1° M. Albin Duprilot, docteur en médecine, demeurant à Vichy,

Non présent, mais représenté par Mᵉ Joseph Goyard, avoué près le tribunal civil de Charolles, demeurant en ladite ville, son mandataire aux termes de la procuration qu'il lui a donnée suivant acte reçu par Mᵉ Dubley, notaire à Vichy, le premier juillet présent mois, dont le brevet original légalisé est demeuré ci-annexé après mention,

2ᵉ Et M. Isidore Lemercier, propriétaire, et Mme Sylvie Duprilot, son épouse qu'il autorise, demeurant ensemble à Saint-Symphorien, commune de Charolles.

M. et Mme Lemercier mariés en premières noces sous le régime de la communauté de biens réduite aux acquêts aux termes de leur contrat de mariage reçu par Mᵉ Savarot, notaire soussigné, le 21 septembre 1899 ne contenant aucune clause restrictive de la capacité civile de l'épouse ni prescriptive d'emploi de ses propres.

Qualités

M. le Docteur Duprilot et Mme Lemercier frère et sœur germains, seuls enfants existants du mariage de M. Xavier Duprilot *de cujus* avec Mme Luce Halinc prédécédée, et en cette qualité habiles à se porter seuls héritiers conjointement pour le tout ou chacun divisément pour moitié de M. Xavier Duprilot leur père.

A la conservation des droits et intérêts des parties et de tous autres qu'il appartiendra, sans que les qualités puissent préjudicier à qui que ce soit, mais au contraire sous toutes réserves.

Il va être par Mᵉ Savarot, notaire à Charolles, soussigné.

Procédé à l'inventaire fidèle et description exacte de tout ce qui peut dépendre tant activement que passivement de la succession de M. Xavier Duprilot susnommé,

Le tout étant et trouvé dans les endroits ci-après indiqués de la maison où il est actuellement procédé et dépendant de la succession dont il s'agit,

Sur les représentations et déclarations qui seront faites par Mme Rose Duchemin veuve de M. Joseph Chauveau cuisinière, demeurant à Charolles, gardienne des scellés dont il sera ci-après parlé, laquelle avertie du serment qu'elle aura à prêter en fin du présent inventaire, a promis d'y déclarer et faire comprendre tout ce qui, à sa connaissance peut dépendre tant activement que passivement de ladite succession.

Il sera procédé au fur et à mesure que les scellés apposés par M. le juge de paix du canton de Charolles suivant procès-verbal en date du 26 juin 1920, auront été par ce magistrat reconnus sains et entiers et comme tels levés suivant procès-verbal en date de ce jour.

La prisée de ces objets susceptibles d'estimation sera faite par Mᵉ Ducher, greffier de justice de paix, demeurant à Charolles, lequel à ce présent a promis de faire cette prisée à sa juste valeur.

Le tout, en la présence de M. Gustave Dauteloup, avocat près le tribunal civil de Charolles, demeurant en ladite ville, conseil de M. et Mme Lemercier requérants.

Et sous toutes réserves, M. Goyard et M. et Mme Lemercier ont signé avec Mme Vve Chauveau, M. Ducher, M. Dauteloup et le notaire, après lecture faite.

(Signatures.)

Prisée

Préalablement à la prisée, il est fait observer qu'aux termes de son testament fait en la forme olographe en date à Charolles du 1ᵉʳ août 1919, déposé judiciairement au rang des minutes de Mᵉ Savarot, notaire soussigné le 28 juin 1920, M. Duprilot de cujus a fait divers legs particuliers d'objets mobiliers.

En conséquence, la prisée sera faite par distinction de la manière suivante :

I. Objets légués à Mme Chauveau

Dans la cuisine

1º Un fourneau avec ses cornets prisé vingt-cinq francs. . . . .   25 fr.

2º Un buffet à deux portes, genre breton, prisé douze francs . . . .   12 »

3º Six chaises paillées, prisées trois francs, ci . . . .   3 »

4º Une table à hacher et hachoir, prisés 4 francs. . . . .   4 »

5º Une batterie de cuisine en fer battu et émaillé et en terre dite aluminite, composée de 35 pièces, prisée vingt-huit francs, ci. . . . .   28 »

Dans la mansarde

6º Un lit en noyer . . . . etc . . . .   » »

Total de la prisée des objets légués à Mme Chauveau : trois cent un francs cinquante centimes, ci 301 50

II. Objets légués à M. Jean Serpry

1º Un bronze « L'Etoile du matin » par Grandin, sur socle en marbre rouge, prisé cent vingt francs, ci . . . .   120 fr.

2º Une terre cuite « Le Poète » prisée quinze francs. . . . .   15 »

3º Un tableau de Van Helmont (genre Teniers) « Scène de Cabaret » avec le cadre, prisé soixante francs, ci. . . . .   60 »

Total de ce legs : cent quatre-vingt-quinze francs, ci. . . . . . .   195 »

III. Objets légués à la ville de Charolles

1º Dix-huit volumes histoire et littérature, reliés maroquin rouge, prisés trente six francs, ci . . . .   36 »

2º Quarante volumes brochés (œuvres de Musset, Verlaine et Baudelaire), prisés soixante-quinze francs, ci . . . .   75 »

3º Cent cinquante volumes divers, revues, romans, prisés quarante francs, ci . . . .   40 »

Total de ce legs : cent cinquante-un francs, ci . . . .   151 »

IV. *Objets non légués*

Dans la cuisine. . .
1° Une pendule prisée. . . etc. . . . .   » »

Total de la prisée des objets non légués, seize cent quarante-cinq francs dix
centimes, ci 1.645 10

La mission de M. Ducher, officier priseur, étant terminée, il a signé en cet endroit après
ecture, et s'est retiré.

(Signature.)

Dire de M. Goyard

A l'instant M. Goyard esd. nom qu'il agit, a déclaré :

Que M. Duprilot père passait chaque année la majeure partie de l'hiver à Nice, dans
une villa sise rue. . ., tenue à location et qu'il avait garnie d'une grande quantité de
meubles, notamment d'un ameublement complet de salle à manger et de chambre à coucher d'une certaine valeur,

Que ces objets ne sont pas représentés aujourd'hui,

Qu'en conséquence il requiert le notaire soussigné d'interpeller la gardienne des scellés
qui était depuis longtemps au service de M. Duprilot, ainsi que M. Valentin Simon, valet
de chambre du défunt, sur la question de savoir s'il est à leur connaissance personnelle
que ces objets aient été enlevés de la succession.

Et lecture faite, il a signé en cet endroit.

(Signature.)

Déférant à cette réquisition, M. Savarot a interpellé Mme Vve Chauveau et M. Simon à
ce intervenant pour savoir si les objets mobiliers en question existaient en nature ou
s'ils avaient été enlevés de la succession de M. Duprilot.

Chacun d'eux a répondu séparément, sous la foi du serment, qu'au décès de M. Duprilot
il n'existait pas à sa connaissance d'autres objets mobiliers dépendant de cette succession
que ceux ayant fait l'objet de la prisée qui précède.

Et lecture faite, Mme Chauveau a seul signé, M. Simon de ce requis ayant déclaré ne
savoir le faire.

(Signature.)

M. Goyard a requis alors le notaire de demander aux deux personnes susnommées ce
qu'étaient devenus lesdits objets mobiliers et notamment si elles pouvaient indiquer
depuis quelle date le défunt ne les possédait plus et quelles en étaient la consistance et
la valeur.

Lecture faite, il a signé.

(Signature.)

A l'instant est intervenu M. Dauteloup, conseil de M. et Mme Lemercier, lequel a
déclaré que ces derniers s'opposaient formellement à ce que la question ci-dessus formulée fût posée aux deux personnes interpellées, alléguant :

Que le notaire chargé de dresser inventaire doit se renfermer dans sa mission qui consiste à faire état des meubles meublants, titres, pièces et notes quelconques se trouvant
au domicile du défunt.

Qu'il n'a pas le droit de porter ses investigations sur les objets qui, à un moment
donné, ont pu appartenir au défunt et qui étaient sortis de son patrimoine de son vivant,
à une époque indéterminée.

Et spécialement que le notaire n'a pas le droit de se livrer à une enquête et d'entendre
des tiers à propos d'objets mobiliers qui, d'après M. le Dr Duprilot, auraient existé dans
une villa sise à Nice rue. .. . occupée autrefois par le *de cujus*, alors que ce dernier

n'était plus locataire de cette villa au jour de son décès et que ces objets mobiliers n'existaient plus à son décès.

En conséquence, il requiert le notaire soussigné de ne pas poser la question formulée
par M° Goyard.

Lecture faite, M. et Mme Lemercier ont signé avec M° Dauteloup.

(Signatures.)

M° Goyard a aussitôt répondu au nom de son mandant :

Que l'inventaire ne doit pas être une simple nomenclature de ce qui est trouvé au cours
des opérations, mais qu'il doit constater les forces et les charges de la succession, en un
mot tous les éléments nécessaires pour établir ensuite le partage,

Qu'à cet effet, il est indispensable de connaître les donations sujettes à rapport, les
dons manuels faits par le défunt, et que par suite le notaire a le droit de se faire représenter les actes et pièces pouvant contenir des libéralités directes ou indirectes, et, à
défaut de pièces, de rechercher par les déclarations des parties, l'importance et la nature
des rapports à effectuer.

Et qu'alors la question de savoir ce que sont devenus les meubles qui garnissaient la
villa de Nice, se trouve donc bien dans les attributions du notaire soussigné, parce
qu'elle rentre dans l'esprit de la loi et la nature de l'inventaire.

En conséquence M° Goyard demande à M° Savarot de passer outre à l'opposition de
M. et Mme Lemercier et de poser la question par lui formulée à Mme Chauveau et à
M. Simon.

Lecture faite, il a signé.

(Signature.)

M° Dauteloup a déclaré que M. et Mme Lemercier persistaient formellement dans leur
refus de laisser poser cette question qu'ils considèrent sortir du cadre des présentes et
maintenaient leurs dires ci-dessus.

Sur quoi, les parties n'ayant pu se mettre d'accord, il a été convenu qu'il en serait in-
cessamment référé à M. le président du tribunal civil de Charolles.

Ajournement

Ce fait, la continuation du présent inventaire a été remise à un jour qui sera ultérieurement fixé.

A la réquisition des parties, M. le juge de paix n'a pas réapposé les scellés, et
Mme veuve Chauveau, a à l'instant prêté serment entre les mains de M° Savarot, notaire
soussigné, d'avoir déclaré et représenté tout ce qui à sa connaissance dépend tant activement que passivement de la succession de M. Xavier Duprilot, sans en avoir rien pris,
caché ni détourné, et sans savoir ni avoir vu qu'il en ait été rien pris, caché ni détourné,
par qui que ce soit, directement ou indirectement.

Tous les objets ci-dessus inventoriés et ceux restant à l'être sont, du consentement de
M° Goyard esd. nom, demeurés en la garde et la possession de M. et Mme Lemercier qui
le reconnaissent et s'en chargent pour les représenter quand et à qui il appartiendra ;
toutefois les titres, papiers et valeurs restant à inventorier ont été remis à M° Savarot
pour en faire la description et l'analyse en son étude.

Il a été vaqué à tout ce que dessus depuis ladite heure de treize jusqu'à celle de
dix-neuf par double vacation.

Et sous toutes nouvelles réserves et protestations de fait et de droit, M. et Mme Lemercier et M° Goyard ont signé avec Mme Chauveau, M° Dauteloup et le notaire, après
lecture faite.

(Signatures.)

Et le jeudi premier août mil neuf cent vingt, à treize heures,
A Charolles en l'étude de M° Savarot, notaire soussigné,

En conséquence de l'indication à ces jour, heure et lieu prise depuis la clôture de la séance qui précède,

Aux mêmes requêtes, présences et qualités qu'en ladite séance, à l'exception de M. Ducher officier priseur et Mme Chauveau gardienne des scellés, dont la mission est terminée,

Il sera par Me Savarot notaire soussigné,

Procédé de la manière suivante à la continuation et à la clôture de l'inventaire après le décès de M. Xavier Duprilot.

Analyse des titres et papiers

Testament de M. Duprilot

Cote première   -   *Une pièce*

Qui est l'original du testament de M. Duprilot fait en la forme olographe à Charolles le 1er août 1919 et déposé au rang des minutes de Me Savarot, notaire soussigné, le 28 juin 1920 en exécution d'une ordonnance de M. le président du tribunal de Charolles contenue en son procès-verbal d'ouverture et de description dudit testament en date du même jour.

Duquel testament la teneur suit :

(Copie littérale)

Cette pièce a été à l'instant retirée par Me Savarot pour être reclassée au rang de ses minutes; son analyse tiendra lieu de la cote. . . . . *première*

Pour faire suite à cette cote, M. et Mme Lemercier déclarent que les personnes auxquelles M. Duprilot a fait des legs particuliers existent et sont :

1° Mme Vve Chauveau dénommée en la première séance du présent inventaire. Légataire des objets mobiliers prisés en ladite séance à la somme de 301 fr. 50, ci. 301 50

Et en outre légataire d'une somme de mille francs en espèces. . . . 1 000 »

2° M. Jean Serpry, rentier à Charolles, légataire des objets mobiliers prisés 195 francs, ci. . . . . 195 »

3° M. Pierre Delacour, domestique à Charolles, légataire de la somme de trois cents francs en espèces, ci. . . . . 300 »

Succession de Mme Duprilot-Halinc

____

Donation à titre de partage anticipé

Cote deuxième   *Déclarations*

Pour tenir lieu de cette cote, M. et Mme Lemercier font les déclarations suivantes :

I. Mme Duprilot née Halinc est décédée à Nice le 2 février 1910, laissant :

1° M. Xavier Duprilot, son mari, notamment comme commun en biens et comme ayant droit à l'usufruit du quart des biens composant sa succession en vertu de l'article 767 du Code civil,

2° Et Mme Lemercier et M. le Dr Duprilot susnommés, ses deux enfants pour seuls héritiers chacun pour moitié.

II. Suivant acte reçu par Me Aulagner, notaire à Nice, le 28 mai 1910, M. Xavier Duprilot a fait donation entre vifs à titre de partage anticipé conformément aux articles 1075 et suivants du Code civil, à Mme Lemercier et à M. le Dr Duprilot ses deux enfants et seuls présomptifs héritiers, chacun pour moitié, de tous ses biens immeubles et de tous ses droits, parts et portions tant en toute propriété qu'en usufruit dans les valeurs mobilières et dans les immeubles dépendant de la communauté d'entre lui et son épouse prédécédée et de la succession particulière de celle-ci, sous la seule condition que les donataires ne pourraient demander à leur père aucun compte au sujet du mobilier meublant dépendant desdites communauté et succession, lequel mobilier est resté la propriété personnelle de M. Xavier Duprilot.

Par le même acte, les donataires ont procédé amiablement au partage des biens à eux donnés, et la jouissance divise a été fixée audit jour 28 mai 1910.

La donation par M. Xavier Duprilot a été dûment transcrite, et elle est devenue parfaite par suite du décès précité dudit M. Xavier Duprilot sans laisser d'autres héritiers à réserve que M. le Dr Duprilot et Mme Lemercier ses enfants susnommés.

Ces déclarations tiendront lieu de la cote. . . . . *deuxième*

Acquisition Hurteaux

Cote troisième   *Cinq pièces*

Qui sont :

La première, l'expédition d'un acte reçu par Me Jolidan, notaire à Charolles, le 10 mars 1914 aux termes duquel M. Henri Hurteaux, propriétaire, demeurant à Mâcon, a vendu à M. Duprilot *de cujus*, la maison sise à Charolles rue de Champagny où il a été procédé lors de la séance qui précède, moyennant le prix principal de quarante-cinq mille francs sur lequel vingt mille francs ont été payés comptant aux termes dudit acte qui en contient quittance.

Une mention mise en fin de cette expédition constate qu'elle a été transcrite au bureau des hypothèques de Charolles le 29 du même mois de mars, Volume 82, n° 87, avec inscription prise d'office le même jour, Vol. 78, n° 101.

Les deuxième et troisième, deux certificats délivrés sur cette transcription, négatifs quant aux inscriptions, transcriptions ou mentions.

La quatrième, l'expédition d'un acte reçu par Me Savarot et Me Jolidan notaires à Charolles le 10 novembre 1916, aux termes duquel M. Duprilot s'est libéré du solde de son prix d'acquisition en principal, intérêts, frais et accessoires.

Et la cinquième, un certificat délivré le 25 du même mois de novembre 1916 par le conservateur des hypothèques de Charolles, constatant la radiation de l'inscription d'office Vol. 78, n° 101 précitée.

Ces pièces ont été cotées et paraphées par Me Savarot, notaire soussigné, et par lui inventoriées sous la cote. . . . . *troisième*

Pour faire suite à cette cote, M. et Mme Lemercier déclarent que cette propriété était occupée par M. Duprilot au jour de son décès et qu'elle est d'une valeur vénale de cinquante-huit mille francs.

Contributions

Cote quatrième   *Trois pièces*

Qui sont autant d'avertissements pour l'acquit des contributions desquels il résulte que M. Duprilot était imposé pour l'année 1920, à la somme de. . . francs à raison des contributions foncières, personnelle, et mobilière, et de l'impôt sur le revenu.

Ces pièces ont été cotées et paraphées par Me Savarot soussigné et par lui inventoriées sous la cote. . . . . *quatrième*

Pour faire suite à cette cote, les parties déclarent que M. Duprilot n'avait encore rien payé sur ces contributions au jour de son décès.

Assurances

Cote cinquième   *Une pièce*

Qui est une police n° 181.753 en date à Charolles du premier juillet 1915, aux termes de laquelle M. Duprilot a assuré à la Compagnie « La Nationale » dont le siège est à Paris, rue Pillet-Will, n° 2, pour une durée de dix années expirant le 2 juillet 1925,

Son mobilier personnel pour 8.600 francs et la maison de la rue de Champagny et le recours des voisins pour 75.000 francs moyennant une prime annuelle de 48 francs 50 centimes payable le premier juillet de chaque année et d'avance.

Cette pièce a été cotée et paraphée par Mᵉ Savarot soussigné et par lui inventoriée sous la cote. . . . . *cinquième*

Pour faire suite à cette cote, les parties déclarent qu'au jour du décès de M. Duprilot, la prime pour l'année en cours était payée.

Déclarations générales

Les parties font les déclarations suivantes :

I. *Sur les deniers comptants*

Au jours du décès de M. Duprilot, il existait la somme de cent soixante-deux francs en deniers comptants, ci. . . . . 162.

II. *Sur l'actif*

M. et Mme Lemercier déclarent:

Que M. Albin Duprilot, leur beau-frère et frère, après avoir terminé ses études de médecine s'était d'abord installé à Nice où M. Xavier Duprilot père lui avait loué et meublé u n appartement, sous son nom personnel,

Que les loyers de cet appartement ont été acquittés par ledit M. Xavier Duprilot penda nt cinq années environ,

Que ce paiement de loyers qui constitue un avantage indirect au profit de M. Albin Duprilot, s'explique en raison des dettes qu'il avait faites au cours de ses études et qui avaient absorbé sa part dans la succession de leur mère et dans les biens à eux donnés par M. Xavier Duprilot leur père ainsi qu'il est dit sous la cote deuxième ci-dessus.

Les requérants demandent à Mᵉ Savarot soussigné d'interpeller M. Albin Duprilot pour savoir quelle somme exacte M. Xaxier Duprilot a payée de ce chef à ses lieu et place.

Lecture faite, M. et Mme Lemercier et M. Dauteloup leur conseil ont signé en cet endroit.

(Signatures.)

Mᵉ Goyard répond qu'il lui est impossible de fournir aucune indication parce qu'il n'a pas été mis à même de demander sur ce point des renseignements à son mandant, et qu'au surplus il fait toutes protestations et réserves à l'encontre des allégations de M. et Mme Lemercier au sujet de prétendues dettes faites par M. le docteur Albin Duprilot pendant sa vie d'étudiant

Et lecture faite, il a signé en cet endroit.

(Signatures.)

M. et Mme Lemercier affirment sur l'honneur qu'à Paris, dans le courant de l'année 1913, M. Xavier Duprilot et M. Lemercier sont tombés d'accord pour acquitter toutes les dettes de jeu ou autres contractées par M. Albin Duprilot et pour lui avancer l'argent nécessaire pour terminer ses études de médecine.

M. Xavier Duprilot ne voulait rien entendre tout d'abord; mais sur les instances de sa fille et de son gendre qui voulaient sauver l'honneur de la famille, il a consenti à l'arran_ gement suivant :

Il s'occuperait de la réalisation des biens et valeurs que possédait encore M. Albin Dupri-lot, et il emploierait le produit de cette réalisation à acquitter à due concurrence le passif. Le surplus dudit passif devait être acquitté moitié par M. Duprilot et moitié par M. Lemercier requérant, lesquels devaient avancer dans la même proportion les sommes nécessaires pour les études de M. Albin Duprilot.

M. Lemercier a avancé de ce chef, en diverses fois, une somme totale de six mille sept cent cinquante francs dont il a été depuis intégralement désintéressé. Même somme a dû être avancée par M. Duprilot père, laquelle somme formerait, si elle n'était pas encore remboursée, un avantage rapportable à la succession dudit M. Duprilot.

Ils requièrent, en conséquence, le notaire soussigné, d'interpeller M⁰ Goyard sur la question de savoir si son mandant doit encore tout ou une partie des sommes ainsi payées pour lui par le *de cujus*.

Et lecture faite, M. et Mme Lemercier et M⁰ Dauteloup leur conseil ont signé en cet endroit.

(Signatures.)

M⁰ Goyard interpellé par le notaire soussigné en la qualité qu'il agit, a répondu :

Qu'il n'a pas reçu de son mandant la mission de répondre à la question qui vient d'être posée,

Que personnellement il ne peut fournir aucune explication sur les allégations de M. et Mme Lemercier,

Qu'au surplus il proteste expressément contre les affirmations qui viennent d'être produites sans aucune preuve à l'appui et contre la manière de faire de M. et Mme Lemercier qui eussent dû lui communiquer le dire ci-dessus rédigé sur une note dès avant la présente séance, afin de lui permettre d'obtenir de son mandant tous renseignements utiles,

Que dans tous les cas, M. et Mme Lemercier pourront, s'ils le jugent à propos, formu_ ler cette réclamation à la liquidation à intervenir, et qu'alors son mandant y répondra par tous les moyens et voies de droit.

Par suite, il requiert le notaire de passer outre.

Et lecture faite, il a signé.

(Signature.)

M. et Mme Lemercier protestent contre le dire de M⁰ Goyard et affirment à nouveau que tous les faits ci-dessus rapportés par eux sont rigoureusement exacts. Ils déclarent que M. Albin Duprilot sait pertinemment qu'il a été l'objet d'avantages indirects nombreux et que par suite il a des explications à fournir à ce sujet, mais qu'il a cru préférable d'éluder une foule de questions embarrassantes en se faisant représenter par un mandataire incapable de répondre faute de renseignements suffi

Lecture faite, M. et Mme Lemercier et M⁰ Dauteloup ont signé.

(Signatures.)

M⁰ Goyard fait observer que les développements qui viennent d'être donnés sont parfaitement inutiles et n'ont d'autre résultat que de surcharger l'inventaire de détails sans importance. Toutefois il croit devoir expliquer que l'absence de son mandant est unique - ment motivée par l'attitude de M. Lemercier à son égard, attitude qui occasionnerait inévitablement des scènes aussi violentes que regrettables, mais qu'il fournira en temps utile toutes les explications nécessaires.

Et lecture faite, il a signé.

(Signature.)

III. *Sur le passif*

Il n'est pas à la connaissance des parties qu'il existe à la charge de la succession dont il s'agit aucun autre passif que celui sus-énoncé et que les frais funéraires et de dernière maladie ci-après relatés.

IV. *Frais de dernière maladie*

Il a été payé, depuis le décès, pour frais de dernière maladie, par M. Albin Duprilot,

1° la somme de quarante-six francs trente-cinq centimes, à M. Diry pharmacien à Vichy, pour fourniture de médicaments, ci. . . . . 46 fr. 35

2° et celle de cinquante et un francs aux sœurs garde-malades de Vichy, pour soins et veilles, ci. . . . . 51 » »

Soit ensemble. . . . . 97 fr. 35

V. *Frais funéraires*

Il a encore été payé par M. Albin Duprilot, pour frais funéraires aux pompes funèbres de Vichy, la somme de douze cent vingt francs, ci. . . . . 1.220 fr. »

A l'appui de ces déclarations, M° Goyard a représenté au notaire soussigné trois reçus qui ont été cotés et paraphés par M° Savarot et par lui inventoriés sous la cote. . . . . *sixième et dernière*

Clôture

Ce fait, le présent inventaire est demeuré clos et arrêté à la réquisition des parties.

Tous les objets mobiliers ci-dessus inventoriés sont demeurés en la garde et possession de M. et Mme Lemercier qui le reconnaissent et s'en chargent pour en faire la représentation quand et à qui il appartiendra. Quant aux titres et papiers, il a été convenu qu'ils resteraient en dépôt à l'étude du notaire soussigné jusqu'à ce qu'une tierce personne fût désignée par M. le président du tribunal civil en référé, pour en rester dépositaire.

Il a été vaqué à la rédaction de la présente séance depuis les déclarations générales jusqu'à la clôture, et à la lecture de toute séance depuis ladite heure de treize jusqu'à celle de dix-sept par une vacation de quatre heures, et il a été employé par le notaire soussigné, ainsi que les parties le reconnaissent, trois vacations tant à la rédaction de la même séance jusqu'aux déclarations générales exclusivement, qu'au tri et au classement des papiers.

Et sous toutes nouvelles réserves et protestations de fait et de droit, M. et Mme Lemercier et M' Goyard ont signé avec M° Dauteloup et le notaire, après lecture faite.

(Signatures.)

202. *Inventaire après le décès d'une femme dotale*

L'an mil neuf cent dix,

Le lundi 1er août, à quatorze heures,

A Charolles, rue des Marais, dans une maison où demeurait et où est décédée Mme Stéphanie Gigou, en son vivant épouse de M. Marius Joanny Richard.

A la requête de :

1ent M. Marius Joanny Richard, colonel en retraite, demeurant à Charolles, rue des Marais, veuf en premières noces de Mme Stéphanie Gigou susnommée,

Agissant en son nom personnel :

1° En qualité d'époux survivant de ladite dame Stéphanie Gigou avec laquelle il était marié sous le régime dotal sans société d'acquêts aux termes de leur contrat de mariage reçu par M° Ponchon, notaire à Paris, le 15 mai 1881.

2° A cause des droits, reprises, créances et avantages matrimoniaux qu'il peut avoir à exercer contre la succession de sa défunte épouse en vertu dudit contrat de mariage, de tous autres titres et de la loi.

3' Et comme habile à recueillir l'usufruit du quart des biens composant cette succession en vertu de l'article 767 du Code civil.

2ent Et M. Ludovic Mairé propriétaire, et Mme Béatrix Richard, son épouse qu'il autorise, demeurant ensemble au château des Pierres commune de Tourny.

M. et Mme Mairé mariés en premières noces sous le régime de la communauté de biens réduite aux acquêts aux termes de leur contrat de mariage reçu par Me Dubois, notaire à Charolles, le 3 octobre 1902, ne contenant aucune clause restrictive de la capacité civile de l'épouse ni prescriptive de l'emploi de ses propres.

Qualités

Mme Mairé seule enfant issue du mariage d'entre M. et Mme Richard-Gigou, et en cette qualité habile à se porter seule héritière de Mme Richard sa mère décédée.

A la conservation des droits et intérêts des parties et de tous autres qu'il appartiendra, sans que les qualités ci dessus exprimées puissent préjudicier à qui que ce soit, mais au contraire sous toutes réserves.

Il va être par Me Dupont, notaire à Charolles, soussigné.

Procédé à l'inventaire fidèle et description exacte de tout ce qui peut dépendre tant activement que passivement de la succession de Mme Richard née Gigou.

Le tout étant et trouvé dans les endroits ci-après indiqués dépendant de la maison où il est actuellement procédé,

Sur les représentations et déclarations qui seront faites par M. Richard requérant, lequel averti du serment qu'il aura à prêter en fin du présent inventaire a promis d'y déclarer et faire comprendre tout ce qui, à sa connaissance, peut dépendre activement et passivement de la succession de sa défunte épouse.

La prisée des objets susceptibles d'estimation sera faite par M. Anet Borias, greffier de paix, demeurant à Charolles, lequel à ce présent a promis de faire cette prisée à sa juste valeur.

Et sous toutes réserves, les parties ont signé avec M. Borias et le notaire, après lecture faite.,

(Signatures.)

Prisée

Préalablement à la prisée, M. Richard fait observer qu'aux termes de son contrat de mariage précité il a été stipulé :

Que tous les effets, linge, vêtements et bijoux à l'usage de chaque époux qui existeraient lors de la dissolution du mariage seraient réputés de plein droit lui appartenir comme étant la représentation des objets de semblable nature qu'il possédait au jour du mariage, sans limitation ni prisée ;

Et que tous les meubles meublants, objets mobiliers et ustensiles de ménage qui garniraient l'habitation commune seraient de plein droit réputés appartenir au futur époux qui possédait seul des objets de cette nature, à moins que la femme ou ses héritiers ne justifient d'un droit de propriété par titres et pièces régulières.

En conséquence, il ne sera procédé qu'à la prisée des objets dépendant de la succession de Mme Richard.

Dans un salon au rez-de-chaussée

1° Un piano droit, en palissandre, marque Gaveau, prisé douze cents francs, ci. . . . . 1.200 fr.

2° etc. . . . . »   .»

Total de la prisée . . . . »   »

Les requérants déclarent en outre qu'il y a lieu de comprendre dans l'inventaire, les meubles, titres et deniers pouvant appartenir à Mme Richard parmi ceux qui se trouvent dans une villa sise à Saint-Honoré-les-Bains (Nièvre) dépendant de la succession de ladite dame, et que cet inventaire spécial sera dressé par un notaire local dont le travail sera ensuite relaté au cours des présentes.

A l'effet de procéder à l'inventaire en question, M. et Mme Mairé constituent pour leur mandataire spécial M. . . .

Auquel il donne tous pouvoirs pour les représenter et faire au cours desdites opérations tous dires, réquisitions, protestations et réserves ; dispenser le notaire de coter et parapher tous titres et pièces, et consentir à ce qu'ils soient remis à telle personne que le mandataire désignera ; signer tous actes et procès-verbaux, élire domicile, substituer et généralement faire le nécessaire.

Ajournement

Ce fait, la continuation du présent inventaire a été remise à un jour qui sera ultérieurement fixé.

Tous les objets ci-dessus inventoriés et ceux restant à l'être sont, du consentement de M. et Mme Mairé, demeurés en la garde et possession de M. Richard qui le reconnaît et s'en charge pour les représenter quand et à qui il appartiendra.

Il a été vaqué à tout ce qui précède depuis ladite heure de quatorze jusqu'à celle de dix-huit, par une vacation de quatre heures.

Et sous toutes nouvelles réserves, les parties ont signé avec M. Borias, officier priseur et le notaire, après lecture faite.

(Signatures.)

Et le samedi dix-huit août mil neuf cent dix, à quatorze heures,

A Charolles en l'étude de Mᵉ Dupont notaire,

En conséquence de l'indication à ces jour, heure et lieu prise d'un commun accord depuis la clôture de la séance qui précède, et aux mêmes requêtes, présence et qualités qu'en ladite séance, à l'exception de M. Borias, officier priseur, dont la mission est terminée,

Il va être par Mᵉ Dupont, notaire soussigné,

Procédé comme suit à la continuation et à la clôture de l'inventaire après le décès de Mme Richard-Gigou.

Analyse des titres et papiers

Inventaire à St-Honoré-les-Bains

Cote première   *Une pièce*

Qui est l'expédition délivrée par Mᵉ Lahaussois, notaire à Saint-Honoré-les-Bains (Nièvre), de l'inventaire auquel il a procédé suivant procès-verbal en date du huit août présent mois, dans la villa sise audit lieu rue. . .

Il résulte de cette pièce :

Que les objets mobiliers dépendant de la succession de Mme Richard et se trouvant dans cette villa ont été prisés à la somme de 922 francs ;

Qu'il n'existait pas de deniers ; qu'il n'a pas été trouvé de papiers, et que tout a été laissé en la garde et possession de M. Richard requérant.

Cette pièce a été cotée et paraphée par Mᵉ Dupont soussigné et par lui inventoriée sous la cote. . . . . *première*

Contrat de mariage de M. et Mme Richard

Cote deuxième   *Une pièce*

Qui est l'expédition du contrat de mariage de M. et Mme Richard-Gigou reçu par Mᵉ Ponchon, notaire à Paris, le 15 mai 1881.

Aux termes de ce contrat :

I. Les futurs époux ont adopté le régime dotal sans société d'acquêts.

II. La future épouse a apporté en mariage et s'est constituée personnellement en dot :

1° Les vêtements, linges, bijoux et effets à son usage personnel, non décrits ni estimés par suite de la stipulation de reprise en nature ci-après rappelée.

2° Deux mille francs de rente 3% sur l'Etat français compris en un certificat à son nom, n°. . . de la section. . .

3° Trois cents obligations de 500 francs 3% au porteur de la Compagnie des chemins de fer de Paris à Lyon et à la Méditerranée portant les n°s. . .

4° Une propriété rurale située à Cherisy (Eure-et-Loir) de la contenance de 33 hectares,

5° Et une somme de 5.600 francs tant en espèces qu'en la valeur du prorata d'arrérages couru jusqu'au jour alors présumé du mariage, des biens et valeurs apportés par la future épouse.

Le tout provenant à celle-ci des successions confondues de ses père et mère.

III. Il a été stipulé que les biens apportés en mariage par la future épouse seraient dotaux et que, par suite, le futur époux en aurait seul l'administration et recevrait le remboursement des capitaux, sans être astreint envers les tiers à aucune justification d'emploi ni de remploi,

Et que la future épouse se réservait comme paraphernaux tous les biens mobiliers et immobiliers qui lui adviendraient par la suite à quelque titre que ce soit.

IV. Il a été convenu que tous les effets et objets à l'usage personnel de l'un ou de l'autre époux seraient réputés de plein droit la propriété exclusive de chacun d'eux comme étant la représentation des objets de même nature qu'ils possédaient alors, et que la reprise en serait exercée par eux ou leurs représentants sans limitation ni prisée,

Et que tous les meubles meublants, objets mobiliers et ustensiles de ménage qui garniraient les lieux occupés en commun par les époux seraient de plein droit réputés appartenir au mari qui seul en possédait au jour du mariage, à moins que la femme ne puisse justifier d'un droit de propriété par titres ou pièces régulières.

V. Il a été encore dit que nonobstant la dotalité des biens présents de la future épouse, ceux-ci pourraient être aliénés par la future épouse avec l'autorisation de son mari sans aucune des conditions ni des formalités prescrites par la loi, à charge d'employer les capitaux provenant des aliénations soit en l'acquisition de rente sur l'Etat français, soit en placements hypothécaires, soit en obligations du Crédit foncier, de la Ville de Paris ou des principales compagnies de chemins de fer français, soit en acquisitions d'immeubles situés en France.

Que les immeubles et valeurs ainsi acquis en emploi ou en remploi seraient dotaux.

Mais que pour être valables, les emplois ou remplois devraient être acceptés par la future épouse.

Cette pièce a été cotée et paraphée par Mᵉ Dupont soussigné et par lui inventoriée sous la cote . . . . *deuxième*

Pour faire suite à cette cote, M. Richard déclare ce qui suit :

I. *Sur la date de sa naissance*

Il est né à. . . . le. . . .

II. *Sur la date du mariage*

Son mariage avec Mme Richard née Gigou a été célébré à la mairie du . . . arrondissement de Paris le . . . .

III. *Sur l'apport de Mme Richard*

1° Les deux mille francs de rente sur l'Etat français existent en nature et sont actuellement compris en un certificat n°. . . section. . . qui sera analysé sous la cote sixième ci-après.

2° Sur les trois cents obligations Paris-Lyon-Méditerranée, quarante sont sorties au tirage de 189 . . ., et cinquante-cinq au tirage de 190 . . . ; les capitaux en provenant ont été aussitôt employés en l'acquisition du même nombre d'obligations de même nature, ainsi qu'il sera établi sous la cote quatrième ci-après.

3° La ferme de Cherisy a été vendue et le prix en provenant a été remployé en acquisition de la villa sise à St-Honoré-les-Bains ainsi qu'il sera relaté sous la cote cinquième ci-après.

4° Et la somme de 5.600 francs apportée tant en espèces qu'en la valeur d'arrérages courus au jour du mariage n'a pas été employée, en sorte que M. Richard en est comptable envers la succession de sa défunte épouse.

IV. *Sur les successions, dons et legs*

Au cours du mariage, Mme Richard a recueilli le bénéfice du legs qui lui a été fait par Mlle de Sallorges, sa tante, ainsi qu'il sera dit sous la cote troisième ci-après.

Elle n'a recueilli aucune succession, et il ne lui a été fait aucune donation ni aucun autre legs.

V. *Sur les frais du contrat de mariage*

Les frais et honoraires payés à Me Ponchon, notaire à Paris, à raison du contrat de mariage sus-analysé se sont élevés à la somme de 1.534 francs, dans laquelle somme ceux occasionnés par l'apport de Mme Richard figurent pour 1.386 francs.

Legs faits par Mlle de Sallorges

Cote troisième   *Déclarations*

Pour tenir lieu de cette cote, M. Richard déclare :

Que Mlle Marguerite de Sallorges, en son vivant rentière, demeurant à . . . où elle est décédée le. . . a légué à Mme Richard, sa nièce, la somme de 25.000 francs, nette de tous frais et droits, aux termes de son testament authentique reçu par Me Ponchon, notaire à Paris, le. . .

Que cette somme a été encaissée par Mme Richard qui l'a employée pour une faible partie à l'achat d'objets mobiliers compris parmi ceux qui dépendent de sa succession, et pour le surplus en l'acquisition des 48 obligations de la Compagnie internationale des Wagons-lits qui seront analysées sous la cote huitième ci-après.

Ces déclarations tiendront lieu de la cote. . .   *troisième*

Remboursement de 95 obligations P.-L.-M. Remploi

Cote quatrième   *Deux pièces*

Qui sont :

La première, l'expédition d'un acte de déclaration et d'acceptation d'emploi reçu par Me Ponchon, notaire à Paris, le. . . duquel il résulte ce qui suit :

Sur les 300 obligations de la Compagnie de Paris à Lyon et à la Méditerranée apportées en mariage par Mme Richard, quarante sont sorties au tirage de 189. . . et ont été remboursées à leur capital de 500 francs sous déduction de la taxe sur les primes de remboursement, soit moyennant la somme nette de 29.200 francs.

Cette somme a été employée le. . ., par l'entremise de M. . . agent de change à Paris, à l'achat de 40 obligations de même nature qui ont coûté, y compris les frais de courtage et de conversion la somme de 29.261 fr. 50, ci . . . . 29.261 fr. 50

Dans cette somme figurait le prorata d'intérêts couru au jour de l'achat, soit 136 francs, ci. 136 »

En sorte qu'il restait en capital. . . . . 29.125 fr. 50

Mais il y a lieu d'ajouter les frais dudit acte d'emploi s'étant élevés à 48 francs, ci. . . . . 48 »

Il a donc été employé réellement. . . . . 29.173 » 50

Comme la somme touchée nette était de. . . . . 29.200 »

Il est resté non employé la somme de. . . . . 26 » 50

qui est restée en la possession de M. Richard.

Mme Richard a déclaré accepter formellement cet emploi.

Ces 40 obligations ont été réunies aux 260 autres en un seul titre n°. . . au nom de Mme Richard.

La deuxième, l'expédition d'un acte de déclaration et d'acceptation d'emploi reçu par M° Dupont soussigné le. . . constatant ce qui suit :

Au tirage de 190. . ., cinquante-cinq autres obligations ont été amorties et il a été touché net, de ce chef, la somme de 26.400 francs, ci. . . . .   26.400 fr.

Cette somme a servi à l'acquisition, par l'intermédiaire de M. . . agent de change à Paris, de 55 obligations de même nature qui ont coûté en capital et frais de courtage et de conversion, la somme totale de. . .   26.512

A quoi il y a lieu d'ajouter les frais dudit acte d'emploi s'étant élevés à 51 francs, ci.   51

En sorte qu'il a été employé. . . . .   26.563   26.563   »

Balance faite en sens inverse on trouve qu'il a été employé en trop la somme de.   163   »

Laquelle somme s'est compensée à due concurrence avec les 26 fr. 50 dont M. Richard était resté comptable lors du précédent remploi et a été fournie pour le surplus par Mme Richard avec les revenus de ses paraphernaux.

Ladite dame a déclaré accepter cet emploi.

Les 55 obligations ainsi acquises ont été réunies aux autres pour former un seul titre n'. . . qui sera analysé sous la cote septième,

Ces pièces ont été cotées et paraphées par M° Dupont soussigné et par lui inventoriées sous la cote. . . . . *quatrième*

Vente de la ferme de Cherisy. Remploi

Cote cinquième   *Déclarations*

M. Richard déclare ce qui suit :

Suivant acte reçu par M° Dubied notaire à Dreux, le. . ., Mme Richard a vendu à M. et Mme Augros-Dulac sa propriété de Cherisy moyennant le prix principal de 40.000 francs qui ont été payés comptant.

Cette somme a été employée à l'acquisition de la villa sise à Saint-Honoré-les-Bains, rue. . . comprenant une villa proprement dite élevée sur caves d'un rez-de-chaussée et d'un premier étage avec grenier sur le tout couvert en ardoises, jardin anglais devant et jardin potager derrière.

Cette acquisition a été faite de Mlle Jane Dufour, rentière à Nevers, moyennant le prix principal de 36.000 francs qui a été payé comptant, suivant acte reçu par M° Dussieux notaire à Nevers le. . . Elle a été transcrite aux hypothèques de Nevers le. . . vol°. . . n°. . .

Sur cette acquisition, Mme Richard a fait remplir les formalités prescrites par la loi pour la purge des hypothèques inscrites, ainsi qu'il est constaté par un acte reçu par M° Dussieux le. . ., contenant en outre acceptation dudit remploi par Mme Richard.

Les frais de vente et de purge se sont élevés à la somme de 3.950 francs et ont été acquittés par Mme Richard.

Les 50 francs non employés sont restés en la possession de M. Richard qui en est comptable envers la succession de Mme Richard.

La villa ci-dessus indiquée existe en nature et n'est pas louée.

A l'appui de ses déclarations, M. Richard a représenté au notaire soussigné, à défaut des titres d'acquisition qui sont adirés, une lettre de M° Dussieux, notaire susnommé, laquelle pièce a été cotée et paraphée sous la présente cote. . . . . *cinquième*

Valeurs dotales

2.000 francs de rente 3 % sur l'État français

Cote sixième   *Une pièce*

Qui est. . . (V. *supra*, n° 143).
Etc. . .

Valeurs paraphernales

---

48 obligations 4 % Wagons-Lits

Cote huitième   *Quarante-huit pièces*

Qui sont autant d'obligations de 500 francs 4 % au porteur de la Compagnie internationale des Wagons-Lits portant les n°°. . . de la série. . .

A chacune de ces obligations sont adhérents des coupons dont le premier à détacher
au jour du décès de Mme Richard était celui à échéance du. . .

Aucune de ces obligations ne porte de mention de timbre.

Attendu leur nature de valeurs au porteur. elles n'ont pas été cotées ni paraphées, mais
leur analyse tiendra lieu de la cote. . . . . *huitième*

Ces obligations proviennent de l'emploi de partie de la somme léguée à Mme Richard
par Mlle de Sallorges ainsi qu'il est rapporté sous la cote troisième ci-dessus.

78 francs de rente 3 % sur l'État français

Cote neuvième   *Une pièce*

Qui est un certificat de 78 francs de rente 3 % sur l'Etat français portant le n°. . . de
la section. . . immatriculé comme suit : « . . . »

Au verso de ce certificat sont des cases constatant qu'au décès de Mme Richard les arrérages étaient payés jusques et y compris le trimestre échu le 1er juillet précédent (1910).

Cette pièce a été cotée et paraphée par Me Dupont soussigné et par lui inventoriée sous
la cote. . . . . *neuvième*

Pour faire suite à cette cote, M. Richard déclare que ce titre de rente provient
des économies réalisées par sa défunte épouse sur les revenus de ses biens paraphernaux.

Impôts. Assurances. Déclarations générales, etc. (V. formules 156 et s.)

Clôture

Ce fait, ne se trouvant plus rien à comprendre au présent inventaire, il est demeuré
clos et arrêté à la réquisition des parties, après que M. Richard a eu prêté serment entre
les mains du notaire soussigné d'y avoir dit et représenté tout ce qui, à sa connaissance,
dépend activement et passivement de la succession de sa défunte épouse, sans en avoir
rien pris, caché ni détourné, et sans savoir ni avoir vu qu'il en ait été rien pris. caché ni
détourné par qui que ce soit, directement ou indirectement.

Tout les objets ci-dessus inventoriés sont, du consentement de M. et Mme Mairé,
demeurés en la garde et possession de M. Richard qui le reconnaît et s'en charge pour
en faire la représentation quand et à qui il appartiendra.

Il a été vaqué à la lecture de cette séance depuis ladite heure de quatorze jusqu'à celle
de dix-sept par simple vacation, et il a été employé par le notaire soussigné, ainsi que

les parties le reconnaissent, trois vacations au classement et à l'examen des papiers et à la rédaction de ladite séance.

Et sous toutes nouvelles réserves, les parties ont signé avec le notaire, après lecture faite.

(Signatures.)

203. *Référé par notaire, en cas d'urgence, pour faire inventaire avant les 3 jours et faire commettre un notaire pour représenter un mineur non pourvu de tuteur*

1. Réquisition

L'an. . ., le. . .,
A. . . en l'étude de Me. . . notaire soussigné,
Par-devant ledit Me. . . notaire,

Ont comparu :

1° M. . . A. . .
2° M. . . B. . . et Mme. . . A. . . son épouse qu'il autorise, demeurant ensemble à. . .
3° Et M. . . C. . .

Lesquels ont exposé ce qui suit :

M. . . X. . . en son vivant. . . est décédé en son domicile à. . . rue. . ., le . . ., laissant comme habiles à se porter ses seuls héritiers :

M. A. . . et Mme B. . . ses frère et sœur germains et M. . . D. . . son neveu mineur comme étant né à. . . le. . ., et dont M. X. . . était tuteur avec, comme subrogé tuteur, M. C. . . comparant.

Les scellés n'ont pas été apposés au domicile de M. X. . ., où se trouvent ses objets mobiliers, ses titres et ses papiers.

Par exploit de. . . huissier à. . . en date du. . ., M. Y. . . propriétaire de la maison qu'occupait M. X. . . décédé, comme locataire verbal, avait donné congé audit M. X. . . pour le. . . Par suite, les héritiers de ce dernier se trouvent tenus de vider la maison et de la laisser libre le. . . au plus tard, c'est-à-dire avant l'expiration du délai après lequel seulement il peut être procédé à un inventaire conformément à l'article 928 du Code de procédure civile.

En outre, M. D. . . mineur se trouve actuellement sans tuteur par suite du décès de M. X. . . qui remplissait cette fonction, et il est matériellement impossible de pourvoir à sa tutelle en raison de l'éloignement du domicile des autres membres de son conseil de famille, avant le délai imparti par le congé sus indiqué pour procéder à l'enlèvement des objets mobiliers garnissant le domicile mortuaire de M. X. . . et des titres et papiers qui s'y trouvent.

Dans ces conditions et en raison de l'intérêt indéniable qu'ont toutes les parties à ce que cet enlèvement n'ait lieu qu'après constatation du tout par inventaire régulier, les comparants requièrent Me. . . notaire soussigné de se transporter dans le plus bref délai au palais de justice devant M. le président du tribunal civil de. . ., à l'effet d'obtenir de ce magistrat :

1° Qu'il autorise lesdits comparants, conformément à la faculté qui lui est accordée par l'article 928 du Code de procédure civile, à faire procéder dès le. . . à. . . . heures, à l'inventaire des objets mobiliers, titres, papiers et notes quelconques dépendant de la succession de M. X. . . et se trouvant à son domicile mortuaire sus-indiqué,

2° Et qu'il commette tel notaire qu'il lui plaira désigner pour représenter le mineur D. . . . auxdites opérations d'inventaire,

De tout ce que dessus il a été dressé procès-verbal.

A. . . Les jour, mois et an susdits.

Et lecture faite, les comparants ont signé avec le notaire.

(Signatures.)

II. *Ordonnance*

Nous, Président du tribunal civil de première instance de. . .

Vu les observations et réquisitions contenues dans le procès-verbal qui précède,

Après avoir entendu M°. . . notaire en ses explications,

Attendu qu'en raison du congé donné de la maison occupée par M. X . . . décédé, il est nécessaire de procéder à l'inventaire des objets mobiliers, titres et papiers y enfermés avant le . . ., jour de l'exécution du congé, et par conséquent avant l'expiration du délai fixé par la loi,

Attendu que cet inventaire s'impose par suite de la minorité de M. D . . ., et qu'au surplus il est demandé par les autres parties,

Attendu qu'il est impossible de pourvoir à la nomination d'un tuteur au mineur D. . . en remplacement de M. X . . . décédé, avant les opérations de l'inventaire,

Vu l'urgence,

Autorisons, conformément à l'article 928 du Code de procédure civile, les héritiers et représentants de M. X . . . à faire procéder dès demain jeudi . . . (quantième)... à . . . heures, auxdites opérations d'inventaire après le décès de M. X...

Et commettons, pour y représenter le mineur actuellement sans tuteur, M°. . . notaire à . . ., laquelle commission n'est faite que pour les besoins des opérations à faire à . . . en la maison qu'occupait feu M. X . . ., avant l'enlèvement des objets mobiliers titres et papiers nécessité par le congé donné par le propriétaire, en sorte que si ces opérations ne peuvent être clôturées avant ledit enlèvement, le mineur devra être représenté aux opérations faites après cet enlèvement par le tuteur qui aura dû lui être nommé au préalable ;

Disons que la présente ordonnance sera exécutoire par provision, nonobstant appel, tous droits réservés.

Fait au palais de justice à . . . le . . .

(Signature.)

204. *Pouvoir par subrogé tuteur (Clôture de l'inventaire et vente de fonds de commerce et objets mobiliers)*

Avant de clore, M . . . subrogé tuteur des mineurs X . . . a, par ces mêmes présentes, constitué pour son mandataire spécial aux effets ci-après,

M . . .

Auquel il donne pouvoir de, pour lui et en son nom :

Le représenter à la continuation et à la clôture du présent inventaire; en conséquence faire, en procédant, tous dires, réquisitions, protestations et réserves ; dispenser le notaire de coter et parapher tous titres, papiers et valeurs que le mandataire avisera ; introduire tous référés ou y défendre ; demander toutes autorisations ou y consentir ; consentir aussi à ce que les titres, papiers et valeurs, et généralement tous les objets dépendant de la succession de M . . . soient remis à telle personne qu'il plaira au mandataire ;

Représenter également le constituant à la vente du fonds de commerce de . . . sus-désigné, ainsi qu'à la vente de tous meubles et objets mobiliers qui peuvent dépendre de ladite succession; prendre connaissance de tous cahiers de charges qui seront dressés à cet effet, y faire tous dires, déclarations et affirmations; consentir qu'il soit procédé aux dites adjudications tant en l'absence qu'en la présence du mandataire, sans qu'il soit nécessaire de lui faire sommation de comparaître.

Aux effets ci dessus passer et signer tous actes et procès-verbaux, élire domicile, substituer et généralement faire dans l'intérêt des mineurs X . . . tout ce que les fonctions du mandant lui donnent le pouvoir de faire, quoique non prévu aux présentes, promettant l'agréer et le ratifier si besoin est.

205. *Pouvoir par un héritier (pour clore inventaire avec scellés,
faire toutes ventes et procéder à partage)*

Avant de clore, M. . . requérant a constitué pour son mandataire spécial aux effets ci-après,

M. . .

Auquel il donne pouvoir de, pour lui et en son nom,

Le représenter à la continuation et à la clôture de l'inventaire après le décès dudit M. . . ., requérir la levée de tous scellés avec ou sans description ou s'y opposer, et, au cours de ces opérations, faire tous dires, déclarations, réquisitions, observations, protestations et réserves; introduire tous référés ou y défendre; demander toutes autorisations, s'y opposer ou y consentir;

Dispenser le notaire de coter et parapher tels titres, papiers et valeurs qu'il plaira au mandataire; consentir la remise desdits titres, papiers et valeurs à telle personne qu'il avisera; requérir, s'il le juge à propos, le dépôt des valeurs à la caisse des consignations;

Prendre connaissance de tous cahiers de charges, y faire également toutes déclarations, affirmations, modifications, rectifications et additions utiles, consigner toutes réquisitions et évaluations; recevoir toutes sommes qui pourront être dues de ce chef, en consentir quittances et décharges;

Prendre part à tous comptes, liquidations et partage de la succession dont il s'agit; approuver ou contester ces opérations selon que le mandataire avisera; à cet effet comparaître et intervenir au nom du constituant dans tous actes et procès-verbaux de lecture et d'approbation; demander l'homologation pure et simple de tous états liquidatifs ou s'y opposer par les voies et moyens de droit.

Aux effets ci-dessus passer et signer tous actes et procès-verbaux, élire domicile, substituer et généralement faire ce qui sera utile et nécessaire quoique non prévu dans les pouvoirs qui précèdent, le constituant promettant l'agréer et le ratifier si besoin est.

XII. — Procès-verbaux d'ouverture de coffre-fort, pli cacheté et cassette fermée

206. *Après décès du locataire d'un coffre-fort*

L'an. . ., le. . ., à. . . heures,

A. . ., rue. . ., n°. . ., dans la salle des coffres-forts de la succursale de la banque. . ., dont le siège social est à. . ., rue. . ., n°. . .

A la requête de :

1ᵒⁿᵗ Mme Jeanne Pelletier, rentière, demeurant à. . ., veuve en premières noces de M. Gustave Dury.

Agissant :

1° A cause de la communauté de biens réduite aux acquêts ayant existé entre elle et son défunt mari aux termes de leur contrat de mariage reçu par Mᵉ. . . notaire à. . ., le. . ., laquelle communauté elle se réserve d'accepter ou de répudier selon qu'elle avisera;

2° A cause des droits, reprises, créances et avantages matrimoniaux qu'elle peut avoir à exercer contre ladite communauté et subsidiairement, s'il y a lieu, contre la succession de son mari, en vertu de son contrat de mariage sus-énoncé, de tous autres titres et de la loi;

3° Et comme habile à recueillir l'usufruit du quart des biens composant la succession de son dit mari en vertu de l'article 767 du code civil.

2^{ont} M. Paul Dury, négociant à. . .

> Seul enfant issu du mariage de M. Gustave Dury avec Mme Jeanne Pelletier restée sa veuve, et en cette qualité habile à se dire unique héritier dudit M. Gustave Dury, son père, en son vivant ingénieur, demeurant à. . ., où il est décédé le. . ., époux en premières noces de Mme Jeanne Pelletier requérante ;

> *S'il y a lieu* : ainsi d'ailleurs que les qualités sus-énoncées sont constatées par l'intitulé de l'inventaire dressé après le décès de M. Dury par Me. . . notaire à. . ., suivant procès-verbal en date au commencement du. . . et dont un extrait est demeuré ci-annexé après mention.

En présence de M. . . X, receveur de l'enregistrement, demeurant à. . .

> Délégué par M. le Directeur de l'enregistrement du département de. . . à l'effet d'assister aux présentes opérations en conséquence de l'avis adressé à ce dernier par le notaire soussigné par lettre recommandée du. . .,

Il va être par Me. . ., notaire à. . . soussigné (*ou* : par Me. . ., notaire à. . . soussigné, commis par ordonnance rendue sur requête par M. le Président du tribunal civil de. . . le. . ., dont l'original est demeuré ci-annexé après mention).

Procédé, conformément aux prescriptions de la loi du 18 avril 1918, à l'ouverture du compartiment de coffre-fort portant le n°. . ., que M. Dury *de cujus* avait loué, ainsi qu'à l'énumération complète et détaillée de ce qui peut y être contenu.

A l'instant, Mme Vve Dury a remis au notaire soussigné la clef du compartiment de coffre-fort dont il s'agit et lui a fait connaître la combinaison permettant de l'ouvrir.

Ce coffre ayant été ouvert, il y a trouvé et en a retiré, savoir :

1° Une montre en or à remontoir avec chaîne également en or ;

2° Deux titres de chacun 100 francs de rente française 5 pour 100 amortissable, portant les n°s. . . et auxquels des coupons d'arrérages sont adhérents depuis et y compris celui échu le. . .

3° Dix actions de 500 francs au porteur de la Compagnie des chemins de fer de Paris à Lyon et à la Méditerranée, portant les n°s. . . et auxquelles sont adhérents des coupons de dividende dont le premier à détacher est celui à échéance du. . .

4° etc...

Ne se trouvant plus rien dans le compartiment de coffre-fort dont il s'agit, les titres, papiers et objets ci-dessus inventoriés ont été replacés dans ledit compartiment qui a été refermé et dont la clef a été, du consentement de M. Paul Dury, remise à Mme Vve Dury qui s'en charge (*ou* : la montre en or et. . . (tels objets) ont été replacés dans ledit compartiment de coffre-fort qui a été refermé ; les titres. . . ont été, du consentement de M. Paul Dury, remis, ainsi que la clef du coffre-fort, à Mme Vve Dury qui le reconnaît et s'en charge, pour en faire la représentation quand et à qui il appartiendra.)

Il a été vaqué à tout ce que dessus depuis ladite heure de. . . jusqu'à celle de. . ., par. . . vacation.

Et après lecture faite, M. X... de ce requis, ayant déclaré n'avoir pas à signer, les requérants ont seuls signé avec le notaire le présent procès-verbal délivré en brevet afin d'être transmis à Me. . . notaire susnommé, chargé par les parties du règlement de la succession de M. Dury.

207. — Autre formule

L'an. . ., le. . ., à. . . heures,

A. . ., rue. . ., n°. . ., dans la salle des coffres-forts de la banque « la Prévoyance ». A la requête de :

1° M. Léon Bourel, voyageur de commerce, demeurant à. . .,

2° Et M. Auguste Paul Bourel, bijoutier, demeurant à. . .,

> MM. Léon Bourel et Auguste Paul Bourel frères germains, seuls enfants issus du mariage de M. Marius Bourel, en son vivant négociant à. . ., et

Mme Aimée Blanche Loquin, et en cette qualité habiles à se porter seuls héritiers conjointement pour le tout ou chacun divisément pour moitié de M. Marius Bourel décédé à. . ., où il se trouvait momentanément le. . ., veuf en premières noces non remarié de Mme Bourel née Loquin susnommée,

Il va être par Me. . ., notaire à. . ., soussigné,

Procédé, conformément aux prescriptions de la loi du 18 avril 1918, à l'ouverture du compartiment de coffre-fort n°. . ., dont M. Marius Bourel était locataire, ainsi qu'à l'énumération complète et détaillée de ce qui y est contenu,

En présence de M. X. . ., receveur de l'enregistrement à. . .,

Délégué par M. le Directeur de l'enregistrement du département de. . ., à l'effet d'assister aux présentes opérations, en conséquence de l'avis adressé à ce dernier par le notaire soussigné par lettre recommandée du. . .

Ou : Etant ici constaté qu'aucun agent de l'administration de l'enregistrement ne s'est présenté pour assister aux présentes opérations malgré l'avis donné pour ces jour, heure et lieu, par le notaire soussigné, à M. le Directeur de l'enregistrement du département de. . ., suivant lettre recommandée à la poste le. . . et dont accusé de réception constatant la remise de cette lettre au destinataire à la date du. . ., est demeuré ci-annexé après mention.

En conséquence, le compartiment de coffre-fort dont il s'agit ayant été à l'instant ouvert par le notaire soussigné avec la clef à lui remise par les requérants, il y a été trouvé et il en a été retiré, savoir :

1° Deux titres au porteur de chacun vingt-cinq francs de rente mexicaine, emprunt intérieur 5 pour 100 amortissable de 1895, portant les nos. . . A chacun de ces titres sont adhérents des coupons pour le paiement des arrérages, dont le premier à détacher est celui échu le. . . Chacun desdits titres porte l'empreinte d'un timbre avec cette mention intérieure. « Fonds d'Etats étrangers. 2 %. Plein tarif. 10. Paris. 6. 1905. »

2° Une obligation de cinq cent cinq francs, cinq pour cent au porteur, de l'emprunt 1907 du gouvernement impérial du Japon, portant le n°. . . et à laquelle sont adhérents des coupons pour le payement des intérêts, dont le premier à détacher est celui à échéance du. . . Cette obligation porte la mention manuscrite : « Visé pour complément de timbre à. . ., le. . ., n°. . ., Reçu. . . . Signé : illisible. »

3°. . .

Ne se trouvant plus rien dans le compartiment de coffre-fort, les titres et papiers ci-dessus décrits ont été, du consentement de M. Auguste Paul Bourel, remis à M. Léon Bourel qui le reconnaît et s'en charge, pour en faire la représentation quand et à qui il appartiendra.

Il a été vaqué à tout ce qui précède depuis ladite heure de. . . jusqu'à celle de. . ., par. . . vacation.

Et lecture faite, le présent procès-verbal établi en minute a été signé seulement par les requérants et le notaire, M. X. . . . de ce requis ayant déclaré n'avoir pas à le faire (*ou, si l'acte est établi en brevet par un notaire autre que celui chargé de la succession et si aucun agent du fisc n'est présent : Et après lecture faite, les requérants ont signé avec le* notaire le présent procès-verbal établi en brevet afin d'être transmis à Me. . . . chargé du règlement de la succession de M. Marius Bourel).

208. *Après le décès d'un colocataire. — Sommations*

L'an. . ., le. . ., à. . . heures,

A. . ., rue. . ., au siège social de la banque « La Prudence », dans la salle des coffres-forts,

Par-devant Me. . ., notaire à. . . soussigné,

A comparu :

M. Hippolyte Lucas, voyageur de commerce, demeurant à. . .,

Lequel a exposé ce qui suit :

I. M. Lucas comparant et M. Jean Louis Roberjon, voyageur de commerce, demeurant à. . . étaient locataires conjointement d'un compartiment N°. . . d'un coffre-fort situé dans la salle où il est présentement procédé.

II. M. Roberjon est décédé en son domicile à. . ., le. . ., veuf en premières noces, non remarié, de Mme. . ., laissant :

1° M. Denis Roberjon, négociant, demeurant à. . .,

2° Et Mlle Elise Roberjon, modiste, demeurant à. . .,

Ses frère et sœur germains comme étant nés, ainsi que lui, du mariage de M. . . et Mme. . . décédés, et en cette qualité habiles à se porter seuls héritiers conjointement pour le tout ou chacun divisément pour moitié dudit M. Jean Louis Roberjon.

III. Le comparant ayant besoin de retirer certaines pièces mises par lui dans le coffre-fort loué par lui et M. Roberjon décédé, il a demandé à Mademoiselle et M. Roberjon de choisir, d'accord avec lui, le notaire qui serait chargé de procéder, conformément aux prescriptions de la loi du 18 avril 1918, à l'ouverture dudit coffre, aux jour et heure qui seraient fixés.

N'ayant pu se mettre d'accord à ce sujet, M°. . . notaire soussigné a été commis pour procéder auxdites opérations, suivant ordonnance rendue sur référé par M. le Président du tribunal civil de. . ., le. . ., dont l'original est demeuré ci-annexé après mention.

Et suivant exploit de. . ., huissier à. . ., en date du. . ., le comparant a fait sommation à M. Denis Roberjon et à Mlle Roberjon susnommés de se trouver à ces jour, heure et lieu pour assister à l'ouverture du compartiment de coffre-fort, dont il s'agit avec déclaration que s'ils ne se présentaient pas ni personne pour eux, il serait prononcé défaut et procédé tant en leur absence qu'en leur présence.

L'original de laquelle sommation est demeuré ci-annexé après mention.

Avis de ces jour, heure et lieu a été également donné à M. le Directeur de l'enregistrement du département de. . . par lettre recommandée déposée par le notaire soussigné le. . ., au bureau de poste de. . ., et dont l'accusé de réception est demeuré ci-annexé après mention.

En conséquence, le comparant requiert le notaire soussigné de lui donner acte de ses comparution et dires, de prononcer défaut contre les parties susnommées dans le cas où elles ne se présenteraient pas ni personne pour elles, et de passer outre.

Et lecture faite, il a signé.

(Signature.)

A l'instant est intervenu M. Denis Roberjon susnommé.

Lequel a déclaré comparaître au désir de la sommation à lui faite, à l'effet d'assister aux présentes opérations qu'il requiert en tant que de besoin.

Et il a signé, après lecture.

(Signature.)

Attendu qu'il est. . . heure passée et que Mlle Roberjon ne s'est pas présentée ni personne pour elle, il a été prononcé défaut contre elle.

De même, attendu qu'aucun agent de l'enregistrement n'est présent malgré la notification faite à M. le Directeur départemental, il est passé outre.

En conséquence, M°. . . notaire soussigné a procédé alors à l'ouverture du compartiment de coffre-fort dont il s'agit avec la clef à lui remise par M. Lucas, et il en a retiré les objets suivants :

§ 1° Objets dépendant de la succession

1°, etc. . .

§ 2° Objets revendiqués par M. Lucas

1°, etc. . .

M. Lucas ayant justifié que ces objets lui appartiennent en propre, ceux-ci lui ont été remis, du consentement de M. Roberjon (1). Quant à ceux dépendant de la succession de feu M. Roberjon, ils ont été replacés dans le compartiment de coffre-fort qui a été refermé et dont la clef restera entre les mains du notaire soussigné.

Il a été vaqué à tout ce que dessus. . .

Et après lecture faite, le présent procès-verbal dressé en minute a été signé par MM. Roberjon et Lucas et par le notaire.

(Signatures.)

209. Ouverture d'une cassette fermée
Découverte d'un testament

L'an. . ., le. . ., à. . . heures,

A. ., rue. . . n°. . ., dans le cabinet du fondé de pouvoirs de la banque « La Populaire »,

A la requête de :

M. Antonin Louis Laperche, employé de commerce, demeurant à. . .,

Agissant comme habile à se porter seul héritier de M. Paulin Laperche, son père, en son vivant représentant de commerce, demeurant à. . ., où il est décédé le. . ., veuf non remarié de Mme. . .

En présence de M. Louis Taupin, receveur de l'enregistrement à. . ., délégué par M. le Directeur de l'enregistrement du département de. . ., à l'effet d'assister aux présentes opérations en conséquence de l'avis donné à ce dernier par le notaire soussigné suivant lettre recommandée en date du. . .

Il va être par Me. . ., notaire à. . . soussigné, procédé à l'ouverture d'une cassette confiée par M. Paulin Laperche à la banque « La Populaire » et à l'énumération de son contenu, conformément aux prescriptions de la loi du 18 avril 1918.

Cette cassette a été à l'instant représentée par M. Lazare Triton, employé de ladite banque « la Populaire », demeurant à. . ., et elle a été ouverte par le notaire soussigné avec la clef à lui remise par le requérant. Il en a été retiré :

1°, etc. . .

4° Une enveloppe scellée par deux cachets de cire rouge aux initiales « P. L. » et portant la suscription : « A ouvrir après mon décès. P. Laperche. »

Ce pli pouvant contenir des dispositions testamentaires, il a été sursis aux présentes opérations, dont la continuation aura lieu ultérieurement à la requête et en présence de telles personnes qu'il appartiendra.

Tous les titres et papiers ci-dessus énumérés, à l'exception de ladite enveloppe, ont été replacés dans la cassette, à côté de ceux non encore énumérés; cette cassette a été refermée et a été laissée en la garde et possession de la banque « La Populaire », ainsi que M. Triton esd. qualité qu'il agit, le reconnaît, pour en faire la représentation quand et à qui il y aura lieu. La clef de ladite cassette a été remise à M. Antonin Laperche qui s'en est chargé.

Quant à l'enveloppe cachetée dont il a été ci-dessus question, elle a été paraphée par le requérant ainsi que par M. Triton, M. Taupin et le notaire qui s'en est saisi et a indiqué à M. Antonin Laperche qu'il se rendra le. . ., à. . . heures, au palais de justice de. . ., pour la représenter à M. le Président du tribunal civil, conformément à la loi (ou : et le notaire qui s'en est saisi pour la représenter, conformément à la loi, à M. le Président du Tribunal civil de. . .)

Il a été vaqué à tout ce que dessus. . .

(1) S'il y avait contestation sur les droits de propriété de M. Lucas sur les objets revendiqués par lui, il faudrait le constater, en rapportant succinctement les dires et observations des parties, puis laisser celles-ci à se pourvoir à référé. Tous les objets devraient alors être replacés dans le coffre-fort et avis de l'ajournement serait donné à l'établissement louant ce coffre-fort.

Et lecture faite, M. Antonin Laperche, M. Triton et M. Taupin ont signé avec le notaire le présent procès-verbal établi en brevet comme devant être transmis à M⁰. . . etc. (V. formule 206 ci-dessus).

(Signatures.)

Et le. . ., à. . . heures,

A. . ., dans le cabinet du fondé de pouvoirs de la banque « La Populaire » où il a été déjà procédé.

A la requête de :

1º M. Antonin Louis Laperche, ci-dessus qualifié et domicilié, agissant en la même qualité que celle énoncée en la séance qui précède,

2º Et M. Raoul Jandet, bijoutier, demeurant à. . ., agissant comme habile à recueillir le legs à lui fait de la quotité disponible étant de moitié des biens composant la succession de M. Paulin Laperche, son oncle, aux termes du testament olographe de ce dernier en date à. . . du. . ., déposé au rang des minutes du notaire soussigné le. . .,en exécution d'une ordonnance de M. le Président du tribunal civil de. . ., contenue en son procès-verbal d'ouverture et de description de ce testament en date du même jour.

En présence de M. . ., receveur de l'enregistrement, demeurant à. . ., délégué par M. le Directeur départemental de l'enregistrement à l'effet d'assister aux présentes opérations en conséquence de l'avis donné par le notaire soussigné suivant lettre recommandée en date du. . .

Il va être procédé par M⁰. . ., à la réouverture de la cassette déposée par M. Laperche, décédé, à la banque « La Populaire » ainsi qu'à l'énumération des objets y contenus et non encore décrits.

Cette cassette ayant été à l'instant représentée par M. . ., employé de ladite banque « La Populaire », elle a été ouverte par le notaire soussigné et il y a été trouvé :

1º. . .

Tous les titres et pièces contenus dans la cassette ayant été relevés et détaillés, le présent procès-verbal a été clos à la réquisition des parties.

Tout le contenu a été, du consentement des parties, remis au notaire soussigné pour être adressé, avec l'original du présent procès-verbal, à M⁰. . ., chargé du règlement de la succession de M. Paulin Laperche.

Il a été vaqué à tout ce que dessus. . ., etc.

Et après lecture faite, les parties ont signé avec M. . ., M. . . et le notaire.

(Signaturrs.)

TABLE DES FORMULES

III. — *Prisée*

IV. *Ajournements*

TABLE ALPHABÉTIQUE DES MATIÈRES

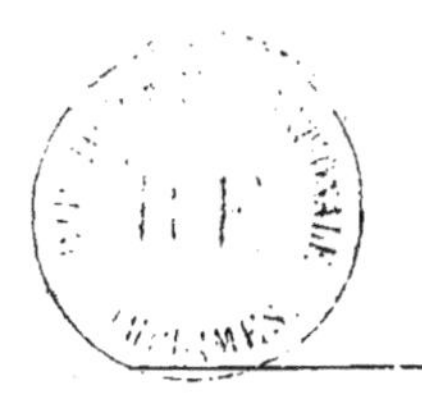

SOCIÉTÉ GÉNÉRALE D'IMPRIMERIE ET D'ÉDITION
RUE CASSETTE, 17, PARIS. — S. — 1-24

9 782329 200446